Voß' Übersetzungssprache

Transformationen der Antike

Herausgegeben von
Hartmut Böhme, Horst Bredekamp, Johannes Helmrath,
Christoph Markschies, Ernst Osterkamp, Dominik Perler,
Ulrich Schmitzer

Wissenschaftlicher Beirat:
Frank Fehrenbach, Niklaus Largier, Martin Mulsow,
Wolfgang Proß, Ernst A. Schmidt, Jürgen Paul Schwindt

Band 32

De Gruyter

Voß' Übersetzungssprache

Voraussetzungen, Kontexte, Folgen

Herausgegeben von
Anne Baillot, Enrica Fantino,
Josefine Kitzbichler

De Gruyter

Dieser Band ist im Berliner Sonderforschungsbereich 644
»Transformationen der Antike« entstanden und wurde mit finanzieller Unterstützung
der Deutschen Forschungsgemeinschaft erstellt.

ISBN 978-3-11-030124-3
e-ISBN (PDF) 978-3-11-031326-0
e-ISBN (EPUB) 978-3-11-038323-2
ISSN 1864-5208

Library of Congress Cataloging-in-Publication Data
A CIP catalog record for this book has been applied for at the Library of Congress.

Bibliografische Information der Deutschen Nationalbibliothek

Die Deutsche Nationalbibliothek verzeichnet diese Publikation in der Deutschen
Nationalbibliografie; detaillierte bibliografische Daten sind im Internet
über http://dnb.dnb.de abrufbar.

Einbandgestaltung: Martin Zech, Bremen
Logo »Transformationen der Antike«: Karsten Asshauer − SEQUENZ
Druck und Bindung: Hubert & Co. GmbH & Co. KG, Göttingen
♾ Gedruckt auf säurefreiem Papier

Printed in Germany

www.degruyter.com

Vorwort

Johann Heinrich Voß (1751–1826) war zu Lebzeiten eine umstrittene Figur, und er ist auch als solche in die Literaturgeschichtsschreibung eingegangen. Als unvereinbaren Widerspruch betrachtete man zunächst das Doppelbild des friedlich-harmonischen Idyllikers einerseits und des Polemikers, der – in Franz Munckers Formulierung – »[n]üchtern und schroff bis zur Gemüthsrohheit«[1] erschien, auf der anderen Seite. Dass die Idyllen nicht nur »charakteristische, farbenreiche Genrebilder«[2] (wiederum Muncker) waren, sondern durch ihr utopisches Potenzial genuin politischen Charakter trugen, und dass gerade Voß' erfolgreichste Idyllendichtung, *Luise*, die für Goethes *Hermann und Dorothea* vorbildlich wurde, letztlich vor dem Hintergrund der von Voß begrüßten Französischen Revolution zu lesen ist, hat man erst in jüngerer Zeit wieder gesehen.[3] Das Unverständnis wurde zusätzlich durch die verschiedenen Fehden befördert, die Voß erbittert und unnachgiebig gegen diejenigen führte, von denen er annahm, dass sie seinem unbedingten bürgerlichen Freiheitsdrang und seinem aufklärerischen Selbst- und Literaturverständnis entgegenstanden, etwa gegen Friedrich Leopold Graf Stolberg, seinen Jugendfreund und Wohltäter (*Wie ward Fritz Stolberg ein Unfreyer?*, 1819), oder Friedrich Creuzer (*Antisymbolik*, 1824/26).

Erfolgreicher und wirkmächtiger als die Idyllen und polemischen Schriften waren auf lange Sicht Voß' Übersetzungen. Vor allem der deutsche Homer stellt eine säkulare Leistung dar. Die erste Fassung der *Odüßee* (so Voß' Schreibweise[4]) erschien 1781. Vorausgegangen war ein regelrechter Übersetzerwettstreit mit seinen Freunden Gottfried August Bürger und Friedrich Leopold Stolberg, in dem Voß unumstrittener Sieger blieb.[5] Es folgte 1793 die deutsche Gesamtausgabe der Epen Homers, der Voß noch weitaus strengere Regeln zugrunde legte als der 1781er *Odüßee*, und die von den Lesern zunächst mit Befremden aufgenommen wurde: Nie zuvor hatte ein Übersetzer versucht, sich so eng an die griechische Sprach- und Versform anzulehnen. Erst mit den folgenden Auflagen, für die Voß seine Arbeit immer weiter zu perfektionieren suchte, erlangte sie in wachsendem Maß kanonische Geltung, wurde zu *dem* deutschen Homer

---

1   Muncker (1896), 346.

2   Ebd., 338.

3   Zu den Idyllen vgl. u. a. Schneider (1975), E. T. Voss (1976), Ecker (1999; in gattungstheoretischer Perspektive) und Kubisiak (2013).

4   Diese Schreibweise entsprang Bestrebungen zur grundlegenden Neuregelung der Transkription griechischer Namen, die in den 1770er Jahren – wohl im Umkreis des »Göttinger Hainbunds« – aufkamen, die sich jedoch nicht durchsetzen konnten: Schon in der 1793er Ausgabe schreibt Voß wieder »Odyssee« statt »Odüßee«, »Orestes« statt »Orestäs« (V. 30) etc.

5   Zum Wettstreit um einen deutschen Homer vgl. Tgahrt (1982), 296–317.

und prägte noch über das 19. Jahrhundert hinaus die deutsche Übersetzungs- und Literatursprache.[6] Aber auch über Voß' Homer blieb das Urteil stets zwiespältig. Schon zu Voß' Lebzeiten wurden ihr Steifheit und Pedanterie vorgeworfen.[7] Später gab es verschiedentlich Versuche, Voß' Bedeutung aus der ersten Fassung der *Odyssee* von 1781 zu begründen, was mit einer Deklassierung der Gesamtausgabe von 1793 (und aller späteren Ausgaben) einherging,[8] oder überhaupt Voß' Homer gegenüber den Übersetzungen Bürgers und vor allem Stolbergs für nachrangig zu erklären.[9] Alle Kritik konnte an dem beispiellosen, bis heute andauernden Erfolg des Voß'schen Homer letztlich nichts ändern. Die vielen anderen Übersetzungen Voß' aus dem Griechischen, Lateinischen, Englischen und Französischen sind dagegen weniger bekannt, darunter Pindar (erste *Pythie*, 1777), *Tausend und eine Nacht* (nach der französischen Adaption durch Antoine Galland, 1781–83), Vergil (*Georgika*, 1789), Ovid (*Metamorphosen*, 1798), Horaz und Hesiod (beides 1806), Theokrit, Bion und Moschos (1808), Tibull (1810), Shakespeare (1818–1829) und Aristophanes (1821). Bei den späteren Übersetzungen haben oft auch die Söhne Voß' mitgearbeitet, was Friedrich August Wolf spotten ließ, dass es im Hause Voß »Haus-Ordnung« gewesen sei, »alljährlich einen Griechen oder Römer einzuschlachten«.[10]

So groß der Erfolg des Voß'schen Homer war, so strittig ist die Bedeutung seines gesamten übersetzerischen Œuvres geblieben. Dies spiegelt sich auch in der Forschungslage: Voß' Übersetzungen haben in der Forschung bislang nur in Teilen Aufmerksamkeit erfahren.[11] Der vorliegende Band versammelt Beiträge einer Tagung an der Berliner Humboldt-Universität, die sich mit verschiedenen Aspekten von Voß' Übersetzungswerk beschäftigen, und versteht sich als Beitrag zu einer differenzierteren und umfassenderen Würdigung Voß' innerhalb der Literatur- und Übersetzungsgeschichte. In Enrica Fantinos Aufsatz wird die Genese der Voß'schen Übersetzungssprache anhand der frühen Horaz- und Pindar-Übersetzungen untersucht. Ein besonders großes und schwieriges Forschungsdesiderat stellt nach wie vor das Problem der Nachahmung antiker Versmaße dar,[12] mit dem sich die Beiträge von Lars Korten über Voß' *Zeitmessung der deutschen Sprache* und von Clémence Couturier-Heinrich über die Aufnahme seiner Verskunst und Verstheorie in Weimar befassen. Voß' Beziehung zu

---

6   Vgl. grundlegend Häntzschel (1977), v. a. 249–261.

7   Vgl. z. B. die *Blätter für literarische Unterhaltung* 1 (1832), 730, wo die »lexikalische[] Steifheit« und »poesielose[] Pedanterie« der Übersetzung gerügt werden.

8   So u. a. Bernays (1881) im Vorwort zur »Säkularausgabe« der *Odyssee*.

9   Vgl. etwa Schroeter (1882).

10   Körte (Bd. 2, 1833), 88.

11   Vgl. die Arbeiten zu Voß' Homer von Dahinten (1956) und Häntzschel (1977), (1985) und (2010); außerdem Kelletat (1949) zu Voß' Nachbildung antiker Metren, Drewing (1997) und (1999) zu Voß' Shakespeare-Übersetzung, Wieckenberg (2002) zu *Tausend und einer Nacht* sowie Vöhler (2005) zu Pindar. In den vergangenen Jahren sind mehrere Bücher zu Voß' Biographie und Werk erschienen, in denen die Übersetzungen aber recht marginal behandelt werden, vgl. u. a. Beutin/Lüders (1995), Baudach/Häntzschel (1997), Rudolph (1999), Baudach/Pott (2001), Mittler/Tappenbeck (2001), Schwerin (2013).

12   Dass diese Problematik in jüngerer Zeit verstärkt beachtet wird, zeigen die Arbeiten von Couturier-Heinrich (2004), Schneider (2004) und Korten/Wißmann/Stenger/Menninghaus (2012).

Weimar wird auch von Frank Baudach untersucht, der das wechselvolle und für beide Seiten wichtige Verhältnis zwischen Voß und Goethe darlegt. Mit den (in Zusammenarbeit Voß' mit seinen Söhnen Heinrich und Abraham entstandenen) Shakespeare-Übersetzungen, die mit anderen Shakespeare-Ausgaben konkurrierten und sich letztlich gegen die Schlegel/Tieck'sche Übersetzung nicht durchsetzen konnten, beschäftigen sich Anne Baillot und Christine Roger. Schließlich befassen sich zwei Beiträge mit dem Erfolg und den Folgen des Voß'schen Homer: Günter Häntzschel untersucht idyllische Ependichtungen aus dem 19. Jahrhundert, eine Gattung, als deren Gründungsdokument Voß' *Luise* zu betrachten ist und die durch Vers und Genre mit Voß' Homer verwandt ist. Josefine Kitzbichler verfolgt die Dependenz späterer Homer-Übersetzer vom kanonischen Muster der Voß'schen Übersetzung in Übersetzungen des 19. und vor allem 20. Jahrhunderts. Ergänzt werden die Aufsätze durch eine Edition des Briefwechsels zwischen Heinrich Voß (dem Sohn) und Karl Solger, der vielfältige Einblicke in die Übersetzerwerkstatt des jüngeren Voß und sein Verhältnis zu Goethe und Schiller gibt.

Unser Dank für vielfältige Unterstützung beim Korrekturlesen, bei der Herstellung der Druckvorlage und der Erstellung der Register gilt Konrad Bach, Jessica Casties, Iris Münzner, Sarah Scherf, Kai Schöpe und Julia Serien.

Josefine Kitzbichler

Literaturverzeichnis

Baudach, Frank/Häntzschel, Günter (Hgg.), *Johann Heinrich Voß (1751–1826)*, (Beiträge zum Eutiner Symposium im Oktober 1994), Eutin 1997.

Baudach, Frank/Pott, Ute (Hgg.), *»Ein Mann wie Voß ...«* (Ausstellung der Eutiner Landesbibliothek, des Gleimhauses Halberstadt und der Johann-Heinrich-Voß-Gesellschaft zum 250. Geburtstag von Johann Heinrich Voß), Bremen 2001.

Beutin, Wolfgang/Lüders, Klaus (Hgg.), *Freiheit durch Aufklärung. Johann Heinrich Voß (1751–1826)*, Frankfurt a. M. 1995.

Bernays, Michael, »Einleitung«, in: *Homers Odyssee von Johann Heinrich Voß* (Abdruck der ersten Ausgabe von 1781), hg. v. Michael Bernays, Stuttgart 1881, III–CXX.

Couturier-Heinrich, Clémence, *Aux origines de la poésie allemande. Les théories du rythme des lumières au romantisme*, Paris 2004.

Egon Dahinten, *Studien zum Sprachstil der Iliasübertragungen Bürgers, Stolbergs und Vossens unter Berücksichtigung der Übersetzungstheorien des 18. Jahrhunderts*, Diss. Göttingen 1956

Drewing, Lesley, »Zum Schicksal der Vossischen Shakespeare-Übersetzung«, in: Baudach/Häntzschel (1997, s. d.), 219–230.

Drewing, Lesley, *Die Shakespeare-Übersetzung von Johann Heinrich Voß und seinen Söhnen*, Eutin 1999.

Ecker, Hans-Peter, »Idyllik der Emanzipation und sanfte Katharsis. Zum Zusammenspiel von Genrekodes und sozialgeschichtlichen Rahmenbedingungen in den Idyllen des Johann Heinrich Voß«, in: *Johann Heinrich Voss. Kulturräume in Dichtung und Wirkung*, hg. v. Andrea Rudolph, Dettelbach 1999, 193–213.

Häntzschel, Günter, *Johann Heinrich Voß. Seine Homer-Übersetzung als sprachschöpferische Leistung* (Zetemata, 68), München 1977.

Häntzschel, Günter, »Die Ausbildung der deutschen Literatursprache des 18. Jahrhunderts durch Übersetzungen. Homer-Verdeutschungen als produktive Kraft«, in: *Mehrsprachigkeit in der deutschen Aufklärung*, hg. v. Dieter Kimpel, Hamburg 1985, 117–132.

Häntzschel, Günter, »Die Homer-Übersetzungen von Johann Heinrich Voß«, in: Homer, *Ilias. Odyssee*. Aus dem Griechischen übersetzt von Johann Heinrich Voß. Text der Ausgabe letzter Hand von 1821, Stuttgart 2010, 992–1006.

Kelletat, Alfred, *Voss und die Nachbildung antiker Metren in der deutschen Dichtung. Ein Beitrag zur deutschen Versgeschichte seit Klopstock*, Diss. Tübingen 1949.

Körte, Wilhelm, *Leben und Studien Friedrich August Wolf's, des Philologen*, 2 Tle., Essen 1833.

Korten, Lars/Wißmann, Friederike/Stenger, Jan/Menninghaus, Winfried, »Metrum, Rhythmus, Melodie. Der *Maiabend* von Johann Heinrich Voß und Fanny Hensel«, in: *Poetica* 43 (2012), 81–102.

Kubisiak, Małgorzata, *Die Idyllen von Johann Heinrich Voß. Idylle als poetologisches Modell politischer Lyrik*, Łódź 2013.

Mittler, Elmar/Tappenbeck, Inka (Hgg.), *Johann Heinrich Voß 1751–1826. Idylle, Polemik und Wohllaut*, Göttingen 2001.

Muncker, Franz, Art. »Voß, Johann Heinrich«, in: *Allgemeine Deutsche Biographie*, hg. v. der Historischen Kommission bei der Bayerischen Akademie der Wissenschaften, Bd. 40 (1896), 334–349 (Onlinefassung: http://www.deutsche-biographie.de/pnd118627910.html?anchor=adb).

Rudolph, Andrea (Hg.), *Johann Heinrich Voss. Kulturräume in Dichtung und Wirkung*, Dettelbach 1999.

Schneider, Helmut J., *Bürgerliche Idylle. Studien zu einer literarischen Gattung des 18. Jahrhunderts am Beispiel von Johann Heinrich Voss*, Diss. Bonn 1975.

Schneider, Joh. Nikolaus, *Ins Ohr geschrieben. Lyrik als akustische Kunst zwischen 1750 und 1800*, Göttingen 2004.

Schroeter, Adalbert, *Geschichte der deutschen Homer-Uebersetzung im 18. Jahrhundert*, Jena 1882.

Schwerin, Kerstin von, *Johann Heinrich Voß*, Hannover 2013.

Tgahrt, Reinhard (Hg.), *Weltliteratur. Die Lust am Übersetzen im Jahrhundert Goethes* (Ausstellung des Deutschen Literaturarchivs im Schiller-Nationalmuseum Marbach am Neckar, 15. Mai bis 31. Oktober 1982), in Zusammenarb. m. Ingrid Belke, Viktoria Fuchs, Huguette Herrmann, Irina Renz u. Dieter Sulzer hg. v. Reinhard Tgahrt, Marbach a. N. 1982.

Vöhler, Martin, *Pindarrezeptionen: sechs Studien zum Wandel des Pindarverständnisses von Erasmus bis Herder*, Heidelberg 2005.

Voss, E. Theodor, »Arkadien und Grünau. Johann Heinrich Voss und das innere System seines Idyllenwerks«, in: *Europäische Bukolik und Georgik*, hg. v. Klaus Garber, Darmstadt 1976, 391–431.

Wieckenberg, Ernst-Peter, *Johann Heinrich Voß und »Tausend und eine Nacht«*, Würzburg 2002.

Inhalt

Johann Heinrich Voß als junger Dichter und Übersetzer antiker Lyrik. Zur Entfaltung seiner rigoristischen Methode[1]

ENRICA FANTINO

»Das Studium der Alten soll Humanität, Veredelung dessen, was den Menschen erhebt, abzwecken«[2]: so Johann Heinrich Voß 1806 in einem Brief an Badens Staats-
minister Sigmund von Reitzenstein. In diesem Schreiben schilderte Voß – im Zusammenhang mit der anstehenden Reform der Universität zu Heidelberg, wo er ab 1805
bis zu seinem Tod lebte[3] – sein humanistisches Bildungsideal. Diese Äußerung, die ein
stark normatives Verständnis von antiker Literatur vermuten lässt, steht zwar in Widerspruch mit der hermeneutisch-historischen Methodenbildung, die die altphilologische
Diskussion damals neu begründete, umreißt aber umso markanter die theoretische
Ausrichtung Voß'. Sein gesamtes Werk umfasst nämlich zahlreiche Bereiche,[4] von der
dichterischen Tätigkeit bis hin zu pädagogischen Schriften. Einen steten Leitfaden
stellt dabei aber die Beschäftigung mit der antiken Literatur dar, hierbei vor allem mit
den homerischen Epen, an deren Erschließung Voß sich durch ein bahnbrechendes
übersetzerisches Engagement versuchte. Die Spracherrungenschaften, die mit dem
Voß'schen Unterfangen einhergingen und die sich insbesondere an den Übersetzungen
der Werke Homers aus dem Jahre 1793 erweisen lassen, können in Anlehnung an Günther Häntzschel[5] wie folgt resümiert werden: Durch den Versuch einer konsequenten
Wiedergabe des griechischen Originals in grammatischer, lexikalischer und vor allem
metrischer Hinsicht überschritt Voß die geltenden Sprachnormen Gottsched'scher
(und dann Adelung'scher) Prägung und stellte zugleich seinen Nachfolgern eine nach

---

1   Vorliegender Aufsatz stellt in verkürzter Form einige Teilaspekte meiner Dissertation dar, die im
    September 2014 an der Philologischen Fakultät der Universität Leipzig eingereicht wurde.
2   Voß an Sigmund Freiherrn von Reitzenstein, 7.4.1807, in: Hummel (1996), 287.
3   Zu Voß' Werdegang sei auf die zwar veraltete, aber nach wie vor maßgebende dreibändige Biographie
    von Wilhelm Herbst hingewiesen (vgl. Herbst [1872], [1874], [1876]). Vgl. außerdem die Zeittafel in
    der kommentierten Werkauswahl von Adrian Hummel ([1996], 543–549), die biographische
    Darstellung von Frank Baudach im Ausstellungskatalog von Baudach/Pott ([2001], 13–19) und die
    Studie von Adrian Hummel im Ausstellungskatalog von Mittler/Tappenbeck (Hummel [2001],
    137–167), die das Voß'sche Werk biographisch und literaturgeschichtlich kontextualisiert und auch
    vor dem Gesichtspunkt seiner Wirkungsgeschichte untersucht.
4   Einen Überblick über die Spannbreite der Voß'schen *opera* bieten die Ausstellungskataloge von Bau-
    dach/Pott (2001) und Mittler/Tappenbeck (2001).
5   Vgl. Häntzschel (1977).

klassizistischen Vorgaben orientierte Übersetzungssprache bereit. Die Arbeiten von Helmut J. Schneider,[6] Marion Marquardt,[7] Olav Krämer[8] und Adrian Hummel[9] haben ergänzend hierzu gezeigt, dass die von Voß in seiner Homer-Übersetzung geleistete Spracharbeit einer kulturpädagogischen Absicht verpflichtet war. Das Gebot der radikalen Originalnähe diente in Voß' Perspektive zur einprägenden Vermittlung der ethischen Werte – der »unsterbliche[n] Wahrheiten«[10] –, die von der antiken Literatur getragen werden. So ist auch das metrische Nachahmungspostulat eng an diese erzieherische Zielsetzung gebunden: Das als überzeitlich aufgefasste Homer-Ideal sollte durch das Leitbild der nachgebildeten Hexameter erreicht werden, die wiederum jeglicher zeitlichen Veränderung enthoben sind und im Rahmen einer abgewogenen Deklamation auf die des Griechischen unkundigen Leser einwirken können; daraus entstand die »Übersetzung fürs Ohr«,[11] die dem Weimarer Kreis beim Besuch Voß' 1794 imponierte.[12]

Im Folgenden werden die Hintergründe zu beleuchten sein, vor denen sich Voß' Bemühungen um eine solche »unverfälschte Transponierung« antiker Literatur »in eine bürgerliche Gesellschaftsutopie«[13] entwickeln konnten. Dies lässt sich bis zu seiner Studienzeit in Göttingen zurückverfolgen: Ausgangspunkt der Untersuchung stellt die Annahme dar, dass Voß' Tätigkeit als Mitglied des *Göttinger Hains* über den dichterischen, bekanntlich im Zeichen der Klopstock-Poetik stehenden Eifer hinausging und ansatzweise bereits dem künftigen, normativen Antike-Ideal verschrieben war. Um dies nachzuweisen, wird in einem ersten Schritt das Werk des jungen Voß literaturgeschichtlich kontextualisiert, um daran anschließend zwei Übersetzungsbeispiele unter die Lupe zu nehmen, die aus dem Bereich seiner Horaz- und Pindar-Lektüre stammen und die hinsichtlich ihres Verhältnisses zur zeitgenössischen Antike-Aneignung und der damit zusammenhängenden Übersetzungsdiskussion untersucht werden sollen. Das kulturpädagogische Übersetzungskonzept, welches oben kurz skizziert wurde, soll als rückwirkende Kontrastfolie die Entfaltung der Analyse begleiten.

1.

Die ersten Übersetzungsproben des jungen Voß stammen aus seiner Studienzeit in Göttingen (1772–1775). Dank der Vermittlung des Herausgebers des *Musenalma-*

---

6   Vgl. Helmut J. Schneider (1997).
7   Vgl. Marquardt (1999).
8   Vgl. Krämer (2001).
9   Vgl. Hummel (2001), (2003).
10 Voß, *[Rez. zu] Lehr-Plan für alle kurpfalzbayerischen Mittel-Schulen (1805)*, 269.
11 Böttiger, *Literarische Zustände und Zeitgenosse*, Bd. 1, 81.
12 Zu Voß' berühmtem Vortrag aus seiner Homer-Übersetzung im Kreis von Goethe, Herder, Wieland, Böttiger und Knebel, vgl. den Aufsatz von Lars Korten in diesem Band.
13 Hummel (2003), 53.

nachs, Heinrich Christian Boie[14], der auf einige Gedichte des jungen Dichters aufmerksam geworden war, durfte Voß im April 1772 von seiner früheren Beschäftigung als Hofmeister in Ankershagen Abschied nehmen und ein Studium an der Georg-August-Universität antreten. Die Bedeutung der Göttinger Zeit für den Werdegang Voß' liegt zum einen in seiner Teilnahme an den altphilologischen *collegia* und in der daraus resultierenden intensiveren Beschäftigung mit antiker Literatur, zum anderen aber in dem Kontakt zu einigen dichterisch ambitionierten Studenten, die er über Boie kennenlernen durfte. Diese Dichtergruppe, der unter anderem Ludwig Christian Hölty (1748–1776), Johann Martin Miller (1750–1814), ab Oktober 1772 die Brüder Christian (1748–1821) und Friedrich Leopold (1750–1819) Grafen von Stolberg angehörten, und die von einer geradezu religiösen Verehrung für Friedrich Gottlieb Klopstock geleitet war, ging später in die Literaturgeschichte als *Göttinger Hain*[15] ein. So teilte sich Voß' Leben in Göttingen zwischen akademischen Verpflichtungen und regelmäßigen Treffen mit den befreundeten Dichtern, wobei die zweite Tätigkeit bald die Oberhand gewann. Der junge Student, der bereits Ostern 1773 das Studium der Theologie abgebrochen hatte, um sich auf den Besuch altphilologischer *colloquia* zu konzentrieren, widmete sich mit unermüdlichem Eifer den Angelegenheiten der Dichtergruppe, deren zunächst informelle Treffen bald eine komplexe Struktur erhielten. Die jungen Dichter tagten zu festgelegten Zeiten zum Vorlesen der Werke ihrer Vorbilder, an erster Stelle Klopstocks, aber auch zur gegenseitigen Lektüre der eigenen Arbeiten. Diejenigen Gedichte, die sich allgemeiner Zustimmung erfreuten, wurden in das sogenannte *Bundesbuch*[16] aufgenommen. Dieses *Bundesbuch*, dessen künftige Veröffentlichung geplant war, war für die Göttinger die Grundlage ihres Selbstverständnisses als Gruppe (die als feierlicher Bund intendiert war) und stellt neben der Gedichtsammlung *Für Klopstock*[17] (die von den Geschwistern Stolberg im Frühjahr 1773 dem verehrten Dichter persönlich überreicht wurde) ihr wichtigstes handschriftliches Dokument dar.

Die jungen Autoren hatten gar die Existenz ihres Bundes im Rahmen einer Gründungsfeier bei »eine[m] kleinen Eichengrund«[18] quasi rituell gefestigt, die zwar einem spontanen Einfall verpflichtet gewesen zu sein scheint, die aber in der nachträglichen Mystifizierung die weitere Entwicklung der Gruppe prägte. Auf Grundlage des Motivs

---

14   Über Boie informieren eingehend die Biographie von Urs Schmidt-Tollgreve (2004) und der Tagungsband von Lohmeier/Schmidt-Tollgreve/Trende (2008).

15   Vgl. hierfür die Überblicksdarstellung in Kelletat (1967), 401–446. Für Hinweise zu den einzelnen Mitgliedern des Bundes vgl. Kahl (2006), 386–399.

16   Das *Bundesbuch* wurde erstmalig 2006 von Paul Kahl ediert und kommentiert (vgl. Kahl [2006]).

17   Diese Gedichtsammlung wurde erst in den 1950er Jahren im Hamburger Klopstock-Nachlass aufgefunden und von Anton Lübbering ediert, vgl. Lübbering (1957).

18   Diese Feier wurde von Voß in einem Brief an seinen langjährigen Briefpartner in Mecklenburg, den Neubrandenburger Prediger Ernst Theodor Johann Brückner, geschildert; daraus ist das oben angegebene kurze Zitat entlehnt, vgl. Voß an Brückner, 20.9.1772, in: *Briefe* I, 91. Auch für den weiteren Verlauf des Aufsatzes gilt: Briefabschnitte, die aus der von Voß' Sohn Abraham herausgegebenen Briefausgabe (1829–1832) erschienen) zitiert werden, sind durch Angabe des Empfängers, Datum und das Kürzel *Briefe* kenntlich gemacht.

des Schwurs unter der Eiche wurde häufig in der Forschungsliteratur Klopstocks Ode *Der Hügel und der Hain* (1767) als Inspirationsquelle aufgefasst.[19] Die kursorische Erwähnung dieser Frage ist an dieser Stelle insofern wichtig, als sie die Aufmerksamkeit auf die Verehrung der Göttinger Dichter für den *vates* Klopstock lenkt, sowie auf ihre vaterländisch-patriotische Haltung, für die der als germanisch intendierte »Eichengrund« symbolisch steht und die ihnen hauptsächlich durch die Klopstock-Lektüre vermittelt wurde.[20] Klopstocks Hinwendung ab den sechziger Jahren zu germanischer bzw. kulturpatriotischer Thematik, die sich exemplarisch an der Überarbeitung der klassizistischen Ode *Auf meine Freunde* (1767) zur germanisierten Version *Wingolf* (1767) nachweisen lässt, stellte für die Göttinger Dichter einen Anhaltspunkt für die eigene patriotisch gefärbte dichterische Produktion dar. An dieser Stelle ist es nur begrenzt möglich, auf die Gestaltung der vaterländischen Bundesgedichte einzugehen (deren patriotische Gesinnung im Zusammenhang mit den Folgen des Siebenjährigen Krieges zu sehen ist). Dafür sei auf die Studien von Annelen Kranefuss[21] und Hans-Martin Blitz[22] hingewiesen, die überzeugend gezeigt haben, dass die Jünglinge ihren patriotischen Impetus keineswegs nur in der Klopstock-Nachahmung ausschöpften, sondern ihn auf Grundlage der Klopstock'schen Impulse eigenständig weiterentwickelten und gar intensivierten. Auf die von Klopstock (ohne sichere wissenschaftliche Grundlage) rekonstruierte germanische Antike Ossian'scher Prägung[23] griffen sie eher stereotypisch zurück.[24] Vielmehr entlehnten sie aus dieser die Darstellung des tugendhaften Germanen und übertrugen sie auf die gegenwärtige deutsche Nation,[25] die nun

19 Dies beeinflusste auch die Diskussion darüber, ob die Bezeichnung *Göttinger Hain* eine absichtliche Anlehnung an das besagte Gedicht Klopstocks sei. Bei dieser Frage stütze ich mich auf Paul Kahl, der belegt hat, dass die jungen Dichter sich selbst meist als »Bund« bezeichnet haben sollen (vgl. Kahl [2006], 284f.). Anfänglich sei auch »Parnass« eine beliebte, vor allem von Voß und Boie bevorzugte Selbstbezeichnung gewesen (*ibid.*).

20 Entscheidende Impulse zur Intensivierung der Klopstock-Verehrung innerhalb der Göttinger Dichtergruppe wurden von den Geschwistern Stolberg gegeben, die seit ihrer Kindheit mit Klopstock vertraut waren. Dies brachte eine Verlegung der thematischen Schwerpunkte der Jünglinge auf germanische, bzw. vaterländische Motive mit sich (bei denen man glaubte, dem Klopstock'schen Ideal besonders nahe zu kommen), die zwar schon vor dem Zutritt der Geschwister Stolberg (Winter 1772) in dem Bund vertreten, aber noch nicht konsequent ausgelotet waren. In seiner Anfangsphase scheint der Bund »nur ein unpolitischer Dichterzirkel und Freundeskreis gewesen zu sein« (Blitz [1996], 97).

21 Vgl. Kranefuss (1978).

22 Vgl. Blitz (1996) und (2000), 375–398.

23 Zur Ossian-Rezeption in der deutschsprachigen Literatur vgl. das vierbändige Werk von Wolf Gerhard Schmidt (2003/2004).

24 Zur Ossian-Aufnahme und Bardendichtung im Kreis der Göttinger Dichter vgl. Wolf Gerhard Schmidt (2003/04), Bd. 2, 594–641; Kahl (2006), 409–412.

25 Dazu Blitz: »Glauben und Emotion garantieren den inneren Zusammenhalt des imaginierten Vaterlandes. Diese transpolitischen Bindungen werden verstärkt durch ein wie bei Klopstock äußerst moralisch geprägtes Gemeinschaftsideal. ›Altvätrische Tugend‹ [*i. e.* Zitat aus Voß' *Bundesgesang*] stilisieren die Göttinger nicht nur zum Wesen der Vaterlandslyrik. Sie verallgemeinern den Mythos vom tugendhaften Germanen zum abstrakten Tugendgesang des rechtschaffenen Deutschen« (Blitz [1996], 110f.).

zur Garantin für die moralischen Werte der treuen Freundschaft, des männlichen Anstandes und der weiblichen Zurückhaltung erhoben wurde. So schreibt Voß in einer Ode, die er dem englischen Offizier und kurzfristigen Gaststudent in Göttingen John André gewidmet hatte, vor dessen Rückkehr nach England:

> Und gieb Botschaft von dem, was du gesehen hast:
> Daß noch immer bey uns heimisch die Tugend ist,
> Die der Angel euch gab; daß noch die Jünglinge
> Treue, Keuschheit die Mädchen ziert!

> Daß der heilige Rath unserer Greise noch
> Alte Redlichkeit übt; unserer Männer Arm
> Noch, mit blitzendem Schwerdt, Freyheit und Vaterland
> Und den himmlischen Glauben schützt![26]

Diese Strophen, die in der zeitgenössischen Öffentlichkeit belustigte Reaktionen hervorriefen,[27] zeigen exemplarisch den künstlichen Versuch der Bundesmitglieder, an der Konstruktion eines moralisch geprägten Nationsgefühls mitzuwirken. Außerdem bezeugen sie den Glauben an eine geistige Nähe zum Germanisch-Verwandten, also auch zum gleichermaßen gesitteten England.[28] Es leuchtet zugleich ein, dass diese Suche nach literarischen Vorbildern (Ramler und Klopstock werden in der Ode *An André* im Zusammenhang mit dem »Barden Gesang«[29] als deutsche Autoritäten angeführt) und nach gleichgesinnten englischen Autoren auch als Distanzierungsakt vom Einfluss des französischen Kulturraumes zu verstehen ist. Die frankreichfeindliche »Aggressivität«[30] der Hainbündler richtete sich insbesondere auf den Autor, den sie für den Vertreter der französischen Literatur auf deutschem Boden hielten: Christoph Martin Wieland,[31] vor allem in seiner Eigenschaft als Verfasser der *Komischen Erzählungen* (1765), des *Agathons* (1766) und des *Idris* (1768). Bei der Wieland-Verleumdung des jungen Voß verschwammen poetologische und moralische Werte ineinander: Die Beseitigung von »Galliens geilen Töne[n]«[32] des als französiert abgestempelten Autors wird zum poetologischen Programm. So schreibt Voß in einem Brief an Reinhold Boie:

---

26 Voß, *An André*, in: Kahl (2006), 22, 4. und 5. Strophe.

27 Vgl. z. B. Georg Christoph Lichtenbergs vernichtendes Urteil in dem *Göttingischen Magazin der Wissenschaften und Literatur* 3 (1783), 149–152.

28 Es soll an dieser Stelle darauf hingewiesen werden, dass die Göttinger Georg-August-Universität, wie der Name bereits verrät, vom regierenden Kurfürst für das Hannoversche Land, dem späteren Georg II., König von Großbritannien, gegründet wurde und daher in engem Kontakt mit dem englischen Forschungsbetrieb stand. Zum Verhältnis der Bundesmitglieder zur englischen Literatur und Ästhetik vgl. Wicke (1929).

29 Voß, *An André*, in: Kahl (2006), 22 f., zitiert aus der 7. Strophe.

30 »Aggressivität« ist eine der Kategorien, mit denen Hans-Martin Blitz die vaterländische Dichtung des Hainbunds charakterisiert, vgl. Blitz (2000), 106.

31 Zur Wieland-Feindlichkeit innerhalb des *Göttinger Bundes* vgl. Schrader (1984), Friedrich (2007).

32 Voß, *Mein Vaterland*, in: Kahl (2006), 35. Die Formulierung ist aus der 8. Strophe entnommen: »Nach Wollust schnaubt der lodernde Jüngling jetzt, / Der Mann nach Gold; im dämmernden Myrtenhain / Lustwandeln frecher Mädchen Chöre, / Schmachtend in Galliens geilen Töne.«

Mein Hauptbestreben in der Dichtkunst (dies hab' ich Gott geschworen) soll immer sein,
Tugend und Vaterlandsliebe zu verbreiten, und verflucht sei der Vers, der dem Laster fröh-
net, und wenn er auch noch so sehr dem Ohr schmeichelt. Ha! Wieland, ich gönne Dir
Deinen Ruhm, aber wo Gott mich stärket, wir sprechen uns. Die verführte Unschuld fordert Rache. Vorher war doch der deutsche Gesang wenigstens keusch, obgleich rauh; wehe
dem Manne, der auch diesen Ruhm meinem Vaterland stahl.[33]

Obwohl sich das Verhältnis der einzelnen Bundesfreunde zum »Sittenverderber«[34]
Wieland im Laufe der Jahre verbesserte (selbst Voß versuchte im Nachhinein, die
berüchtigte Episode der Verbrennung von Wielands *Idris* zu bagatellisieren[35]), bezeugen solche Aussagen das Aufkeimen eines starken Sendungsbewusstseins beim jungen
Voß, infolge dessen er sich in literarischer und moralischer Hinsicht zur Rolle des un-
fehlbaren Richters berufen und gar dazu berechtigt fühlte, den Gegner zu diffamieren.
Für solch intransigentes Verhalten, das sich bekanntlich in den späteren Jahren nur
verschärfen sollte, liefert Voß' eigene Biographie eine Erklärung. Seine soziale Herkunft
als Sohn eines Pächters und als Enkelkind eines Leibeigenen und die demütigende
Erfahrung auf dem Landgut in Ankershagen prädestinierte ihn geradezu zum strengen
Gegner jeglicher Form des Obskurantismus, womit vom jungen Dichter (sowie vom
späteren Übersetzer und Gelehrten[36]) »jede Form der bewussten oder unbewussten,
der verdeckten oder offenen Parteinahme für totalitäre (politische, religiöse, poetische
u. a.) Herrschaftsansprüche«[37] gemeint war.

Nicht nur in ihrem moralisch geprägten Vaterlandsbegriff distanzierten sich Voß
und die weiteren Göttinger von ihrem Vorbild Klopstock; auch die im *Bundesbuch*
belegte Vielfältigkeit der von ihnen erprobten Gattungen bewegte sich auf einer Achse,
die über das Klopstock'sche Formenrepertoire hinausging und mit der zeitgenössischen
Literatur verschiedentlich vernetzt war.[38] Neben dem antikisierenden, zum Teil an
Klopstock angelehnten Schwerpunkt, der Oden, Elegien, Hymnen und beim jungen
Voß ansatzweise bereits Idyllen[39] und Übersetzungen mit einschloss, widmeten sich die

---

33 Voß an Reinhold Boie, 16.5.1773, in: Kahl (2006), 492.

34 Voß an Brückner, 26.10.1772, in: *Briefe* I, 94.

35 Nach der Begegnung Juni 1794 mit Wieland in Weimar schrieb Voß seiner Frau Ernestine: »Er [*i. e.*
    Wieland] verlangte die Geschichte der Verbrennung seines Bildes. Ich erzählte sie in lustigem Tone,
    und W. lachte herzlich über die sonderbaren Vergrößerungen des Gerüchts« (Voß an seine Frau
    Ernestine, 4.6.1794, in: *Briefe* II, 381).

36 Zur polemischen Seite Voß', vgl. Baudach/Pott (2001), 67–79.

37 Hummel (2001), 138, Anm. 5.

38 In diesem Zusammenhang spricht Kelletat von der »Brückenfunktion« des Hainbundes »zwischen
    Klopstock einerseits und Herder, Bürger und Goethe andrerseits, zwischen dem norddeutschen Kreis
    und den südländischen Literaturzentren, aber auch zwischen Gedanke und Gefühl, Imagination und
    Wirklichkeit, Kunstlaut und Naturlaut [...], zwischen der rhetorisch beherrschten Aktionspoetik der
    herzrührenden Schreibart und der herzglühenden, hingewühlten, niedergebluteten Produktion der
    Stürmer und Dränger« (Kelletat [1967], 423).

39 Zur jugendlichen Gestaltung dieser im weiteren Verlauf des Voß'schen Wirkens zentralen Gattung,
    vgl. Kelletat (1967), 429–431.

jungen Dichter den »heimischen«[40], nicht der antiken Gattungslehre angelehnten Formen der Ballade[41] und des Liedes[42], wobei sie Affinität zur zeitgenössischen, u. a. von Herder ausgelösten Begeisterung für die Volksdichtung zeigten.

Eng hiermit verbunden war auch das starke Interesse der Jünglinge für die Tradition der Minnesänger, die in der zweiten Hälfte des 18. Jahrhunderts über die von Johann Jakob Bodmer vorgelegte *Sammlung von Minnesingern aus dem schwaebischen Zeitpuncte* (1758/59) in die deutsche Literatur Eingang fand.[43] Die schöpferische Auseinandersetzung mit dem Minnesang hinterließ ihre Spuren vor allem in den Gedichten von Hölty und Miller,[44] wohingegen sich Voß aus einem sprachgeschichtlichen Interesse heraus der mittelalterlichen Tradition annäherte. Ihm bedeuteten mittelalterliche Epen »ein wahres Schazhaus von deutscher Sprache und origineller Empfindung«[45]; samt den »lieben Alten und Doctor Luther[]«[46] konnten sie dazu verhelfen, die deutsche Sprache der »Gottschedische[n] Verwässerung«[47], das heißt dem sprachlichen Einfluss des französischen Klassizismus zu entziehen. Diesem Bestreben sind die Sprachforschungen zuzuschreiben, die Voß bereits in Göttingen anstellte, unter anderem die Vorbereitung »ein[es] allgemeine[n] Wörterbuch[s] für Deutschland, worin alle Wörter, veraltete und unveraltete […] aus ihrer ersten Quelle abgeleitet, und ihre immer veränderten Bedeutungen angezeigt, auch mit den noch übrigen Wörtern im Englischen, Plattdeutschen und Schwäbischen verglichen werden sollen«[48]. Dieses

---

40 Kelletat (1967), 424. Auf Kelletat geht die oben angewandte Unterscheidung zwischen antiken und heimischen Formen zurück.

41 Vgl. für die Bedeutung der Ballade im Rahmen des Bundes Kelletat (1967), 437–440; Kahl (2006), 400 f.

42 Vgl. für die Bedeutung des Liedes im Rahmen des Bundes Kelletat (1967), 440–445; Kahl (2006), 406–409.

43 Zur Wiederentdeckung mittelhochdeutscher Dichtung, vgl. Müller (1977); Debrunner (1996); J. Nikolaus Schneider (2004), 21–26.

44 Bei Höltys und Millers Gedichten handelt es sich im Endeffekt um deutsche Lieder über Liebe, Naturleben und freundschaftliche Bindungen; solche Themen galten den jungen Dichtern als äquivalent zur mittelalterlichen Tradition. Vgl. die treffende Äußerung Kahls über die Aneignung des *Minnesanges* im Bundeskreis: »Die Bedeutung des Rezeptionsvorgangs im Göttinger Hain liegt weniger im dichterischen Ergebnis – das zeigt sich, wenn man Vorbild und Nachahmung nebeneinander liest – als in der Tatsache als solcher, dass man sich hier mit mittelalterlicher Dichtung auseinandersetzte, nachdem Bodmers Ausgaben zunächst ohne breiteren Widerhall geblieben waren und bevor mit der Romantik auch eine breitenwirksamere und später wissenschaftliche Rezeption begann« (Kahl [2006], 408).

45 Voß an Brückner, 28.3.1773, in: *Briefe* I, 138.

46 *Ibid.*

47 Diese Bezeichnung stammt allerdings aus Voß' späteren Noten zu der Ode *Der deutsche Gesang. An Miller und Hölty* (in: Voß, *Gedichte* [1802], 292), die eine stark überarbeitete Fassung von dem 1773 in Göttingen verfassten Gedicht *Der Minnesang* darstellt (in: Kahl [2006], 103 f.).

48 Voß an Brückner, 24.2.1773, in: *Briefe* I, 130. Dieses lexikalische Projekt, an dem Voß bis ans Lebensende kontinuierlich arbeitete, kam nie zum Abschluss. Von seinen Ergänzungen zu den Wörterbüchern von Johann Leonhard Frisch (1741) und Johann Christoph Adelung (1774–1786) profitierte dennoch schließlich Jacob Grimm, der Voß' Handexemplare der besagten Lexika (heute im Besitz des Görres-Gymnasiums) einsehen konnte und in der Vorrede zum *Deutschen Wörterbuch* das Voß'sche lexikographische Engagement ausdrücklich pries (vgl. Grimm, *Vorrede* [1854], I, LXV).

Projekt rührte aus Voß' Unzufriedenheit mit den zeitgenössischen Wörterbüchern,[49] die ihm »höchst unvollständig«[50] schienen. An diesen (und später erst recht an dem normativen Wörterbuch von Johann Christoph Adelung, dessen erster Band 1774 erschien[51]) bemängelte Voß nicht nur die fehlende Berücksichtigung der »alten Nerven«[52] der deutschen Sprache, sondern auch die Missbilligung dialektaler Ausdrücke. Auch zur Rehabilitierung volkstümlichen Sprachguts wollte der junge Dichter selbst beitragen; zu diesem Zweck bat er seinen Freund Brückner, Mecklenburgische »Gassenhauer«[53] und Redewendung zu sammeln. Hierbei erinnerte er an die berühmte Forderung des Bibel-Übersetzers Luther, »die Mutter im Hause, die Kinder auf der Gassen, den gemeinen Mann auf dem Markt drum [zu] fragen, und denselbigen auf das Maul [zu] sehen, wie sie reden«[54].

Der Hinweis auf Luthers epochale Übersetzungsleistung, die im 16. Jahrhundert den Anfang einer Tradition dargestellt hatte, in der der Übersetzungsakt selbst zum konstituierenden Moment der deutschen kulturellen Identität wurde, soll nun zu einer abschließenden Bemerkung über das Voß'sche Engagement im Rahmen des *Göttinger Bundes* überleiten. Es wurde auf den vorherigen Seiten das Streben des jungen Voß nach dichterischer Konstruktion eines tugendhaften und aufgeklärten Deutschlands gezeigt, was wiederum den Gedanken der Spracharbeit motiviert hatte. Das *Bundesbuch* und die Gedichtsammlung *Für Klopstock* belegen, dass der Voß'sche dichterische Schwerpunkt in der antikisierenden Ode zunächst Ramler'scher, dann Klopstock'scher Prägung war und in der Bearbeitung libertär-vaterländischer Thematik lag. Die Tatsache, dass der junge Voß, als einziger im Bundeskreis, die Gattung der Übersetzung vertrat, legt nahe, dass er in der Übersetzungstätigkeit den Bereich erkannte, in dem der – im Sinne der Luther'schen Tradition – vaterländische bzw. kulturpatriotische Impetus und die sprachlichen Bemühungen am besten realisiert werden konnten.[55] Bei den Voß'schen Übersetzungen im *Bundesbuch* handelt es sich um die Horaz'schen *carmina*

Vgl. auch zu Voß' Urteil des Adelung'schen Wörterbuchs: Häntzschel (1977), 159–161; Faulstich (2008), 238.

49 Möglicherweise sind die Wörterbücher von Christoph Ernst Steinbach und Johann Leonhard Frisch gemeint, die jeweils 1734 und 1741 erschienen waren. Zur Praxis der Lexikographie im 18. Jahrhundert vor der Veröffentlichung des Wörterbuches von Adelung, vgl. Haß-Zumkehr (2001), 89–104.

50 Voß an Brückner, 24.2.1773, in: *Briefe* I, 130.

51 *Versuch eines vollständigen Grammatisch-kritischen Wörterbuches der Hochdeutschen Mundart*, 5 Bde., Leipzig 1774–1786 (später bearbeitet in: *Grammatisch-kritisches Wörterbuch der Hochdeutschen Mundart*, 4 Bde., Leipzig 1793–1801).

52 Voß an Brückner, 24.2.1773, in: *Briefe* I, 130.

53 *Ibid.*, 131.

54 Luther, *Sendbrief vom Dolmetschen* (1530), 21.

55 Friedrich Leopold Stolberg und Gottfried August Bürger, spätere Kontrahenten Voß' im »Wettstreit um Homer« (Tgarth [1982], 296), beteiligten sich nicht mit eigenen Übersetzungen an der Produktion des *Bundesbuches* und der Gedichtsammlung *Für Klopstock* (wobei auch daran zu erinnern ist, dass Bürger dem Bundeskreis nicht unmittelbar angehörte, sondern seine Entwicklung aus der Ferne verfolgte).

I 3, I 5, I 31, II 3 und III 3[56] und die Sappho zugeschrieben Ode Δέδυκε μὲν ἀ σελάνα (Fr. 168b Voigt)[57]. In der Gedichtsammlung *Für Klopstock* sind wiederum folgende Übersetzungen enthalten: Pindars erste *Pythie*, Sapphos Ode »aus dem Longin« (Fr. 31 Voigt entsprechend) und Horaz' *carmen* I 31.[58] Es sei bereits an dieser Stelle angemerkt, dass diese Proben – ausgenommen die *Pythie* und *Olympie* Pindars – die originalen Versmaße nachbilden und dem Prinzip der »Vollständigkeit«[59] folgen. Allgemeine Konzeption, Sprache und literaturgeschichtlicher Standort dieser ersten Proben sollen im Folgenden durch den exemplarischen Rückgriff auf Horaz' *carmen* II 3 und Pindars erste *Pythie* aufgezeigt werden.

2.

In seiner Übersetzungstätigkeit konzentrierte sich der junge Voß auf die antike Lyrik, die ihm als Leitinstanz für die eigene dichterische Produktion diente. So schreibt Voß noch aus Ankershagen an Kästner: »Ich fühle bisweilen, besonders wenn ich den Horaz oder Ramler gelesen, eine unwiderstehliche Neigung, Verse zu machen [...]«[60]. Das Wechselspiel zwischen altphilologischen Interessen und dichterischer Tätigkeit beim Wirken des jungen Voß spiegelt *mutatis mutandis* die enge Verkettung altertums-wissenschaftlicher und literarischer Öffentlichkeit der deutschen Spätaufklärung wider. Sprachforschung und Dichtungstheorie wurden von dem Aufschwung gestützt, den die altphilologischen Studien im Zuge des von Winckelmann hervorgerufenen Enthu-siasmus für die griechisch-römische Antike in der zweiten Hälfte des 18. Jahrhunderts erlebten. Das starke Abgrenzungsbedürfnis, das die deutschen Dichter gegenüber dem französischen Klassizismus und seiner nach lateinischen Mustern orientierten Antike-Rezeption hegten, beschleunigte wiederum die wissenschaftliche Neuauslegung vor-rangig griechischer Autoren, die »als nationales Paradigma für die Gestaltung einer

---

56 Vgl. Kahl (2006), jeweils: 86–87, 90, 106, 118–120, 129–131. Vier von diesen Oden (*carmina* I 5; I 31; II 3; III 3) wurden, in einer noch früheren Fassung, von Voß an den alten Freund Brückner geschickt und sind heute in der Schleswig-Holsteinischen Landesbibliothek in Kiel in der Abteilung »Voß-Zuwachs« aufbewahrt. Eine frühe Übersetzungsfassung der Ode I 3 befindet sich seit 2002 im Johann-Heinrich-Voß-Museum in Otterndorf, wahrscheinlich ebenfalls aus dem Brückner-Nachlass stammend.

57 Vgl. Kahl (2006), 17.

58 Vgl. Lübbering (1957), jeweils: 79–83; 83; 84.

59 Den Terminus »Vollständigkeit« entnehme ich (dabei stütze ich mich auf die Arbeit des Teilprojektes *Übersetzung der Antike* des Berliner Sonderforschungsbereichs 644) aus Wolfgang Schadewaldt, der hiermit die Übersetzungsnorm meinte, »im Übersetzen das wiederzugeben, was dasteht und so wie es dasteht, nämlich vollständig, ohne Verkürzungen, Hinzufügungen« (Schadewaldt [1964], 77). Vollständigkeit ist neben Erhaltung idiomatischer Bildlichkeit und Wiedergabe der Gedankenabfolge eine der Forderungen, die Schadewaldt an sein berühmtes Konzept des »dokumentarischen Übersetzens« stellte (vgl. hierfür Kitzbichler/Lubitz/Mindt [2009], 277–297); diese wird von mir rückwirkend auf die Analyse der Voß'schen Übersetzungen bezogen.

60 Voß an Kästner, 8. 7. 1771, in: *Briefe* I, 54.

deutschen Kulturnation«[61] beschworen wurden. Hierzu gehört der archaische Dichter Pindar, der wegen des als regellos empfundenen Schwungs seiner Lyrik zum Aushängeschild der Geniezeit wurde: Seine *Epinikia* wurden von Christian Gottlob Heyne, einer entscheidenden Persönlichkeit für die wissenschaftliche Begründung der modernen Altertumswissenschaften im deutschen 18. Jahrhundert, in einer monumentalen Ausgabe[62] vorgelegt. Bei Heyne, der in Göttingen die Professur der Poesie und Beredsamkeit innehatte, durfte Voß studieren. Trotz aller späterer Zerwürfnisse zwischen Lehrer und Schüler soll festgehalten werden, dass Heynes Seminare, aus denen auch Philologen wie Friedrich August Wolf und Wilhelm von Humboldt hervorgingen, das Fundament darstellten, auf dem Voß sein altphilologisches Können aufbaute.[63] So erhielten die Voß'schen Übersetzungsproben, die zwar zum Teil bereits vor der Göttinger Zeit konzipiert wurden, entscheidende Impulse von dem Besuch der altphilologischen *colloquia* Heynes, der zum Zeitpunkt von Voß' Aufenthalt in Göttingen etliche Seminare über Horaz und Pindar anbot.[64]

Sucht man nach Belegen, die zur Konturierung des Horaz- und Pindar-Bildes des jungen Übersetzers verhelfen können, stößt man auf einzelne Äußerungen, die von einer geradezu abwertenden Einschätzung der Horaz'schen Lyrik zeugen und die mit einer nach und nach entschiedeneren Aufwertung Pindars und anderer griechischer Autoren korrelieren. Diese wurden nämlich vom jungen Dichter als »einzige[] Lehrer der Poesie« gesehen, »wo außer Mutter Natur welche sind!«[65]: Solch einschränkender Hinweis auf die »Natur« enthüllt die Verpflichtung des jungen Voß gegenüber den Rezeptionsparametern der Geniezeit, die die homerischen Epen und die archaische Lyrik als Paradigmata »naturnaher« genialer Dichtung auffasste. In diesem Zusammenhang wurde von einer ganzen Generation das Horaz'sche *carmen* IV 2 *Pindarum quisquis studet aemulari* unkritisch gelesen und als Horaz' Eingeständnis der eigenen Unterlegenheit gegenüber der Pindarischen Lyrik gedeutet.[66] Das Übersehen des versteckten, durchaus selbstbewussten Horaz'schen Plädoyers für die Konzeption des *labor limae* erwies sich als »produktives Mißverständnis«[67] für die deutsche Literatur der 1770er Jahre. Man denke an die Tradition des freirhythmischen Dichtens,[68] die an die

61 Cölln (2007), 1752.

62 Zunächst: *Pindari carmina et fragmenta; cum lectionis varietate et annotationibus*, Göttingen 1773. Die Ausgabe wurde dann durch eine lateinische Übersetzung, einen Kommentar und die berühmte metrische Abhandlung von Gottfried Herrmann grundlegend erweitert (3 Bde., Göttingen 1797–1799, mit Neudruck in Oxford 1807–1809).

63 Zum unterschiedlichen Philologie- und insbesondere Homer-Verständnis Heynes, Voß' und Wolfs vgl. Espagne (2010).

64 Eine Übersicht über Heynes Lehrveranstaltungen in Göttingen findet sich in: Haase (2002), 181–187.

65 Voß an Brückner, 6. 3. 1774, in: *Briefe* I, 156.

66 Zu der von der Horaz-Lektüre geleiteten Aufnahme der Lyrik Pindars in der Geniezeit sei verwiesen auf: Henkel (1981); Jochen Schmidt (2004), I, 179–192; Gabriel (1992), 49–51; Vöhler (2005), 1 f.; Fantino (2007), 141–144; Fantoni (2009), insb. 74–82.

67 Gabriel (1992), 49.

68 Vgl. zum freirhythmischen, bzw. dithyrambischen Dichten im 18. Jahrhundert die Monographie von Fantoni (2009).

in *carmen* IV 2 dargestellte metrische Ungebundenheit Pindars (dessen Strophen aus *numeris lege solutis*[69] bestünden) emphatisch anknüpfte. Diese enthusiastische Aufwertung Pindars beeinflusste auch den jungen Voß, der die Horaz'sche Lyrik gegen den erhabenen Schwung der Pindarischen *Epinikia* ausspielte. So schreibt er in einem Brief an Brückner:

> Ich glaube, dass Horaz mit Recht furchtsam war. Seine beiden Oden *Bacchum in remotis* und *Quo me Bacche rapis* ausgenommen, vielleicht auch noch *Qualem ministrum* hat er nichts so lyrisches gemacht, als Pindar. Eine kühlere und regelmäßigere Begeisterung ist ihm eigen; er geht gerade ausgerichtet in Cadencen dahin, Pindar fliegt vorübergebogen mit wehenden Haaren zum Ziele.[70]

Dennoch ist Horaz (samt Homer) der antike Autor, der Voß am längsten, vom Jugend- bis zum Alterswerk, begleitet hat. Bereits als junger Besucher der Lateinschule in Neubrandenburg (1766–1769) übersetzte er, unter Einfluss der antikisierenden Ode Ramlers, mehrere Horaz'sche *carmina*,[71] die leider nicht mehr erhalten sind. Aber nicht nur Ramler bestimmte die erste Horaz-Lektüre Voß': Sein Werdegang vollzog sich in Auseinandersetzung mit Autoren wie Johann Wilhelm Ludwig Gleim, Friedrich von Hagedorn, Albrecht von Haller, Johann Gottfried Herder, Johann Peter Uz, und stand erst ab der Göttinger Zeit unter dem Einfluss Klopstocks. All diese vertraten jeweils verschiedene Standpunkte der Horaz-Aneignung im deutschen 18. Jahrhundert. Während etwa Hagedorn, Gleim und Uz Horaz ins Feld ihrer anakreontischen Produktion zogen,[72] zeichnete sich zugleich eine »empfindsam-erhabene«[73] Rezeption Horaz'scher Lyrik ab, die – unter Voß' literarischen Vorbildern – an Ramler und vor allem Klopstock ersichtlich wird. Dabei erkannte man in der Horaz'schen Lyrik affine Züge zum Konzept der »hertzrührenden Schreibart«[74] der Schweizer Sprach- und Literaturkritiker Bodmer und Breitinger, ein Konzept, das in den vierziger Jahren des 18. Jahrhunderts ein Gegenprogramm zu Gottscheds rationalistischer Sprach- und Dichtungsauffassung dargestellt hatte.[75] Wie Stefan Elit am Beispiel von Samuel Gotthold Lange gezeigt hat, wurde Horaz als Dichter empfunden, der »auf besonders wertvolle Weise ›herzrührend‹, weil speziell ›pathetisch‹ in Richtung auf das ›Erha-

---

69 Hor. *carm.* IV,2,11.

70 Voß an Brückner, 15.11.1772, in: *Briefe* I, 105.

71 Vgl. Herbst (1872), 44.

72 Vgl. Ernst A. Schmidt (1996), insbes. 259–273.

73 Elit (2002), 96. An die Studien von Stefan Elit (2000) und (2002) lehne ich mich für die Darstellung dieses Teilaspektes der deutschen Horaz-Rezeption an.

74 Die »hertzrührende« (auch »pathetische« und »bewegliche«) Schreibart wird von Breitinger in der *Critischen Dichtkunst* wie folgt beschrieben: Sie sei »nichts anderes als eine ungezwungene Nachahmung derjenigen Sprache oder Art zu reden, welche die Natur einem jeden, der von einer Leidenschaft aufgebracht ist, selbst in den Mund leget« (Breitinger, *Fortsetzung der Critischen Dichtkunst* [1740], 353f.).

75 Für eine literaturgeschichtliche Beschreibung der Ansätze von Bodmer und Breitinger und ihre Gegenüberstellung mit der rationalistischen Sprachreglementierung von Gottsched vgl. Karl Ludwig Schneider (1965), 87–110; Apel (1982), 39–51.

bene‹ gedichtet habe und deshalb besonders aneignungswert erschien«[76]. Die vorbild-
hafte Funktion des Horaz manifestierte sich freilich nicht in einer direkten Übernahme
seiner Stilzüge, sondern im Streben nach einer Erhabenheit[77] der Dichtersprache über
die enge Gottsched'sche Reglementierung. Das manifestierte sich zum einen im
Bereich der Wortwahl, der Wortbildung und Wortstellung,[78] zum anderen aber auch in
der Distanzierung vom gereimten, alternierenden Alexandriner und in der damit ein-
hergehenden, von Klopstock angeregten Hinwendung zu antikisierenden Versmaßen.[79]

All dies dürfte den poetologischen Kontext gebildet haben, von dem Voß für die
Verfassung seiner zunächst noch nicht für die Öffentlichkeit konzipierten Übersetzungen ausging. Allein seine Entscheidung, die Horaz-Übersetzungsproben nach dem
originalen Versmaß zu verfassen, bettet sich in den gerade erwähnten Prozess der Aneignung antiker Metrik, der sich im deutschen Sprachraum unter dem Leitbild von
Horaz' *carmina* entwickelt hatte. Zwar hatte Ramler, Voß' bedeutendstes Vorbild in der
›vorklopstock'schen‹ Zeit, im Jahre 1769 eine Übersetzungssammlung von ausgewähl-
ten Horaz'schen Oden im Originalmetrum herausgegeben und damit einen Paradig-
menwechsel in der Horaz-Übersetzungsgeschichte eingeleitet, dennoch stellten Bearbeitungen in alternierenden, meist gereimten Versen und Prosa-Übersetzungen noch
ein bevorzugtes Format für die Übersetzung Horaz'scher Lyrik dar.[80]

Ebenfalls ist beim jungen Voß die Auseinandersetzung mit den übersetzungstheoretischen Ansätzen jener Autoren anzunehmen, die auch die »erhabene« Horaz-
Rezeption geprägt hatten. Zwar ist diesbezüglich keine nennenswerte Äußerung des
jungen Übersetzers belegt, die Tatsache aber, dass er bereits das Prinzip der »Vollständigkeit«[81] selbstverständlich praktizierte, zeigt seine Verpflichtung gegenüber der
Verbindlichkeit des Originaltextes. Dieses Übersetzungsprinzip war in den vorangegangenen Jahrzehnten aufgestiegen und geht bekanntlich auf Bodmer und Breitinger

---

76 Elit (2000), 285. Elit zählt zu Recht Lange zu den deutschen Autoren, »die Klopstocks
Rezeptionshaltung gegenüber der Antike entscheidend prägten und die für ihn auch wichtige
Vorbilder für lyrisches Schreiben auf der Grundlage einer neuen, ›empfindsam-erhabenen‹
Horazrezeption waren« (Elit [2002], 96). Daher kann man an dieser Stelle die Vermutung anstellen,
dass das Lang'sche Horaz-Verständnis, über den vermittelnden Einfluss von Klopstock, beim jungen
Voß seine Spuren hinterlassen hat.

77 Die ästhetische Kategorie des ›Erhabenen‹ kann an dieser Stelle nicht näher behandelt werden, dafür
sei aber auf die Abhandlung von Dietmar Till hingewiesen, der auf der Grundlage reichen
Belegmaterials die Pseudo-Longin-Rezeption von der Antike bis ins 19. Jahrhundert aufgezeichnet
hat (vgl. Till [2006]). Überzeugend bewies Till außerdem, dass das Konzept der »hertzrührenden
Schreibart« von Bodmer und Breitinger in steter Auseinandersetzung mit der Lektüre des Περὶ ὕψους
ausgearbeitet wurde (*ibid.*, 263–289).

78 Vgl. hierfür die Belegsammlung in Ernst A. Schmidt (1996), 274–276.

79 Vgl. hierfür ebenfalls Ernst A. Schmidt (1996), 276–288.

80 Um nur einige Beispiele zu erwähnen: Vgl. die Horaz-Übersetzung in gereimten Versen von Georg
August von Breitenbauch (1769) und Christian Felix Weiße (Auswahl, 1772) und die Prosa-Fassung
von Johann Zacharias Leonhard Junkheim, Johann Peter Uz und Georg Ludwig Hirsch (zuerst
1773–75) und Karl Heinrich Jördens (1781–1787).

81 Vgl. oben Anm. 59.

zurück.[82] Die Breitinger'sche Forderung nach einer Übersetzung, die als »Conterfey« des Ausgangstextes zu gelten hat und die auf dem »harte[n] Gesetze« basiert, »von der Grundschrift, weder in Ansehung der Gedanken, noch in der Form und Art derselben, abzuweichen«[83], zeigt sich an den frühen Übersetzungen Voß' zunächst auf der Ebene der vollständigen Wiedergabe des Originaltextes. Um die Übersetzungsweise Voß' näher zu charakterisieren und darüber hinaus seine Bezugnahme auf das zeitgenössische Horaz-Bild zu untersuchen, wähle ich exemplarisch den Eingang des *carmen* II 3 *Aequam memento rebus in arduis*, das in alkäischen Strophen verfasst wurde. Die übersetzte Ode, die – laut Angabe des *Bundesbuches* – am 4. Februar 1773 vor dem Göttinger Freundeskreis unter dem Titel *An Dellius* vorgelesen wurde, lautet:

> *Aequam memento rebus in arduis*
> *Servare mentem, non secus in bonis*
> *Ab insolenti temperatam*
> *Laetita; moriture Delli,*
>
> *Seu maestus omni tempore vixeris,*
> *Seu te in remoto gramine per dies*
> *Festos reclinatum bearis*
> *Interiore nota Falerni*
> (ed. Bentley)[84]

> Erhalte sorgsam, wenn dich das Glück verfolgt,
> Ein Herz voll Gleichmuth, wenn es dir günstiget,
> Ein Herz von ungezähmter Freude
> Lauter, o Delius! Raub des Todes;
>
> Ob du in Trauer jegliche Zeit verlebst,
> Ob, auf geheimem Anger gelagert, du
> Zur Lustbarkeit des Feyertages
> Deinen geschonten Falerner spendest!

Allein die erste Strophe, in der das topische Motiv der von Horaz erwünschten seelischen Gelassenheit enthalten ist, lässt an Nietzsches berühmtes *dictum* denken: »In gewissen Sprachen ist Das, was hier [*i. e.* in der Lyrik Horaz'] erreicht ist, nicht einmal zu wollen«[85]. Es handelt sich um ein ›Mosaik‹ von Hyperbata, Juxtapositionen und Parallelismen, die ineinander verschmelzen und sich gegenseitig bedingen; die Unausweichlichkeit des Todes zum Schluss der Strophe, durch den verhängnisvollen Vokativ »moriture Delli« (V. 4) zum Ausdruck gebracht, wirkt sich rückwirkend auf die oberen Verse aus und verleiht ihnen die abschließende Pointe.

Neben dem durchgängig eingehaltenen Prinzip der vollständigen Wiedergabe zeigt die Detailanalyse, dass der junge Dichter um eine zu dem Zeitpunkt ungewöhn-

---

82   Zu den übersetzungstheoretischen Ansätzen von Bodmer und Breitinger, vgl. Häntzschel (1977), 18 f.; Apel (1982), 39–51; Apel/Kopetzki (2003), 75–77; Münzberg (2003).

83   Breitinger, *Fortsetzung der Critischen Dichtkunst* (1740), 139.

84   Da es kein gesichertes Wissen über die lateinische Textgrundlage der Voß'schen Übersetzung gibt, habe ich eine mögliche Vorlage, nämlich den Text von Richard Bentley gedruckt (1728).

85   Friedrich Nietzsche, *Was ich den Alten verdanke* (1899), 1.

liche Nähe zur Textvorlage bemüht war, vor allem hinsichtlich der Wortfolge, bzw. nach heutiger linguistischer Terminologie: der textuellen Informationsstruktur. Gleich an den Versen 1 f. kann man den Versuch Voß' erkennen, die eindringliche Warnung Horaz' »aequam memento [...] servare mentem« (mit Eckstellung des Adjektivs *aequam* und Sperrung seines Beziehungswortes *mentem*) durch eine äquivalente Lösungen im deutschen Übersetzungstext anklingen zu lassen. Die Übersetzung setzt nämlich mit der Voranstellung von »Erhalte sorgsam« (Übersetzung von »[...] memento [...] servare«, V. 1 f.) an und versetzt dann »ein Herz voll Gleichmuth« (Übersetzung von »aequam [...] mentem«, V. 1 f.) um einen Vers; während im Original das Motiv der *aequitas*, des seelischen Gleichgewichtes, in exponierter Anfangs-stellung erscheint, wird dies in der Voß'schen Übersetzung durch die Mahnung »Erhal-te sorgsam« ersetzt. Dabei wird der Ausdruck »memento [...] servare« in einem einzigen Verb zusammengeballt (»erhalten« für lat. *servare*), wobei die originale Imperativform *memento* in dem adverbialen Adjektiv »sorgsam« semantisch widerhallt und, wie im Original, von der metrischen Zäsur hervorgehoben wird (»aequam memento | rebus in arduis« vs. »Erhalte sorgsam, | wenn dich das Glück verfolgt«). Man kann ebenfalls annehmen, dass die Einfügung von »sorgsam« einen Versuch darstellt, das originale Hyperbaton »aequam ... mentem« in der Übersetzungssprache spürbar zu machen: Zwar liegt hierbei keinerlei grammatische Entsprechung zum Ausgangstext vor, dennoch ergibt sich durch »sorgsam« ein retardierender Effekt, der eine weitere Angleichung an die originale Versstruktur hervorzubringen scheint. Zudem verrät die Formulierung »ein Herz voll Gleichmuth« subtile Aufmerksamkeit auf die Horaz'sche Wortstellung. Als Wiedergabe des lateinischen Adjektivs *aequam* ist das Kompositum »Gleichmuth« ausgewählt worden (allerdings in Abhängigkeit von dem hinzugefügten Adjektiv »voll«). Bereits in der mittelalterlichen Dichtersprache ist (laut Grimm'schem Wörterbuch) die formelhafte Zusammenstellung von »Mut« »mit andern seiten des menschlichen innern« belegt, wie *Herz* oder *Sinn*, »um die gesamtheit desselben ausdrücklicher zu zeichnen«[86] (etwa bei Walther von der Vogelweide: »iedoch sô tuot si leides mir sô vil. / si kann mit versêren / *herze* und den *muot*«[87]). In der Voß'schen Übersetzung wäre die Erfüllung dieser Wendung durch das Vorliegen von »Herz« und »Gleich-muth« gewährleistet. Der zusätzliche Befund, dass »Gleich-muth« die gleiche Stellung vor der Zäsur erhält wie *mentem* im lateinischen Text, leitet zu der Annahme, dass der junge Dichter mit der Wendung »ein Herz voll Gleichmuth« den semantischen Gehalt von lat. *mens* (als die Gesamtheit der inneren Empfindungen[88]) im Deutschen wiedergeben und zugleich auf die Wortstellung des Originals – wo (mit Nietzsche) »jedes Wort als Klang, als Ort, als

---

86   Im weiteren Verlauf des Aufsatzes wird das *Deutsche Wörterbuch* der Gebrüder Grimm durch die Abkürzung DWB samt Band- und Spaltenangabe zitiert. Hier: DWB, 12, 2782.

87   Walther von der Vogelweide, *Ir svlt sprechen willekomen*, 44–46 (Hervorhebung durch die Verfas-serin).

88   Vgl. Cic., *rep.* 6, 26: *mens cuiusque is est quisque.*

Begriff, nach rechts und links und über das Ganze hin seine Kraft ausströmt«[89] – hindeuten wollte.

Obwohl Voß ein grundsätzliches Verständnis für die originale Versstruktur in ihren einzelnen Elementen aufwies, war er vom strengen »Rigorismus«[90] seiner späteren Übersetzungen noch weit entfernt. In diesem Sinne neigte der junge Voß zu mancher semantischen Umformulierung des Ausgangstextes. Man denke etwa an V. 5, wo das lateinische »vixeris«, im Original neutral konnotiert, durch das Verb »verlebst« übersetzt wird und so die vom Horaz'schen Vers evozierte Vorstellung der Zeitvergeudung explizit darstellt. Man betrachte ebenfalls die Verse 6–8: In

> [...] du
> zur Lustbarkeit des Feyertages
> deinen geschonten Falerner spendest!

(für lat. »per dies / festos [...] bearis / interiore nota Falerni«) löst Voß das originale Hauptverb aus seiner morphosyntaktischen Funktion heraus und leitete es semantisch in ein Präpositionalgefüge hinein (»zur Lustbarkeit«), von dem die Bestimmung »des Feiertages« (im Original »per dies festos«) abhängt. Das Prädikat wird durch »spendest« besetzt, was wiederum eine aus dem Kontext gezogene semantische Ergänzung darstellt und weitere Änderungen gegenüber dem lateinischen Ausgangstext mit sich bringt. Der lateinische Ausdruck »interiore nota Falerni« nämlich, in dem *nota* die schriftliche Bezeichnung der jeweiligen Weinsorte darstellt,[91] wird durch »deinen geschonten Falerner« wiedergegeben, also durch einen erneuten spezifizierenden Übersetzungseingriff. Gerade diese Art von Abweichungen vom Ausgangstext wurden in der Voß'schen Horaz-Gesamtausgabe 1806 – erschienen nach der Veröffentlichung der Werke Homers 1793 – strikt vermieden. So lauten die Verse 5–8 in der Voß'schen Fassung aus dem Jahre 1806:

> ob du in Kummer jegliche Frist *gelebt*,
> ob feiertäglich auf der geheimen Au
> zurückgelehnt du dich *beseligt*
> mit dem *verwahrteren* Krug Falerners.[92]

Hierbei wurden die explizierenden Übersetzungslösungen der früheren Fassung getilgt (bis auf »Krug«, metonymisch für lat. *nota*), was erneut an eine strengere Berücksichtigung der einzelnen grammatischen Elemente und der metrischen Struktur des Ausgangstextes gekoppelt ist. Man beachte z. B. die ungewöhnliche Steigerung des Partizips Perfekts »verwahrteren«, das als deutsches Analogon zum lateinischen

---

89 Friedrich Nietzsche, *Was ich den Alten verdanke* (1899), 1.
90 Den Begriff »Rigorismus« entnehme ich aus der Studie über Voß' Nachbildung antiker Metrik von Alfred Kellerat (vgl. Kelletat [1949]). Unter diesem Terminus versteht Kelletat in erster Linie das von Voß gestellte Nachahmungspostulat ausgangssprachlicher Versregeln, im Allgemeinen aber auch das gesamte Korrekturverfahren in Richtung der Sprachmimesis, welchem die Homer-Übersetzung von Voß im Laufe der Jahre unterzogen wurde.
91 *Thesaurus Linguae Latinae*, VII, 2208–2215, sowie OLD, 1192.
92 Hervorhebung durch die Verfasserin.

Komparativ *interiore* eingeführt wird (Adelung riet später, vorrangig aus euphonischen Gründen, von der Komparation der »Participia Präteriti«[93] ab).

Es sei an dieser Stelle noch eine kursorische Bemerkung zur Problematik der metrischen Gestaltung der Voß'schen Übersetzungssprache hinzugefügt. Bereits oben wurde die Verbindung zwischen einzelnen ausgangsprachenorientierten Übersetzungslösungen und der Wiedergabe der originalen Zäsuren festgestellt. Insgesamt bewegte sich Voß in eine Richtung, die den künftigen Übersetzungskünstler ankündigte. Man beachte die Verseingänge, die beim alkäischen Elfsilber und Neunsilber im Lateinischen durch zwei lange Silben besetzt werden müssen.[94] Es fällt die Tendenz auf, dieses spondeische Element durch Monosyllaba zu belegen: »ein Herz«, V. 2 und 3; »ob du«, V. 5; »ob, auf«, V. 6 (dies gilt auch für den weiteren Verlauf der übersetzten Ode). Diese Erscheinung, deren stauende Wirkung erst in der mündlichen Lektüre zum Vorschein kommt, scheint geradezu in Voß' frühen Übersetzungen eine Markierung für die Deklamation gewesen zu sein. Ein Blick auf die 1802 erschienene *Zeitmessung der deutschen Sprache* kann zur rückwirkenden Beschreibung dieses metrischen Kunstgriffes verhelfen. Hier wurden die Einsilber *ein* und *ob* zu der Gruppe der »mittelzeitigen Silben«[95] gezählt, die laut Voß neben langen und kurzen Silben das deutsche prosodische System konstituieren und zur Länge »gedehnt«[96] oder zur Kürze »beschleunigt«[97] werden können. Im vorliegenden Fall könnte man daher annehmen, dass die Monosyllaba, die als erste Silbe des jeweils Elf- und Neunsilbers auftreten, vom jungen Voß bereits als zur Länge gedehnte Mittelzeiten verstanden wurden. Voß betonte in der *Zeitmessung*, dass die »flüchtige Mittelzeit« (damit war die Gruppe von einsilbigen Wörtern gemeint, die das ihnen vorangehende und folgende Element semantisch stützen[98]) »im Anfange des Verses gut verlängt«, so dass dadurch »ein

---

93 »In Ansehung der Comparation kommt es [...] auf Bedeutung, Sprachgebrauch und Wohllaut an. Die Comparative sind da, wo sie gebildet werden können, als Adjectiva gemeiniglich zu hart: *ein verhaßterer, berühmterer, verachteterer Mensch*, beleidigt auch das härteste Ohr« (Adelung, *Sprachlehre* [1781], 320). Die Steigerung der Partizipien habe wiederum »weniger Härte« (*ibid.*).

94 Die alkäische Strophe nach antikem Strophenschema ist so aufgebaut:

      ⏒ — ⏑ — — — — ⏑ ⏑ — ⏒   alkäischer Elfsilber
      ⏒ — ⏑ — — — — ⏑ ⏑ — ⏒   alkäischer Elfsilber
      ⏒ — ⏑ — — — ⏑ — ⏒   alkäischer Neunsilber
      — ⏑ ⏑ — ⏑ ⏑ — ⏑ — ⏒   alkäischer Zehnsilber

In seltenen Fällen kann die erste Silbe der Elf- und Neunsilber auch kurz sein, nie aber im vierten Buch der *carmina*, vgl. hierfür Crusius (2008), 108.

95 »Mittelzeitig, das heisst, zwischen der zweizeitigen Länge und der einzeitigen Kürze ungefähr in der Mitte (von 1¼ bis 1¾) schwebend, sind einsilbige Wörter oder übertönte Stammsilben, die theils einen schwächeren Hauptbegrif, theils eine stärkere Nebenbestimmung ausdrücken« (Voß, *Zeitmessung der deutschen Sprache* [1802], 49).

96 *Ibid.*, 9.

97 *Ibid.*

98 Beispiele für flüchtig mittelzeitige Silben: »*ich* höre, hör' *ich*, *mich* friert, *ist* entflohn, *in* allem, *durch* nichts, *und* jener, *so* schön, heute *ja*, dieses *nur*, *ob* er gleich, *wo* empor, *o du* Mann« (*ibid.*, 54; Hervorhebung von der Verfasserin).

nachdrücklicher Spondeus«[99] entsteht. Und weiter: »Von gleicher Kraft ist die flüchtige Mittelzeit vor einer natürlichen Länge mit hohem Ton«[100] – das trifft auf den Fall »ein Herz«, V. 2 und 3. An dieser Stelle kann die Rolle der mittelzeitigen Silben im Voß'schen metrisch-musikalischen Konzept nicht näher behandelt werden (dafür sei ausdrücklich auf die Studien von Clémence Couturier-Heinrich und Lars Korten in diesem Band hingewiesen[101]). Relevant für vorliegenden Zusammenhang ist aber die Feststellung, dass Voß bereits in seinen Göttinger Übersetzungsproben auf das Problem der Abmessung deutscher Metra für den mündlichen Vortrag einging. Eine Reflexion in dieser Richtung lässt sich nicht nur aus der Übersetzungspraxis selbst ableiten, sondern auch aus etlichen Briefstellen aus seiner Jugendzeit (die im Widerspruch zu der allgemein zu konstatierenden Spärlichkeit an Voß'schen theoretischen Äußerungen stehen). Zu diesen gehört eine Stelle, die die Problematik der in äolischen Versmaßen aufeinander folgenden Längen thematisiert; dort gesteht der junge Voß geübt zu haben, wie eine deutsche sapphische Strophe[102] wohl aussehen und klingen würde, wenn sie »völlig übertragen« wäre, das heißt, wenn sie mit strenger Nachbildung antiker Länge aufgebaut wäre:

$$\text{–} \quad \text{–} \quad \text{–}$$

Wen das Schicksal haßt, dem erscheint sein Mädchen

$$\text{–} \quad \text{–} \quad \text{–} \quad \text{–}$$

Nur im Traumbild; flieht! Er erwacht voll Schwermut.

$$\text{–} \quad \text{–}$$

Trüber Mondglanz fließt ins Gemach, und traurig
Schwirret das Heimchen.[103]

---

99 *Ibid.*, 98.

100 *Ibid.*, 99.

101 Vor allem Korten betont in seinem Aufsatz den engen Zusammenhang zwischen Dichtung und Musikalisierung in der metrischen Theorienbildung Voß'. Bereits in Korten/Menninghaus/Stenger/Wißmann [2011], 82 f.) ist zu lesen: »Die *Zeitmessung der deutschen Sprache* orientiert sich zwar auch an Silbenzeit und Akzent, führt aber im Bestreben, das prosodische Melos der Verse möglichst konkret als eine notationsfähige musikalische Melodie zu bestimmen, die ›Tonhöhe‹ als weiteres versbestimmendes Prinzip ein. Verse, die dem antiken Ideal entsprechen, sind Voß zufolge nach Takten metrisch reguliert, in Worten rhythmisch realisiert und zugleich als eine wohlgefällige Melodie organisiert«; dies wird in dem besagten Aufsatz am Beispiel der Voß'schen Ode *Der Maiabend* (1802) erprobt, die nach den Regeln der *Zeitmessung* analysiert und mit der Vertonung von Fanny Hensel (1827) verglichen wird.

102 Die sapphische Strophe nach antikem Strophenschema ist so aufgebaut:

$$-\ \cup\ -\ -\ -\ \cup\ \cup\ -\ \cup\ -\ \breve{\smile} \qquad \text{sapphischer Elfsilber}$$
$$-\ \cup\ -\ -\ -\ \cup\ \cup\ -\ \cup\ -\ \breve{\smile} \qquad \text{sapphischer Elfsilber}$$
$$-\ \cup\ -\ -\ -\ \cup\ \cup\ -\ \cup\ -\ \breve{\smile} \qquad \text{sapphischer Elfsilber}$$
$$-\ \cup\ \cup\ -\ \breve{\smile} \qquad \textit{Versus adonius}$$

103 Voß an Brückner, 14.12.1773, in: *Briefe* I, 155 (die Angabe der als lang zu lesenden Silben stammt von Voß).

Nach der Mitteilung seines Experimentes räumte Voß ein:

> [D]er Zwang ist größer, als die Wirkung. Vielleicht, wenn man den Abschnitt mit Sorgfalt verlegte (wo? wie? muß erst das Ohr abhören, und zwar mitten in der Empfindung); könnte man mit weniger Einschränkung noch mehr Wirkung hervorbringen.[104]

Die rigoristische metrische Methode war also von dem jungen Dichter als Möglichkeit durchaus schon erwogen, aber zu Gunsten der empfindsamen »Wirkung« aufgegeben worden (und wurde erst nach der Veröffentlichung der *Odüßee* 1781 wieder aufgenommen[105]).

Der Hinweis auf den Rigorismus der Horaz-Fassung aus dem Jahre 1806 und, im Allgemeinen, des späteren Voß'schen Übersetzungswerkes darf nicht den Fortschritt verdecken, den Voß bereits in seinen frühen Jahren in übersetzungstechnischer und metrischer Hinsicht erzielt hatte. Ein Vergleich mit zeitgenössischen Übersetzungen des Horaz vermag die Leistung des jungen Voß angemessen zu würdigen. Ausgehend von Bodmers und Breitingers Anregungen zur Erfassung der antiken Literatur in ihrer sprach- und kulturgeschichtlichen Dimension hatten sich zwar allmählich Tendenzen herauskristallisiert, die auf den Abschied transponierender Übersetzungsmethoden Gottsched'scher Prägung[106] hinzielten, die zielsprachenorientierte Praxis, teilweise noch nach dem französischen Modell der *belles infidèles*,[107] prägte aber im späteren 18. Jahrhundert durchaus noch die deutsche Übersetzungskultur.

> Man weiß, daß treu übersetzen von Rechtswegen nichts anders heißt, als eines Verfassers Ideen so in seiner Schrache [*sic!*] ausdrücken, wie er sie selbst würde ausgedrückt haben, wenn er in dieser Sprache geschrieben hätte.[108]

So 1774 der Herausgeber der *Bibliothek der schönen Wissenschaften* und ebenfalls Horaz-Übersetzer Christian Felix Weise in einer Rezension zu der so genannten Ansbacher Horaz-Übersetzung des Trios Johann Peter Uz, Johann Zacharias Leonhard Junkheim und Georg Ludwig Hirsch.[109] Dieses Plädoyer für eine transponierende, den Originalautor zum Leser hinbewegende Übersetzungsmethode spiegelt sich in der nur

---

104 *Ibid.*
105 In diesem Zusammenhang unterschied ich in meiner Dissertation zwischen Voß' ›Jugend-‹ und ›Alterswerk‹. Zum Jugendwerk zählen die Übersetzungen, die in der Zeit vor 1781, dem Erscheinungsjahr der *Odüßee*, verfasst wurden, zum Alterswerk diejenigen, die nach 1793 erschienen, also nach der Veröffentlichung des gesamten Homer (*Homers Werke*). Dazwischen liegt eine Übergangsphase, in der Voß an der Übersetzung von Vergils *Georgica* (1789 erschienen) arbeitete: Die Beschäftigung mit Vergils Hexametern führte ihn zur strengeren Beachtung antiker Hexameterregeln und beeinflusste zugleich eingehend die Überarbeitung der *Odüßee*. Nach der Veröffentlichung von *Homers Werken* 1793 wurde das Nachahmungspostulat von Voß zwar immer strenger angewandt, erlebte aber keine gravierende Akzentverschiebung mehr. All diese Erkenntnisse (und somit auch meine diachronische Unterscheidung) gehen auf die Studien von Kelletat (1949) und vor allem Häntzschel (1977) zurück.
106 Zu übersetzungstheoretischen Ansätzen innerhalb des Gottsched-Kreises vgl. Häntzschel (1977), 16f.; Apel (1982), bes. 36–39; Apel/Kopetzki (2003), 73–75, 107–109; Münzberg (2003).
107 Zum Begriff der *belles infidèles* vgl. Zuber (1968); Graeber (2007).
108 Weiße, [*Rez. zu*] *Die Werke des Horaz* (1774), 96.
109 *Die Werke des Horaz aus dem lateinischen übersetzt*, 2 Bde., Anspach 1773–1775 (anonym erschienen).

sehr zaghaften Anerkennung wider, die das metrische Prinzip[110] erntete. Die Ausgangs-
sprachenorientierung des jungen Voß beim Übersetzen des Horaz überrascht hingegen
weniger, war doch sein jugendliches Engagement im Rahmen der Göttinger Dichtergruppe auf die Emanzipierung von der französischen Tradition ausgerichtet und durch
eine rege Spracharbeit untermauert worden. Die Detailanalyse zeigt aber, dass Voß bei
seinem zwar noch nicht ausgefeilten, dennoch bereits durchgeführten sprachmimetischen[111] Ansatz sogar die Übersetzer übertraf, die sich, zumindest ihren Intentionen
nach, der Nähe zum Ausgangstext verschrieben hatten. Um dies zu zeigen, sei der Eingang des *carmen* II 3 in der Voß'schen Fassung erneut aufgegriffen und mit den Übersetzungen zweier Autoren verglichen, die in verschiedenem Maße eine wichtige Etappe
der deutschen Horaz-Aneignung am Ende des 18. Jahrhunderts darstellen: zum einen
die bereits oben erwähnte metrische Fassung von Karl Wilhelm Ramler, zum anderen
diejenige von Christian Friedrich Karl Herzlieb (für eine detaillierte literaturgeschichtliche Kontextualisierung sei auf die Studien von Jürgen Leonhardt[112] und Walther
Killy[113] hingewiesen).

Ramler, der am Ende des 18. Jahrhunderts gar den Ruf des »deutschen Horaz«[114]
genoss, hatte die Ode *Aequam memento* nicht der 1769 erschienenen Sammlung beigelegt, sondern erst 1785 in der *Berlinischen Monatsschrift* veröffentlicht (dann erneut
1800 in der postum erschienenen Horaz-Gesamtausgabe), also mehr als zehn Jahre
nach der Entstehung der Übersetzung des jungen Voß. Zur Frage der Versmaße kann
man (in Anlehnung an Leonhardt) konstatieren, dass Ramler, wie vor ihm bereits

---

110 In vorliegendem Aufsatz verstehe ich durchgehend unter »metrischem Prinzip« den Versuch der
     Nachbildung antiker Versmaße in deutschen Übersetzungen ab der zweiten Hälfte des 18. Jahr-
     hunderts. In ihrem Aufsatz zu den dichotomischen Übersetzungstypologien, die die deutsche
     Übersetzungsdiskussion bis ins 20. Jahrhundert hinein prägten, hebt aber Kitzbichler zu Recht
     hervor, dass vor dem Voß'schen Homer unter »metrischer Übersetzung« alles verstanden wurde, was
     gebundene Form aufwies. Erst nach Voß kam dem Attribut »metrisch« die Bedeutung der vers-
     getreuen Wiedergabe des Ausgangstextes zu. Daraus ergab sich ein Wechsel in der Prioritätensetzung
     beim Übersetzen: »Aus dem Gegensatz von *prosaischer* und *poetischer* Übersetzung war der Gegensatz
     von Übersetzung, die dem *Metrum des Originals* folgt, und Übersetzung, die *nicht im Metrum des
     Originals* steht, geworden« (vgl. Kitzbichler [2007], 39).
111 Den Begriff »sprachmimetisch« für Voß' Übersetzungspraxis übernehme ich aus Kitzbichler (2014).
112 Vgl. Leonhardt (2003).
113 Killy (1981b) und (1981c).
114 Diese Bezeichnung war zu dem gegebenen Zeitpunkt geradezu topisch für Ramler (so etwa Herder
     1767 in der Schrift *Von der horazischen Ode*, 457f.: »Von Rammler haben wir eine längst erwartete
     Ausgabe seiner Gedichte, die klein an der Zahl, aber stark an innerem Gewichte sind. Wir wollen
     seine Muse beschleichen, um ihr ihre Kunstgriffe abzulernen, und vielleicht sind dies die
     vornehmsten: Erstlich: Sie zaubert Sujets unsrer Zeit in entfernte Zeitalter zurück, um sie
     eingekleidet in die Morgenröte einer antiquen Allegorie, uns entgegenzuführen. Besonders weiß sie
     einen horazischen Odenplan so geschickt auf einen neuern Vorfall zurückzuführen, daß sich seine
     Wendungen, Bilder, und Ausdrücke, genau auf denselben anpassen. Und denn ist auch der feine
     Wohlklang und die genaue Versifikation der äußere Schmuck, der *Rammler zu einem deutschen
     Horaz* macht.«) Auch der junge Voß sprach von dem Berliner Dichter als von »unser[em] Flakkus«
     (Voß an Boie, 22.11.1771, in: *Briefe* I, 67). Zur Rezeption Ramlers am Ende des 18. Jahrhunderts vgl.
     Košenina (2003).

Klopstock, die deutschen Übersetzungsverse an das lateinische quantitierende System dadurch anpasste, dass nur betonte Silben eine Länge tragen konnten und dass daher die aufeinander folgenden Längen der Horaz'schen Verse entweder als deutsche Trochäen oder Jamben zu gelten hatten.[115] Daraus entsteht eine Übersetzungssprache, die so »selbstverständlich« fließt, »daß es schon genauen Hinsehens bedarf, um das Metrum überhaupt zu erkennen«[116]; zur Annäherung an den Duktus der Prosa trägt zudem die fehlende Wiedergabe der originalen Zäsuren bei. Die ersten zwei Strophen des Horaz'schen *carmen* lauten in der Ramler'schen Übersetzung:

> *Aequam memento rebus in arduis*
> *Servare mentem, non secus in bonis*
> *Ab insolenti temperatam*
> *Laetita, moriture Delli,*
>
> *Seu maestus omni tempore vixeris,*
> *Seu te in remoto gramine per dies*
> *Festos reclinatum bearis*
> *Interiore nota Falerni.*
> (ed. Iani)[117]

> Erhalte dich bey Gleichmuth, o Dellius!
> In trübsalvollen Zeiten; in glücklichen
> Zähm' allen Übermuth der stolzen
> Freude mit Weisheit: nicht minder sterblich,
>
> Du magst die Lebensstunden in Traurigkeit
> Verleben, oder ruhig die Feste durch,
> Gestreckt auf Rasen, dich mit lange
> Müssig gelegnem Falerner letzen.

Die Übersetzung des Dompredigers zu Brandenburg Herzlieb aus dem Jahre 1787 (welche in jüngster Zeit erneute Aufmerksamkeit erfahren hat[118]) wurde ihrerseits nicht nach dem Originalmetrum verfasst, dennoch in Zeilen abgesetzt und attestiert insgesamt Bemühungen um die Rhythmisierung der Kola, wie der Übersetzer selbst in seiner Vorrede darlegte:

> Meine Übersetzung ist nicht metrisch; aber ich habe ihr so viel poetischen Numerus, als mir möglich war, zu geben gesucht, und, um ihn dem Jünglinge fühlbarer zu machen, die Zeilen abgesetzt.[119]

---

115 Vgl. Leonhardt (2003), 337. In Ramlers Adaptierung lautet daher die alkäische Strophe wie folgt:

⏑ — ⏑ — — ‖ — ⏑ — ⏑ ̆
⏑ — ⏑ — — ‖ — ⏑ ⏑ — ⏑ ̆
⏑ — ⏑ — ⏑ — ⏑ — ⏑
— ⏑ ⏑ — ⏑ ⏑ — ⏑ — ⏑

116 Leonhardt (2003), 335.

117 Die Ausgabe von Iani (1778), stellt die Textgrundlage der Ramler'schen Übersetzung dar.

118 Walther Killy und Ernst A. Schmidt bearbeiteten die Herzlieb-Übersetzung und legten diese 1981 erneut auf, vgl. Herzlieb (1981).

119 Zitat entnommen aus Herzlieb, *Oden*, A6.

So lauten die Horaz'schen Strophen in der Fassung von Herzlieb:

Aequam memento rebus in arduis
Servare mentem, non secus in bonis
Ab insolenti temperatam
Laetita; moriture Delli,

Seu maestus omni tempore vixeris,
Seu te in remoto gramine per dies
Festos reclinatum bearis
Interiore nota Falerni
(ed. Bentley)

Erhalt' im Unglück dir ein Herz voll Gleichmuth,
Im Glücke unberauscht vom Lärm
Der wilden Fröhlichkeit,
Mein Dellius, des Todes Beute,

Magst du voll Grams die Lebenszeit durchseufzen
Oder an festlichen Tagen, auf ländlichem Rasen
Gelagert, im besten Falerner
Seligkeit trinken!

Dass Ramler und Herzlieb Forderungen an ihre Übersetzung stellten, die sich unter dem von Voß gespannten Bogen befinden, kann gleich am Beispiel der in den zwei einleitenden Versen enthaltenen Mahnung erwiesen werden (»aequam memento [...] servare mentem«):

Aequam memento rebus in arduis
Servare mentem

Erhalte sorgsam, wenn dich das Glück verfolgt
Ein Herz voll Gleichmuth *(Voß)*

Erhalte dich bey Gleichmuth, o Dellius,
In trübsalvollen Zeiten *(Ramler)*

Erhalt' im Unglück dir ein Herz voll Gleichmuth *(Herzlieb)*

Auffällig ist zunächst einmal, dass sich die drei Übersetzer desselben Ausdruckes »Gleichmut erhalten« bedienten, der meines Erachtens als Übersetzung für die entsprechenden Horaz'schen Verse vor Voß nicht belegt ist.[120] Diesen Horaz'schen, der deutschen Anakreontik teuren Topos stellte Ramler, der sich streng an das metrische Silbenschema hielt, um: Horaz' Aufforderung wird in seiner Übersetzung zum plaka-

---

120 Während bei Herzlieb, der in seiner Vorrede die Bewunderung für Ramler nicht verschwieg (»Wir würden wenig mehr zu wünschen übrig haben, und meine Arbeit würde überflüßig seyn, wenn Rammler sich entschließen wollte, mit der Seinigen aufzutreten. Ich habe die Meisterstücke dieses Virtuosen im Uebersetzen mit der größesten Achtsamkeit studirt [...]«; vgl. Herzlieb, *Oden*, A6), eine Anlehnung an die Ramler'sche Übersetzung angenommen werden kann, ist nicht bekannt, ob Ramler möglicherweise die handschriftliche Horaz-Übersetzung des jungen Voß kannte und sich von der Voß'schen Formulierung für seine eigene Übersetzungslösung inspirieren ließ. Es steht jedenfalls fest, dass Ramler über Boie einige Gedichte des jungen Dichters zur Beurteilung bekommen hatte, vgl. Boie an Voß, 4.3.1772, in: *Briefe* I, 72.

tiven, geradezu grammatisch transponierenden »erhalte dich bei Gleichmuth« gekürzt
(wobei das Kompositum »Gleichmut« als Versuch der äquivalenten Entsprechung zu
»aequam ... mentem« angesehen werden könnte).[121] Herzlieb hingegen, von der
Bindung der originalen Versmaße frei, befolgte wie Voß das Prinzip der Vollständigkeit
und berücksichtigte dabei den grammatisch-syntaktischen Duktus des Originaltextes.
In diesem Sinne wurde von ihm die prädikative Bestimmung zu *mentem* originalgetreu
übersetzt (»voll Gleichmuth« ist von »Herz« abhängig), wenngleich der *dativus
commodi* »ihm« (zum Imperativ »Erhalt'«) dem deutschen Text eine gefühlsbetonte
Färbung verleiht, die dem Originaltext fremd ist und die einer allgemeinen Tendenz zur
dichterischen Amplifikation in der Übersetzungssprache entspringt.[122]

Als einziger erreichte der junge Voß eine Synthese zwischen metrischem Zwang
und übersetzerischer Gebundenheit zu den einzelnen Elementen des Ausgangstextes.
Wenn man bedenkt, dass die zeitgenössische Rezeption der Ramler'schen Übersetzung
»die möglichste Treue«[123] zusprach, der Herzlieb'schen wiederum vorwarf, sie sei in
ihrer Nähe zum Originaltext »sklavisch« und »undeutsch«[124], scheint das Übersetzungskonzept, das sich von der Untersuchung der Voß'schen Probe ableiten lässt,
erst recht die zeitüblichen Grenzen zu überschreiten.

3.

Wie die Detailanalyse gezeigt hat, legte Voß in seinen frühen Übersetzungen Horaz'scher *carmina* besonderen Wert auf einige Aspekte, die auch sein späteres Werk
charakterisieren: weitestmögliche Wiedergabe der Wortfolge der Originalvorlage,
Berücksichtigung ihres syntaktischen Duktus, getreue metrische Gestaltung. Eine Ausnahme von der in den Horaz-Übersetzungen von Voß ansatzweise angewandten aus-
gangssprachenorientierten Methode scheint dennoch bei der Übersetzung der ersten
Pythie Pindars vorzuliegen, die 1777 im *Deutschen Museum* veröffentlicht wurde. Diese

---

121 Man betrachte auch die V. 3–4 in der Ramler'schen Übersetzung. Durch die Hinzufügung des
     Imperativs »zähm'« (V. 3) wird eine weitere (im Ausgangstext nicht vorhandene) Ermahnung in den
     deutschen Text eingegliedert, die den inhaltlichen Gehalt von »ab insolenti temperatam laetitia«
     wiedergeben soll (wobei im Originaltext *temperatam* – wie bereits davor *aequam* – prädikative
     Bestimmung zu *mentem* ist): »zähm' allen Übermuth der stolzen / Freude mit Weisheit [...]«. Das
     originale Korrespondenzspiel fällt auseinander; entstanden sind zwei parallele Aufforderungen,
     »erhalte dich« und »zähm'«, die wiederum verdeutlichende Umstellungen und Verschiebungen mit
     sich ziehen (man denke etwa an den Zusatz »mit Weisheit«, V. 4).

122 Zugleich ist aber auch das Streben Herzliebs nach einer erhabenen Diktion zu erkennen, man beachte
     etwa den Parallelismus »im Unglück [...] im Glück« (V. 1 und 2) samt der originalfremden
     Amplifikation »unberauscht vom Lärm / der wilden Fröhlichkeit«.

123 Degen, *Versuch einer vollständigen Litteratur* (1794), 203.

124 Anonym, *[Rez. zu] Horatius Flaccus Ode* (1781), 229. Diese Kritik bezieht sich zwar auf eine einzelne
     Stelle, entspricht dennoch dem gesamten Urteil der Rezension. Gleich zu Beginn gab der Rezensent
     folgenden lapidaren Kommentar an: Die Übersetzung »drückt wohl so ongefär die Gedanken des
     Dichters aus, aber der Geist ist verflogen. Die Sprache ist ängstlich, steif und nicht selten, ohne den
     Text zu rathe zu ziehen, fast ganz unverständlich« (*ibid.*, 228).

stellt wiederum die Bearbeitung einer früheren Vorlage aus den Göttingern Jahren dar, die Voß unter dem Titel *Pindars erster pythischer Gesang, an Hieron, den Aetnäer, aus Syrakus, mit dem Wagen* dem Gedichtband *Für Klopstock* (1773) beigelegt hatte. Vielerlei ist bemerkenswert an diesen Übersetzungsproben, vor allem, dass Voß sowohl in der früheren handschriftlichen Fassung (1773) als auch in der überarbeiteten publizierten Form (1777) in Bezug auf den Originaltext eigenständig verfuhr. Eine solche Selbstständigkeit erfolgte zunächst im Kontrast zu den Forderungen Heynes, der Voß' akademischer Lehrer in Göttingen war und, wie schon oben erwähnt, zur selben Zeit als Pindar-Herausgeber hervortrat. Heyne wurden von Voß einige Pindar-Übersetzungsproben, u. a. die erste *Pythie*, mit der Bitte um Kritik vorgelegt, seine Rückmeldung konnte jedoch den jungen Voß nicht zufrieden stellen. So schreibt Voß an Brückner:

> Er [*i. e.* Heyne] war ganz außerordentlich zufrieden damit, ja er sagte gar, daß keine Sprache der deutschen in Übersetzungen nachkommen könnte. Allein hieraus kann ich zu meiner Beruhigung doch nichts weiter schließen, als daß ich treu übersetzt habe. Ob mein Deutsch aber das für uns sei, was Pindars Griechisch für sein Vaterland war, ob in gleichem Verhalte die Kühnheiten, die ungewöhnlicheren Wörter, die kurzen Sätze, ob eben der Periodenschwung, eben die Ideenordnung in meiner Übersetzung sei; das – versteht Heyne nicht.[125]

Aus diesen Äußerungen lässt sich ein verblüffender Schluss ziehen, der die oben dargelegten Befunde zu widerlegen scheint: Voß war bei der Wiedergabe des Pindar'schen Originals von der Bemühung geleitet worden, eine Analogie der Wirkung zu erreichen, bzw. ein deutsches Pendant dessen darzustellen, »was Pindars Griechisch für sein Vaterland war«. Für diese Diskrepanz zwischen den Übersetzungen Horaz' und Pindars lieferte Voß selbst eine Erklärung: Während Horaz' *Oden* einen »feinen, abgezirkelten Plan« besitzen, könnten Pindars *Epinikia* »auch nicht nachgeahmt werden, weil solche Gelegenheiten uns ganz und gar fehlen«. Er fuhr wie folgt fort: »Das waren noch Dichterzeiten, da der Dichter in Olympia oder Delphi vor der Versammlung Griechenlands selbst seine Lieder mit dem gesamten Chor absang, und damit den Tanz und Leyerklang vereinte. Ein ordentlicher Plan würde hierbei schlecht gestanden haben«[126]. Schwierigkeiten wurden also dem jungen Übersetzer von der Auffassung des pragmatischen Kontextes der Pindar-Performance bereitet, was wiederum von dem dithyrambischen Pindar-Bild der Geniezeit herrührt. Der Ausweg aus dieser rezeptionsbedingten Übersetzungsschwierigkeit erfolgte durch die explizite Anlehnung an die Poetik Klopstocks, der wegen des schwungvollen Stils seiner freirhythmischen Kompositionen von der zeitgenössischen Rezeption als »deutscher Pindar«[127] wahrgenommen wurde. Diese Auffassung teilte (allerdings kurzzeitig) auch der junge Voß, der dabei sogar Klopstocks Lyrik Überlegenheit bescheinigte (»Größer als Klopstock ist Pindar doch nicht; ich mag es noch nicht sagen, dass er schlechter ist«[128]) und

---

125 Voß an Brückner, 24.2.1773, in: *Briefe* I, 129.

126 *Ibid.*

127 Vgl. Fantoni (2009), 33 u. 79.

128 Zitat entnommen aus: Herbst (1872), I, 78.

daher auf Klopstock'sches Stilreservoir zurückgriff, um Pindar wirkungsäquivalent zu
übersetzen. Dementsprechend wurden, sowohl in der Vorfassung als auch in der veröffentlichten Übersetzung 1777, die Daktyloepitriten Pindars durch freie Rhythmen
wiedergegeben, was, über den Einfluss Klopstocks hinaus, zugleich ein Zeichen der
zeitgenössischen Ratlosigkeit der Pindarischen Metrik gegenüber war.[129]

Da der Text dieser Übersetzungsproben bereits anderweitig analysiert wurde,[130]
beschränkt sich die Analyse an dieser Stelle auf den Aspekt der zielsprachlichen lexi-
kalischen Arbeit: Zum einen geht es dabei um die in der *Pythie* vollzogene Rehabilitierung älteren Sprachgutes, zum anderen um das (vor allem in der Veröffentlichung aus
dem Jahre 1777 dokumentierte) auffällige Vorkommen von Nominalkomposita. Das
sprachgeschichtliche Interesse, das bereits im ersten Teil des vorliegenden Aufsatzes als
bezeichnend für die Tätigkeit des jungen Voß dargestellt wurde, lässt sich an dem steten Rückgriff auf Archaismen zurückverfolgen, der die Übersetzungssprache durch-
läuft. Es folgen einige Beispiele aus der Fassung 1773: »wann«[131] (V. 6) für *wenn*;
»ruchtbar«[132] (V. 31) für *bekannt*; »Waller«[133] (V. 47) für *Wallfahrer*; »Leu-
mund«[134] (V. 170) für *Ruf*; der in Klopstocks Werk häufig auftretende Minnesang-
Ausdruck »Wonne«[135] (V. 112 in dem Kompositum »Triumphiererwonne«) für
Freude. Diese Tendenz entsprang spezifischen Überlegungen zur Übersetzungs-
methodik Pindar'scher Lyrik: Um Pindar »eben so verständlich, auch eben so stark
und kühn im Deutschen zu liefern, als er im Griechischen ist«[136], versuchte Voß ältere,
»durch das verwünschte Latein und Französisch«[137] verloren gegangene Sprach-
schichten zunächst in die eigene Übersetzungssprache wieder einzuführen. Denn –
und hier zeigt sich die belebende Funktion des Übersetzens für die deutsche
Dichtersprache – »[d]urch eine Pindarische Übersetzung müßten sich die meisten,
wenigstens die besten wieder herstellen lassen«[138]. Diese programmatische Aussage

---

129 So Voß 1773 in einem Brief an Brückner: »Ich studire jetzt das alte griechische Sylbenmaß, um zu
sehen, wie ich daran bin. In demselben Sylbenmaße halt' ich's bei der Länge der Pindarischen Strophe
für unmöglich, gut zu übersetzen. Der griechische Vers scheint bisweilen nur für diese Stellung der
Wörter, für diese Mischung von Laut- und Stummbuchstaben vortreflich. Wie kann ich dies alles
übertragen? Aber nähern kann man den deutschen freien Vers dem Klange des Urbildes [...]«, Voß
an Brückner, 7. 3. 1773, in: *Briefe* I, 133.
130 Die Sonderstellung der *Pythie*-Übersetzung innerhalb des Voß'schen Übersetzungswerkes wurde
bereits in Fantino (2008) dargelegt und auch in Fantino (2012) kursorisch aufgegriffen. Außerdem
werden in meiner Dissertation (vgl. Anm. 1) die Pindar-Übersetzungen des jungen Voß in Rahmen
eines eigenen Kapitels erörtert. Des Weiteren behandelt auch Martin Vöhler (in seiner Studie über
die deutsche Pindar-Aneignung von Erasmus bis Herder) die *Pythie*-Übersetzung Voß' (allerdings nur
in ihrer veröffentlichten Fassung 1777), vgl. Vöhler (2005), 141–143.
131 DWB, 27, 1875 ff.
132 DWB, 14, 1341.
133 DWB, 27, 1296–1299.
134 DWB, 12, 835–847.
135 DWB, 30, 1425 f.
136 Voß an Brückner, 24. 2. 1773, in: *Briefe* I, 130.
137 *Ibid.*
138 *Ibid.*

zählt zu Voß' seltenen Äußerungen über das enge Wechselspiel zwischen Sprach- und Übersetzungsarbeit und ist, wiederum über den vermittelnden Einfluss Klopstocks auf Voß,[139] den Grundsätzen von Bodmer und Breitinger verpflichtet: »[G]eschickte Scribenten und Übersetzer, welche die Sprachen als Hülffs-Mittel zur Fortpflantzung der Weißheit und Erkenntniß besorgen«, waren von diesen aufgefordert worden, »statt der so gewohnten matten und seichten Umschreibungen, die Begriffe mit nachdrücklichen deutschen Wörtern kräftig auszudrücken, und dieselben aus dem Staube der Vergessenheit hervorzuziehen«[140]. Dieses Prinzip machte sich Voß zu eigen und zeigt hierbei erneut seine poetologische Verbundenheit zur ihm vorangegangenen Tradition.

Eine weitere Stufe der Klopstock-Nachfolge lässt sich am Beispiel der Nominalkomposita verdeutlichen, die vor allem die zweite Fassung der *Pythie* 1777 prägen.[141] Allein der Beginn der Ode enthält mehrere nominale Neologismen:

Χρυσέα φόρμιγξ, Ἀπόλλω-
   νος καὶ ἰοπλοκάμων
Σύνδικον Μοισᾶν κτέανον·
Τᾶς ἀκούει μὲν βάσις, ἀγλαΐας ἀρχὰ,
Πείθονται δ' ἀοιδοὶ σάμασιν,
Ἁγησιχόρων ὁπόταν τῶν φροιμίων
Ἀμβολὰς τέχνης ἐλελιζομένα.
(ed. Heyne, 1773)[142]

Goldne Harfe Apollons,
Der violenlockigen Musen Lenkerin ihm!
Welcher der Tanz, der Freudenfürst,
Und der mitertönende Chor gehorcht,
Wann du den Reigengesängen
Mit Herrscherstimme voranhallst.

Solche Wortschöpfungen – »Freudenfürst«, V. 3; »Reigengesängen«, V. 5; »Herrscherstimme«, V. 6 – wurden zum Stilträger der *Pythie* 1777[143] und somit zum erneu-

---

139 Klopstocks eigenen Bemühungen um die Reaktivierung älterer Sprachschichte sind eine Reihe dichterischer Wörter zu verdanken, wie etwa: »Schöne«, das bereits erwähnte »Wonne« und seine Komposita, »Waller«, »Kühr«, »Hüter«, »Geleiter«, »Wager«, »Weidner«, »Begier«, »Einmuth«, »Ungesetzt«, »Halle«, »Hain«, »hehr« (Beispiele entnommen aus: Karl Ludwig Schneider [1965], 48).

140 Breitinger, *Fortsetzung der Critischen Dichtkunst* (1740), 211 f.

141 Zu diesem Zeitpunkt war Voß in Wandsbeck als Herausgeber des *Musenalmanachs* tätig; dadurch ergab sich ein intensiverer Kontakt zu Klopstock in Hamburg (vgl. Herbst [1872], 182 f.). Trotz Voß' allmählicher Hinwendung zu altphilologischen Studien (vgl. die gelehrte, an Heyne gerichtete Pindar-Abhandlung, die der Veröffentlichung beigelegt wurde) ist die *Pythie* 1777 noch stark der Übersetzungskonzeption der Vorfassung (1773) verpflichtet, weswegen ich sie zu der Gruppe der Göttinger Übersetzungsproben zähle.

142 Heyne (1773), 184 f.

143 Ein Vergleich mit der handschriftlichen Fassung der *Pythie* (1773) zeigt, dass die Neigung zur Nominalzusammensetzung erst in der Fassung von 1777 zur Geltung gekommen ist. Vgl. den Eingang der Ode in der früheren Vorlage: »Goldene Leyer! / Apollons und gesangbegleitende / Habe der

ten Ausdruck der Nähe des jungen Voß zum Pindar-Bild der Geniezeit, die (wie oben
dargelegt) vom *carmen* IV 2 des Horaz die Vorstellung der Verknüpfung zwischen der
Prägung von Neologismen und dem dithyrambischen Rhythmus (*per audacis nova
dithyrambos / verba devolvit numerisque fertur / lege solutis*[144]) abgeleitet hatte. Diese
Voß'schen Gelegenheitsbildungen finden öfters keine Entsprechung im Originaltext
und können daher nicht als Treuebekenntnis zum Pindar'schen Text gelten. Sie wurden
von Voß ans Versende gestellt und im weiteren Verlauf der Ode häufig durch Ausrufe-
zeichen betont; meist faßten sie in sich längere Syntagmen des Ausgangstextes zusammen. Sie dienten daher, in Fortsetzung des Klopstock'schen »Stilprinzip[s] der
Kürze«[145], dem Ideal einer semantisch-syntaktischen Verdichtung und waren, auf die
Terminologie Bodmers und Breitingers zurückgreifend, »Machtwörter« (»Man versteht [...] durch Machtwörter [...] solche, die einen weitläufigsten und in allen Stücken
genau ausgemachten Begriff bezeichnen, welche hiemit viel gedencken lassen, und ein
Ding mit besonderem Nachdruck zu verstehen geben«[146]).

Im Voß'schen Übersetzungswerk blieb die Pindar-Übersetzung mit ihren ex-
tremen, transponierenden Zügen ein Einzelfall (außerdem beschäftigte sich Voß nach
1777 nicht mehr mit den *Epinikia*). Die Neigung zur Sprachschöpfung zeigt sich
jedoch auch in seinen späteren Übersetzungsarbeiten, man denke an die Prägung deutscher adjektivischer Komposita zur Wiedergabe Homerischer Epitheta.[147] Hierbei
waren allerdings adjektivische und nominale Zusammensetzungen Bedingung und
gleichzeitig Folge der sprachmimetischen Homer-Aneignung und nicht mehr eigenständiger Versuch der dichterischen Transformation, wie im Falle der Pindar-
Übersetzung. Das Erstaunliche an der *Pythien*-Übersetzung ist, dass Voß erst in der
Auseinandersetzung mit Pindar auf das Stilmittel der Wortbildung zurückgriff, das, wie
oben gesagt, in der älteren Generation (von Klopstock über Pyra und Lange zurück bis
zu den theoretischen Arbeiten der Schweizer) im Kontext der deutschen Horaz-
Aufnahme aufgekommen war. Dies kann als weiterer Beleg für die Kanonizität Horaz'scher Lyrik in Voß' frühem Werk gelten.

4.

Schwankungen zwischen eigenständiger Innovation und Verpflichtung gegenüber der
Tradition, die sich über Klopstock bis in die vierziger Jahre des 18. Jahrhunderts zurückverfolgen lässt, charakterisieren also die oben behandelten Übersetzungsproben
und auch das sonstige frühe (Übersetzungs-)werk Voß'. Über die Lektüre zeitgenössischer Autoren fand der junge Dichter zunächst Zugang zur antiken Lyrik; geleitet von

---

schwarzlockichten Musen du! / Welcher horchet der Tritt, der Beginn des Festes, / horchen die
folgenden Sänger, / wenn die chorführenden Vorspiel' / anhebt dein süßer Klang [...]«.

144 Hor. *carm.* IV 2,10–12.
145 Karl Ludwig Schneider (1965), 57.
146 Breitinger, *Fortsetzung der Critischen Dichtkunst* (1740), 50.
147 Vgl. das Belegmaterial bei Häntzschel (1977), 131–137.

den im Rahmen des Göttinger Studiums gewonnenen altphilologischen Kenntnissen, von einer ungewöhnlichen musikalisch-metrischen Begabung und von sprachgeschichtlichen Recherchen, erkannte er allmählich in der Übersetzung die Gattung, mit der er den kulturpädagogischen Zielen des *Göttinger Bundes* dienen konnte.

Im Laufe der darauf folgenden Jahre wendete sich Voß mit Entschiedenheit den homerischen Epen zu, auch hierbei zunächst von seinem Vorbild Klopstock beeinflusst, der mit dem *Messias* (1751–1773), in Hexametern gedichtet,[148] den Versuch unternommen hatte, auf christlicher Grundlage eine deutsche Epik zu begründen. Zur Intensivierung der Voß'schen Lektüre Homers trug aber auch die kritische Auseinandersetzung mit den Ergebnissen der englischen Homer-Forschung bei,[149] die den anfänglich in der zeitüblichen Auffassung von Homer als Muster naturnaher, genialer Dichtung gefangenen Voß zu einem »eigenständige[n] klassizistische[n] Urteil«[150] homerischer Dichtung hinführte. Die Folgen hiervon manifestierten sich dann in der epochalen Leistung der Homer-Übersetzung, die, wie eingangs zusammengefasst wurde, von der Überzeugung der ethischen Vorbildlichkeit der homerischen Botschaft ideell getragen und von dem Postulat der sprachlich-metrischen Mimesis methodisch gestützt wurde. Bei den Werken Homers liefen die Entwicklungslinien zusammen, die das Engagement des jungen Voß im Rahmen des *Göttinger Hains* charakterisiert hatten: der Aufbau eines utopischen kulturpädagogischen Dichtungsprojektes als Erhebungsversuch des protestantischen Deutschlands über die römisch-katholischen Kulturnationen (vgl. den ersten Teil des vorliegenden Aufsatzes); das Bekenntnis zum metrischen Prinzip als Gegenpol zu transponierenden Übersetzungsstrategien französischer Prägung (vgl. den zweiten Teil); der Gedanke der Spracharbeit als Mittel zur dynamisierenden Verstärkung der verarmten deutschen Dichtersprache (vgl. den dritten Teil).

»Das Studium der Alten soll Humanität, Veredelung dessen, was den Menschen erhebt, abzwecken«[151]: Mit diesem Zitat wurde zu Beginn vorliegenden Beitrages die Voß'sche Antike-Aneignung charakterisiert. Ansätze dieser normativen Einstellung waren bereits in Voß' Studentenzeit in Göttingen zu erkennen und entfalteten sich zunächst in Wechselwirkung mit der deutschen zeitgenössischen Literatur. Die Arbeit des jungen Übersetzers an Horaz' *carmina* darf daher als Vorstufe zur rigoristischen

---

148 Freilich handelte es sich auch hierbei um eine deutsche Adaptation des antiken Hexameters, wie dies schon bei den lyrischen Versmaßen der Fall war. Vgl. zu diesem Themenkomplex Couturier-Heinrich (2004), 71 f.

149 Dies erfolgte zunächst anlässlich der Arbeit an der Übersetzung des Werkes *Enquiry into the Life and Writings of Homer* von Thomas Blackwell (London 1735), die Voß noch in Göttingen in Auftrag genommen hatte (sie erschien dann 1776 in Leipzig unter dem Titel *Untersuchungen über Homers Leben und Schriften. Aus dem englischen des Blackwells übersetzt*). In dieser Arbeit werden Homers Verse in einer Fassung wiedergegeben, die dem Übersetzungsduktus der Homer-Übersetzung 1781 sehr ähnelt (einige Verse werden in die *Odüßee* unverändert übernommen). So schreibt 1775 Rudolf Boie an Ernestine: »Voß hat bei seiner Übersetzung [*i. e.* des Blackwell] viele Verse aus dem Homer herrlich übersetzt, ich möchte wohl den ganzen Homer von ihm sehen« (Zitat übernommen aus: Kelletat [1949], 14).

150 Häntzschel (1977), 41.

151 Voß an Sigmund Freiherrn von Reitzenstein, 7.4.1807, in: Hummel (1996), 287.

Methode gelten, die der späteren Übersetzung Homers zugrunde lag. Das humanistische Konzept, auf welchem Voß das »Studium der Alten« aufbaute, stellt also den Endpunkt eines Prozesses dar, der sich zunächst in der übersetzerischen Nachahmung Horaz'scher Lyrik abgezeichnet und in Auseinandersetzung mit den homerischen Epen radikal verschärft hatte.

Literaturverzeichnis

Quellen

Adelung, Johann Christoph, *Deutsche Sprachlehre: zum Gebrauche der Schulen in den Königl. Preuss. Landen*, Berlin 1781.

Anonym, *[Rezension zu:] Horatius Flaccus Oden, übersetzt und mit Anmerkungen begleitet von C. F. K. Herzlieb, 1. Theil,* in: *Allgemeine deutsche Bibliothek* 1 (1788), 228–232.

Bentley, Richard, *Q. Horatius Flaccus*, 3. Aufl., Amsterdam 1728.

Böttiger, Karl August, *Literarische Zustände und Zeitgenosse*, Bd. 1, Leipzig 1838.

Breitinger, Johann Jacob, *Critische Dichtkunst*, 2 Bde., Zürich 1740 (ND Hildesheim/New York 1971).

Degen, Johann Friedrich, *Versuch einer vollständigen Litteratur der deutschen Übersetzungen der Römer*, Bd. 1, Altenburg 1794.

Herder, Johann Gottfried, »Von der horazischen Ode« (1767), in: *Werke*, Bd. 1: *Frühe Schriften 1764–1772*, hg. v. Ulrich Gaier, Frankfurt a. M. 1985, 456–475.

Herzlieb, Christian Friedrich Karl, *Oden des Horatius Flaccus. Uebersetzt und mit Anmerkungen begleitet von Christian Friedrich Karl Herzlieb, Domprediger zu Brandenburg*, 2 Bde., Stendal 1787–1788.

Herzlieb, Christian Friedrich Karl, Killy, Walther/Schmidt Ernst A. (Hgg.), *Oden und Epoden. Lateinisch und Deutsch. Q. Horatius Flaccus. Übersetzt von Christian Friedrich Karl Herzlieb und Johann Peter Uz*, hg. v. Walther Killy u. Ernst A. Schmidt, Zürich/München 1981.

Heyne, Christian Gottlob, *Pindari carmina et fragmenta*, Göttingen 1773.

Hummel, Adrian (Hg.), *Johann Heinrich Voß. Ausgewählte Werke*, Göttingen 1996.

Jani, Christian David, *Q. Horatii Flacci Opera*, Bd. 1, Leipzig 1778.

Lübbering, Anton, *»Für Klopstock«. Ein Gedichtband des Göttinger >Hains<, 1773: nach der Handschrift im Hamburger Klopstock-Nachlaß, zum erstenmal herausgegeben*, Tübingen 1957.

Luther, Martin, *Sendbrief vom Dolmetschen* (1530), in: *Das Problem des Übersetzens*, hg. v. Hans Joachim Störig, Darmstadt 1963, 14–32.

Ramler, Karl Wilhelm, *Oden aus dem Horaz*, Berlin 1769.

Ramler, »An den Quintus Dellius. Horazens dritte Ode des zweyten Buchs«, in: *Berlinische Monatschrift*, November 1785, 385–389.

Schadewaldt, Wolfgang, *Sophokles Elektra*, Stuttgart 1964.

Voß, Abraham, *Johann Heinrich Voss. Briefe nebst erläuternden Beilagen*, 3 Bde., Halberstadt 1829–1832 (ND Hildesheim/New York 1971).

Voß, Johann Heinrich, »Pindars erster pythischer Gesang, an Hieron, den Aetnäer, aus Syrakus, mit dem Wagen«, in: Lübbering (1957, s. d.), 79–82.

Voß, Johann Heinrich, »Horaz. An Dellius«, in: Kahl (2006, s. d.), 118–120.

Voß, Johann Heinrich, »Pindaros erster püthischer Chor; nebst einem Briefe an Herrn Hofrath Heyne«, in: *Deutsches Museum* 1 (1777), 78–93.

Voß, Johann Heinrich, *Homers Odüßee*, Hamburg 1781.

Voß, Johann Heinrich, *Homers Werke. Ilias und Odyssee*, 4 Bde., Altona 1793 (Königsberg ²1802; Tübingen ³1806; Stuttgart/Tübingen ⁴1814; Ebd. ⁵1821).

Voß, Johann Heinrich, *Lyrische Gedichte*, Königsberg 1802.

Voß, Johann Heinrich, *Zeitmessung der deutschen Sprache*, Königsberg 1802.

Voß, Johann Heinrich, *[Rezension zu:] Lehr-Plan für alle kurpfalzbayerischen Mittel-Schulen, oder für die sogenannten Real-Klassen (Prinzipien), Gymnasien und Lyceen* (1805), in: Hummel (1996, s. d.), 263–286.

Voß, Johann Heinrich, *Brief an Sigmund Freiherrn von Reitzenstein* (1807), in: Hummel (1996, s. d.), 287–304.

Walther von der Vogelweide, *In dieser Welt Geht's seltsam zu. Die Gedichte*. hg. v. Hubert Witt und Ursula Schulz, München 1984.

Weiße, Christian Felix, *[Rezension zu:] Die Werke des Horaz, aus dem Lateinischen übersetzt: Erster Theil, welcher die Oden enthält. Anspach 1773*, in: *Neue Bibliothek der schönen Wissenschaften und freyen Künste*, 16, 1 (1774).

Sekundärliteratur

Apel, Friedmar, *Sprachbewegung. Eine historisch-poetologische Untersuchung zum Problem des Übersetzens*, Heidelberg 1982.

Apel, Friedmar/Kopetzki, Annette, *Literarische Übersetzung*, Stuttgart ²2003.

Baudach, Frank/Häntzschel, Günther (Hgg.), *Johann Heinrich Voß (1751–1826). Beiträge zum Eutiner Symposium im Oktober 1994*, Eutin 1997.

Baudach, Frank/Pott, Ute, »*Ein Mann wie Voß…«. Ausstellung der Eutiner Landesbibliothek, des Gleimhauses Halberstadt und der Johann-Heinrich-Voß-Gesellschaft zum 250. Geburtstag von Johann Heinrich*, Bremen 2001.

Blitz, Hans Martin, »›Gieb, Vater, mir ein Schwert!‹. Identitätskonzepte und Feindbilder in der ›patriotischen‹ Lyrik Klopstocks und des Göttinger ›Hain‹«, in: *Machtphantasie Deutschland. Nationalismus, Männlichkeit und Fremdenhaß im Vaterlandsdiskurs deutscher Schriftsteller des 18. Jahrhunderts*, hg. v. Hans Peter Herrmann, Hans-Martin Blitz u. Susanna Moßmann, Frankfurt a. M. 1996, 80–122.

Blitz, Hans Martin, *Aus Liebe zum Vaterland. Die deutsche Nation im 18. Jahrhundert*, Hamburg 2000.

Cölln, Jan, »Die Rezeption der Antike in deutschen Übersetzungen des 18. und 19. Jahrhunderts«, in: *Übersetzung. Translation. Traduction. Ein internationales Handbuch zur Übersetzungsforschung*, hg. v. Harald Kittel, 2. Teilband, Berlin/New York 2007, 1752–1757.

Couturier-Heinrich, Clémence, *Aux origines de la poésie allemande. Les théories du rhythme des Lumières au Romantisme*, Paris 2004.

Crusius, Friedrich, *Römische Metrik. Eine Einführung*, Neu bearb. von Hans Rubenbauer, Hildesheim/Zürich/New York 2008.

Debrunner, Albert Maurice, *Das güldene schwärliche Alter. J. J. Bodmer und das Mittelalter als Vorbildzeit im 18. Jahrhundert*, Würzburg 1996.

Elit, Stefan, »Übersetzen als internationaler Dichterwettstreit. Klopstocks Übersetzung Horazischer Oden als doppelter poetischer Überbietungsversuch«, in: *Tradita et Inventa. Beiträge zur Rezeption der Antike*, hg. v. Manuel Baumbach, Heidelberg 2000, 281–295.

Elit, Stefan »*Die beste aller möglichen Sprachen der Poesie*«: *Klopstocks wettstreitende Übersetzungen lateinischer und griechischer Literatur*, St. Augustin 2002.

Espagne, Michel, »Voss, Wolf, Heyne und ihr Homerverständnis«, in: *Transformationen antiker Wissenschaften*, hg. v. Hartmut Böhme u. Georg Toepfer, Berlin/New York 2010, 141–156.

Fantino, Enrica, »La ricezione di Pindaro e di Klopstock nell' opera giovanile di Johann Heinrich Voß: alcune riflessioni sulla traduzione della prima *Pitica* pindarica, con particolare attenzione allo stilema della composizione nominale«, in: *STUDI E RICERCHE. Quaderni del Dipartimento di Scienze del linguaggio e letterature moderne e comparate dell'Università di Torino* 2 (2007), 137–167.

Fantino, Enrica, »Nachahmung und Aneignung antiker Literatur am Ende des 18. Jahrhunderts in Deutschland: Einige Überlegungen zum Übersetzungswerk von Johann Heinrich Voß«, in: *Intrecci di lingue e culture. Festschrift per sandra Bosco Coletsos,* hg. v. Lucia Cinato, Marcella Costa u. Donatella Ponti, Rom 2012, 97–118.

Fantoni, Francesca, *Deutsche Dithyramben: Geschichte einer Gattung im 18. und 19. Jahrhundert*, Würzburg 2009.

Faulstich, Katja, *Konzepte des Hochdeutschen: Der Sprachnormierungsdiskurs im 18. Jahrhundert*, Berlin 2008.

Friedrich, Hans-Edwin, »Volksverführer, Franzosennachäffer, Weisheitsgaukler« – Zensur als ästhetischer Akt. Wieland und der Göttinger Hain«, in: *Zensur im Jahrhundert der Aufklärung. Geschichte – Theorie – Praxis*, hg. v. Wilhelm Haefs, York-Gothart Mix, Göttingen 2007, 189–202.

Gabriel, Norbert, *Studien zur Geschichte der deutschen Hymne*, München 1992.

Graeber, Wilhelm, »Blüte und Niedergang der belles infidèles«, in: *Übersetzung. Translation. Traduction. Ein internationales Handbuch zur Übersetzungsforschung*, hg. v. Harald Kittel, 2. Teilbd., Berlin/New York 2007, 1520–1531.

Grimm, Jacob/Grimm, Wilhelm, *Deutsches Wörterbuch* (Elektronische Ausgabe der Erstbearbeitung, bearbeitet von H.-W. Bartz u. a.), Frankfurt a. M. 2004.

Haase, Fee-Alexandra, *Christian Gottlob Heyne (1729–1812). Bibliographie zu Leben und Werk (Gedruckte Veröffentlichungen, Zeitgenössische Schriften zu seiner Rezeption, Forschungsliteratur)*, Heidelberg 2002.

Häntzschel, Günther, *Johann Heinrich Voß. Seine Homer-Übersetzung als sprachschöpferische Leistung*, München 1977.

Haß-Zumkehr, Ulrike, *Deutsche Wörterbücher: Brennpunkt von Sprach- und Kultur-geschichte*, Berlin/New York 2001.

Henkel, Arthur, »Der deutsche Pindar. Zur Nachahmungsproblematik im 18. Jahr-hundert«, in: Killy (1981a, s. d.), 173–191.

Herbst, Wilhelm, *Johann Heinrich Voss*, 2 Bde., Leipzig 1872–1876 (ND Bern 1970).

Hummel, Adrian, »Bürger Voß. Leben, Werk und Wirkungsgeschichte eines schwieri-gen Autors«, in: Mittler/Tappenbeck (2001, s. d.), 137–167.

Hummel, Adrian, »Johann Heinrich Voß: Odüßee 1781 – Von der homerischen zur bürgerlichen Gesellschaftsutopie«, in: *Odysseen 2001. Fahrten – Passagen – Wan-derungen*, hg. v. Walter Erhart u. Sigrid Nieberle, München 2003, 51–70.

Kahl, Paul, *Das Bundesbuch des Göttinger Hains. Edition – Historische Untersuchung – Kommentar*, Tübingen 2006.

Kelletat, Alfred, *Voss und die Nachbildung antiker Metren in der deutschen Dichtung. Ein Beitrag zur deutschen Versgeschichte seit Klopstock*, Diss. Tübingen 1949 [masch.].

Kelletat, Alfred (Hg.), *Der Göttinger Hain. Hölty-Miller-Stolberg-Voß*, Stuttgart 1967.

Killy, Walter (Hg.), *Geschichte des Textverständnisses am Beispiel von Pindar und Horaz* [...], München 1981a.

Killy, Walther, »Über den deutschen Horaz« (1981b), in: Killy (1981a, s. d.), 243–259.

Killy, Walther, »Die Geschichte des deutschen Horaz« (1981c), in: Herzlieb (1981, s. d.) Killy, Walther/Schmidt, Ernst A. (ed.), *Q. Horatius Flaccus* (1981), 23–57.

Kitzbichler, Josefine, »Nach dem Wort, nach dem Sinn. Duale Übersetzungstypo-logien«, in: *Übersetzung und Transformation*, hg. v. Hartmut Böhme, Christoph Rapp u. Wolfgang Rösler, Berlin/New York 2007, 31–45.

Kitzbichler, Josefine, *Poetische Vergegenwärtigung, historische Distanz. Johann Gustav Droysens Aristophanes-Übersetzung (1835/38)*, Berlin 2014.

Kitzbichler, Josefine/Lubitz, Katja/Mindt, Nina, *Theorie der Übersetzung antiker Lite-ratur in Deutschland seit 1800*, Berlin/New York 2009.

Korten, Lars/Menninghaus, Winfried/Stenger, Jan/Wißmann, Friederike, »Metrum, Rhythmus, Melodie. ›Der Maiabend‹ von Johann Heinrich Voß und Fanny Hen-sel«, in: *Poetica* 43 (2011), 81–102.

Košenina, Alexander, »Ein deutscher Horaz? Karl Wilhelm Ramler in der zeitgenös-sischen Rezeption«, in: *Urbanität als Aufklärung. Karl Wilhelm Ramler und die Kultur des 18. Jahrhunderts*, hg. v. Laurenz Lütteken, Ute Pott u. Carsten Zelle, Göttingen 2003, 129–152.

Krämer, Olav, »›... der Zeit entflohn‹ – Das Zeitliche und das Ewige in der Ge-schichtsauffassung von Johann Heinrich Voß«, in: Mittler/Tappenbeck (2001, s. d.), 215–261.

Kranefuss, Annelen, »Klopstock und der Göttinger Hain«, in: *Sturm und Drang. Ein literaturwissenschaftliches Studienbuch*, hg. von Walter Hinck, Kronberg 1978, 134–162.

Leonhardt, Jürgen, »Ramlers Übersetzungen antiker Texte«, in: *Urbanität als Aufklärung. Karl Wilhelm Ramler und die Kultur des 18. Jahrhunderts,* hg. v. Laurenz Lütteken, Ute Pott u. Carsten Zelle, Göttingen 2003, 323–353.

Lohmeier, Dieter/Schmidt-Tollgreve, Urs/Trende, Frank (Hgg.), *Heinrich Christian Boie – Literarischer Mittler in der Goethezeit,* Heide 2008.

Marquardt, Marion, »Johann Heinrich Voß – ein Bürger ohne Republik«, in: *Johann Heinrich Voss. Kulturräume in Dichtung und Wirkung,* hg. v. Andrea Rudolph, Dettelbach 1999, 1–18.

Mittler, Elmar/Tappenbeck, Inka (Hgg.), *Johann Heinrich Voß. 1751–1826. Idylle, Polemik und Wohllaut,* Göttingen 2001.

Müller, Jan-Dirk, »J. J. Bodmers Poetik und die Wiederentdeckung mittelhochdeutscher Epen«, in: *Euphorion* 71 (1977), 336–352.

Münzberg, Franziska, *Die Darstellungsfunktion der Übersetzung. Zur Rekonstruktion von Übersetzungsmodellen aus dem 18. Jahrhundert,* Frankfurt a. M. 2003.

Schmidt, Ernst A., »Horaz und die Erneuerung der deutschen Lyrik im 18. Jahrhundert«, in: *Zeitgenosse Horaz. Der Dichter und seine Leser seit zwei Jahrtausenden,* hg. v Helmut Krasse u. Ernst A. Schmidt, Tübingen 1996, 255–310.

Schmidt, Jochen, *Die Geschichte des Genie-Gedankens in der deutschen Literatur, Philosophie und Politik 1750–1945,* 2 Bde., Heidelberg ³2004.

Schmidt, Wolf Gerhard, »*Homer des Nordens*« und »*Mutter der Romantik*«. James Macphersons Ossian *und seine Rezeption in der deutschsprachigen Literatur,* 4 Bde. (Bd. 4 gemeinsam mit Howard Gaskill), Berlin/New York 2003/04.

Schmidt-Tollgreve, Urs, *Heinrich Christian Boie. Leben und Werke,* Husum 2004.

Schneider, Helmut J., »Johann Heinrich Voß und der Neuhumanismus«, in: Baudach/Häntzschel (1997, s. d.), 207–218.

Schneider, Joh. Nikolaus, *Ins Ohr geschrieben. Lyrik als akustische Kunst zwischen 1750 und 1800,* Göttingen 2004.

Schneider, Karl Ludwig, *Klopstock und die Erneuerung der deutschen Dichtersprache im 18. Jahrhundert,* Heidelberg 1965.

Schrader, Hans-Jürgen, »Mit Feuer, Schwert und schlechtem Gewissen. Zum Kreuzzug der Hainbündler gegen Wieland«, in: *Euphorion* 78 (1984), 325–367.

Tgahrt, Reinhard (Hg.), *Weltliteratur. Die Lust am Übersetzen im Jahrhundert Goethes* (Ausstellung d. Deutschen Literaturarchivs im Schiller-Nationalmuseum Marbach am Neckar, 15. Mai bis 31. Oktober 1982), in Zusammenarbeit m. Ingrid Belke/Viktoria Fuchs/Huguette Herrmann/Irina Renz/Dieter Sulzer, Marbach a. N. 1982.

Till, Dietmar, *Das doppelte Erhabene. Eine Argumentationsfigur von der Antike bis zum Beginn des 19. Jahrhunderts,* Tübingen 2006.

Vöhler, Martin, *Pindarrezeptionen: sechs Studien zum Wandel des Pindarverständnisses von Erasmus bis Herder,* Heidelberg 2005.

Wicke, Amelie, *Die Dichter des Göttinger Hains in ihrem Verhältnis zur englischen Literatur und Ästhetik,* Göttingen 1928.

Zuber, Roger, *Les »Belles Infidèles« et la formation du goût classique,* Paris 1968.

Metrik als Tonkunst. Zur *Zeitmessung der deutschen Sprache* von Johann Heinrich Voß

LARS KORTEN

In einer anerkennenden Rezension der *Lyrischen Gedichte*[1] von Johann Heinrich Voß (4 Bde., 1802) hebt Johann Wolfgang Goethe das »unsterbliche[] Verdienst um die deutsche Rhythmik« hervor, das sich Voß erworben habe. Es sei ihm »das Geheimnis der Sylbenmaße« offenbar geworden, womit er »die innigste Vereinigung zwischen Poesie und Musik« erreicht und es schließlich nicht versäumt habe, dies »seinem Vaterlande auf praktischem und theoretischem Wege mitzuteilen.«[2] Die Aufrichtigkeit dieser Worte ist bis heute zweifelhaft, denn einige der Absätze wurden vom Sohn Heinrich Voß vorgeschrieben und von Goethe allenfalls stilistisch bearbeitet, womit die Rezension gemeinhin als Freundschaftsdienst gilt.[3] Zeitgenossen verstanden das Lob gar ironisch, was nach Voß' Tod im Jahr 1826 zu »literarischen Klatschereien« führte, die »von A. W. Schlegel kolportiert wurden und die Beziehung [...] zu Goethe in einem ungünstigen Licht erscheinen ließen.«[4]

Die Schwierigkeit, Goethes Stellungnahme einer zweifelsfreien Wertung zu unterziehen, sollte allerdings nicht davon abhalten, den Urteilsspruch selbst zu hinterfragen. Die vorderhand lobende Äußerung, Voß habe »die innigste Vereinigung zwischen Poesie und Musik« erreicht, ist erstaunlich, da Voß' Ruhm keineswegs auf der Erfüllung eines sympoetischen Dichter-Ideals gründet. Es scheint daher lohnend, die flankierende Veröffentlichung der *Zeitmessung der deutschen Sprache* (1802) hinsichtlich ihres möglichen Potentials als Dichtungsanleitung zur ›musikalischen Poesie‹ zu untersuchen. Eine solche Betrachtung wird sich zugleich den affekttheoretischen Voraussetzungen widmen müssen, da die für die Musikalisierung relevante Bewegung des Verses (*qua* Metrum und Rhythmus) immer auch eine Bewegung des Gemüts impliziert.[5]

---

1   Es handelt sich um die Bände 3 bis 6 der 1802 erschienenen *Sämtlichen Gedichte*: *Oden und Elegien* (Bd. 3), *Oden und Lieder* (Bde. 4, 5), *Oden und Lieder. Vermischte Gedichte. Fabeln und Epigramme*. (Bd. 6). Die Bände 1 und 2 enthalten das Versepos *Luise* und die *Idyllen*.

2   Johann Wolfgang Goethe, [*Johann Heinrich Voss: Lyrische Gedichte*], 576.

3   Ebd., 1138 f.

4   Houben, *J. P. Eckermann*, 372.

5   Der vorliegende Beitrag entstand im Rahmen des Projekts »Prosodie und Affekttheorie im 18. Jahrhundert« am Cluster »Languages of Emotion« der Freien Universität Berlin. Den Möglichkeiten zur Umsetzung metrischer Theorie in musikalische Praxis bei Johann Heinrich Voß und

1.

Als »Beilage zu den Oden und Elegieen« (Untertitel) erscheint Johann Heinrich Voß'
Zeitmessung der deutschen Sprache, der siebte Band seiner im Jahr 1802 veröffentlichten
Sammlung *Gedichte.* Eine grundlegende metrische Theorie war von Voß lange erwartet
worden, doch schon bald nach Erscheinen galten die daran geknüpften Erwartungen
als unerfüllt. Friedrich Schiller resignierte trotz bemühter Lektüre recht schnell:

> Hier sende ich Ihnen die Voßische Prosodie wieder, ich bin nicht weit darinn gekommen.
> Man kann sich gar zu wenig allgemeines daraus nehmen, und für den empirischen Ge-
> brauch, etwa zum Anfragen in zweifelhaften Fällen, wo sie vortrefliche Dienste thun könn-
> te, fehlt ihr ein Register, wo man sich das Orakel bequem hohlen könnte. Ihr Gedanke, sie
> zu schematisieren ist das einzige Mittel, sie brauchbar zu machen.[6]

›Schema‹ und Struktur der *Zeitmessung* lassen sich wie folgt darstellen. Die Abhandlung ist in neun (nicht nummerierte) Kapitel unterteilt: 1. Zeitmessung der deutschen
Sprache; 2. Von Dauer und Ton überhaupt; 3. Von der Länge; 4. Von der Kürze; 5. Von
der Mittelzeit; 6. Bestimmung der Mittelzeit; 7. Von der Tonstellung; 8. Vom
Zeitverhalt; 9. Vom Verse. Zu erwartende Ausführungen wie etwa zu Vers- und Sil-
benmaßen werden nicht eigens herausgestellt, vielmehr findet sich die titelgebende
»Zeitmessung« mit der Konzentration auf Dauer, Länge, Kürze, Mittelzeit und Zeitverhalt entsprechend zerteilt. Ton und Tonstellung sowie das Schlusskapitel »Vom
Verse« erhalten dagegen deutlich weniger Aufmerksamkeit.

(Kapitel 1–2) Auf welche Weise die Zeit als maßgebliche metrische Kategorie eingeführt wird, verdeutlichen die ersten Worte des Kapitels »Von Dauer und Ton überhaupt«:

> Die Silben unserer Sprache sind ungleich an Dauer und an Erhebung des Tons. Einige wer-
> den in jedem Zusammenhang anhaltender und stärker gehört; über andere fährt man
> schneller und mit gesenkter Stimme hinweg; noch andere halten gleichsam die Mitte, und
> werden unter Umständen gedehnt oder beschleuniget. Wir nennen die ersten *lang,* die
> zweiten *kurz,* und die dritten *mittelzeitig.*[7]

Der Kategorie ›Ton‹ wird demnach die der jeweiligen Silbe zugeordnete Sprech-In-
tensität zugewiesen (starke vs. gesenkte Stimme), während die ›Dauer‹ sich durch
anhaltende (lange), schnell hinwegfahrende (kurze) oder ›mittelzeitig‹ verweilende
Silbenzeit auszeichne. Längen vereinen zwei Zeiteinheiten, während Kürzen eine Zeiteinheit zugewiesen ist. Mittelzeitige Silben werden »aus ihrer natürlichen Dauer entweder verkürzt oder verlängert« und nehmen damit einen Zeitwert zwischen 1¼ bis
1¾ ein (49). Das Dreierschema des ›Zeitmaßes‹ (lang, mittelzeitig, kurz) korrespondiert mit dem ›Tonmaß‹, für das Voß den hohen Ton wie auch den tiefen Ton bei

---

Fanny Hensel widmet sich die Projektgruppe im Beitrag Korten/Wißmann/Stenger/Menninghaus
(2011). Ich danke den genannten Kollegen sowie Julia Baudisch, Paula Börger und Stefan Münnich
für wertvolle Hinweise und Ergänzungen.

6   Brief an Johann Wolfgang Goethe vom 20. Mai 1803: Schiller, *Briefwechsel,* 38.

7   Voß, *Zeitmessung der deutschen Sprache,* 9; Hervorhebungen im Text. – Zitate aus der *Zeitmessung* im
     Folgenden mit bloßer Seitenangabe.

Längen setzt (zu denken wie Haupt- und Nebenakzent), während die Kürzen mit
»gelassenem« Ton einhergehen, gleichsam tonlos sind.[8]

(Kapitel 3–6) Diese von Voß sehr knapp gehaltenen Grundsätze veranlassen ihn
im Folgenden, die Länge, Kürze und Mittelzeitigkeit einzelner Silben zu bestimmen.
›Baum‹ etwa sei lang, also zweizeitig, ›mir‹ mittelzeitig, ›es‹ mit einer Zeit kurz. Auf
rund hundert Seiten[9] werden weitere Beispiele genannt und die einzelnen Silben nach
ihrer Dauer vermessen, insbesondere auch ihre variable Zeiteinheit je nach Länge der
unmittelbar benachbarten Silben hervorgehoben. Entscheidend für Voß' Verständnis
von Dauer ist, dass diese Kategorie unabhängig von der Vokallänge einer Silbe zu verstehen ist, denn: »Beides, Dauer und Ton, ist größtentheils vom Begrif abhängig. Ein
Hauptbegrif, und in mehrsilbigen Worten der Begrif der Stammsilbe, giebt Länge,
[...].« (10)[10]

(Kapitel 7) Im Kapitel »Von der Tonstellung« erläutert Voß das Verhältnis von
Höhe und Tiefe des Tons bei Längen. Relevant wird dies vor allem für den von Voß
besonders geschätzten Spondeus, der (mit zwei Längen, also vier Zeiteinheiten) entweder vom tiefen zum hohen Ton steigend sei (»singt laut«, 127) oder aber vom hohen zum tiefen fallend (»Schnee lag«, 127); die Kombination von langer und mit-
telzeitiger Silbe gilt gleichfalls als spondeisch, etwa »Freundschaft« (127).

(Kapitel 8) Bestimmungen solcher Art versteht Voß nicht als primär zielführend
für die metrische Strukturierung eines ganzen Verses, sondern er wählt die kleinere
Einheit des ›Wortfußes‹ bzw. ›Zeitfußes‹, um das Phänomen der abwechselnden
Silbendauer (im Kapitel »Vom Zeitverhalt«) zu erläutern. Einzelne Worte und auch
kleinere Syntagmen machen den Wortfuß aus und führen auf diese Weise ein rhythmisches Eigenleben, das vom eigentlichen Metrum unterschieden wird. Dieses sei
angewiesen auf den »*Versfuß*, oder des Verses gleichgemessenen Schritt, der auch *Takt*
in der Sprache des Musikers heißt« (143 f., Hervorhebungen im Text). Voß nennt für
diese Unterscheidung Friedrich Gottlieb Klopstock als Gewährsmann, der die Tren-
nung von Wort- und Versfuß an einem wohlbekannten Hexameter veranschaulicht
hatte: »*Schreck*lich er*scholl* | der ge*flügel*te | *Don*nerge*sang* | in der *Heerschaar*.«[11]
Schon Klopstock zeigte für das überwiegend daktylische Metrum (Versfüße) kein
Interesse, da es als künstliche Versstrukturierung keine Wirkung entfalte: »Die in den
Wortfüßen versteckten künstlichen gehn den Zuhörer gar nichts an. Er hört sie nicht;
er hört nur die Wortfüße: und fällt, nach diesen allein, sein Urteil über den Vers.«[12]
Für Johann Heinrich Voß ist eine solche Unterscheidung Anlass, die als ›Versfuß‹
bekannten metrischen Einheiten als sowohl durch ihr Zeit- als auch das Akzentver-

---

8   Ebd., 39 f.: »Bei der Kürze ist ein gelassener Ton, den wir im Gegensaz des hoch oder tief gehaltenen
       Tonsigkeit nennen.«

9   Es handelt sich um die Kapitel: 3. Von der Länge; 4. Von der Kürze; 5. Von der Mittelzeit;
       6. Bestimmung der Mittelzeit.

10   Ganz plausibel kann Voß demnach behaupten, dass ›schmet-‹ in ›schmetterte‹ lang ist, ebenso
       ›Don-‹ in ›Donner‹ (180 f.).

11   Klopstock, *Vom deutschen Hexameter*, 131. Die Wortfüße des zitierten Verses sind also wie folgt zu
       schematisieren: – ◡ ◡ – | ◡ ◡ – ◡ ◡ | – ◡ ◡ – | ◡ ◡ – –.

12   Ebd.

hältnis charakterisierte ›Wortfüße‹ abzuhandeln, und zwar vom Jambus über den Trochäus, Spondeus, Amphibrachys bis hin zum Antispast.[13]

(Kapitel 9) Das Schlusskapitel »Vom Verse« nutzt die neuen Erkenntnisse, um zur nächstgrößeren Einheit der Versmaße überzugehen. Es kann nicht überraschen, dass Voß auch diese nach der Zeitmessung bestimmt, ein Versmaß also »[Silben-]An-reihung in genau abgezählten [Zeit-]Verhältnissen« (172) erfordere. Die mannig-faltigen Gestaltungen der Wortfüße mit Silbenverlängerung und -verkürzung je nach Wortfußkombination werden von Voß hinsichtlich des jeweils vorherrschenden Fußes erläutert, woraus dann beispielsweise ein jambisches, spondeisches oder choriambisches Versmaß resultiert. Das Kapitel endet mit der Ermunterung an alle Deklamatoren, Mut zu fassen und die metrischen Kenntnisse bei der Verslektüre zur Geltung zu bringen.

Wie lässt sich nun Schillers Kritik bewerten, man könne aus der *Zeitmessung* zu wenig Allgemeines ableiten, wohingegen die spezifischen Ratschläge unsystematisch aufbereitet und im Bedarfsfall annähernd unauffindbar seien? Zumindest der zweite Vorwurf ist nicht leicht von der Hand zu weisen. Ist etwa das Interesse des Dichters darauf gerichtet, sich über den Bau des jambischen Trimeters zu informieren, verwirrt sowohl die Kapiteleinteilung, die zumindest keinen eindeutigen Hinweis auf verhan-delte Versmaße liefert, als auch die Gesamtanlage des Buches, in dem der Jambus hin-sichtlich seines Tons, seiner Dauer (genauer: seiner Kürze, seiner Länge, seiner Mittel-zeitigkeit), mithin seines Zeitverhalts zur Geltung kommt. Sind die von Schiller erwähnten »Anfragen in zweifelhaften Fällen« jedoch auf die Bestimmung einer spe-zifischen Silbendauer gerichtet, ist zwar die Suche auf nur vier Kapitel zur Länge, Kür-ze, Mittelzeit und Bestimmung der Mittelzeit beschränkt, bleibt jedoch eine Lektüre von rund hundert Seiten, um dann festzustellen, dass etwa das Präfix ›ent-‹ in der Regel kurz ist (45), die Präposition ›auf‹ flüchtige (51) und das Pronomen ›mir‹ säumende Mittelzeit aufweist (53).

Nun handelt es sich bei der *Zeitmessung der deutschen Sprache* nicht um ein Hand-buch.[14] Die Schematisierung der Einzelfälle könnte zwar eine wünschenswerte Zusatz-leistung sein, ist aber von einer Studie, die die Bedeutung des Zeitmaßes für die deut-sche Dichtersprache in dieser Ausführlichkeit und Differenziertheit allererst hervor-

---

13   Während das siebte Kapitel »Von der Tonstellung« von den Akzentverhältnissen bei Metren mit mehreren Längen handelt (insbesondere bei Spondeen, aber auch beim Kretikus, – ◡ –, und beim Choriambus, – ◡ ◡ –), konzentriert sich das achte Kapitel »Vom Zeitverhalt« auf die Zeitver-hältnisse einzelner Silben zueinander. Ausgangspunkt ist wiederum die Beobachtung, dass die Zeit-verhältnisse einzelner Silben stark differieren, auch wenn ›typgleiche‹ Silben bislang als gleich lang gelten: »Wer den Jambus *Gewalt* und den Trochäus *walte* [sic] vergleicht, der hört, wie flüchtig dort die Kürze zur verbundenen Länge eilt, und wie stark die Länge, theils durch den Stoß der anliegen-den Kürze, theils weil nichts angehängtes ihr Austönen hemmt, gehoben wird. Er hört ferner, wie in *walte* die allein durch sich selbst, ohne äußere Mitwirkung, sich hebende Länge sogleich mit der an-haftenden Kürze wieder sinkt, und diese, da keine Nachfolgerin sie drängt mit Gemächlichkeit eilt. In dem ersten Zeitverhältnisse war leichter Aufschwung zur vollen Kraft, in dem lezten ist nach gelasse-ner Anstrengung ein schwähliches forthüpfen.« (141 f.; Hervorhebungen im Text).

14   Vgl. dagegen die Anlage etwa bei Hermann, *Handbuch der Metrik*: Drei Bücher (Von dem Rhythmus und den Versen überhaupt; Von den einfachen Versen; Von den aus verschiedenen Rhythmen zu-sammengesetzten Versen) sind in diverse Kapitel und insgesamt 439 Paragraphen unterteilt.

hebt, wohl nicht zwingend zu erwarten. Es bleibt der Vorwurf Schillers, man könne aus der Metrik von Voß »gar zu wenig allgemeines daraus nehmen«. Was Schiller hiermit im Sinn gehabt haben mag, kann kurz umrissen werden:[15] Schiller hat in der Diskussion mit August Wilhelm Schlegel zu dessen *Briefen über Poesie, Silbenmaß und Sprache* (1795) auf Erläuterungen zur physischen Genese des Rhythmus gedrängt. Im Rhythmus erkannte er eine anthropologische Konstante, nämlich »das Beharrliche im Wechsel«, womit sowohl das »Zeitmaß in seinen Bewegungen« wie auch die »Person« des Menschen (gegenüber seinem »Zustand«) beschrieben werden könne.[16] Derart grundlegend äußert sich Voß tatsächlich nicht, doch ist Schillers Kritik damit nicht vorschnell bestätigt: Vielmehr gilt es, die metrischen Innovationen der *Zeitmessung* als solche zu benennen und Voß' kunsttheoretischen Ansatz hervorzuheben, der über ein technizistisches Anleiten und den »Versuch der Übertragung der antiken quantitierenden Prosodie auf die deutsche Sprache«[17] weit hinausgeht.[18]

2.

Ich saß neben Herder auf dem Sofa. Er drückte mir die Hand, und bat, ich möchte ihm etwas aus meinem Homer vorlesen. Ich sagte lächelnd: Ich habe von Wieland schon gehört, daß meine große Mühe, es recht gut zu machen, für die Herren in Weimar verloren sei. Gleichwohl habe ich nicht aufs Gerathewohl gearbeitet, sondern mit langem Bedacht den Weg gewählt, der jezo ein Irrweg scheine. Mir werde es angenehm sein, auszumachen, auf wessen Seite der Irrthum sei. Ich habe für den lebendigen Vortrag gearbeitet, und wolle nicht mit den Augen, sondern mit den Ohren vernommen werden. Die Ilias ward mir gereicht, und ich bat um ein strenges Ohr. Ich las aus dem 23. Gesange etwa 200 Verse. Als ich geendigt hatte, stimmte Herder den lautesten Beifall an. Diese Melodie des Hexameters, und diese Deutlichkeit der Sprache, habe er nicht erwartet. Alle Vorwürfe von Künstelei und übertriebenen Kühnheiten schienen ihm wegzufallen; er glaubte Homer zu hören. Ich redete über die Eigenheiten meiner Wortstellung und meines Versbaues, und war dringend gebeten, meine durchdachte Theorie der Welt vorzulegen.[19]

Johann Heinrich Voß' Bericht über die am 4. Juni 1794 stattfindende Bekehrung der »Herren in Weimar« behauptet die Kraft des gesprochenen Wortes[20] gegenüber der stummen und damit unvollkommenen, mithin irrtümlichen Lektüre. Die Kritik an

---

15 Ausführlich bei Couturier-Heinrich (2005).

16 Mit Zitatnachweis ebd. 192 f.

17 So die Charakterisierung der *Zeitmessung* in *Kindlers Literatur Lexikon*, Begemann (2009), 103.

18 Zum Facettenreichtum metrischer Theorie im 18. Jahrhundert vgl. die Studien von Couturier-Heinrich (2004) und Schneider (2004).

19 Johann Heinrich Voß an Ernestine Voß, 5. Juni 1794, zitiert nach: Voß, *Briefe nebst erläuternden Beilagen*, Bd. 2, 382–384; hier 382 f.

20 Über Voß' Besuch in Weimar informiert ausführlich Starnes (1987), 360–372; dort auch (365) ein Bericht Karl August Böttigers, der die Umstände und den Erfolg der Lesung bestätigt: »[Voß] setzte uns durch die höchst richtige Modulation, Schärfung und Dehnung der Töne in die größte Bewunderung.« Zur Lektüre der *Ilias*-Übertragung im Weimarer Lesekreis vgl. ferner Häntzschel (1977), Most (2007) und Häntzschel (2010).

technischer Überfülle und verlorener Natürlichkeit, die im Angesicht des Textes sinnfällig werde, verkehre sich dank des mündlichen Vortrags[21] in das höchste Lob für eine
vollkommen adäquate dichterische Übertragung: »er glaubte Homer zu hören«. Die
Meisterschaft der Verse erschließe sich also allein dem Ohr, denn erst dieses vermag es,
»Melodie« und »Deutlichkeit« wahrzunehmen.

Mit der »Deutlichkeit« bemüht Voß bzw. Herder die Kategorie der *enargeia* (im
weiteren Sinn) bzw. die musikalisch-rhetorische Figur der *Hypotyposis*.[22] Das lebendige[23] Vor-Augen-Stellen geht hier einher mit der Wahrnehmung von (natürlicher)
»Melodie«, die den ersten, gleichsam ›visuellen‹ Eindruck von »Künstelei« aus-
zuräumen vermochte.[24] Mit der »Melodie« wird nun weniger eine rhetorische[25] als
vielmehr eine ästhetisch-poetologische Kategorie aufgerufen. Gegen Ende des
18. Jahrhunderts haben die Bemühungen um eine metrisierte ›musikalische Poesie‹
schließlich vielfachen theoretischen Niederschlag gefunden, so dass Johann Georg
Sulzer in seiner *Allgemeine Theorie der schönen Künste* das Stichwort ›Melodie‹ auch
hinsichtlich seiner versmetrischen Anknüpfungen erläutert. Er empfiehlt dem Tonset-
zer, »genau die Worte und Silben [zu beachten], wo die Empfindung so eindringend
wird, daß man sich etwas dabei zu verweilen wünschet«. Dies setze freilich voraus, dass
bereits für die ›Verskomposition‹ die entsprechende Sorgfalt aufgewendet worden ist:
»Aber den schicklichsten Rhythmus und die besten Einschnitte zu treffen, wird ihm,
wo der Dichter nicht vollkommen musikalisch gewesen ist, oft sehr schwer werden.«[26]
Grundlage für die Melodie eines Verses ist demnach seine gelungene prosodisch-
rhythmische Gestalt und deren Realisation im mündlichen Vortrag bzw. die Transformation in die musikalische Komposition.

Die zeitgenössische Sensation, die sich mit Voß' *Ilias*-Vortrag verbindet, ist die
Ankündigung von Erläuterungen zu »Eigenheiten meiner Wortstellung und meines

---

21 Zum mündlichen Vortrag um 1800: Meyer-Kalkus (2001) und Weithase (1930).

22 Quintilianus, *Institutio Oratoriae*, Bd. 2, 286 f.: IX 2, 40–44.

23 Zur ästhetischen Lebendigkeit (insbesondere mit Blick auf die verschränkte Entwicklung von Ästhetik und Biologie zwischen 1750 und 1800) vgl. Avanessian/Menninghaus/Völker (2009).

24 Zum Wohlklang der von Voß *vorgetragenen* Hexameter vgl. auch folgendes Zitat Karl August Böttigers: »Gleich anfänglich las er [Voß – LK] die Stelle (V. 400 ff.), die in seiner Übersetzung durch Anhäufung rauh klingender Worte sehr hart zu seyn scheint, mit unnachahmlichem Wohllaut vor. Er
söhnte uns durch seinen lebendigen Vortrag auf's neue mit allen seinen Härten aus.« (Starnes
[1987], 369 f.)

25 In der rhetorischen Tradition wird ›Melodie‹ vornehmlich der poetischen Versrede zugeschrieben,
doch weiß auch die Redekunst um das musikalische Zusammenspiel von rhythmischer Textgestaltung
(im Rahmen der *elocutio*) und Tonmodulation durch den Vortragenden (*actio*). Vgl. etwa Cicero, *De
oratore*, 555: III, 174: »Beides, Verse und Gesang, ersannen ja die Musiker, die einst auch Dichter waren, zur Freude, um sowohl durch den Rhythmus der Worte wie die Melodie der Töne den Überdruß
des Hörers mit Kurzweil zu vertreiben. Sie hielten es nun für geboten, diese beiden Dinge, Modulation der Stimme und rhythmische Wortstellung, solange es der Ernst der Rede dulde, von der Dichtung auf die Beredsamkeit zu übertragen.« In der Rede selbst dürfe allerdings nur ein »verborgener
Gesang« liegen, keinesfalls dürfe der Redner singen (die entschiedenste Kritik bei Quintilianus,
Institutio Oratoriae, Bd. 2, 631–633: XI 3, 57–60).

26 Beide Zitate: Sulzer, *Allgemeine Theorie der Schönen Künste*, Bd. 2, Sp. 759.

Versbaues«, mithin einer »Theorie« derselben, die die »Melodie des Hexameters« und die »Deutlichkeit der Sprache« in ihrer beeindruckenden Wirkung plausibel und nicht zuletzt berechenbar macht. Bislang war die Meinung vorherrschend, dass trotz aller poetologischen und spezifisch metrischen Regularien die technische Gestalt des rhythmisch-musikalischen Verses kaum zu entschlüsseln sei[27] oder aber die metrische Form nicht (bzw. nicht allein) für eine wirkungsvolle Musikalität verantwortlich sein könne.[28] Man war sich zwar einig, dass mit der Anverwandlung antiker Metren der richtige Weg beschritten sei, aber das Gros der theoretischen Abhandlungen zum Thema galt als nicht hinreichend plausibel oder als für dichterische Zwecke nicht anwendbar.[29]

Erste Empfehlungen, eine größere Vielfalt in der metrischen Versgestaltung nach antikem Muster zu wagen, gab Johann Christoph Gottsched im *Versuch einer Critischen Dichtkunst* (1730 u. ö.). Bereits hier wird das Prinzip der metrischen *imitatio* verbunden mit dem zu erwartenden Mehrwert an Wohlklang: »Jemehr wir nämlich die Füße und Verse der Alten nachahmen können, destomehr Wohlklang und Harmonie hat unsre Sprache und Verskunst aufzuweisen.«[30] Eine derart musikalisierte[31] Dichtersprache bereichert sich also mit ›neuen‹, affektgeladenen Versfüßen wie etwa dem Spondeus, der laut Gottsched »eine Abbildung einer recht stoischen Ruhe, und Gelassenheit« sei und »auf eine recht gravitätische ernsthafte Art einher[gehe]«.[32]

Rhythmus und Metrik werden ab der zweiten Hälfte des 18. Jahrhunderts sowohl von Dichtungs- wie auch von Musiktheoretikern ausgiebig unter dem Aspekt der emotionalen Wirkmächtigkeit erforscht. In dieser Tradition steht auch Johann Heinrich Voß' *Zeitmessung der deutschen Sprache*, deren erster Satz lautet:

> Es wäre vielleicht sicherer, Wohlklang und gefällige Bewegung nach Vermögen in Beispielen zu üben, die Art aber, wie man zu Werke geht, als Kunstgeheimnis für sich zu behalten. (3)

---

27 Vgl. etwa Herder, [*Klopstocks Oden*], 782. Herder bekennt anlässlich der Besprechung von Klopstocks *Thuiskon*: »der Rezensent würde seiner Privatästhetik Glück wünschen, wenn er sich diese Melodie, diese Modulation jedes Stücks deutlich machen und in Einem Worte dafür schreiben könnte.«

28 Ebd., 785: »Sonderbar ists, daß selbst bei zween Autoren in Einer Sprache der Wohlklang Eines Sylbenmaßes nicht derselbe ist, und in seinem zartesten Wuchse kaum Vergleichung leidet. Ein Choriambe *Klopstocks* und *Rammlers* scheint bei gleich vorgezeichnetem Maße gar nicht das gleiche Ding zu sein, und man versuche nur, zwei Oden beider nach einander zu lesen.«

29 Stellvertretend Johann Wolfgang Goethe in der ›Konfession des Verfassers‹ zur *Farbenlehre*: »Da mir aber, so wohl in Absicht auf die Konzeption eines würdigen Gegenstandes als auf die Komposition und Ausbildung der einzelnen Teile, so wie was die Technik des rhythmischen und prosaischen Styls betraf, nichts Brauchbares, weder von den Lehrstühlen noch aus den Büchern entgegenkam, indem ich manches Falsche zwar zu verabscheuen, das Rechte aber nicht zu erkennen wußte und deshalb selbst wieder auf falsche Wege geriet; so suchte ich mir außerhalb der Dichtkunst eine Stelle, auf welcher ich zu irgend einer Vergleichung gelangen, und dasjenige was mich in der Nähe verwirrte, aus einer gewissen Entfernung übersehen und beurteilen könnte.« (Goethe, *Farbenlehre*, 903.)

30 Gottsched, *Versuch einer Critischen Dichtkunst*, 467.

31 Zum Verhältnis von Musik und Dichtung bei Gottsched vgl. die einleitenden §§ 1–4 des Kapitels »Von dem Wohlklange der poetischen Schreibart, dem verschiedenen Sylbenmaaße und den Reimen«, ebd., 455–458.

32 Ebd., 469.

Die *Zeitmessung* ist, fasst man diesen ersten Satz programmatisch auf,[33] ein Versuch, das Kunstgeheimnis des Wohlklangs und der »gefälligen Bewegung« zu erklären. Das Werkzeug für diese Erklärung stellen Vers- und Tonkunst bereit, wie Voß gegen Ende seines sehr kurzen ersten Kapitels erklärt:

> Zugleich wird dem Rhythmiker, der über den todten Begrif der Regel hinweg zum regen Gefühle des Nothwendigen und des Schönen gelangen will, einige Bekanntschaft mit den verwandten Regeln der Tonkunst unentbehrlich sein: daß er wenigstens die Verhältnisse der Längen und der Kürzen, die Verschiedenheit des Accents, und vorzüglich die Bewegungen des Taktes, sich in Noten vorstellen könne. Auch der Musiker dagegen wolle sich gehörige Kenntnis der Silbenzeit, des begleitenden Tons und des vielartigen Rhythmus eintauschen, damit er nicht, wie mehrere der berühmtesten, schöne Melodieen durch verfehlten Ausdruck entstelle. (7 f.)

Die Konzentration auf die Zeitmessung etabliert die Silbendauer als Kategorie der deutschen Versprache, die im Zusammenspiel von Vers- und Wortfuß jedoch nicht wie bislang abgebildet werden kann, sondern auf eine neue, tatsächlich musikalische Notation angewiesen ist. Voß erläutert dies an zwei Versen: Zum einen »Da schmet|terte | der Don|nerstral« (dieses und alle folgenden Zitate 180 f.), zum anderen »Graunvoll | schmetterte | nun Zeus | Donner|stral vom O|lympos«. Der erste, jambische Vers gilt Voß als in vier dreizeitigen Takten gehalten, während er den zweiten, hexametrischen Vers (wie alle Hexameter) als vierzeitigen Takt versteht. Die Dreizeitigkeit des Jambus ergibt sich aus der Kombination von einzeitiger Kürze und zweizeitiger Länge (›Da‹ ist also einzeitig, ›schmet-‹ zweizeitig).[34] Vierzeitig ist der Hexameter durch seine vierzeitigen Versfüße, den Daktylus und den Spondeus (›Graunvoll‹ etwa hat als Spondeus zwei zweizeitige Silben). Voß' Kritik am jambischen Versbeispiel entzündet sich daran, dass »*schmetterte* und *Donnerstral* gleich viel Raum mit ungleicher Stärke einnehmen« (Hervorhebungen im Text). Beide Wortfüße sind nämlich im Kretikus gehalten (– ◡ –), obschon ›schmet-‹ deutlich mehr »Stärke« zukommen muss als ›te-‹. Die »natürliche Dauer« (– ◡ ◡) erhalte ›schmetterte‹ hingegen im Hexameter-Beispiel, »wogegen *Donner*, um den Takt zu erfüllen, die Länge beinahe durch drei Zeiten aushält, oder vielmehr seine drei Zeiten als eine Triole in den Raum des vierzeitigen Takts ausdehnt, und zwei dieser gedehnten Zeitheile der Länge giebt.« (Hervorhebung im Text) Voß stellt darauf den »gedoppelten Tripeltakt« des Jambus den »sechs geraden Takten« des Hexameters gegenüber (Abb. 1).

---

33 Vgl. auch die der *Zeitmessung* vorangestellten Theognis-Verse: »Es darf der Diener der Musen und ihr Verkünder, wenn er etwas Herausragendes / weiß, nicht mit seiner Weisheit knausern, / nein, dies muss er suchen, jenes zeigen, anderes ›dichten‹; / was soll es ihm nützen, allein wissend zu sein?« Theognis, *Frühe griechische Elegien*, 101.

34 Zweizeitigkeit bei vokalkurzen Silben ist insofern plausibel, als Voß die Silbendauer nach ihrem semantischen Wert bemisst; vgl. auch Anm. 10.

Abb. 1.: Metrisches Schema eines jambischen und eines hexametrischen Verses (*Zeitmessung*, 181)

Den jambischen Vers transferiert Voß also in den 6/8-Takt, während der Hexameter im 4/8-Takt gehalten ist.[35] Zur Erfüllung des Taktmaßes im Hexameter bedient sich Voß beim Wort ›Donner‹ einer punktierten Viertelnote, die den zweizeitigen Fuß verlängert. Zwar werden die Vorzüge der hexametrischen Variante nur implizit betont, doch drückt sich in Wendungen wie »natürliche Dauer« das Prinzip der rhetorischen ›Deutlichkeit‹ aus, das gerade auch mit der angemessenen Stärke für die entsprechende Semantik (wie bei ›Donner‹) korrespondiert. Voß resümiert: »Vorsichtige Zulassung also eines trochäischen Taktes stört im deutschen Hexameter die Gleichzeitigkeit so wenig, als im saffischen Verse und andern griechischen Versarten, wo dem vierzeitigen Takte der Trochäus nur mannigfaltigere Bewegung giebt.« (182)[36]

Der Bewegungsreichtum wird noch offensichtlicher, wenn man neben der ›Dauer‹ auch den ›Ton‹ mitberücksichtigt. Lange Silben werden, nach Voß, mit hohem oder tiefem Ton ausgesprochen, kurze Silben mit gelassenem Ton (9f.). Relevant wird die Unterscheidung zwischen hohem und tiefem Ton insbesondere bei Spondeen, deren gleich lange Silben verschieden prominent sein können:

> Die tieftonige Länge hat weniger Kraft, als die hochtonige; und selbst diese, von der höheren Länge übertönt [›Überton‹ (123) – LK], kann durch die Vergleichung schwach scheinen: z. B. *Kórnfèld, ein Féld Kóhl, fròhlócken, widerstéhn.* (122)[37]

Mit dieser Anleitung lässt sich für den oben zitierten Hexameter folgendes Schema erstellen:

---

35 Für die kompositorische Praxis empfiehlt Voß die Umsetzung von Hexametern in die Polonaise (182).

36 Voß liefert damit auch einen Beitrag zu den zahlreichen zeitgenössischen Diskussionen zum adäquaten Gebrauch von Spondeus und Trochäus im deutschen Hexameter.

37 Die Differenzierung bei langen Silben erfolgt also wieder im Dreierschema: tieftonige Länge, hochtonige Länge und übertonige Länge.

Abb. 2: Notation eines Hexameters nach Voß

Das Metrum des Hexameters ist in der Notenschrift realisiert, die dank ihrer Taktierung die Abfolge von Spondeen, Daktylen und (in der ersten Silben verlängerten) Trochäen deutlich erkennen lässt. Die unterschiedliche Gewichtung der langen Silben erfordert die Kennzeichnung durch hohe und tiefe Töne, so bereits im ersten Spondeus »Graunvoll«, der als Abfolge von hochtoniger und tieftoniger Länge notiert ist. Diese differenzierte metrische Gestaltung gilt Voß als »rhythmische[] Melodie« (174),[38] die hinsichtlich ihrer Musikalität und Ausdrucksbewegung noch insofern gesteigert wird, als auch die Wortfüße mit ihrem »ungleichen Gang« zu berücksichtigen sind: »*Graunvoll | schmet*terte *nun | Zeus Don*nerstral | vom *Olympos*« kann eine sinngemäße Segmentierung des Verses lauten, in denen Spondeus, Choriambus, dritter Epitrit und steigender Ioniker einander abwechseln. Auf diese Weise wird die Versfußkomposition durch die semantisch bedeutungstragenden Wortfüße ergänzt, die in einer möglichst abwechslungsreichen Anordnung zu voller Entfaltung gelangen: »In allen Versarten, die aus diesem Gewühl von Wortfüßen hervorgehn, sei die höchste, in ihnen mögliche Mannigfaltigkeit. Frei von Lastern zu sein, ist dem Metriker nicht genug, sondern keiner dargebotenen Tugend zu ermangeln.« (160) Das Potential der Vers- und Wortfüße wird von Voß aber nicht nur hinsichtlich der als melodisch geltenden Bewegungsmuster,[39] sondern auch hinsichtlich deren affektiven und ethischen Qualitäten gewürdigt, wie folgende tabellarische Zusammenstellung[40] zeigen mag:

---

38 Vgl. auch Korten/Wißmann/Stenger/Menninghaus (2011).

39 Voß spricht mehrfach von »rhythmischer Melodie«, bezieht aber auch die nahe Verwandtschaft von Vers und Tanz mit ein (programmatisch etwa 171).

40 In der Bezeichnung der Versfüße, ihrer Notation, den Beispielen, der semantischen Zuschreibung und der Einteilung nach Hebungs- und Senkungsverhältnis (Abschnitte *I–X*) wird der *Zeitmessung* im Wortlaut gefolgt. Zur Entlastung der Tabelle werden nicht mitaufgenommen: nähere Angaben (1) zur Positionierung der Versfüße im Vers und (2) zum Verhältnis der Silben innerhalb eines Versfußes (insbesondere hinsichtlich ihrer verkürzenden oder verlängernden Dauer). Runde kursive Klammern werden gesetzt, um vom metrischen Schema nicht erfasste Silben zu markieren, eckige kursive Klammern markieren erschlossene Formen. Ein verlässliches Studium der Wortfüße nach Voß ist auf den Text der *Zeitmessung*, 144–160, angewiesen: Die Tabelle dient vornehmlich der geordneten Präsentation des Materials.

Name	Notation	Beispiel	Zuschreibung
I. stehender Wortfuß der Einzellänge			
	–	schlug	männlicher und gebietrischer Fuß
(Einzellänge in Kombination)			
Einzellänge mit vorstehendem Jambus[41]	◡ – | –	entsank Nacht	überaus kraftvoll[42]
Einzellänge mit Spondeus	– – | –	*(der gesplitterte)* Mastbaum kracht	überaus kraftvoll
Einzellänge mit vorstehendem Anapäst	◡ ◡ – | –	des Orkans Wut *(schmetterte)*	überaus kraftvoll
(Einzellänge mit Nachdruck und Überlänge)			
[Einzellänge mit vorstehendem Jambus]	*[◡ –́ | –̋]*[43]	er fliegt hőch	*[nicht genannt]*
II. leichtsteigende Wortfüße[44]			
Jambus	◡ –	Gewalt	rasch
Anapäst	◡ ◡ –	die Gewalt	auffahrend (im Vergleich zum Jambus schneller und mit kraftvollerer Länge)

41 Voß spricht hier und bei den nächsten Beispielen auch von Baccheos, Moloß und steigendem Ioniker; vgl. Anm. 42.

42 Voß schreibt wörtlich: »Durch einen vorstehenden Jambus, Spondeus oder Anapäst in der Senkung gehalten, giebt er [der ›stehende Wortfuß der Einzellänge‹] den kraftvollsten Baccheos (◡ – –), Moloß (– – –) oder steigenden Ioniker (◡ ◡ – –), [...].« (144) Die Form »den kraftvollsten« wird hier als Elativ verstanden.

43 Voß verwendet die Akzentzeichen unregelmäßig, meist zur Hervorhebung von sehr starkem Hauptakzent (˝) gegenüber einfachem Hauptakzent (´) und Nebenakzent (`).

44 Zur Kennzeichnung der Grundbewegung beruft sich Voß auf Quintilian (IX 4, 92): »Heftig sind, sagt Quintilian (IX, 4), die Füße, die von Kürzen zu Längen sich erheben, gelassen, die von Längen zu Kürzen herabsinken.« (143).

vierter Päon	∪ ∪ ∪ –	wo die Gewalt	stürmisch (im Vergleich zum Anapäst schneller und mit kraftvollerer Länge)
[Jambus, verbunden mit Anapäst]	[∪ – ∪ ∪ – / ∪ ∪ – ∪ –]	die Lenzmelodie / in dem Waldgeräusch	kecker Gang des Jambus, verbunden mit feurigem Anlauf des Anapästes
[Jambus / Anapäst verdoppelt]	[∪ – ∪ – / ∪ ∪ – ∪ ∪ –]	mit Ungestüm; der Triumphmelodie	kecker Gang des Jambus / Anapäst, verdoppelt[45]
erster Epitrit	∪ – – –	der Weltumkreis	durch Ernst gemäßigte Wildheit
dritter Epitrit	– – ∪ –	lobsingt dem Herrn	durch Ernst gemäßigte Wildheit
[Anapäst, verbunden mit Spondeus]	[∪ ∪ – – – / – – ∪ ∪ –]	in dem Festreihntanz / lobsingt, o Triumf!	[nicht genannt]

III. leichtsinkende Wortfüße

Trochäus	– ∪	Freude	sanft[46]
Daktylus	– ∪ ∪	huldiget	lebhaft hinrollend
erster Päon	– ∪ ∪ ∪	freudigere	noch lebhafter (als der Daktylus)
zweiter Epitrit	– ∪ – –	jeden Bergwald	den zu schwach hüpfenden Lauf des Trochäus hält ein nachtretender Spondeus an
vierter Epitrit	– – – ∪	abarbeiten	[nicht genannt]

45 »In diesen Zusammensetzungen verliert jede Anfangslänge die Kraft, welche der gesonderten die Pause zulegte; aber sie gewinnt mehr durch den aushebenden Ton.« (146).
46 »Der Trochäus, welchen Dionysius, damit er nicht zu oft gebraucht werde, einen weichen und unedlen Fuß nennet, bekommt im vierzeitigen Takte (z. B. des Hexameters), wenn er ihn füllen muß, mehr Kraft und Adel durch dreizeitige Länge. Es versteht sich, daß Begriff und Klang dieser Ausdehnung würdig sein müsse.« (148 f.) Voß gibt ferner an, der Trochäus gewinne an Wert durch Anhaltung der Länge, im »Doppeltrochäus« und im »Trochädakytlus« (149).

[Daktylus, verbunden mit Spondeus]	[– ◡ ◡ – – / – – – ◡ ◡]	Oceaneiland / unglückselige	durch kraftvollen Spondeus gezähmter heftiger Daktylus
[Daktylus, verbunden mit Trochäus]	[– ◡ ◡ – ◡ / – ◡ – ◡ ◡]	Araberhorde / überschwengliche	durch Trochäus gesänftigter munterer Dakytlus

IV. fortschreitende Wortfüße			
Spondeus	– –	lòbsíngt	gewichtvoll
Molossus	– – –	Éndúrtheìl	feierlich

V. leicht steigend zum trochäischen Fall			
Amfibrach[47]	◡ – ◡	erröthet	bis zur Weichlichkeit sanft
dritter Päon	◡ ◡ – ◡	die Gefilde	sein Sanftes mit Schnellkraft beseelend
[nicht genannt]	◡ ◡ ◡ – ◡	in die Gefilde	noch lebendiger (als Amfibrach und dritter Päon), dem lyrischen Tanz angehörig
zweiter Päon	◡ – ◡ ◡	erröthete	mutig
[nicht genannt]	◡ ◡ – ◡ ◡	des erhabenen	heftiger (als der zweite Päon)
[nicht genannt]	◡ ◡ ◡ – ◡ ◡	o des erhabenen	mit lyrischem Ungestüm
dithyrambischer Wortfuß	◡ – ◡ ◡ ◡	beseligende	eilfertig
dithyrambischer Wortfuß	◡ ◡ – ◡ ◡ ◡	die beseligende	eilfertiger (als das vorangehende Beispiel)

---

47 Der Amfibrach kann, »wenn man nicht unter stärkere Füße ihn versteckt, leicht unangenehm werden. Nach Dionysius, der selbst den Redner vor ihm warnet, gehört er nicht vorzüglich zu den schönen Rhythmen, sondern ist gleichsam gebrochen, und hat viel weibisches und unedles.« (151) Der Amfibrach könne als wohlklingend erachtet werden, insbesondere wenn er als »zusammengesetzter Amfibrach«, als »Trochäamfibrach« oder als »Doppelamfibrach« auftrete (153).

dithyrambischer Wortfuß	◡ ◡ ◡ — ◡ ◡ ◡	zu der beseligenden	noch eilfertiger (als das vorangehende Beispiel)

VI. leicht sich zu des Spondeus Schwebungen hebend

Baccheos	◡ — —	emporwallt	nachdrücklich
steigender Ioniker	◡ ◡ — —	wie Krystallklang	mit tanzender Fröhlichkeit
[nicht genannt]	◡ ◡ ◡ — —	die sich emporschwang	dithyrambischer Aufflug mit drei Kürzen

VII. schwer steigend zum trochäischen und daktylischen Fall

Antibaccheos / Polimbaccheos	— — ◡	Stúrmwinde	ernstvoll andringend
sinkender Ioniker	— — ◡ ◡	Maílilien	verbindet mit Ernst Schnelligkeit
[nicht genannt]	— — ◡ ◡ ◡	lébéndigere	verbindet mit Ernst Schnelligkeit: noch vermehrt (im Vergleich zum sinkenden Ioniker)

VIII. von Hebung senkend, sich zu Hebung steigend

Kretikus	— ◡ —	Dónnersturm	mit festem Tritt
der natürlich gesenkte Moloß	— ̋ — ̀ — ̍	Mittagsmahl	mit schwererem Tritt (als der Kretikus)
der durch Stellung gesenkte Moloß	— ̋ — ̍ — ̀	(Drohete) Kriegsunheil	mit noch schwererem Tritt (als der natürlich gesenkte Moloß)
Choriamb	— ◡ ◡ —	Wellengeräusch	tanzend: leichter Fall und Aufsprung
dithyrambischer Strofus	— ◡ ◡ ◡ —	Fröhlicher Gesang	rascherer Fall / Aufsprung (als der Choriamb)

IX. mit Hebung an Hebung stoßend			
Antispast	◡ − − ◡	Granítberge	unruhig anstrebend
[nicht genannt]	[◡ ◡ − − ◡] / [◡ − − ◡ ◡] / [◡ ◡ − − ◡ ◡]	die Granitberge / hinankletterten / der Gewalttragen-de	mit stärkerem Gegen-stoß (als der Antispast)
Dochmius	◡ − − ◡ − / [◡ − − ◡ ◡]	der Bergwieder-hall / der Un-glücksprofet	anstrebend

X. In allen Versarten, die aus diesem Gewühl von Wortfüßen hervorgehn, sei die höchste, in ihnen mögliche Mannigfaltigkeit. Frei von Lastern zu sein, ist dem Metriker nicht genug, sondern keiner dargebotenen Tugend zu ermangeln.

Abb. 3: Tabellarische Umsetzung der in der *Zeitmessung*, 144–160 erläuterten Wortfüße

3.

>Deutlichkeit< und Affektausdruck sind also in Voß' nicht selten als bloß techni-zistisch-antikisierend qualifizierter *Zeitmessung der deutschen Sprache* wesentliche Leitkategorien. Die Umsetzung von Silbenton und Silbendauer in Notenwerten plau-sibilisiert dabei deren genuin musikalische Qualität, mit der die Dichtung nicht zur stillen Lektüre, sondern zum mündlich-affektvollen Vortrag anempfohlen wird.

> Der feurigere Ton, die stürmischeren Wendungen der Leidenschaft, die mit demostheni-schem Rhythmus das Herz träfen, jene gefälligen und erschütternden Wortbewegungen, bei welchen das Volk aufjauchzen möchte, sind unseren Sitten und Bedürfnissen völlig fremd. [...] Dennoch mutig ans Werk, tapfere Mitkämpfer! Vor die Treflichkeit sezten den Schweiß die unsterblichen Götter: rief der geistvolle Grieche. Laßt uns, was der Geist uns eingibt, in melodische und anmutig fallende Worte ordnen, und das geordnete vortragen, als ob griechische Hörer urtheilen sollten. (260 f.)

Der Stellenwert der *pronuntiatio* kann einerseits kaum unterschätzt werden, ist aber andererseits abhängig von einer sehr sorgfältigen Vorbereitung im Dichtungsakt: Wortwahl und Periodenbau sind entscheidend, um der musikalischen Perfektion des antiken Versbaus und Vortrags nahezukommen. Entsprechend wird mit den Schluss-worten der *Zeitmessung* die Nachahmung des Tonkünstlers empfohlen, der bei der Aufführung »die sanftesten Einschnitte, die zartesten Ruhepunkte der musikalischen Frasen beobachtet« (261). Aus diesem Grund muss auch »der Vorleser den gleichmäßig fortschreitenden Takt, und die Melodie des Verses mit Abschnitt und Ausgang, deutlich angeben; zugleich aber [...] die mit den rhythmischen Gliedern nicht immer zusammentreffenden Absäze des Gedankens, im vielfachen Laute der Empfindung, und, nachdem der Inhalt sich regt, gelassener und heftiger vortragen.« (262)

Es ist demnach wohl ganz im Sinne von Voß, wenn ihm bescheinigt wird, »die innigste Vereinigung zwischen Poesie und Musik« dargestellt zu haben.[48] Die systematische Aufarbeitung der Silbenquantität im Deutschen, die forcierte Differenzierung von (metrischen) ›Versfüßen‹ und (rhythmischen) ›Wortfüßen‹, schließlich die Berücksichtigung von Akzentgewichtung, Tonhöhe und Bewegungsmustern erlauben den Zugriff auf ein ausgesprochen breites Spektrum metrisch-rhythmischer Versgestaltung. Für Johann Heinrich Voß ist der Vers der Alten wie der Neuen ganz entschieden ein Ausdruck »willkommene[r] Begeisterung im vielfachen Zauberschwunge der Harmonie« (5).

Literaturverzeichnis

Quellen

Cicero, Marcus Tullius, *De oratore. Über den Redner*, übersetzt und hg. v. Harald Merklin, Stuttgart 2006.

Goethe, Johann Wolfgang, [Johann Heinrich Voss: Lyrische Gedichte] (1804), in: ders., *Weimarer Klassik 1798–1806*, Bd. 2, hg. v. Victor Lange u. a. (Johann Wolfgang Goethe, *Sämtliche Werke nach Epochen seines Schaffens, Münchner Ausgabe*, 6.2), München/Wien 1989, 565–578.

Goethe, Johann Wolfgang, *Zur Farbenlehre*, hg. v. Peter Schmidt (Johann Wolfgang Goethe, *Sämtliche Werke nach Epochen seines Schaffens, Münchner Ausgabe*, 10), München/Wien 1989.

Gottsched, Johann Christoph, *Versuch einer Critischen Dichtkunst* [1742] (1730). Erster allgemeiner Theil, hg. v. Joachim Birke und Brigitte Birke (Johann Christoph Gottsched, *Ausgewählte Werke*, 6.1), Berlin/New York 1973.

Herder, Johann Gottfried, [Klopstocks Oden] (1773), in: ders., *Schriften zur Ästhetik und Literatur 1767–1781*, hg. v. Gunter E. Grimm (Johann Gottfried Herder, *Werke in zehn Bänden*, 2), Frankfurt am Main 1993, 779–791.

Hermann, Gottfried, *Handbuch der Metrik*, Leipzig 1799.

Klopstock, Friedrich Gottlieb, Vom deutschen Hexameter (1779), in: ders., *Gedanken über die Natur der Poesie*. Dichtungstheoretische Schriften, hg. v. Winfried Menninghaus, Frankfurt am Main 1989, 60–156.

Quintilianus, Marcus Fabius, *Institutio Oratoriae. Libri XII. Ausbildung des Redners. Zwölf Bücher*, hg. und übersetzt v. Helmut Rahn, 2 Bde., Darmstadt 2006.

---

48 Anm. 2.

Schiller, Friedrich, *Briefwechsel*. Schillers Briefe 1803–1805, hg. v. Axel Gellhaus (Friedrich Schiller, *Schillers Werke, Nationalausgabe*, 32), Weimar 1984.

Sulzer, Johann Georg, »Melodie«, in: ders., *Allgemeine Theorie der Schönen Künste*. Zweyter Theil: K–Z, Leipzig 1774, 748–760.

Theognis, Mimnermos, Phokylides, *Frühe griechische Elegien*, griechisch und deutsch, eingeleitet, übersetzt und kommentiert von Dirk Uwe Hansen (Edition Antike), Darmstadt 1992.

Voß, Johann Heinrich, *Zeitmessung der deutschen Sprache*. Beilage zu den Oden und Elegieen, Königsberg 1802.

Voß, Johann Heinrich, *Briefe nebst erläuternden Beilagen*, hg. v. Abraham Voß, 3 Bde., Halberstadt 1829–1833.

Forschungsliteratur

Avanessian, Armen/Menninghaus, Winfried/Völker, Jan (Hgg.), *Vita aesthetica. Szenarien ästhetischer Lebendigkeit*, Zürich, Berlin 2009.

Begemann, Christian, »Johann Heinrich Voß. Das lyrische Werk«, in: *Kindlers Literatur Lexikon*. 3. Auflage, hg. v. Heinz Ludwig Arnold, Bd. 17: Vil–Z, Stuttgart, Weimar 2009, 102 f.

Couturier-Heinrich, Clémence, *Aux origines de la poésie allemande. Les théories du rythme des Lumières au Romantisme* (De L'Allemagne), Paris 2004.

Couturier-Heinrich, Clémence, »Schillers Beitrag zur deutschen Rhythmusdiskussion um 1800«, in: *Euphorion*, 99 (2005), 189–211.

Häntzschel, Günter, *Johann Heinrich Voß. Seine Homer-Übersetzung als sprachschöpferische Leistung* (Zetemata, 68), München 1977.

Häntzschel, Günter, »Die Homer-Übersetzungen von Johann Heinrich Voß«, in: Homer, *Ilias. Odyssee. Aus dem Griechischen übersetzt von Johann Heinrich Voß*. Text der Ausgabe letzter Hand von 1821, Stuttgart 2010, 992–1006.

Houben, H[einrich] H[ubert], *J. P. Eckermann. Sein Leben für Goethe*. Nach seinen neuaufgefundenen Tagebüchern und Briefen. Zweite, durchgesehene Auflage, Bd. 1, Leipzig 1925.

Korten, Lars/Wißmann, Friederike/Stenger, Jan/Menninghaus, Winfried: »Metrum, Rhythmus, Melodie. *Der Maiabend* von Johann Heinrich Voß und Fanny Hensel«, in: *Poetica* 43 (2011), 81–102.

Meyer-Kalkus, Reinhard, *Stimme und Sprechkünste im 20. Jahrhundert*, Berlin 2001.

Most, Glenn W., »Homer unter Dichtern und Philologen«, in: *Eine Neue Geschichte der deutschen Literatur*, hg. v. David E. Wellbery u. a., Berlin 2007, 632–638.

Schneider, Joh. Nikolaus, *Ins Ohr geschrieben. Lyrik als akustische Kunst zwischen 1750 und 1800* (Das achtzehnte Jahrhundert. Supplementa, 9), Göttingen 2004.

Starnes, Thomas C., *Christoph Martin Wieland. Leben und Werk*, Bd. 2: »Der berühmteste Mann in Teutschland«. 1784–1799, Sigmaringen 1987.

Weithase, Irmgard, *Anschauungen über das Wesen der Sprechkunst von 1775–1825*, Berlin 1930.

Klassizist und Klassiker. Zum Verhältnis von Voß und Goethe

FRANK BAUDACH

Sucht man in den einschlägigen Goethe-Biografien nach Informationen zum Verhältnis Goethes zu Johann Heinrich Voß, so ist das Ergebnis einigermaßen enttäuschend: Voß kommt, wenn er denn überhaupt erwähnt wird, nur am Rande vor, mal als Zeitzeuge, mal als Dichter und Metriker, der Einfluss auf einige wenige Werke Goethes hatte, meist aber nur als einer der vielen Dichter-Kollegen, aus deren Masse Goethe sich vorteilhaft emporhebt.[1] Johann Heinrich Voß scheint also keine besondere Rolle in Goethes Leben gespielt und auf seine Gedankenwelt keinen nennenswerten Einfluss gehabt zu haben. Und dieser Eindruck ist zunächst auch ganz überzeugend, wenn man den engen persönlichen und geistigen Austausch zum Maßstab nimmt, den es zwischen Goethe und etwa Jacobi, Herder und vor allem Schiller gab. Betrachtet man die Beziehung zu Schiller jedoch genauer, so wird man an einem Punkt stutzig – bei Goethes Reaktion auf Schillers Tod am 9. Mai 1805. Für Goethe war der Tod des Freundes bekanntlich ein ganz zentraler persönlicher Verlust, der den in dieser Zeit ohnehin Kränkelnden in eine stark depressive Stimmung versetzte. Zur gleichen Zeit erreichte ihn aber auch die Nachricht, dass Johann Heinrich Voß und seine Frau Ernestine, die seit 1802 im benachbarten Jena lebten, in Kürze nach Heidelberg übersiedeln würden. Interessant ist nun, dass Goethe selbst beide Ereignisse miteinander in Verbindung gebracht und den Verlust Vossens sogar noch über den Verlust Schillers gestellt hat. Heinrich, der Sohn von Johann Heinrich und Ernestine Voß, berichtet, wie deprimiert Goethe am 18. Mai, eine Woche nach Schillers Tod, auf die Nachricht vom bevorstehenden Wegzug Vossens reagierte:

> Seine Krankheitsschwäche, Schillers Tod und der Verlust meines Vaters, – alles lag schwer auf seinem Gemüt. Da redete er im Gefühl der tiefsten Leidenschaft; er sprach Worte, die mir durch Mark und Bein gingen. »Schillers Verlust«, sagte er unter andern, und dies mit Donnerstimme, »*mußte* ich ertragen, denn das Schicksal hat ihn mir gebracht; aber die

---

1 Ausführlicher dargestellt ist das Verhältnis Goethes zu Voß in der älteren Forschung nur bei Heinrich Düntzer (1868), 132–172; Metelmann (1937), 145–163; Herbst (1872–1876), Bd. I, II/1, II/2, darin v. a. Bd. I, 118–127, Bd. II/1, 161–168 u. 175–179, Bd. II/2, 18–25 u. 141–145. – Vgl. zur neueren Forschung vor allem Müller-Seidel (1949), 240–263; Wingertszahn (1998), 1113–1115; Riedel (1999), 19–46 sowie die Beiträge von Günter Häntzschel und Clémence Couturier-Heinrich im vorliegenden Band.

Versetzung nach Heidelberg, das fällt dem Schicksal nicht zur Last, das haben Menschen vollbracht.«[2]

Und auch später hat Goethe gegenüber Eckermann betont, er habe Voß »mit schmerzlicher Resignation«[3] ziehen lassen müssen. Schmerz, Wut, Resignation – dies sind Gefühle, die darauf hindeuten, dass Voß für Goethe doch wohl etwas mehr als eine Randfigur gewesen sein muss.

Es lohnt sich deshalb das Verhältnis der beiden etwas genauer unter die Lupe zu nehmen. Der Weggang von Voß aus Jena war, wie sich zeigen wird, der vorläufige Endpunkt einer mehrjährigen intensiven, aber immer auch problematischen persönlichen Beziehung, einer Beziehung, die nicht nur in biografischer Hinsicht interessant ist, sondern in ihrem Scheitern auch wichtige Aufschlüsse über eines der ideengeschichtlichen Grundprobleme der Zeit ermöglicht, nämlich das Verhältnis des modernen Menschen, insbesondere des modernen Dichters, zur Antike.

Zunächst zur Vorgeschichte der Beziehung. Johann Heinrich Voß wurde am 20. Februar 1751 in dem mecklenburgischen Dorf Sommerstorf geboren und ist in der Kleinstadt Penzlin aufgewachsen. Er war also nur eineinhalb Jahre jünger als Johann Wolfgang Goethe, beide gehören der gleichen Generation an – womit die Gemeinsamkeiten allerdings auch schon weitgehend erschöpft sind. Denn während der eine in eine sehr wohlhabende Frankfurter Patrizierfamilie hineingeboren wurde, von früh auf eine erstklassige häusliche, schulische und dann universitäre Ausbildung genoss, wuchs Voß in deutlich kleineren Verhältnissen auf. Zwar hatte sein Vater einen beachtlichen sozialen Aufstieg hinter sich, er hatte es als Sohn eines Leibeigenen immerhin zum Zollpächter und damit zu einem der wichtigsten Bürger Penzlins gebracht, doch zerrann der damit erreichte bescheidene Wohlstand früh: 1759 – der Sohn Johann Heinrich war gerade 8 Jahre alt – wurde Penzlin im Zuge des Siebenjährigen Krieges von den Preußen besetzt, und es setzte ein wirtschaftlicher Niedergang ein, der auch die Familie Voß schnell verarmen ließ. Die Folge war, dass der hochbegabte Sohn Johann Heinrich zwar nach dem Besuch der Penzliner Stadtschule im Alter von 15 Jahren noch drei Jahre lang die Lateinschule im benachbarten Neubrandenburg besuchen konnte, sein Bildungsgang danach aber erst einmal beendet war. Ein Universitätsstudium war nicht finanzierbar, und dem neunzehnjährigen Voß blieb nichts anderes übrig, als 1769 – Goethe war zu diesem Zeitpunkt bereits ein Jahr lang Jurastudent in Leipzig – eine Stelle als schlecht bezahlter und schlecht behandelter Hauslehrer auf dem benachbarten Adelsgut Ankershagen anzutreten. Diese zweieinhalbjährige Hofmeisterzeit war für den jungen Voß in doppelter Hinsicht prägend: Zum einen begründete sie seine adelskritische Grundhaltung, seinen lebenslangen Hass auf soziale Ungerechtigkeit, auf Standesprivilegien und Adelswillkür – eine Grundhaltung, die sich auch auf die spätere Beziehung zu dem geadelten weimarischen Minister Goethe hemmend auswirkte. Zum anderen war diese Zeit insofern prägend, als die in Voß angelegte autodidaktische Grundhaltung nun zur vollen Entfaltung kam: Er, dem schon in der Schulzeit das von

---

2   H. Voß, *Goethe und Schiller in Briefen*, 86 f.

3   Eckermann (1981), 605 (Eintrag vom 7. 10. 1827).

den Lehrern Gebotene nie ausgereicht hatte, der in Neubrandenburg mit Mitschülern eine geheime »Griechische Gesellschaft« gegründet hatte, in ihr Griechisch getrieben und die aktuelle deutschsprachige Literatur gelesen hatte, er war in Ankershagen, fernab von aller höherer Bildung, vollends auf das Selbststudium angewiesen. Und dieses Sich-Verlassen auf die eigenen Kräfte hatte insofern Erfolg, als es ihm dann doch noch den Weg zu einem Studium bahnte: Er hatte sich als Dichter versucht und einige Proben seiner Muse selbstbewusst nach Göttingen geschickt, wo Heinrich Christian Boie gerade den ersten *Musenalmanach* herausgegeben hatte. Boie erkannte Vossens Begabung, holte ihn nach Göttingen und ermöglichte ihm durch vielfältige Unterstützung 1772 die Aufnahme eines Studiums.

Hier in Göttingen begann nun die erste, allerdings noch sehr einseitige Phase des Verhältnisses zwischen Voß und Goethe. Im Frühjahr 1772, als Vater Goethe seinen genialischen, als Jurist aber enttäuschenden Sohn ans Reichskammergericht nach Wetzlar schickte, kam Voß als Theologiestudent nach Göttingen und wurde hier schnell zu einem der führenden Mitglieder jenes Bundes klopstockbegeisterter junger Studenten, der später als der »Göttinger Hain« in die Literaturgeschichte eingehen sollte. Voß stand hier im Mittelpunkt eines jungen, enthusiastischen Literatenzirkels, denen vor allem Ludwig Christian Hölty, Johann Friedrich Hahn, Johann Martin Miller, die Grafen Stolberg und natürlich der Herausgeber des *Musenalmanachs* Boie angehörten, und die in dieser Zeit in gewisser Weise die Avantgarde der deutschen Lyriker darstellten. Man traf sich wöchentlich, rezitierte und kritisierte wechselseitig seine neuesten Gedichte, man ließ den als Vorbild über alles verehrten Klopstock hochleben und verbrannte mit jugendlichem Tugendpathos die Schriften Wielands, der als sittenloser Rokokodichter abgelehnt wurde. In diesem stürmenden und drängenden Kreis wurde Goethes *Götz von Berlichingen* (1773), später auch *Die Leiden des jungen Werthers* (1774) begeistert aufgenommen. Voß selbst schrieb im September 1773 eine begeisterte Ode *An Göthe*, ein typisches Sturm und Drang-Gedicht, genialisch und pathetisch, wie man es von Voß so sonst nicht kennt.[4] Sie ist eine Art Solidaritätsadresse an den Verfasser des *Götz*, dem in einer Rezension in Wielands *Teutschem Merkur* ein Verstoß gegen die alte dramatische Regel von den drei Einheiten vorgehalten worden war.[5] Goethe wird demgegenüber von Voß in eine Reihe mit Shakespeare und Klopstock gestellt, die, allesamt Genies, »Söhne, gleich ihm, der Natur« das Recht gehabt hätten, gegen diese Regel zu verstoßen. Es beginnt mit einer pathetischen Anrede Goethes:

---

4   Eutiner Landesbibliothek, Reliquien VII.C.4, abgedruckt bei Herbst (1872–1876), Bd. II/1, 269. Das Eutiner Manuskript ist datiert auf den 2.10.1773, das Gedicht wurde im Hainbund bereits am 25.9.1773 vorgelesen. Vgl. den Kommentar von Herbst ebd. 268f. sowie Kahl (1999), 188–201, hier 193f.

5   [Schmid] (1773), 267–287.

> Der Du edel entbranntst, wo hochgelahrte
> Diener Justinians Banditen zogen
>   Die in Roms Labyrinthen
>   Würgen das Recht der Vernunft;[6]
>
> Freyer Göthe, Du darfst die goldne Fessel,
> Aus des Griechen Gesang geschmiedet, höhnen!
>   Shakspear durft' es und Klopstock,
>   Söhne, gleich' ihm, der Natur!
>
> Mag doch Heinrich's Homer,[7] im trägen Mohnkranz,
> Mag der grosse Korneill', am Aristarchen-
>   Throne knieend, das Klatschen
>   Staunender Leutlein erflehn!

Und die Schlusstrophe der Ode lautet:

> Deutsch und eisern, wie Götz, sprich Hohn dem Schurken[8] –
> Mit der Fessel im Arm! Des Sumpfes Schreyer
>   Schmäht der Leu zu zerstampfen,
>   Wandelt durch Wälder und herrscht.

Die Göttinger Hainbündler, die sich selbst ebenfalls selbstbewusst als genialische »Leuen« ansahen, betrachteten Goethe also als einen der Ihren, als einen, der wie sie eine Erneuerung der deutschen Literatur anstrebte, und zwar eine Erneuerung unter Rückbesinnung auf altdeutsche Traditionen und Tugenden, wie sie die Figur des Götz prägnant verkörperte. Bezeichnend ist allerdings, dass diese kraftvoll-genialische Rückbesinnung auf altdeutsche Art und Kunst hier bei Voß in antiker Odenform erscheint – im Gegensatz zu anderen Mitgliedern des Göttinger Hains orientierte Voß sich schon früh weniger am verschwommenen Ideal der altdeutsch-keltischen Bardendichtung, sondern an der Antike: Der erhabene Ton der antiken Odenform unterstreicht hier wirkungsvoll die Stilisierung Goethes als eines heroischen Dichters. – So wurde Goethe denn auch Beiträger des berühmten Göttinger *Musenalmanachs* auf das Jahr 1774[9] wie auch der beiden folgenden Jahrgänge. Doch obwohl der 1775er Almanach bereits weitgehend von Voß redigiert und der folgende 1776er Jahrgang als erster Vossischer Almanach ganz von ihm allein herausgegeben worden war, kam es in dieser Zeit offenbar zu keinem direkten Kontakt zwischen Voß und Goethe. Die Verbindungen zwischen Frankfurt und Göttingen liefen über andere Bundesmitglieder, vor allem über Friedrich Wilhelm Gotter und Heinrich Christian Boie. Und auch Vossens Ode *An Göthe* wurde diesem im Herbst 1773 nur anonym überbracht,

---

6   Diese erste Strophe »will wohl nichts weiter sagen als ›der Du in Frankfurt a/M geboren bist‹ mit
    Beziehung auf die Unterredung am bischöflichen Hofe zu Bamberg im Götz, wo der ›Diener
    Justinians‹ gedacht ist.« Herbst (1872–1876), Bd. II/1, 269.
7   Voltaire: *La ligue ou Henri le Grand* (1723).
8   Dieser »Schurke« ist zweifellos der Rezensent, den Goethe in *Der unverschämte Gast* totschlagen
    lassen wollte: »Schlagt ihn todt den Hund! Es ist ein Recensent.« Göttinger *Musenalmanach* 1775,
    59.
9   Vgl. Kahl (1999), S. 191 f.

woraufhin Goethe dem unbekannten Verfasser lediglich ganz allgemein seinen Dank ausrichten lassen konnte.[10]

So war diese erste Phase der Begegnung die einer verfehlten Begegnung zweier Stürmer und Dränger – wäre Voß in dieser Zeit nach Frankfurt oder Wetzlar oder umgekehrt Goethe nach Göttingen gekommen, so lässt sich spekulieren, hätten beide sich sicherlich einiges zu sagen gehabt. Nicht nur im Bereich der aktuellen deutschen Dichtung hätte es gemeinsame Interessen gegeben, sondern auch in dem der antiken Literatur, namentlich Pindar, für den sich beide in dieser Zeit gleichermaßen begeisterten. – Diese Phase der Goethe-Begeisterung bei Voß endete dann mit dem Bruch Klopstocks mit Goethe (Sommer 1776), wo Voß sich klar auf Klopstocks Seite stellte und in einem Brief an seine Braut Ernestine Boie seine »Verachtung über den Schurken« ausdrückte, »der die freundschaftlichste Warnung eines solchen Mannes so verkannt hat.«[11] Es folgen 18 Jahre, in denen es keine nachweisbare Verbindung zwischen Voß und Goethe gegeben hat. Goethe macht Karriere in Weimar, Voß wird, nach einem Intermezzo als freier Schriftsteller in Wandsbek, Schulrektor zunächst in Otterndorf, dann (ab 1782) in Eutin, und er macht sich einen Namen nicht nur als Herausgeber des in dieser Zeit führenden Musenalmanachs (in dem Goethe nun nicht mehr auftaucht), sondern auch als Übersetzer, und hier in allererster Linie als Homer-Übersetzer. Hatte Goethe die erste *Odüßee*-Übertragung von 1781 noch nicht erkennbar rezipiert (zumindest fehlt er auf der Subskriptionsliste), so ist dies bei der revidierten zweiten Fassung, dem Vossischen Gesamt-Homer von 1793, anders. Zwischen beiden Fassungen liegt Goethes *Italienische Reise* (Herbst 1786 bis Juni 1788), die ihn zu einer verstärkten Hinwendung zur Antike geführt, die antike, und hier vor allem die griechische Kunst und Literatur als Vollkommenheitsideal neu schätzen gelehrt hatte.[12] Hinzu kam Vossens Übersetzung der *Georgica* Vergils von 1789 und die Veröffentlichung der drei *Luise*-Idyllen 1783/84, die auf Goethe großen Eindruck gemacht hatten. Goethes Interesse galt hierbei (d. h. bei der *Luise*) vor allem der Nachbildung des griechischen Hexameters im Deutschen, die Voß wie kein anderer zu beherrschen schien, über deren Geheimnisse er sich aber bis dahin nur andeutungsweise geäußert hatte. 1793 quälte Goethe sich bei der Arbeit am *Reineke Fuchs* mit diesem erst von Klopstock in die deutsche Literatur eingeführten Versmaß herum. In den *Tag- und Jahresheften* berichtet er, dass er den *Reineke Fuchs*

> zugleich als Übung im Hexameter vornahm, den wir freilich damals nur dem Gehör nachbildeten. Voß der die Sache verstand, wollte, solange Klopstock lebte, aus Pietät dem guten alten Herrn nicht ins Gesicht sagen daß seine Hexameter schlecht seien; das mußten wir jüngeren aber büßen, die wir von Jugend auf uns in jene Rhythmik eingeleiert hatten. Voß verleugnete selbst seine Übersetzung der Odyssee, die wir verehrten, fand an seiner Luise

---

10   Kahl (1999), 194 u. 200 f. Anm. 59 f.

11   *Voß an Ernestine Boie*, 17.10.1776. Zitiert bei Herbst (1872–1876) Bd. I, 301.

12   Vgl. Riedel (2002), 63–89, hier v. a. 69–75.

auszusetzen, nach der wir uns bildeten, und so wußten wir nicht welchem Heiligen wir uns widmen sollten.[13]

So war der Boden von Goethes Seite her bereitet, als es zur ersten Begegnung der beiden im Juni 1794 kam, als Voß zu Gast bei Wieland in Weimar war. Sehr bezeichnend für Voß ist es, dass er das Treffen mit dem nunmehr adligen Geheimrat Goethe anfangs gern vermieden hätte: In einer charakteristischen Mischung aus Stolz, Adelskritik und Unsicherheit erklärte er Karl August Böttigers Bericht zufolge, er wolle

> durchaus niemand auser Wielanden in Weimar [...] sehen, weil er, wie er sagte, nicht gekommen sei, um *anzubeten*. Wieland hätte gern gleich den ersten Mittag Göthen zu sich gebeten. Aber Voß setzte sich mit aller Macht dagegen, und zog so gar Wielands Frau ins Spiel, um durch diese Göthens gefürchtete Erscheinung abzuwenden. Sein Widerwille gegen Goethe kam daher, weil er sich ihn als einen aufgeblasenen Geheimenrath dachte, und es ihm durchaus nicht verzeihen konnte, daß er sich durch den Adelsbrief unehrlich gemacht habe.[14]

Doch Goethe war hartnäckig, Voß rang sich durch, eine förmliche Einladung Goethes zum Mittagessen am 5. Juni 1794 anzunehmen, und bei diesem ersten Zusammentreffen brach das Eis. Goethe zeigte sich von seiner freundlichsten Seite, man sprach viel von Homer, der homerischen Geographie, und Voß gelang es, die seiner neuen Homer-Übersetzung gegenüber skeptischen Weimaraner durch eine Lesung aus der Odyssee vom Versbau und der Sprache seiner Übertragung zu überzeugen.[15] Voß war beeindruckt von der Offenheit und Herzlichkeit, mit der er nun auch von Goethe aufgenommen wurde, und er war überrascht und geschmeichelt von dem so überaus großen Interesse und der großen Zustimmung, auf die er als Homer-Übersetzer und Altphilologe stieß. Dies gilt im Prinzip für den gesamten Weimarer Kreis, den er auf dieser Reise kennenlernte – neben Wieland und Goethe sind hier vor allem Herder und Böttiger zu nennen –, von Goethe jedoch wurde Voß offensichtlich nicht nur als gleichberechtigter Gesprächspartner, sondern als Autorität in seinem Spezialbereich, der antiken Verslehre und der Homer-Philologie, anerkannt. Voß war jemand, der die Antike, und hier an erster Stelle natürlich Homer, als Vorbild wirklich ernst nahm – im Gegensatz etwa zu Wieland und Herder, die Goethe in dieser Hinsicht einmal selbst als »Latitudinarier«[16], also als laue, wenig prinzipienfeste Klassizisten bezeichnete. So hatte Voß vor allem im Bereich des Hexameters etwas zu bieten, das Goethe von keinem anderen bekommen konnte: 1. Eine sehr tief gehende Einsicht in die Strukturen des homerischen Verses, 2. die feste Überzeugung, dass dieser Versbau konstitutiv für das Wesen der homerischen Sprache und damit für den homerischen Geist sei, und

---

13 Goethe, *Tag- und Jahreshefte 1793*, 21. – Mit der ›Verleugnung‹ meint Goethe Vossens Umarbeitung seiner *Odyssee* im Gesamt-Homer von 1793 sowie die Revision der *Luise*-Idyllen in der Buchfassung von 1795.

14 Böttiger (1998), 405.

15 Ebd., 410. Vgl. *Johann Heinrich an Ernestine Voß*, Weimar, 6.6.1794, in: *Briefe von Johann Heinrich Voß nebst erläuternden Beilagen*, Bd. II, 84–388.

16 Goethe, *Campagne in Frankreich 1792*, 514.

3. den festen Willen, diese Struktur so genau wie möglich im Deutschen zu reproduzieren, den Geist der Antike auf diese Weise lebendig in die Gegenwart zu transponieren.

Diese Übertragung und Wiederbelebung des homerischen Ideals hatte Voß zum einen in seiner Homer-Übersetzung, zum anderen aber auch in seinen deutschen Idyllen geleistet, allen voran in der *Luise*, die Goethe »leidenschaftlich verehrte« und aus der er im privaten Kreis immer wieder vorlas.[17] Auch Goethe liebte Homer – seine intensiven Homer-Studien der Jahre 1793/94 belegen dies – und er liebte Vossens *Luise*, die ein Beleg dafür war, wie wirkungsvoll die homerische Sprache für die deutsche Dichtung der Gegenwart fruchtbar gemacht werden konnte.

Und eben dies, ein Fruchtbarmachen der Antike für die Gegenwart, hatte auch Goethe vor, doch war sein Verhältnis zur Antike letztlich ein anderes als das Vossens: Während Voß es primär darum ging, das *antike* Ideal in der Gegenwart sichtbar zu machen, wollte Goethe die Antike für die *gegenwärtige* Kunst fruchtbar machen. Man hat mit einigem Recht von einem »dualistischen Geschichtsverständnis« Vossens gesprochen, d. h. einem Geschichtsverständnis, das über und außerhalb der schlechten, stets unvollkommenen Menschheitsgeschichte ein überzeitliches, ahistorisches Ideal annimmt, dass in bestimmten historischen Phasen mehr oder weniger stark auf die reale Geschichte einzuwirken vermag.[18] Die Antike war dieser Interpretation zufolge für Voß eine Zeit, in der dieses Ideal nahezu vollständig verwirklicht war, die Gegenwart eine Zeit der Unvollkommenheit, in der diesem Ideal erst wieder zum Durchbruch verholfen werden müsse. Aufgabe der Dichter und Gelehrten ist es daher, am Studium der Antike das Ideal zu erkennen und es der Gegenwart zu vermitteln.

Goethe dagegen teilt ein solches »dualistisches Geschichtsbild« nicht. Er ist durch die Schule des Herderschen Historismus gegangen, der jeder Kultur und Epoche ihren Eigenwert und ihre eigene Entwicklungsdynamik zuspricht und damit nicht nur ein Hochschätzen der antiken Kultur des Mittelmeerraumes, sondern auch ein selbstbewusstes Annehmen und Weiterentwickeln der (unter ganz eigenen Voraussetzungen stehenden) eigenen nordischen Kultur der Gegenwart ermöglicht. Was dies in letzter Konsequenz für das Verhältnis zur Antike bedeutet, zeigt sich später in der Helena-Episode in *Faust II*:[19] Die Vermählung Fausts mit Helena ist eben keine Unterordnung der nordischen unter die mediterran-antike Kultur, sondern eine Verbindung der beiden eigenständigen Kulturbereiche. In den 1790er Jahren zwar gibt es Phasen, in denen Goethe die Vorbildlichkeit der Antike wesentlich stärker betont. Doch auch hier erweist Goethe sich bei näherem Hinsehen nicht als Klassizist, als jemand, der eine bloße Nachahmung der Antike im Auge hat, sondern als jemand, der die Leistungen der antiken Künstler für die Gegenwart fruchtbar machen will.[20] Entsprechend stand die Hexameterfrage für Goethe schon 1794 nicht im Horizont des Projekts einer Wieder-

---

17 Ebd., 498. Vgl. *Heinrich Voß an Heinrich Christian Boie*, 25.2.1804, in: *Briefe von Heinrich Voss* (Bd. 2,1), 5.

18 Krämer (2001), 215–261.

19 Goethe, *Faust II*, 3. Akt, 233 ff. Vgl. Riedel (2002), 79 f.

20 So etwa in der *Einleitung in die Propyläen* (1798), 9–26. Vgl. hierzu z. B. Raulet (1997), 135–137.

belebung der Antike, sondern in dem einer Erweiterung und Verbesserung der dichterischen Mittel der Gegenwart. Neben allem Interesse an Vossens Wissen über Homer, an der antiken Geographie und Realienkunde war es dies, was Goethe vor allem interessierte: Voß hatte vorgemacht, wie gute deutsche Hexameter klangen, und Goethe wollte dies auch beherrschen. »Ich hätte das gar gern auch gelernt, allein es wollte mir nicht glücken«,[21] sagt er später rückblickend über die Hexameterkunst Vossens.

Dementsprechend diesen seinen praktischen Interessen als Dichter folgend, gab er Voß den Entwurf seines *Reineke Fuchs* mit der Bitte um metrische Korrektur. Vossens Reaktion ist bezeichnend. An seine Frau Ernestine schrieb er nach Eutin:

> Goethes Reineke Voß habe ich angefangen zu lesen; aber ich kann nicht durchkommen. Goethe bat mich, ihm die schlechten Hexameter anzumerken; ich muß sie ihm alle nennen, wenn ich aufrichtig sein will. Ein sonderbarer Einfall, den Reineke in Hexameter zu sezen.[22]

Hier wird nicht nur die rigorose Haltung Vossens deutlich – er ist sich seiner metrischen Beurteilungskriterien völlig sicher und lässt Hexameter, die diesen Kriterien nicht genügen, schlechterdings nicht gelten. Doch zeigt sich auch der grundsätzliche, gewissermaßen weltanschauliche Gegensatz, nämlich ein Zielkonflikt im Hinblick auf das, was die moderne Dichtung kann und darf: Der Hexameter ist für Voß nun einmal das erhabene Versmaß des antiken Heldenepos, er muss daher für ihn auch in der Gegenwart auf die Schilderung idealer, erhabener Zustände beschränkt bleiben – wie etwa in der *Luise*, die Voß selbst als Darstellung von Verhältnissen aus dem Bereich der »veredelten Möglichkeit« beschrieb.[23] Für eine so »unheilige Weltbibel«, für eine Satire wie den *Reineke* dagegen ist der Hexameter völlig ungeeignet, ja er ist ihm in gewisser Weise sogar unwürdig.

Aus ganz ähnlichen Motiven wird Voß wenig später, 1797, Goethes von der *Luise* angeregtes Versepos *Hermann und Dorothea* ablehnen. 1796 war es schon zu einer Verstimmung Goethes gekommen, als Voß wieder einmal in Mitteldeutschland unterwegs war, um Weimar aber einen Bogen machte.[24] Im Herbst 1796 war auch Goethes und Schillers *Xenien*-Almanach erschienen, in dem Voß zwar (als einziger der norddeutschen Aufklärer) weitgehend geschont wurde,[25] über den Voß aber wegen der enthaltenen Angriffe auf zahlreiche Freunde trotzdem verstimmt war.[26] Persönlich

---

21   Goethe, *Campagne in Frankreich 1792*, 514.

22   *Voß an Ernestine*, Halberstadt 13.6.1794, in: *Briefe von Johann Heinrich Voß nebst erläuternden Beilagen*, Bd. II, 392.

23   In der Anmerkung zu *Luise* I, V. 4 ab der erweiterten Fassung von 1807: »Grünau, ein erdichtetes holsteinisches Dorf, dessen Lage, Anbau und Lebensart nur im Gebiete der veredelten Möglichkeit zu suchen sind.« *Luise*, 325.

24   Herbst (1872–1876), Bd. II/1, 179 u. 311 f.

25   *Louise von Voß*: »Wahrlich, es füllt mit Wonne das Herz, dem Gesange zu horchen, / Ahmt ein Sänger wie der Töne des Altertums nach.« Goethe, *Distichen der Sammelhandschrift*, 719 bzw. *Xenien*, 791. *Zeichen des Löwen*: »Jetzo nehmt euch in acht vor dem wackern Eutinischen Leuen / Daß er mit griechischem Zahn euch nicht verwunde den Fuß.« Ebd., 687 bzw. 785.

26   »Der Xenien-Almanach machte einen sehr üblen Eindruck auf Voß, den er lange nicht verschmerzte, so viel anziehendes für ihn sie auch enthalten mochten; nur fühlte er, Wiz und Laune dürften nicht

nahm er auch das erwähnte Versepos *Hermann und Dorothea*, das er als Konkurrenz-unternehmen zu seiner *Luise* verstand und daher nicht nur inhaltlich und metrisch ablehnte, sondern auch als persönliche Kritik übel nahm.[27]

So war das Verhältnis zwischen Voß und Goethe zumindest leicht abgekühlt, als Voß im Herbst 1802 mit seiner Frau Ernestine und dem jüngsten Sohn Abraham nach Jena übersiedelte. Er hatte aufgrund gesundheitlicher Probleme von seinem Eutiner Lan-desherrn eine großzügige Pension erhalten, hoffte auf Gesundung in südlicheren Gefil-den und wählte Jena, weil dort bereits die älteren Söhne Heinrich und Wilhelm stu-dierten. Wieder ist es Goethe, der den ersten Schritt zu einer Kontaktaufnahme tut, und wieder entsteht so etwas wie Herzlichkeit im persönlichen Umgang. Ernestine Voß berichtet in ihren Erinnerungen:

> Göthe besuchte uns gleich, als wir im Griesbachschen Hause eingezogen waren. Ich sah ihn zuerst, als ich aus einer Auction zurückkam. Es schien ihm zu gefallen, daß ich, erfreut durch meinen Ankauf, welcher die häusliche Bequemlichkeit vermehren sollte, mich durch seine Gegenwart nicht stören ließ, von allem zu erzählen, was ich erhascht. Ich holte Wein und was sich sonst fand herbei, um den Gast zu erfreun, und wir stießen auf ein behagliches Leben in Jena an.[28]

Bald gab es einen Gegenbesuch des Ehepaars Voß in Weimar, bei dem Goethe die ihm in ihrer Natürlichkeit offenbar sympathische Ernestine abends ins Schauspiel führte, während Johann Heinrich sich mit Schiller näher anfreundete. Im kommenden Jahr 1803 intensivierten sich die familiären Kontakte, Goethe war im Frühjahr und Som-mer mehrere Wochen in Jena, wo er mit Voß intensive »Studien im Versbau«[29] trieb, sich aber auch gegenüber der Gattin Ernestine teilnehmend und hilfsbereit erwies. Sie berichtet in ihren Erinnerungen:

> Eine Freundlichkeit werde ich ihm nie vergessen, die mein Herz traf. Einmal fand er mich im Garten knieend auf dem Boden, um die Einfassung auszubessern. Er untersuchte theil-nehmend mein Geschäft, und rieth Sachen zu wählen, die nicht so leicht vom Zufall gestört würden. Meine Antwort war, ich wäre noch zu unkundig in Jena, um die Pläze zu wissen, wo man sich dergleichen verschaffe. Ich arbeitete fort, während die Herren auf- und ab-

---

angewandt werden, anderen wehzuthun oder gar zu schaden.« Ernestine Voß, *Über Voßens Verhältnis*, in: *Briefe von Johann Heinrich Voß nebst erläuternden Beilagen*, Bd. III/2, 49.

27 Gegenüber Gleim, der Goethes *Hermann und Dorothea* als gegen Voß gerichtete Parodie der *Luise* verdammt hatte, erklärte Voß, dass es Goethe »Ernst war, etwas, wo nicht Homerisches, doch Homeridisches, aufzustellen: um *auch diesen* Kranz des Apollo zu gewinnen. Ich werde mich herzlich freun, wenn Griechenlands Geist uns Deutschen ein vollendetes Kunstwerk gewährt, und nicht engherzig nach meiner bescheidenen Luise mich umsehn. Aber eben so ehrlich denke ich für mich, und sage es Ihnen: Die Dorothea gefalle wem sie wolle; Luise ist sie nicht.« *Voß an Gleim*, Eutin, 19.11.1797 (Nachschrift zum Brief Ernestines), Schleswig-Holsteinische Landesbibliothek Kiel, Cb 4.81:80, 4. Auch in: *Briefe von Johann Heinrich Voß nebst erläuternden Beilagen*, Bd. II, 339 (ungenau und fälschlich mit Vossens gekürzter Nachschrift zum Brief vom 24.9.1797 verbunden). Vgl. zum Ganzen Herbst (1872–1876), Bd. II/1, 177f.

28 Ernestine Voß, *Über Voßens Verhältnis*, in: *Briefe von Johann Heinrich Voß nebst erläuternden Beilagen*, Bd. III/2, 55f.

29 Steiger (1986), 361.

gingen. Als wir einige Tage später Abends aus einer Gesellschaft heimkehrten, fanden wir alles gar zierlich und hübsch eingefaßt, und überall Sommerblumen hingepflanzt, unter denen so manches alte Bekannte. Göthe wollte den Dank dafür nicht annehmen, ward aber beim nächsten Besuch sehr heiter gestimmt durch unsre Freude daran.[30]

In diesen Wochen entstand so eine Art Familienfreundschaft, Goethe ging bei den Vossens ein und aus, auch sein Sohn August kam bei einem dieser längeren Jena-Aufenthalte mit und wurde von Voß täglich unterrichtet.[31]

Goethe pflegte also aktiv die Beziehung, und dies hatte mehrere Gründe. Zum einen waren es seine metrischen Interessen, er ging während seiner Besuche bei Voß regelrecht in die Schule, um Näheres über die antiken Versmaße[32] zu erfahren. Zum anderen hatte hatte er auch äußere, gewissermaßen politische Gründe, Voß in Jena zu halten: Die Jenaische Universität litt zunehmend unter dem Weggang wichtiger Professoren (Schelling, Paulus) und Goethe verband mit Vossens Anwesenheit die Hoffnung, das schwindende Ansehen der Universität wieder heben zu können. Hinzu kam die nach dem Weggang der *Allgemeinen Literatur-Zeitung* nach Halle von Goethe neugegründete *Jenaische Allgemeine Literatur-Zeitung*, zu deren Erfolg Voß beitragen sollte – was dieser auch mit etlichen Rezensionen und kleineren Beiträgen tat.[33] Diesem äußeren Interesse Goethes an Voß entsprach eine massive äußere Unterstützung: Schon kurz nach der Ansiedlung Vossens in Jena verschaffte Goethe ihm das Privileg der Sachsen-Weimarischen Schriftsässigkeit, später dann eine herzogliche Gratifikation sowie ein Deputat an Holz, Getreide und Wildbret.[34] 1804, als die Stelle Karl August Böttigers als Rektor des Weimarischen Gymnasiums frei wurde, suchte er Voß zu dessen Nachfolger zu machen, und er bot ihm auch die seit Herders Tod vakante Stelle des Oberaufsehers der Landschulen an. Als Voß beides ablehnte, verschaffte er dessen Sohn Heinrich eine Stelle als Professor am Gymnasium, mit der Aussicht, später die Rektorenstelle zu übernehmen.

Mit diesem Sohn Heinrich begann 1804 eine weitere Intensivierung der familiären Beziehungen. Heinrich war ein ausgesprochen begeisterungsfähiger, begabter und fleißiger Altphilologe und Übersetzer, der wissenschaftlich weitgehend im Sinne seines Vaters arbeitete, im Gegensatz zu diesem aber keinerlei Schwierigkeiten damit hatte, herausragende Männer wie die Weimarer Dioskuren Goethe und Schiller zu bewundern und sich ihnen dienend unterzuordnen. Zuerst im Februar, dann wieder Anfang April 1804 war er jeweils über eine Woche Gast im Haus am Frauenplan, bevor er im Mai selbst nach Weimar übersiedelte, um seine Lehrerstelle in Weimar anzu-

---

30 Ernestine Voß, *Über Voßens Verhältnis*, in: *Briefe von Johann Heinrich Voß nebst erläuternden Beilagen*, Bd. III/2, 56 f.

31 Ebd., 57. Vgl. auch Ernestines Hexametergedicht *An Göthe* von Anfang 1804, mit dem sie den ›Edlen Weimariaden‹ zum Stahlpunsch einlud. In: *Aufsätze von Ernestine Voß*, 60–62; vgl. Herbst (1872–1876), Bd. II/2, 21.

32 Nun nicht mehr auf den Hexameter beschränkt, sondern auf die Odenversmaße bezogen. Vgl. Steiger (1986), 361 u. ö.

33 Vgl. Müller (2014).

34 Vgl. *J. H. Voß an Friedrich Weinbrenner*, Jena, 30.3.1805, in: *Goethes Gespräche*, Bd. 1, 969 f. Auch in: Steiger (1986), 529 f.

treten. In engem Kontakt zu Goethe half er diesem bei der großen, überaus lobenden Rezension der Vossischen Gedichte,[35] bei der Überarbeitung der Hexameter von *Reineke Fuchs* und *Hermann und Dorothea*, und ersetzte ihm so in gewisser Weise seinen Vater, der sich in Weimar nur selten blicken ließ.[36] Heinrich fühlte sich hier in Weimar, in fast täglichem, geistig lebendigem Kontakt zu Goethe und auch Schiller wie im Paradies, und er nahm sogar den heftigen Zorn seines Vaters in Kauf, als er sich im August 1804 weigerte, mit diesem nach Würzburg zu gehen.[37]

Aus Würzburg waren nämlich seit Anfang 1804 sehr attraktive Angebote an den Vater Voß ergangen, an der dortigen Universität an zentraler Stelle am Aufbau einer modernen Schullehrerausbildung in Bayern zu wirken, und Voß, der alle Angebote im Bereich des Weimarischen Schulwesens abgelehnt hatte, schien sehr geneigt, für Würzburg doch noch aus seinem Pensionärsdasein auszubrechen. Der Grund war eindeutig: Hier in Würzburg, im erzkatholischen Bayernland, glaubte er, wesentliche Veränderungen im Sinne einer neuhumanistisch-aufklärerischen Pädagogik, wie er sie verstand, bewirken zu können. In Weimar dagegen war dies nicht der Fall, hier lief alles auf eine Einschränkung seiner Freiheit hinaus, ja, er mochte wohl auch befürchten, von Goethe zu sehr eingespannt zu werden, ähnlich wie sein Sohn Heinrich als Zuarbeiter Goethes gebraucht und ausgenutzt zu werden. Voß war eben, wie Goethe es später einmal formulierte, ein »tüchtiger, derber, isolierter Autochthon«,[38] der sich nicht gern fremdbestimmen ließ. Er hatte als Autodidakt fast immer allein gearbeitet, hatte stets seine eigenen wissenschaftlichen und poetischen Ziele verfolgt und hierbei nie taktische Klugheitsrücksichten gelten lassen. Er war in gewissem Sinne ›isoliert‹, aber diese selbstbewusste Isolation, dieses autochthone, bodenständige In-sich-Ruhen und Sich-auf-sich-selbst-Verlassen war sein Erfolgsrezept: Voß war kein Universalist wie Goethe, sondern Experte in wenigen Bereichen, und er hatte es in zumindest einem Bereich, dem der antiken Literatur und Verslehre, zu einer Meisterschaft gebracht, die seinerzeit unerreicht war. Goethe hatte diese Meisterschaft erkannt, wollte sie für seine eigene Dichtkunst nutzen, von Voß in diesem einen wichtigen Teil seines weiten Interessensgebietes lernen, ohne Vossens Weltanschauung, sein klassizistisch-humanistisches Weltbild zu übernehmen, sondern um das Gelernte als Handwerkszeug für seine eigenen poetischen Projekte nutzbar zu machen. Goethe besaß bekanntlich ein ausgeprägtes Gespür für die sinnlichen Wirkungen der Dichtung, weshalb er die Bedeutung der Metrik ausgesprochen hoch einschätzen musste. Dieser Nutzen war für ihn so bedeutend, dass er auf Voß als Berater in metrischen Fragen nicht verzichten mochte. So war Goethe ausgesprochen erleichtert, als sich die Würzburger Pläne zerschlugen – Voß war klar geworden, dass er *seine* norddeutsche Aufklärung und *seinen* Humanismus in Bayern nicht würde durchsetzen können.

35　Vgl. Goethe, *Sämtliche Werke nach Epochen seines Schaffens*, Bd. 6.2, 565–578.

36　Grund für diese Zurückhaltung Vossens waren zum einen gesundheitliche Probleme, unter denen er in Jena nach wie vor litt, zum anderen aber auch Goethes »Unverhältnis« zu Christiane Vulpius. Vgl. Herbst (1872–1876), Bd. II/2, 22.

37　Vgl. Baudach (1995), 8–12.

38　Goethe, *Voss und Stolberg*, 331.

Goethe vermehrte daraufhin seine Anstrengungen, Voß in Jena zu halten. Er bot ihm eine Pension des Herzogs an, und drängte ihm, als Voß sie ablehnte, weil sie ihn »an Jena gefesselt«[39] hätte, eine Gratifikation sowie das erwähnte üppige Naturaliendeputat auf. Und außerdem wurde Voß, wie ebenfalls erwähnt, intensiv in die Arbeit an der neuen *Jenaischen Allgemeinen Literatur-Zeitung* eingebunden. Zeichen der verstärkten Bemühungen Goethes um Voß ist auch, dass er den Bildhauer Friedrich Tieck eine Büste Vossens anfertigen ließ. Das Modell zu dieser Büste entstand im Juli 1804 in Goethes Haus am Frauenplan, wo Voß dem Bildhauer Modell sitzen musste. – Dennoch blieb Voß nicht mehr sehr lange in Goethes Nähe. Er und seine Frau Ernestine hatten auf ihrer (durch das Würzburger Angebot ausgelösten) Süddeutschland-Reise im Spätsommer 1804 auch das liebliche Heidelberg gesehen und sie hatten Kontakte angeknüpft, die schließlich zu dem Angebot einer üppig dotierten Sinekure als Berater der Heidelberger Universität führten.

Als Voß Goethe Ende April 1805 seinen Entschluss, nach Heidelberg zu gehen, mitteilte – Voß hatte dies natürlich allein entschieden, ohne ihn vorher um Rat zu fragen – reagierte Goethe zutiefst enttäuscht, gekränkt, beleidigt. Und dies hieß bei Goethe: Alle Herzlichkeit war dahin, er setzte die Maske des kalten, förmlich-steifen Ministers auf. Es gab noch zwei wechselseitige Abschiedsbesuche, die in einer deutlich abgekühlten Atmosphäre verliefen. »Es ist auch nicht eine Silbe von unserem Wegziehen geredet. Es ist nicht ein herzliches Wort gesprochen«, berichtete Ernestine später.[40]

Der Rest der Geschichte ist schnell erzählt. Johann Heinrich und Ernestine Voß richteten sich dauerhaft in Heidelberg ein, und auch ihr Sohn Heinrich, dem seit Ende 1805 eine Krankheit das Unterrichten unmöglich machte und die auch den Verkehr mit Goethe massiv beeinträchtigte, zog im November 1806 aus dem nach der Schlacht von Jena verwüsteten Weimar zu seinen Eltern. Bis zu seinem Tod 1822 lehrte er als Professor an der Heidelberger Universität.

Das Verhältnis von Vater Voß zu Goethe blieb von da an dauerhaft abgekühlt, wenn auch nie wirklich unfreundlich. Eine gegenseitige Hochschätzung blieb bestehen, aber man verstand sich nicht mehr. Der Familienkontakt setzte sich zunächst noch durch Goethes Sohn August fort, der vom Frühjahr 1808 bis zum Herbst 1809 in Heidelberg studierte und in dieser Zeit engen Kontakt zu den Vossens, vor allem zu Heinrich, hatte. Zwischen den Vätern Voß und Goethe aber herrschte in dieser Zeit Schweigen – nicht zuletzt wegen des sogenannten *Sonettstreits,* der eine weitere, deutliche Dissonanz in das Verhältnis der beiden brachte: Goethe hatte sich Anfang 1807 in Cottas *Morgenblatt* mit dem Doppelsonett *Das Sonett* zu Worte gemeldet[41] und sich vorsichtig abwägend zu dieser von den Romantikern wiederentdeckten und propa-

---

39   *J. H. Voß an Friedrich Weinbrenner,* Jena, 30.3.1805, in: *Goethes Gespräche,* Bd. 1, 969.

40   Ernestine Voß an Charlotte Schiller, 15.8.1805, in: Urlichs, *Charlotte von Schiller und ihre Freunde* (Bd. 3), 190–192; Herbst (1872–1876), Bd. II/2, 40.

41   »Sich in erneutem Kunstgebrauch zu üben, / Ist heil'ge Pflicht, die wir dir auferlegen« etc. Goethe, *Das Sonett,* 46 f.

gierten romanischen Strophenform bekannt. Voß reagierte hierauf im März 1808 ebenfalls im *Morgenblatt* mit dem Sonett *An Goethe*, in dem er diesen – freundlich zwar, aber bestimmt – aufforderte, diese nach Vossens Ansicht romantisch-mystische »Unform« nicht weiter zu verwenden:

> Laß, Freund, die Unform alter Truvaduren,
> > Die einst von Barbarn, halb galant, halb mystisch,
> > Ableierten ihr klingelndes Sonetto;
>
> Und lächle mit, wo äffische Naturen
> > Mit rohem Sang' und Klinklang' afterchristisch,
> > Als Lumpenpilgrim, wallen nach Loretto.[42]

Dies war für Vossens Verhältnisse nicht eigentlich aggressiv, sondern als Versuch gemeint, den scheinbar in die Fänge der Romantiker abdriftenden Goethe auf den Pfad aufklärerisch-klassischer Tugend zurück zu holen – aber es war ein *öffentlicher* Versuch, und es war ein Versuch, Goethe poetische Vorschriften zu machen. Der reagierte zwar nicht öffentlich, war aber verärgert, wie aus seinem Brief an Zelter vom 22. Juni 1808 deutlich hervorgeht. Goethe wirft Voß hier »Pedantismus« vor:

> Für lauter Prosodie ist ihm die Poesie ganz entschwunden. Und was soll es nun gar heißen, eine einzelne rhythmische Form, das Sonett z. B., mit Haß und Wut zu verfolgen, da sie ja nur ein Gefäß ist, in das jeder von Gehalt hinein legen kann was er vermag. Wie lächerlich ist's, [...] aus einer ästhetischen Sache eine Parteisache zu machen und mich auch als Parteigesellen heranzuziehen.[43]

Im Juli 1811 trafen Johann Heinrich und Ernestine Voß Goethe auf dem Jenaer Schloss, ein kühles, förmliches Treffen, Goethe in seinem steifen »ministeriellen Air«,[44] auf das Voß verstimmt und beleidigt reagierte. Freundlicher, aber unverbindlich lief der Kontakt drei Jahre später bei Goethes erstem Besuch in Heidelberg im September/Oktober 1814 ab. Goethe war in heiterer Stimmung und besuchte die Vossens mehrfach. »Auf eine herzliche Theilnahme hatten wir nicht gerechnet, waren also vollkommen befriedigt mit der Unbefangenheit und Freundlichkeit«, schreibt Ernestine in ihren Erinnerungen.[45] Die eingetretene Entfremdung bestätigte sich im folgenden Jahr 1815, als Goethe abermals Heidelberg besuchte und in gedrückter Stimmung nur einmal kurz bei den Vossens vorbeischaute.

So scheint es, dass die Unterschiede, ja Gegensätze der Herkunft, Charaktere und Weltanschauungen von Goethe und Voß nur einer zeitweilig »herzlichen« Beziehung Raum gaben und ihre Entfremdung ab 1805 unausweichlich machte. Diese Unterschiede lassen sich in fünf Punkten zusammenfassen:[46]

---

42 Voß, *An Goethe*, 8.3.1808, 229, in: *Morgenblatt für gebildete Stände* 58, 229. Auch in: Voß, *Ausgewählte Werke*, 159.

43 Goethe an Zelter, 22.6.1808, in: *Briefwechsel zwischen Goethe und Zelter*, 183. – Vgl. zum Ganzen sowie zum Kontext der Sonettdichtungen Goethes Müller-Seidel (1949), 244–251; Fröschle (1985), 58–64.

44 Herbst (1872–1876), Bd. II/2, 142.

45 Ernestine Voß, *Über Voßens Verhältnis*, 66 f.

46 Vgl. zum Folgenden auch die im Einzelnen differenziertere Darstellung bei Riedel (1999), 33–40.

1. Unterschied der Herkunft und Sozialisation: Dem geadelten Minister groß-
bürgerlicher Herkunft Goethe steht der aus deutlich kleineren, vor allem finanziell
beengten bürgerlichen Verhältnissen stammende intellektuelle Aufsteiger Voß gegenüber. Dass dieser – biografisch bedingt – hochsensibel auf derartige soziale Unterschiede reagierte und nicht frei von adelsfeindlichen Vorurteilen war, hat Böttigers
Bericht über Vossens Berührungsängste im Jahr 1794 Goethe gegenüber deutlich
gezeigt.[47]

2. Hieraus folgt auch ein unterschiedlicher sozialer Horizont: War Goethe der
weltläufige, zahlreiche unterschiedliche Kontakte unterhaltende Dichter und Staatsmann, so gehört Voß eher zum Typus des sich in kleinem Kreis abschließenden Gelehrten.

3. Dies korrespondiert mit einem unterschiedlichen kognitiven Horizont: Dem
breit Interessierten, vielseitig Begabten und gern Fremdes Aufnehmenden Universa-
listen Goethe steht in Voß ein sich auf *ein* Fachgebiet beschränkender Spezialist und
Autodidakt gegenüber.[48]

4. Hinsichtlich ihres Verhältnisses zur Antike steht dem ›Klassiker‹ Goethe der
›Klassizist‹ Voß, d. h. dem bei aller Wertschätzung der Antike stets Neues und Ori-
ginäres Schaffenden der strenge, die Antike als überzeitliches Ideal über alles setzende
Humanist gegenüber. Goethe war – von einer eher kurzen Phase in den 1790er Jahren
abgesehen, in der er eine strenger klassizistische Position einnahm – ein entschieden
moderner Autor, ihm war bewusst, dass trotz aller Vorbildlichkeit der Antike der
moderne Künstler eben nicht zur Antike zurückkehren könne und dürfe. In diesem
Sinne moderne Dichtung ist aber im Sprachgebrauch der Zeit »romantische« Dichtung,[49] sodass man Goethe in diesem weiteren Sinne durchaus auch als Romantiker
ansehen kann, zumal er sich im Alter romantischem Gedankengut und romantischen
Kreisen durchaus annäherte.[50] Voß dagegen hielt bis an sein Lebensende an *seiner* spe-
zifischen Form einer klassizistischen Aufklärung fest. Zwar war auch seine Dichtung
keine bloße Reproduktion der Antike, insofern er in seinen Oden und Epen keine antiken, sondern durchgängig moderne Stoffe und Themen verarbeitete.[51] Gleichwohl

---

47 Vgl. oben Anm. 14.

48 Vgl. Ernestine Voß, *Über Voßens Verhältnis*, 54: »Dem Manne, der sich überall vielseitig bewegte und
in allen Fächern zu glänzen bemüht war, konnte das Streben, in einem engeren Kreise nach Vermögen
zu wirken, leicht einseitig und beschränkt erscheinen.«

49 Den Doppelsinn des Begriffs »Klassiker« als ›vorbildlicher Schriftsteller‹ einerseits und ›antiker
Schriftsteller‹ im Gegensatz zu ›moderner = romantischer Schriftsteller‹ andererseits wird etwa in
der fünften Auflage des Brockhaus historisch begründet: »*Classisch, Classiker.* so hießen ursprünglich
unter den sechs Classen, in welche das römische Volk eingetheilt war, die Bürger des ersten Ranges
oder der ersten Classe. Nach ihnen wurden von den Neuern die griechischen und römischen Autoren
überhaupt *Classiker* genannt, d. i. vorzügliche, musterhafte Schriftsteller, wiewohl viele Abstufungen
Statt finden, und ihr innerer Werth, trotz dieser ehrenvollen Benennung, sehr verschieden bleibt. In
diesem Sinne spricht man von einer *classischen Literatur, Kunst* und *Poesie*, im Gegensatze der
modernen oder romantischen.« *Allgemeine deutsche Real-Encyclopädie* (1820), Bd. 2, 624.

50 Vgl. Raulet (1997), 127–142.

51 Dies im Gegensatz zu Goethe, der sich durchaus antiker Stoffe bediente. Vgl. Riedel (1999), 33. Bei
Voß spielt allein die Idylle *Philemon und Baucis* (In: *Musenalmanach* 1786, 44–46, auch in: Voß, *Aus-*

lehnte er sich in der sprachlichen, metrischen und strophischen Form dieser Dichtungen sehr eng an antike Vorbilder an und vermittelte in ihnen ein streng an seinem
Ideal der Antike orientiertes Welt- und Menschenbild.[52] Die in Vossens Sinne aufklärerisch als ideale Verbindung von »Weisheit und Einfalt«,[53] von höchster Vernunft
und Moral verstandene Antike war ihm die entscheidende Richtschnur für die Verbesserung der verderbten Gegenwart. Mit dieser Position war er unmittelbarer Wegbereiter des Neuhumanismus des 19. Jahrhunderts[54] und in seinen späteren Heidelberger Jahren ein entschiedener Gegner der wieder auf nordische und orientalische
Traditionen zurückgreifenden Romantiker.[55]

5. Die entschieden aufklärerische Orientierung dieses Antikeverständnisses markiert zugleich den letzten, politischen Gegensatz zwischen dem eher konservativen
Revolutionsfeind Goethe und dem im Sinne der Aufklärung fortschrittlich denkenden,
an den Freiheitsidealen der Französischen Revolution festhaltenden Voß[56] – ein Gegensatz, der in Zusammenhang mit dem ersten Punkt steht: Voß war Bürger eben auch
im Sinne des aufgeklärten, standesbewussten »citoyen«, der Patriziersohn und Minister von Goethe dagegen stand letztlich immer auf der Seite der Herrschenden des
ersten Standes.[57]

Um noch einmal auf den Gegensatz der Charaktere zurückzukommen: Ernestine Voß
hat diesen Gegensatz der »Naturen« der beiden (dies sind die Punkte 1 bis 3) in ihren
Erinnerungen folgendermaßen charakterisiert:

> Voßens Verhältnis zu Göthe gestaltete sich von Anfang an sehr freundlich. Daß es kein herz
> liches werden konnte, fühlten wir gleich; dazu waren beide Naturen zu verschieden. Dem
> Manne, der sich überall vielseitig bewegte und in allen Fächern zu glänzen bemüht war,
> konnte das Streben, in einem engeren Kreise nach Vermögen zu wirken, leicht einseitig und
> beschränkt erscheinen. Indessen strengten beide sich an, die Seiten, wo sie sich berührten,
> festzuhalten, und das Gute, das sie an einander schätzten, zu würdigen […].

Gewürdigt haben Voß und Ernestine vor allem den »Menschen« Goethe, der sie in
Jena als Freund so oft besucht und sie, wie Ernestine sich in ihrem letzten Brief an
Goethe vom 20. April 1826 erinnert, mit seiner

---

gewählte Werke, 31–35.) in der Antike, in einer Antike allerdings, die durch die detailreiche, typisch
Vossische Natur- und Landschaftsdarstellung bruchlos in den gegenwärtigen Erfahrungshorizont des
Lesers eingebettet wird. Vgl. Kemper (2002), 365–367.

52 Dass dies nicht oder nur in sehr eingeschränktem Maße auf die liedhafte Lyrik seiner vor allem im
Musenalmanach veröffentlichen Gedichte zutrifft, markiert gleichwohl in Vossens Werk selbst die
Grenzen einer solchen formalen Anlehnung an die Antike.

53 »O heiliger Homer, lehre uns Weisheit u Einfalt!« *Voß an Johann Abraham Peter Schulz*, 10.4.1786,
in: *Briefwechsel zwischen Johann Abraham Peter Schulz und Johann Heinrich Voss*, 61.

54 Vgl. Schneider (1997), 207–218.

55 Vgl. hierzu u. a. Fröschle (1985).

56 Vgl. Langenfeld (1999), 113–141.

57 Vgl. Dahnke (1998), 5–7, 313–319.

Herzlichkeit [...] erfrischt hat. Diese Stunden haben uns noch manche Stunde hier lebhaft erquikt, und selbst in seinen lezten Tagen hat er [*sc.* Voß] davon noch mit seinen Arzt, den er lieb hatte, geredet.[58]

Auf diesen Brief mit der Nachricht vom Tode Vossens hat Goethe übrigens – in der ihm eigenen Mischung aus Selbstbewusstsein und Vermeidung belastender Todesreflexionen – nicht mit einem Beileidsschreiben, sondern stumm mit der Übersendung eines Medaillons geantwortet.[59] *Seine* Würdigung Vossens sah anders aus, und sie bezog sich nicht auf den Menschen, sondern auf den Philologen Voß, bei dem er in die Schule gegangen war. Wie hoch er das bei Voß Gelernte einschätzte, zeigt sich in dem Ausspruch gegenüber Eckermann, mit dem Goethe beim Besuch des ehemaligen Vossischen Wohnhauses in Jena im Oktober 1827 auf sein Verhältnis zu Voß zurückblickte:

Ich habe übrigens hier mit Voß und seiner trefflichen Ernestine manchen schönen Tag gehabt und gedenke der alten Zeit sehr gerne. Ein Mann wie Voß wird übrigens so bald nicht wieder kommen. Es haben wenig andere auf die höhere deutsche Kultur einen solchen Einfluß gehabt als er. Es war an ihm alles gesund und derbe, weshalb er auch zu den Griechen kein künstliches, sondern ein rein natürliches Verhältnis hatte, woraus denn für uns anderen die herrlichsten Früchte erwachsen sind. Wer von seinem Werte durchdrungen ist wie ich, weiß gar nicht, wie er sein Andenken würdig genug ehren soll.[60]

Dies ist ein Zitat, das in der Voß-Forschung immer wieder als der große Ritterschlag durch den Dichterfürsten Goethe zitiert wird, das aber auch hier nicht fehlen darf, da es die Wirkung dieses eigenwilligen norddeutschen Autochthonen auf Goethe prägnant verdeutlicht. Goethe charakterisiert Voß hier im Sinne Schillers als ›naiven‹ und eben nicht modernen, ›sentimentalischen‹ Schriftsteller[61] und markiert damit die entscheidende Trennungslinie zwischen sich und Voß als dem konsequenten Klassizisten, dessen scheinbare Beschränkteit in Wahrheit eine bewusste Selbstbeschränkung auf die Erforschung und Anwendung des als wahr erkannten antiken Ideals war und der gerade durch diese ›naive‹ Selbstbeschränkung zu herausragenden, für den modernen Dichter fruchtbaren Erkenntnissen gelangte. Dass dieses ebenso beschränkte wie selbstbewusste Expertentum ihn etwa dort, wo er unduldsam und verbissen die Romantiker bekämpfte, in Goethes Augen als »haberechtischen Griesgram«[62] und »neidschen Igel«[63] erscheinen ließ, steht auf einem anderen Blatt.

---

58   Ernestine Voss an Goethe, 20.4.1826, in: Bratanek (1884), 94.
59   Vgl. auch Schmidt (1968), 76 ff.
60   Eckermann (1981), Bd. 2, 605.
61   Schiller, *Über naive und sentimentalische Dichtung*, 694–780.
62   *Goethe an Knebel*, Weimar, 11.11.1809, in: *Goethes Briefe* (WA IV,21), 132.
63   Goethe, *Faust-Paralipomenon* 47, 1060. Vgl. Müller-Seidel (1949), S. 253 f.

Literaturverzeichnis

Quellen

Goethe, Johann Wolfgang, *Campagne in Frankreich* (1792), in: *Sämtliche Werke nach Epochen seines Schaffens* (Münchner Ausgabe), Bd. 14, München 1986, 337–516.

Goethe, Johann Wolfgang, *Tag- und Jahreshefte* (1793), in: *Sämtliche Werke nach Epochen seines Schaffens* (Münchner Ausgabe), Bd. 14, München 1986, 7–322.

Goethe, Johann Wolfgang, *Distichen der Sammelhandschrift*, in: *Sämtliche Werke nach Epochen seines Schaffens* (Münchner Ausgabe), Bd. 4.1, München 1988, 675–753.

Goethe, Johann Wolfgang, *Xenien* (1797), in: *Sämtliche Werke nach Epochen seines Schaffens* (Münchner Ausgabe), Bd. 4.1, München 1988, 776–825.

Goethe, Johann Wolfgang, *Einleitung in die Propyläen* (1798), in: *Sämtliche Werke nach Epochen seines Schaffens* (Münchner Ausgabe), Bd. 6.2, München 1988, 9–26.

Goethe, Johann Wolfgang, *Das Sonett* (1808), in: *Sämtliche Werke nach Epochen seines Schaffens* (Münchner Ausgabe), Bd. 6.1, München 1986, 46 f.

Goethe, Johann Wolfgang, *Voss und Stolberg* (1820), in: *Sämtliche Werke nach Epochen seines Schaffens* (Münchner Ausgabe), Bd. 14, München 1985, 330–333.

Goethe, Johann Wolfgang, *Faust II* (1831), in: *Sämtliche Werke nach Epochen seines Schaffens* (Münchner Ausgabe), Bd. 18.1, München 1996, 103–351.

Goethe, Johann Wolfgang, *Faust-Paralipomenon 47*, in: *Sämtliche Werke nach Epochen seines Schaffens* (Münchner Ausgabe), Bd. 6.1, München 1986, 1060.

Goethe, Johann Wolfgang, *Goethes Briefe* (*Goethes Werke*, Weimarer Ausgabe, Abt. IV, Bd. 21), Weimar 1896.

Goethe, Johann Wolfgang, *Goethes Gespräche*, Bd. I, hg. v. Wolfgang Herwig, Zürich 1965.

Goethe, Johann Wolfgang, *Briefwechsel zwischen Goethe und Zelter* (1799–1827), in: *Sämtliche Werke nach Epochen seines Schaffens* (Münchner Ausgabe), Bd. 20.1, München 1991.

Schiller, Friedrich, *Über naive und sentimentalische Dichtung*, in: Schiller, *Sämtliche Werke*, Bd. 5, hg. v. Gerhard Fricke/Herbert G. Göpfert, 9. Aufl., München 1993, 694–780.

[Schmid, Christian Heinrich], »Rez. Götze von Berlichingen, mit der eisernen Hand. Ein Schauspiel. 1773«, in: *Der Teutsche Merkur* (September 1773), 267–287.

Urlichs, Ludwig (Hg.), *Charlotte von Schiller und ihre Freunde*, 3 Bde., Stuttgart 1860–1865.

Voß, Heinrich, *Goethe und Schiller in Briefen von Heinrich Voß dem jüngeren. Briefauszüge, in Tagebuchform zeitlich geordnet und mit Erläuterungen*, hg. v. Hans Gerhard Gräf, Leipzig [1896], 86 f.

Voß, Heinrich, *Briefe von Heinrich Voss*, hg. v. Abraham Voss, 3 Bde., Heidelberg 1833–1838.

Voß, Johann Heinrich, *Philemon und Baucis*, in: *Musenalmanach* 1786, 44–46. (Auch in: Voß, *Ausgewählte Werke* [1996], s. d., 31–35.)

Voß, Johann Heinrich, *Voß an Gleim*, Eutin, 19.11.1797 (Nachschrift zum Brief von Ernestine Voß), Schleswig-Holsteinische Landesbibliothek Kiel, Cb 4.81:80, 4. (Auch in: *Briefe von Johann Heinrich Voß nebst erläuternden Beilagen* [1829–1833], s. d., Bd. II, 339.)

Voß, Johann Heinrich, *Luise. Ein ländliches Gedicht in drei Idyllen von Johann Heinrich Voß* (Vollendete Ausgabe), Tübingen 1807.

Voß, Johann Heinrich, *An Goethe*, in: *Morgenblatt für gebildete Stände* 58 (8.3.1808), 229.

Voß, Johann Heinrich, *Briefe von Johann Heinrich Voß nebst erläuternden Beilagen*, Bd. II, III/2, hg. v. Abraham Voß, Halberstadt 1829–1833.

Voß, Johann Heinrich, *Briefwechsel zwischen Johann Abraham Peter Schulz und Johann Heinrich Voss*, hg. v. Heinz Gottwaldt/Gerhard Hahne, Kassel 1960.

Voß, Johann Heinrich, *Ausgewählte Werke,* hg. v. Adrian Hummel, Göttingen 1996.

Voß, Ernestine, »Über Voßens Verhältnis zu Schiller und Göthe«, in: J. H. Voß, *Briefe von Johann Heinrich Voß nebst erläuternden Beilagen* (1829–1833, s. d.), Bd. III/2, Halberstadt 1833, 43–68.

Voß, Ernestine, *Aufsätze*, hg. von Hermann Voß, 2. Aufl., Düsseldorf 1846.

Forschungsliteratur

Allgemeine deutsche Real-Encyclopädie für die gebildeten Stände. (Brockhaus' Conversations-Lexicon). In zehn Bänden, Bd. 2, 5. Original-Ausg., Leipzig 1820.

Baudach, Frank, »Von der Freiheit eines Unmündigen. Ein ungedruckter Brief von Heinrich Voß«, in: *Vossische Nachrichten* 2 (1995), 5–18.

Böttiger, Karl August, *Literarische Zustände und Zeitgenossen. Begegnungen und Gespräche im klassischen Weimar*, hg. v. Klaus Gerlach/René Sternke, Berlin 1998.

Bratanek, F. Th. (Hg.), »Nachträge zu Goethe-Correspondenzen. V. Familie Voss«, in: *Goethe-Jahrbuch* 5 (1884), 38–112.

Dahnke, Hans-Dietrich, Art. »*Adel*« und »*Französische Revolution*«, in: *Goethe Handbuch*, Bd. 4/1 (Personen Sachen Begriffe A–K), Stuttgart 1998, 5–7 u. 313–319.

Düntzer, Heinrich, *Aus Goethe's Freundeskreise. Darstellungen aus dem Leben des Dichters*, Braunschweig 1868.

Eckermann, Johann Peter, *Gespräche mit Goethe in den letzten Jahren seines Lebens*, Bd. 2, hg. v. Fritz Bergemann, Frankfurt a. M. 1981.

Fröschle, Hartmut, *Der Spätaufklärer Johann Heinrich Voß als Kritiker der deutschen Romantik*, Stuttgart 1985 (*Stuttgarter Arbeiten zur Germanistik*, 146).

Herbst, Wilhelm, *Johann Heinrich Voß*, 3 Bde., Leipzig 1872–1876.

Kahl, Pablo, »Goethe, der Göttinger Hain und der Göttinger Musenalmanach«, in: »*Der gute Kopf leuchtet überall hervor*«. *Goethe, Göttingen und die Wissenschaft* (Ausstellungskatalog), Göttingen 1999, 188–201.

Kemper, Hans-Georg, *Deutsche Lyrik der frühen Neuzeit*, Bd. 6/III (Sturm und Drang: Göttinger Hain und Grenzgänger), Tübingen 2002.

Krämer, Olav, »› ... der Zeit entflohn‹ – Das Zeitliche und das Ewige in der Geschichtsauffassung von Johann Heinrich Voß«, in: *Johann Heinrich Voß 1751–*

1826. Idylle, Polemik und Wohllaut, hg. v. Elmar Mittler/Inka Tappenbeck, Göttingen 2001 (*Göttinger Bibliotheksschriften,* 18), 215–261.

Langenfeld, Klaus, »Reflexe der Französischen Revolution in den Gedichten von Johann Heinrich Voß«, in: *Johann Heinrich Voß. Kulturräume in Dichtung und Wirkung,* hg. v. Andrea Rudolph, Dettelbach 1999, 113–141.

Metelmann, Ernst, »Johann Heinrich Voß und Goethe«, in: *Zeitschrift für deutsche Philologie* 62 (1937), 145–163.

Müller, Gerhard, »Goethes Kulturpolitik und Johann Heinrich Voß 1803«, in: *Vossische Nachrichten* 11 (2014), 5–21.

Müller-Seidel, Walter, »Goethes Verhältnis zu Johann Heinrich Voß (1805–1815)«, in: *Goethe und Heidelberg,* hg. v. der Direktion des Kurpfälzischen Museums, Heidelberg 1949, 240–263.

Raulet, Gérard, »Hielt Goethe von der Antike denn so viel?«, in: *Von der Natur zur Kunst zurück. Neue Beiträge zur Goethe-Forschung,* hg. v. Moritz Baßler/Christoph Brecht/Dirk Niefanger, Tübingen 1997, 127–142.

Riedel, Volker, »Goethe und Voß. Zum Antikeverhältnis zweier deutscher Schriftsteller um 1800«, in: *Johann Heinrich Voß. Kulturräume in Dichtung und Wirkung,* hg. v. Andrea Rudolph, Dettelbach 1999, 19–46.

Riedel, Volker, »Goethes Beziehung zur Antike«, in ders.: *»Der Beste der Griechen« – »Achill das Vieh«. Aufsätze und Vorträge zur literarischen Antikerezeption II,* Jena 2002 (*Jenaer Studien,* 5), 63–89.

Schmidt, Gerhard, *Die Krankheit zum Tode. Goethes Todesneurose,* Stuttgart 1968 (*Forum der Psychiatrie,* 22).

Schneider, Helmut J., »Johann Heinrich Voß und der Neuhumanismus«, in: *Johann Heinrich Voß (1751–1826)* (Beiträge zum Eutiner Symposium im Oktober 1994), hg. v. Frank Baudach/Günter Häntzschel, Eutin 1997 (*Eutiner Forschungen,* 5), 207–218.

Steiger, Robert, *Goethes Leben von Tag zu Tag,* Bd. IV, Zürich 1986.

Wingertszahn, Christof, Art. »Johann Heinrich Voß«, in: *Goethe Handbuch,* Bd. 4/2 (Personen Sachen Begriffe L–Z), hg. v. Hans-Dietrich Dahnke/Regine Otto, Stuttgart 1998, 1113–1115.

Autorität und Konkurrenz. Zur Reaktion von Goethe und Schiller auf Vossens Hexameterlehre und -praxis

CLÉMENCE COUTURIER-HEINRICH

In den Jahrzehnten von ca. 1750 bis 1830 erlebte der antikisierende Versbau im Deutschen seine Blüte. In diesem Zeitraum war die Nachbildung antiker Metren eine der Hauptrichtungen, in die sich die deutschsprachige Dichtung formal entwickelte.[1] Mit seinen Oden (seit 1747) und dem christlichen Epos *Der Messias* (ab 1748) setzte Friedrich Gottlieb Klopstock in einem bahnbrechenden Schritt die antiken Odenmaße bzw. den Hexameter »für die deutsche Dichtung in Kraft«.[2] Der antikisierende Versbau festigte sich dann um die Wende vom 18. zum 19. Jahrhundert, wozu u. a. Vossens Homer von 1793, Goethes Elegien und Epigramme sowie die Oden von Friedrich Hölderlin maßgeblich beitrugen. Um 1805 war die erneuernde Kraft der angeeigneten antiken Formen allerdings bereits ausgeschöpft.[3] Spätestens mit dem Tod August von Platens im Jahre 1835 sank die Nachbildung antiker Versmaße im Deutschen schließlich ins Epigonentum.[4]

Technisch gesehen erfolgt die Komposition antikisierender Verse im Deutschen in zwei Schritten. Zunächst wählt der Dichter ein Metrum oder Versmaß, d. h. ein Schema, das in der mehr oder weniger streng geregelten Anordnung langer und kurzer

---

1 Nach Andreas Heusler gingen die Neuerungen im Versbau um und nach 1750 in drei Hauptrichtungen: erstens das »Antikische«, d. h. die Nachbildung des Hexameters und Pentameters sowie der lyrischen Odenmaße, später auch des Trimeters aus dem altgriechischen Drama, zweitens das »Subjektiv-Formlösende« mit den sogenannten »Freien Rhythmen«, drittens das »volkhaft Deutsche«. Hinzu kamen die Einbürgerung des englischen Blankverses für die Bühne und des italienischen Endecasillabo in seinen gereimten Strophen (Stanze, Sonett, Terzine). Nach Heusler beherrschte die erste Richtung »ein ganzes Zeitalter«, nämlich »die Jahre von den achtziger Jahren des 18. Jahrhunderts bis zu Platens Tod 1835«. Zum Wendepunkt 1780 nennt er als Stichworte »Voß und de[n] weimarische[n] Goethe«. Der Zeitraum von 1780 bis 1835 erscheint ihm damit als »den Griechen geweiht«, so dass »die Hochblüte und erste Nachblüte unserer Dichtung [...] unter dem Stern der Alten« gestanden hätten (Heusler [1968], 67 f.). Allerdings darf die Darstellung des national gesinnten Germanisten Heusler (1865–1940) in seiner *Deutschen Versgeschichte* (1925–1929) sowie dem früheren Aufsatz *Deutscher und antiker Vers* (1917) nicht vorbehaltlos übernommen werden, denn er tendiert dazu, je nach der angeblichen Beachtung oder Nicht-Beachtung des ›germanischen Akzentuierungsgesetzes‹ positive bzw. negative Werturteile zu fällen.

2 Wagenknecht (1999), 78. Zu Klopstocks Pionierleistung vgl. auch Burdorf (1995), 90 f.

3 Vgl. Burdorf (1995), 91.

4 Vgl. Hellmuth/Schröder (1976), X.

Silben besteht. Das Versschema gibt auch die möglichen Zäsuren an. In bestimmten metrischen Auffassungen, wie bei Voß, enthält es darüber hinaus eigene Akzente.[5] Dann füllt der Dichter das Schema mit sprachlichem Material, also mit Silben, deren Eigenschaften die Vorgaben des Metrums erfüllen sollen, damit dieses erkennbar wird. Mit den Versmaßen befasst sich die Metrik, mit der sprachlichen Füllung die Prosodie. Klopstocks Neuerungen lösten neben der praktischen Weiterführung eine lebhafte theoretische Diskussion aus. Dabei fielen die Ansätze sowohl auf dem metrischen als auch auf dem prosodischen Bereich recht unterschiedlich aus. Während die einen auch im Deutschen nur die von der Altphilologie festgelegten Versmaße gelten lassen wollten, hielten die anderen Veränderungen für berechtigt. Den intuitiv Verfahrenden, die als Längen betonte Silben gebrauchten, ohne sich darüber genaue Rechenschaft zu geben, standen die Systematiker gegenüber, die die angebliche Silbenquantität der deutschen Sprache auf zugleich spekulativem und empirischem Wege zu bestimmen suchten.

Im Rückblick machte sich Goethe wiederholt Gedanken über die Entwicklung der »deutschen Rhythmik«.[6] Unter diesen Begriff fasste er die Kenntnisse und Techniken zusammen, die es erlaubten, metrisch und prosodisch einwandfreie Verse im Deutschen zu verfassen. Goethes Unterscheidung zwischen loser und »strikter«, bzw. »strenger Observanz«[7] trifft tatsächlich zu. Zusammen mit Schiller, Wieland und Herder gehörte er zu den »Latitudinarier[n]«,[8] während Johann Heinrich Voß, sein Sohn Heinrich, Wilhelm von Humboldt und August Wilhelm Schlegel als Rigoristen immer strengere Regeln erarbeiteten und befolgten.[9] Zur Zeit von Goethes und Schillers klassizistischer Phase war Voß die anerkannte höchste Autorität im Bereich des antikisierenden Versbaus im Deutschen. Humboldt und Schlegel, beide 1767 geboren, folgten als jüngere Gelehrte seiner Bahn.[10]

Goethe und Schiller entbehrten der gründlichen philologischen Sachkenntnis, über welche die beiden Voß, Humboldt und Schlegel verfügten. Sie bauten ein zwiespältiges Verhältnis zur rigoristischen Partei auf, die sie zugleich bewunderten und geringschätzten. Sie bemühten sich eine Zeit lang, deren Forderungen zumindest annähernd einzulösen, wobei Goethe deutlich weiter ging als Schiller, indem er seine Verse korrigieren ließ. Doch dies geschah nicht nur aus innerer Überzeugung heraus.

---

5   Auch für Gottfried Hermann, den damals größten Metrikspezialisten unter den Altphilologen, beginnt die rhythmische Reihe mit einem Akzent, dem *ictus* (vgl. Couturier-Heinrich [2004], 142–149).

6   Den Ausdruck verwendet Goethe in der Rezension von Voßens *Lyrischen Gedichten* (MA Bd. 6.2, 576), im Brief an Carl Friedrich Zelter vom 19. März 1818 (WA Abt. IV, Bd. 29, 90) und in *Campagne in Frankreich 1792* (MA Bd. 14, 514). Zu Goethe als Geschichtsschreiber der deutschen Rhythmik vgl. Couturier-Heinrich (2004), 197–204, und Couturier-Heinrich (2009), 268–274.

7   Brief an Nikolaus Meyer vom 25. Dezember 1805 (WA Abt. IV, Bd. 19, 86); Brief an Karl Ludwig von Knebel vom 14. März 1807 (WA Abt. IV, Bd. 19, 283); *Campagne in Frankreich* (MA Bd. 14, 514).

8   MA Bd. 14, 514.

9   Vgl. Heusler (1968), 85 f.

10   Schlegel überbot später noch den vossischen Rigorismus, vgl. ebd., 86 und Häntzschel (1977), 256.

Vielmehr waren Goethe und Schiller auch darauf bedacht, auf der Höhe der Zeit zu bleiben, indem sie den Fortschritten der »deutschen Rhythmik« folgten, und sich vor der Kritik und der Konkurrenz — Voß gab ja wie Schiller einen *Musenalmanach* heraus — keine Blöße zu geben.[11] Aus diesen heterogenen, zum Teil außerästhetischen Motiven erklärt sich die Ambivalenz in ihrem Verhältnis zum metrischen und prosodischen Rigorismus vossischer Prägung.

Im Folgenden sollen einzelne Aspekte dieses Verhältnisses beleuchtet werden. Zunächst soll ein knapper Überblick über Vossens Lehre vom deutschen Hexameter geboten werden, wie sie der Vorrede zur *Georgica*-Übersetzung (1789) und der *Zeitmessung der deutschen Sprache* (zuerst 1802) zu entnehmen ist. Dann wird Goethes vorübergehende Annäherung an den vossischen Rigorismus im Hexameterbau beschrieben und schließlich auf Schillers zwiespältige Einstellung zu Voß eingegangen.

1. Vossens Lehre vom deutschen Hexameter

Voß definiert den deutschen Hexameter unter Bezug auf den griechisch-lateinischen, indem er Ähnlichkeit und Abweichung zwischen Original und Nachahmung auseinanderhält:

> Der deutsche Hexameter ist, wie jener der Alten, eine rhythmisch deutlich begrenzte Periode von sechs vierzeitigen Takten, die mit einer gehobenen Länge anfangen, und entweder mit einer Länge, oder, den lezten ausgenommen, mit zwei Kürzen, aber auch (welches Neuerung ist) mit Einer Kürze, sich senken; d. i. die aus einem Spondäus oder Daktylus oder Trochäus bestehen.[12]

Voß fasst die Versfüße des Hexameters als musikalische Takte, genauer als Zweivierteltakte auf. Sie bestehen aus einem starken Taktteil, der Hebung, und einem schwachen, der Senkung. Jene »[hebt] die [ihr] zugemessenen Zeiten mit stärkerem Druck der Stimme aus«, während diese »die ihrigen gelassener fallen oder hinschweben lässt«. Als Takte »bewegen sich alle [Versfüße des Hexameters] in gleichmäßiger Dauer«, so dass die Hebungen in »gleichen Abstände[n]« gehört werden.[13] Für Voß wie für Klopstock sind Verse nämlich hörbare Phänomene. Sie sollen laut vorgelesen werden. Ihre Taktmäßigkeit darf dabei nicht zu scharf markiert werden: »[N]icht grade die pünktliche Abzählung des Taktschlägers im Koncert« soll sich der Vorleser zum Vorbild nehmen, sondern das Rubatospiel eines Solisten, also die Art, »wie etwa ein emp-

---

11 Dieses Motiv erhellt besonders deutlich aus Schillers Brief an Goethe vom 13. Dezember 1795. Besprochen wird ein Beitrag für die *Horen*, nämlich Knebels Übersetzung von Elegien des Properz: »Die Elegien sende ich hier nebst meinen Anmerkungen darüber zurück. Ich habe es mit diesen mit Fleiß etwas genau genommen, weil man bey einer Übersetzung […] eine größere Strenge in Kleinigkeiten fordert, als bey einem Originalwerk, und wir auch die Voßischen – Rigoristen auf dem Nacken haben.« (Schiller, NA Bd. 28, 132).

12 GV, 242. Die »Neuerung«, nämlich die Einführung des Trochäus, geht auf Klopstock zurück. Sie wurde später von dem Erzrigoristen A. W. Schlegel in Frage gestellt und schließlich abgelehnt, vgl. Couturier-Heinrich (2009), 266 f.

13 ZM, 171.

findender Tonkünstler ein gleichgemessenes Solo voll wechselnder Leidenschaft, bald etwas schneller, bald langsamer vorträgt«.[14]

Ausschlaggebend für die Wirkung des Hexameters ist nach Voß das Zusammenspiel der Vers- und Wortfüße. Den zweiten Begriff, für den er auch die Termini »Zeitfüße« und »Rhythmen« verwendet, übernimmt er unter leichter Abwandlung der Definition von Klopstock:

> Wir verstehen unter *Wortfuß* die abgezählte Frist und Bewegung sowohl des einfachen und zusammengesetzten Wortes, als mehrerer in Verbindung stehender, wenn sie nicht über zwei Hebungen hinausgehn [...]. So hat der Hexameter die bekannten sechs Füße oder Takte, in welchen als Zeitfüße mannigfaltige Wortumfänge von verschiedenem Rhythmus einherschreiten: z. B. *Sei der Gesang / vieltönig / im wechselnden Tanz / der Empfindung.*[15]

Voß bezeichnet hier durch Striche die Grenzen der Wortfüße. Der zweite Strich markiert zugleich die Zäsur, in Vossens Terminologie den Einschnitt des Hexameters. Als Versfüße enthält er in dieser Reihenfolge einen Daktylus, einen Spondeus, drei Daktylen und zum Schluss einen Trochäus. Jeder Wortfuß hat seinen eigenen, von Voß ausführlich beschriebenen Charakter,[16] was für die Ausdruckskraft des Verses sorgt. Bemerkenswert ist Vossens Abneigung gegenüber einem bestimmten Wortfuß, dem Amphibrach ($\cup - \cup$). In der Vorrede zur *Georgica*-Übersetzung übt er scharfe Kritik an den »Afterhexameter[n]« der Klopstocknachahmer, in denen der »leidig[e]« Amphibrach oft fünfmal hintereinander zu hören sei.[17] Die Charakteristik des Amphibrachs fällt in der *Zeitmessung* recht negativ aus: er sei »bis zur Weichlichkeit sanft«, er sinke »von kaum erstiegener Länge gleich wieder mit der Schwäche des Trochäus hin« und könne deshalb »leicht unangenehm werden, wenn man ihn nicht unter stärkere Füße versteck[e]«. »Nach Dionysius«,[18] schließt Voß, habe der Amphibrach »viel Weibisches und Unedles«.[19] Die Grenzen zwischen den Wortfüßen bestimmen die Einschnitte und Absätze (d. h. zweitrangige Einschnitte) des Hexameters. Voß übernimmt die Regeln des griechisch-lateinischen Hexameters, wie sie die Altphilologie seiner Zeit lehrte: Gestattet sind der männliche und weibliche Einschnitt im zweiten Fuß, im dritten Fuß (*penthemimeres*), sowie der männliche im vier-

---

14 GV, 243. Diese Art Vortrag wird am Schluss der *Zeitmessung* in einem rhetorischen Bravourstück enthusiastisch ausgemalt (ZM, 261 f.).

15 ZM, 143 f. Für Klopstock sind die Wortfüße »die eigentlichen Theile des Verses«. Sie »bestehen nicht immer aus einzelnen Wörtern, sondern oft aus so vielen, als, nach dem Inhalte, zusammen gehören, und daher beinah wie ein Wort müssen ausgesprochen werden; doch dieß unter der Einschränkung, daß, wenn ein Wort viele Sylben hat, es nicht mit zu dem, welchem es dem Sinne nach zugehört, genommen wird. Denn es fü[ll]t in diesem Falle das Ohr zu sehr, um nicht für sich einen Fuß auszumachen.« (Klopstock [1844], 57, 131 f.).

16 Vgl. ZM, 144–158.

17 GV, 246–247.

18 Dionysios von Halikarnassos (ca. 54 v. Chr.–ca 8. n. Chr.), griechisch-sprachiger römischer Rhetor, Schriftsteller und Geschichtsschreiber.

19 ZM, 150.

ten Fuß (*hephthemimeres*).[20] Von dieser Liste ausgeschlossen ist der verpönte weibliche oder trochäische Einschnitt im vierten Fuß, dessen Verbot von Gottfried Hermann, dem angesehensten Metrikspezialisten unter den damaligen Klassischen Philologen, in seiner 1796 erschienenen Darstellung *De metris pœtarum græcorum et romanorum* bestätigt wurde.[21]

Kennzeichnend für Vossens Ästhetik ist seine Überzeugung, der Hexameter erfordere schon an sich, unabhängig vom auszudrückenden Inhalt, die größtmögliche rhythmische und klangliche Mannigfaltigkeit, denn diese mache seine Schönheit aus. Gerade dann, wenn der im Vers formulierte Gedanke keinen Anlass zur rhythmischen Untermalung oder zur Lautmalerei geben kann, sollen nach Voß möglichst vielfältige Wortfüße und Laute aufgeboten werden. Dieser Standpunkt wird schon in der Vorrede zur *Georgica*-Übersetzung vertreten:

> Jene vielfachen Wendungen des Rhythmus sowohl, als diesen Reichtum des Wohllauts verlangt der Hexameter, ohne Rücksicht auf seinen Inhalt, für sich selbst. Daß beides, so viel als möglich, zugleich Ausdruck des Gedankens sein müsse: ist ein Gesez, das jeder große Dichter zuerst und zulezt ausübte; das aber misverstanden auch irre führt. Viele Gedanken sind keines metrischen Ausdrucks fähig; z. B. ruhige Beschreibung, Namen und Ehrenbenennungen, oder Begriffe, wie: Dieser sprach, und jener antwortete. Was also? Lauter gelassene Wortfüße, wie sie von selbst kommen, nur gefälliger Klang, und Verleugnung des Tanzschrittes fast bis zum Gange der Prose? Im Gegentheil: die sorgfältigste Auswahl edler und harmonisch zusammengestellter Wortfüße, die fröhlichste Mischung des Klangs, der leichteste Schwung des schöngemessenen Hexameters; um so mehr, je weniger der Gedanke sonst belebt werden kann. Der Hexameter sei überall schön durch Mannigfaltigkeit, auch durch Kraft und Würde, die als solche gefällt; und, wo er Stoff findet, ausdrucksvoll.[22]

In der *Zeitmessung* bleibt diese Grundansicht von Voß in Bezug auf den Rhythmus unverändert:

> Vorzüglich gebühret dem reichen Hexameter, dem fast alle Wortfüße, außer wenigen lyrischen, zu Gebote stehn, ein beständiger Wechsel von leicht und schwer steigender oder anschwellender, von fortschwebender oder abgestoßener, von sanft gesenkter und stürmisch abrollender Bewegung. Und zwar dieses nicht nur, wo der Gedanke vielfachen Ausdruck fordert, sondern, der Schönheit wegen, für sich und durchaus.[23]

Vossens Auffassung des sprachlichen Materials, womit das hexametrische Schema gefüllt wird, ist eine komplexe. In einem ersten Schritt teilt er die Silben der deutschen Sprache in drei Gruppen ein, die langen, die mittelzeitigen (d. h. mittleren) und die kurzen. Mittelzeitig sind Silben aber nur »an sich«. Sie »werden unter Umständen gedehnt oder beschleuniget«,[24] d. h. sie werden im Zusammenhang eines bestimmten Verses entweder lang oder kurz gebraucht. Ausschlaggebend für die Dauer einer Silbe ist nach Voß ihr »Begriff«, d. h. ihre Bedeutung. Daneben können weitere Faktoren

---

20   Vgl. GV, 243, ZM, 241 f.
21   Vgl. Couturier-Heinrich (2004), 148 f.
22   GV, 245.
23   ZM, 160 f.
24   ZM, 9.

auf die Silbendauer Einfluss nehmen: »die Silbenzeit, die aus dem Begrif [sic] hervorgeht, [erhält] gleichwohl durch Beschaffenheit der Buchstaben, durch Tonstellung,
durch Verhältnisse der Zeiten unter sich, und durch den Takt des Verses mancherlei
Vermehrung oder Verminderung«.[25] Indem Voß die Bedeutung zum wichtigsten Fak-
tor der Silbendauer erklärt, übernimmt er die These seines ehemaligen Mentors
Klopstock, und zwar in der von Karl Philipp Moritz in dessen *Versuch einer deutschen
Prosodie* (1786) präzisierten Form. Unter »Begriff« versteht Voß das semantische Gewicht einer Silbe im Verhältnis zu dem der Nachbarsilben. Bei einsilbigen Wörtern ist
das semantische Gewicht durch die Wortart bedingt. Durch die Annahme anders-
artiger Nebenfaktoren aber weicht er von Klopstocks Auffassung der deutschen Prosodie ab.[26]

Der erste Nebenfaktor der Silbendauer ist die »Beschaffenheit der Buchstaben«,
d. h. die Eigenschaften der Laute. Voß kritisiert die Annahme, die »griechischen Regeln« der Prosodie, wonach z. B. »ein Doppellaut« (d. h. ein Diphtong) und »ein
Begegnen mehrerer Konsonanten« die betroffene Silbe lang mache, seien auch im
Deutschen gültig. Dieser Ansatz zur »Nachbildung griechischer Versarten« sei ein
»Abweg«.[27] Seine Ausführungen zur »Beschaffenheit der Buchstaben« zeigen aber,
dass er selbst uneingestandenermaßen, vielleicht sogar unbewusst, die von der Altphilologie gelehrten Regeln auf die deutsche poetische Sprache überträgt.

> Weniger als der Begriffe Gehalt und Nachdruck, aber doch etwas, wirkt die Beschaffenheit
> der Buchstaben auf die Länge. Jeder hört, daß *trit* seine begrifmäßige Zeit mit dem dünnen
> und abgebrochenen Vokal und dem dämpfenden Konsonanten nicht so kräftig ausfüllt als
> [...] *staunt* oder *träumst*, wo ein voller und gedehnter Laut mit nachhallendem n und m
> forttönt und noch ein paar Konsonanten nachfolgen.[28]

Hier vergleicht Voß einsilbige Verben, also lauter lange Silben miteinander. Die letzten zwei Beispiele (*staunt* und *träumst*) enthalten je einen Diphtong mit nachfolgender Konsonantengruppe, die die erwähnte Dehnung bewirken, ohne dass Voß dies
offen zugibt. Bemerkenswert ist auch seine nicht standardsprachliche Schreibung des
Verbs *treten* im Indikativ Präsens in der dritten Person Singular mit nur einem *t*. Eine
Silbe, wo auf den Vokal zwei Konsonanten hintereinander folgen, ist nach der Regel
der Position lang. Voß will nicht behaupten müssen, dass eine solche Silbe im Vergleich zu grammatisch analogen weniger lang sei. Er begeht lieber eine orthographische
Eigenmächtigkeit. Schon in der Vorrede zur *Georgica*-Übersetzung hieß es: »Die Kür-
ze des daktylischen Taktes sei [...] nie ein Geschlepp von schweren oder widerlichen
Mitlautern [sic]«.[29]

---

25   ZM, 13 f.
26   In seiner Abhandlung *Vom deutschen Hexameter* aus dem Jahre 1779 stellt Klopstock dem »mechani-
     schen« Prinzip der griechischen Prosodie das »begriffmäßige« Prinzip der deutschen gegenüber
     (Klopstock [1844], 93): »Die Sylbenzeit der Alten wurde bloß durch das Ohr bestimmt [d. h. durch
     die Laute] [...]. Die unsrige gründet sich auf Begriffe [d. h. auf die Bedeutung der Silben, genauer auf
     ihre mehr oder weniger wichtige Bedeutung].« (Klopstock [1844], 78).
27   ZM, 13.
28   ZM, 37.
29   GV, 244 f.

Der zweite Nebenfaktor der Silbendauer ist nach Voß die »Tonstellung«, also die Betonung. Es ist schwer herauszufinden, ob nach ihm eine akzentuierte Silbe höher oder stärker oder zugleich höher und stärker als eine nicht akzentuierte ausgesprochen wird. Er entwirft jedenfalls ein asymmetrisches System, in dem die langen Silben den Überton, den Hochton oder den Tiefton haben können, während die kurzen entweder hochtonig oder tonlos sind. Was die Wirkung des Akzents auf die Silbendauer angeht, so nuanciert Voß seine Äußerungen bis zum Selbstwiderspruch. Dass der Akzent die Silbe lang mache, wird von ihm als Irrtum zurückgewiesen: »weil zur Länge am häufigsten der hohe Ton sich gesellt, so wähnten viele, der hohe Ton mache die Länge«.[30] Vielmehr begleite der hohe Ton die Länge. Im gleichen Satz heißt es aber dann, die Höhe und Tiefe des Tons bringe dennoch manche Abstufungen der Länge hervor. So habe die tieftonige Länge »weniger Kraft« – sei also weniger lang – als die hochtonige.[31]

Der dritte Nebenfaktor der Silbendauer wird von Voß zuerst als »die Verhältnisse der Zeiten unter sich« bezeichnet, dann synthetischer als »Zeitverhalt«.[32] Gemeint ist die Anordnung, in der die langen und kurzen Silben aufeinanderfolgen:

> Wer den Iambus *Gewalt* und den Trochäus *walte* vergleicht, der hört, wie flüchtig dort die Kürze zur gebundenen Länge eilt, und wie stark die Länge, theils durch den Stoß der anfliegenden Kürze, theils weil nichts angehängtes ihr Austönen hemmt, gehoben wird. Er hört ferner, wie in *walte* die allein durch sich selbst, ohne äußere Mitwirkung sich hebende Länge sogleich mit der anhaftenden Kürze sinkt, und diese, da keine Nachfolgerin sie drängt, mit Gemächlichkeit eilt.[33]

Nach Voß ist also die Kürze eines iambischen Worts, die einer Länge vorangeht, kürzer als diejenige eines trochäischen Worts, die einer Länge folgt. Zugleich ist die Länge des iambischen Worts, die einer Kürze folgt, länger als diejenige des trochäischen Worts, die einer Kürze vorangeht.

Als letzter Nebenfaktor wirkt sich in Vossens Darstellung der Takt des Verses auf die Silbendauer aus. So macht es der vierzeitige Takt des Hexameters möglich, dass eine einsilbige Präposition, die an sich eine zur Kürze neigende Mittelzeit bildet, in die Hebung kommt:

> Der vierzeitige Takt duldet die flüchtige Mittelzeit in der Hebung, wenn zwei Zeiten folgen, besonders im Anfang: *an dem Verdienst* [...]. Im Anfang, wo nichts vorhergehendes die willkürliche Dehnung stört, kann sie selbst vor einer einzelnen Kürze nothdürftig ihre drei Zeiten hinbringen: *Auf dem Hügel erwuchs.*[34]

---

30   ZM, 11.
31   ZM, 122.
32   Schon Klopstock hatte sich mit diesem Parameter befasst, um dessen Ausdruckskraft zu untersuchen, vgl. Klopstock, *Vermischte Schriften*, 127 f. und Klopstock, *Briefe* 1783–1794, 153. Klopstock benutzt die Bezeichnung »Tonverhalt« – eine Wortschöpfung, an die Voßens »Zeitverhalt« wahrscheinlich angelehnt ist.
33   ZM, 141 f.
34   ZM, 244 f.

Aus dem Zusammenwirken dieser heterogenen Faktoren ergibt sich allein in Bezug auf die eigentliche Silbendauer oder Quantität eine Skala längerer und kürzerer Silben mit vielen Abstufungen, die fast den Eindruck eines Kontinuums erzeugt. Voß spricht von Überlängen, volleren und schwächeren Längen, von säumender und flüchtiger, bzw. von fastlanger, schwebender und fastkurzer Mittelzeit, von schwereren und leichteren Kürzen – womit sein schillernder Wortschatz noch nicht erschöpft ist.

Der sogenannte »geschleifte« oder »umgestellte« Spondeus ist ein treffendes Beispiel für die Art und Weise, wie Voß seine empirischen Erkenntnisse zur Silbenquantität des Deutschen umsetzt. Dieser gesuchte Versfuß erscheint geradezu als die Signatur der vossischen Hexameterkunst. Ein solcher Spondeus wird dadurch geschaffen, dass eine stärker betonte Länge in die Senkung und eine schwächer betonte in die Hebung plaziert wird:

> Am willigsten steht die Länge von höherem Ton in der Hebung des Verses, die von tieferem in der Senkung: *Meerflùt steigt* [...]. Aber kraftvoller ist ein geschleifter Spondeus, dessen schwächer betonte Länge durch den Verstakt gehoben wird: *Brausender steigt Meerflùt im Orkan* [...]. Ein so umgestellter Spondeus gewinnt dadurch Kraft, daß theils die schwächere Länge durch den Stoß des Rhythmus [d. h. durch die Hebung im starken Taktteil, C. C.-H.] sich verstärkt, theils die von Natur stärkere, mit Gewalt in der Senkung gehalten, gleichsam aufschwillt und den Takt ausdehnt. Hierzu kommt die schöne Abwechselung des Tons, der sonst allzu oft die Hebung des Verses träfe.[35]

Voß zieht den vom schwächeren zum stärkeren Ton steigenden Spondeus als »durch Kunst veredelte Natur« dem sinkenden als »rohe[r] Natürlichkeit« vor.[36] Die Pflege dieser Kunst, also die »zum Prinzip« erhobene Verwendung geschleifter Spondeen[37] hat ihm den Vorwurf der häufigen Tonbeugung gebracht. Doch er selbst war diesem Vorwurf zuvorgekommen, indem er empfohlen hatte: »Nur gebe der Vorleser der gesenkten hochtonigen Länge ihr volles Recht an Dauer und Ton«.[38]

2. Goethes vorübergehende Annäherung an den vossischen Rigorismus im Hexameterbau

Es kann hier nicht einmal ansatzweise versucht werden, die Wirkung von Vossens Hexameterlehre und -praxis auf Goethes antikisierende Dichtungen insgesamt, geschweige denn über diese Werkgruppe hinaus zu untersuchen.[39] Wir beschränken uns

---

35 ZM, 129 f. » ´ « bezeichnet den Hochton, » ` « den Tiefton. [Kursivierung von Voß, Hervorhebung in Fettdruck C. C.-H.].

36 ZM, 248.

37 Häntzschel (1977), 69.

38 ZM, 130.

39 Nach Günter Häntzschel wirken sich »Voß'sche Spracheigentümlichkeiten« nicht nur in *Alexis und Dora, Hermann und Dorothea* und der *Achilleis*, sondern »auch in anderen Dichtungen aus, die stofflich der Antike nahe stehen«. Er wünscht sich »eine systematische Untersuchung über bloße biographische Beziehungen hinaus, die nicht nur registrierend, sondern analytisch-interpretatorisch vorgehen müßte«. Diese »käme zu dem Ergebnis, daß Voß' Werk in Theorie und Praxis wesentlich

auf Goethes größere Hexameterdichtungen *Reineke Fuchs* (1794), *Hermann und Dorothea* (1797) und *Achilleis* (1799 entstanden) und ihre Entwicklung bis zur Textgestalt im 1808 bei Cotta erschienenen 10. Band der *Werke*. Goethes Gedichte in Distichen (die Elegien und Epigramme) bleiben unberücksichtigt. Die mehr als 4300 Hexameter von *Reineke Fuchs*, Goethes Bearbeitung des niederdeutschen Epos *Reynke de vos*, entstanden im Wesentlichen im Jahre 1793. Das Werk erschien gerade zu dem Zeitpunkt, wo Goethe Voß persönlich kennenlernte.[40] Diese Begegnung fand bekanntlich Anfang Juni 1794 statt, als Voß zu Gast bei Wieland in Weimar war. Die Gespräche zwischen dem Eutiner Schulrektor und den Weimaranern Wieland, Goethe, Herder und Böttiger kreisten vornehmlich um Homer. Durch eine Lesung aus der *Odyssee* gelang es Voß, die seiner neuen Homer-Übersetzung gegenüber skeptischen Zuhörer vom Versbau und der Sprache seiner Übertragung zu überzeugen. Wie der Gast seiner Frau Ernestine am 13. Juni berichtete, bat ihn Goethe, den Versbau von *Reineke Fuchs* zu überprüfen: »Goethes Reineke Voß habe ich angefangen zu lesen; aber ich kann nicht durchkommen. Goethe bat mich, ihm die schlechten Hexameter anzumerken; ich muß sie ihm alle nennen, wenn ich aufrichtig sein will. Ein sonderbarer Einfall, den Reinike in Hexameter zu sezen.«[41] Diese Äußerung wird gelegentlich als Zeugnis für Vossens angebliche Überheblichkeit zitiert. Die Feststellung, alle Hexameter in *Reineke Fuchs* seien schlecht, war aber nach der Intention des Schreibers keine Übertreibung, denn gemessen an seinen eigenen Prinzipien waren sie tatsächlich fehlerhaft.[42]

In einem Brief an Goethe vom 17. Juli 1794 trug ihm Voß dann in behutsamer Formulierung seine Bedenken vor, indem er die Verse 1–5 als stellvertretend für die ganze Dichtung analysiert. Diese Verse lauten:

‒ ◡   ◡|‒ ◡ ◡|‒   ◡   ◡|‒   ◡   ◡| ‒ ◡ ◡ | ‒ ◡

Pfingsten, das liebliche Fest, war gekommen; // es grünten und blühten

‒ ◡ | ‒   ◡ | ‒ ◡ ‒   ◡| ‒ ◡ ◡ | ‒ ‒

Feld und Wald; auf Hügeln und Höhn,// in Büschen und Hecken

‒ ◡ ◡ ◡|‒ ‒ ◡   ◡| ‒ ◡|‒ ◡ ◡ |‒ ◡

Übten ein fröhliches Lied // die neuermunterten Vögel;

‒◡| ‒ ◡|‒   ◡ ◡ | ‒ ‒|‒◡|‒ ◡ | ‒ ◡

Jede Wiese sproßte von Blumen // in duftenden Gründen,

---

mitgeholfen hat, Goethes und Schillers klassizistischen Stil aus ihren unterschiedlichen Anfängen seit der Anakreontik und dem Sturm und Drang zu festigen.« (Häntzschel [1977], 257).

40 »Ende Mai 1794, ›gegen Pfingsten‹, wie G. bereits am 29. April 1794 an Charlotte von Kalb geschrieben hatte – das Fest fiel in diesem Jahr auf den 8. Juni –, erschien *Reineke Fuchs* bei Johann Friedrich Unger in Berlin als zweiter Band der ›Neuen Schriften‹.« (Reiner Wild, MA Bd. 4.1, 1022).

41 *Briefe von Johann Heinrich Voß*, Bd. II, 392.

42 So sieht es auch Reiner Wild: »Voß fand denn auch, ebenso wie August Wilhelm Schlegel, G.s Hexameter sehr fehlerhaft; zweifellos sind sie, mißt man sie an den Regeln antiker Metrik und Prosodie, die Voß auch für die Nachbildung im Deutschen verlangte, tadelnswert.« (MA Bd. 4.1, 1016).

$- \cup \mid - \cup \mid - \cup \cup \mid - \cup \quad \cup \mid - \cup \cup \mid - \cup$

Festlich heiter glänzte der Himmel // und farbig die Erde.[43]

Als erstes bemängelt Voß die unzureichende Mannigfaltigkeit der Wortfüße in Goethes Hexametern:

> Was ich vermisse, soll ich sagen? Mich deucht, die Wortfüsse oder Rhythmen sollten etwas mannigfaltiger und mehr aus dem Fache des Lieblichen gewählt sein. Es herrschen die trochäisch fallenden Bewegungen: Jede / Wiese / sprosste / von Blumen – Gründen: Fünf in einem Verse. Spondeen, die zum Gegengewicht kaum entbehrlich sind, fehlen fast ganz; daktylische Fälle kommen zu selten; selbst die mit einer Länge steigenden $\cup -$, $\cup \cup -$ könnten häufiger sein.[44]

An Goethes Wortfüßen stört Voß insbesondere das häufige Vorkommen des Amphibrachs ($\cup - \cup$), gegen den er, mit Andreas Heusler zu sprechen, »eine wahre Idiosynkrasie« hatte.[45] So tadelt Voß »die 3 letzten Bewegungen« des ersten Verses (»war gekommen, es grünten und blühten«, also $\cup \cup - \cup \cup - \cup \cup - \cup$) als »zu matt, zu einförmig«. Des Weiteren musste Goethes unbefangener Gebrauch der verbotenen trochäischen Zäsur im vierten Versfuß Vossens Kritik auf sich ziehen:

> Die Abtheilungen
> Jede Wiese / sprosste von Blumen // in duftenden Gründen
> Festlich heiter / glänzte der Himmel // und farbig die Erde:
> duldet kein Alter; für Blumen und Himmel muss durchaus ein männlicher Abschnitt sein: sprosste von Wuchs, glänzte die Luft. Die Ursache, weil sonst das Ohr zwei ähnliche Kommata [d. h. Versglieder] nacheinander hört:
> $- \cup \cup - \cup \cup - \cup \cup - \cup$
> glänzte der Himmel u farbig die Erde.[46]

Voß begründet die Unstatthaftigkeit der weiblichen Zäsur im vierten Versfuß unausgesprochen mit der entstehenden Anhäufung von Amphibrachen.[47] Schließlich stößt er sich an den unreinen Daktylen der Form $- \cup -$. Mögen Eigennamen mit dieser Messung gerade noch durchgehen, meint er, so sollte dies bei Substantiven nicht der Fall sein:

---

43 Text wiedergegeben nach: Goethe, *Epen* 1, 25. Diese Ausgabe folgt im Wesentlichen dem 2. Druck von *Reineke Fuchs* (vgl. Goethe, *Epen* 2, 89). Der Text der Eingangsverse wurde jedoch zwischen dem ersten und zweiten Druck nicht verändert, so dass der Wortlaut in der benutzten Ausgabe den Zitaten in Vossens Brief entspricht.

44 Bratanek (1884), 39. Der vierte Wortfuß des vierten Verses lautet nach Vossens eigener Definition eher »von Blumen« ($\cup - \cup$), ist also ein Amphibrach. Dieser Wortfuß galt Voß grundsätzlich als unschön.

45 Heusler (1917), 104.

46 Bratanek (1884), 39. Schon der allererste Vers weist die verpönte Zäsur auf. Voß schreibt ihm aber – entweder aus Nachsicht oder weil ihm solch ein eklatanter Fehler gleich im ersten Vers als unvorstellbar erscheint — einen Einschnitt im dritten Versfuß, nach der Apposition zu: »Pfingsten, das liebliche Fest, // war gekommen; / es grünten / und blühten« (ebd.).

47 Schon in der Vorrede zur *Georgica*-Übersetzung hatte er einen Zusammenhang zwischen der Aneinanderreihung von Amphibrachen und dem »weibliche[n] Abschnitt im 4. Takt« hergestellt (GV, 247).

Die Quantität finde ich im Ganzen richtig [diese Feststellung dürfte etwas unaufrichtig sein, C. C.-H.]. Denn in den Wörtern *Isegrim, Gieremund, Wackerlos,* kann die letzte Silbe, da der Begrif nur dunkel gedacht wird, wohl mittelzeitig sein. Nur wünschte ich *Hinterhalt* nicht als Daktyl gebraucht.[48]

Goethes erste epische Hexameter waren also weit davon entfernt, Vossens Forderungen zu erfüllen. In den Folgejahren vollzog Goethe eine Annäherung an den vossischen Rigorismus. Dies geschah jedoch nicht durch direkte Einwirkung von Voß selbst, sondern dessen Hexameterlehre wurde Goethe durch Wilhelm von Humboldt und August Wilhelm Schlegel vermittelt, die Goethe als Versberater heranzog. Im ersten Halbjahr 1797 war Humboldt an der Versgestaltung von *Hermann und Dorothea* beteiligt. Goethe hatte im September 1796 mit der Niederschrift des Gedichts begonnen. Im Januar und Februar 1797 erstellte Humboldt für Goethe einen Auszug aus dem dem epischen Hexameter gewidmeten Kapitel von Gottfried Hermanns *De metris pœtarum græcorum et romanorum.*[49] Anfang April überprüfte er mit dem Autor den Versbau des Gedichts, wie Goethe Schiller berichtete: »Wir haben über die letzten Gesänge ein genaues prosodisches Gericht gehalten und sie so viel es möglich war gereinigt.«[50] Ende April 1797 verließ Humboldt Jena und reiste nach Berlin. Dort hielt er sich bis Mitte Juni auf und beaufsichtigte währenddessen den Druck von *Hermann und Dorothea* beim Verleger Vieweg. Am 22. April erhielt Vieweg den ersten Teil des Manuskripts mit den Gesängen 1 bis 4. Am 6. Mai monierte Humboldt in einem Brief an Goethe eine Anzahl Stellen, worauf Goethe am 14. Mai eine Korrekturliste erstellte und mit folgenden Worten an Humboldt übersandte:

> Auf einem beyliegenden Blatte finden Sie die Veränderungen, die ich versucht habe, und es soll ganz von Ihnen abhängen, ob Sie solche genehmigen, das Alte beybehalten, oder etwas eigenes, Ihrer Überzeugung gemäßes, einschalten wollen.[51]

Am 21. Mai ging der zweite Teil des Manuskripts mit den Gesängen 5 bis 8 Vieweg zu. Am 30. Mai bestätigte Humboldt Goethe den Empfang der Korrekturliste zum ersten Teil und bemerkte dazu: »Ihre vorigen Aenderungen habe ich, so viel es geschehen konnte, eingeschaltet. Einige nun abgeänderte Stellen waren aber schon abgedruckt.«[52] Gleichzeitig führte er Goethes »gütige[r] Auffoderung gemäß« die Stellen aus den Gesängen 5 bis 8 auf, »bei denen [er] eine kleine Aenderung wünschte«.[53] Die entsprechende Korrekturliste entstand am 7. Juni und wurde am 8. an Humboldt geschickt. Als die Sendung ankam, war dieser aber schon von Berlin abgereist. Vieweg sandte ihm Goethes Brief nach und berücksichtigte Goethes Korrekturen beim Druck, zwei ausgenommen. Humboldt hat den 9. und letzten Gesang, der in zwei Sendungen am 8. bzw. am 15. Juni an Vieweg ging, nicht mehr durchgesehen.

---

48 Bratanek (1884) 39 f.

49 Vgl. Couturier-Heinrich (2004), 196 f.

50 Goethe an Schiller am 8. April 1797 (NA Bd. 37 I, 3). Zu den gemeinten »letzten Gesängen« gehört der 9. und tatsächlich letzte nicht, denn er entstand erst ab dem 29. Mai (vgl. Goethe, *Epen* 2, 192).

51 Zitiert in: Goethe, *Epen* 2, 192.

52 Ebd.

53 Ebd., 189.

Der Briefwechsel zwischen Humboldt und Goethe während des Drucks von *Hermann und Dorothea* gibt Einblick in Humboldts Forderungen an den deutschen Hexameter, die von Voß übernommen waren. Humboldt suchte Goethe unter anderem dazu zu bewegen, die unreinen Daktylen – – ⏑ zu tilgen. In seinem Brief vom 6. Mai monierte er die Verse IV 24 und IV 145. Man beachte seine geschickte Art, Tadel als Lob einzukleiden:

> – – ⏑
> [IV 24] Aufstieg den |
> Wäre dieser prächtige Spondeus nicht zu retten? [...]
>
> – – ⏑
> [IV 145] Der sich | hingiebt wenn | cet.
> Der prächtige Spondeus![54]

Im Brief vom 30. Mai machte Humboldt diesmal kommentarlos auf den vorletzten Fuß des Verses V 110 aufmerksam:

> – – ⏑
> Lange Jahre stockt und kaum zur Nothdurft sich | regte[55]

Dieser Vers wurde von Goethe in die Korrekturliste vom 7. Juni aufgenommen und stand schon im Erstdruck in berichtigter Form:

> [Wie ist, o Sohn, dir die Zunge gelös't, die schon dir im Munde]
> – ⏑ | – ⏑ ⏑ | –   ⏑ | – ⏑ | – ⏑ ⏑ | – ⏑
> Lange Jahre gestockt und nur sich dürftig bewegte![56]

Die Stellen aus dem 4. Gesang wurden erst im zweiten Druck verändert. Der Vers IV 24 änderte sich von

> – [–]   ⏑ | – ⏑ ⏑ | –   ⏑ | – ⏑ ⏑ | – ⏑ ⏑ | – ⏑
> Aufstieg, den Hügel hinan, die Fläche zur Sonne gekehret[57]

zu

> –   – | – ⏑ ⏑ | –   ⏑ | – ⏑ ⏑ | –   ⏑ ⏑ | – ⏑
> Aufstieg steileren Pfads, die Fläche zur Sonne gekehret[58],

während Vers IV 145 von

> – ⏑ | – [–]   ⏑ | – ⏑ ⏑ | –   ⏑   ⏑ | – ⏑ ⏑ | – ⏑
> Der sich hingiebt, wenn alle nicht gleich sich zum Ganzen bestreben[59]

zu

> – ⏑ | – – | –   ⏑   ⏑ | – ⏑ ⏑ | – ⏑ ⏑ | – ⏑
> Der sich hingiebt, wenn sich nicht Alle zum Ganzen bestreben[60]

mutierte.

---

54 Ebd., 188 f.
55 Ebd., 190.
56 Ebd., 34, vgl. ebd., 193, 253.
57 Ebd., 234.
58 Goethe, *Epen* 1, 220.
59 Goethe, *Epen* 2, 234.
60 Goethe, *Epen* 1, 225.

Nach Andreas Heusler bezeichnet die im Frühjahr 1799 entstandene *Achilleis*
»den klassizistischen Endpunkt in Goethes Hexameterdichtung«. Von den 8 geplanten Gesängen des als homerische Studie angegangenen Werks stellte Goethe nur die
651 Verse des ersten Gesangs fertig. Heusler zufolge zeugen sie von einer weitgehen-
den Verinnerlichung des vossischen Rigorismus im Hexameterbau, einer Verinnerlichung, die auf den Einfluss von August Wilhelm Schlegel zurückzuführen sei:

> So können wir feststellen, daß die Achilleis, zum Unterschied von Hermann [gemeint ist
> *Hermann und Dorothea*, C. C.-H.] und den kürzeren Stücken, ihren verhältnismäßig an-
> tikisch-gebundnen Versbau nicht erst durch die Feile der Berater erhalten hat: vielmehr
> war Goethes Formgefühl in dieser von [August] Wilhelm Schlegel beeinflußten Zeitspanne
> so klassizistisch durchtränkt, daß es aus sich heraus, im ersten Wurfe, diesen Versstil traf.[61]

Die Zusammenarbeit von Goethe und A. W. Schlegel ist bei der Durchsicht von lyrischen Gedichtzyklen für den 7. Band der *Neuen Schriften* bei Unger im September
1799 nachgewiesen.[62] Es ging Goethe darum, wie er Schiller am 7. August 1799
schrieb, seine eigene »Perfectibilität, so wie auch Respect für die Fortschritte in der
Prosodie welche man Voßen und seiner Schule nicht absprechen kann«, an den Tag
zu legen.[63] Im Anschluss an eine neuerliche, diesmal schriftliche Durchsicht dieser lyrischen Zyklen im Frühjahr 1800 fassten Goethe und Schlegel Anfang April 1800 den
Plan einer Umarbeitung von *Reineke Fuchs*.[64] In diesem Zusammenhang entstand ein
Manuskript der ersten vier Gesänge, das »eine vom Wortlaut des ersten Drucks viel-
fach abweichende Fassung [zeigt]«[65] und in Heuslers Worten »W. Schlegels metrische Handschrift« trägt.[66] Der Anfang des Gedichts lautet in dieser Handschrift:

$$- \ \cup | - \ \cup | - \cup \ \cup | - \ // \ - | - \ \cup \ \cup | \ - \ \cup$$
(1) Pfingsten kam, das liebliche Fest, schon grünten und blühten
$$- \ \cup | \ -$$
(2) Feld und Wald; [...]
$$- \ \cup | \ - \ \cup \ \cup | - \ // \ \cup | - \cup | - \ \cup \ \cup | \ - \ \cup$$
(4) Blumen sproßten hervor   in allen duftenden Gründen,
$$- \ \cup | - \ \cup \ \cup | - \ \cup \ \cup | - \ // \ - | - \ \cup \ \cup | - \cup$$
(5) Festlich glänzte das himmlische Blau, vielfarbig die Erde.[67]

Die Annäherung an den vossischen Hexameterbau wird zumindest an zwei Punkten
erkennbar, der Verbesserung der Zäsur im ersten, vierten und fünften Vers und der
Einführung eines Spondeus mit »hochtoniger Länge« in der Senkung im fünften
Vers. In den drei betroffenen Versen wird die Zäsur eine männliche, fällt also nach der
Anfangslänge des Versfußes. In den Versen 1 und 5 bleibt sie im vierten Fuß, während

---

61   Heusler (1917), 115.
62   Vgl. Couturier-Heinrich (2004), 193.
63   NA Bd. 38 I, 135.
64   Vgl. die in Goethe, *Epen* 2, 82 f., zitierten Briefstellen.
65   WA Abt. I, Bd. 50, 349.
66   Heusler (1917), 103. Diese Handschrift wird beschrieben in: WA Abt. I, Bd. 50, 347–352 und
      Goethe, *Epen* 2, 79–85.
67   Goethe, *Epen* 2, 94.

sie im Vers 4 in den dritten Fuß vorverlegt wird. Der neue Spondeus im vierten Fuß
der Zeile 5 ist kein eigentlicher »umgestellter Spondeus« à la Voß, denn das einsilbige
Substantiv *Blau* dürfte in Vossens System stärker sein als das Zahlwort *viel-*.[68] Andererseits ist in ebendiesem System *viel-* als bestimmende Silbe stärker als *-farb-*, die
von ihr bestimmt wird. Jene ist eine »hochtonige Länge«, diese eine »tieftonige«.[69]
Insofern bildet *Blau viel-* immerhin einen gleichgewogenen Spondeus, den Voß sicherlich begrüßt hätte.

Nachdem sich Goethe solchermaßen seit 1797 dem vossischen Rigorismus kontinuierlich genähert hatte, kam diese Bewegung 1803 zum Stillstand und wurde schließlich im 1808 erschienenen 10. Band der *Werke* zum Teil rückgängig gemacht. In den
Sommer 1803, d. h. in die Zeit, wo sich zwischen Goethe und Voß eine Art Familienfreundschaft entspann, fällt der nicht ausgeführte Plan einer gemeinsamen Durchsicht
von *Reineke Fuchs*. Darüber berichtet Ernestine Voß in ihren Erinnerungen:

> *Göthe* ließ damals grade die natürliche Tochter drucken, und *Voß* erfüllte gern seine Bitte,
> diese in einer bestimmten Stunde mit ihm zu lesen; vorzüglich wolle er seine Ansichten
> über den Versbau benuzen. Als er das erstemal zu diesem Zwecke kam, begegnete er mir auf
> der Treppe. Aus Erfahrung kannte er meine Gewohnheit, mich neben die Männer zu se-
> zen, wenn sie mit einander lasen oder sprachen. »Diesmal, sagte er, dürfen Sie nicht bei uns
> sein, bei der nächsten Vorlesung werde ich Sie aber selbst bitten, Siz und Stimme zu ha-
> ben.« Dazu war der Reineke Fuchs bestimmt, über den beide sehr verschiedene Ansichten
> hatten; denn Voß hielt dafür, daß *Göthe* schon durch die Wahl des Hexameters den rech-
> ten Ton habe verfehlen müssen. Zu dieser Vorlesung kam es nie, für *Voß* ein Beweis, daß
> die erste *Göthe* nicht befriedigt. Es war *Voß* sehr recht, daß *Göthe* von ihm kein Urteil über
> dieses Stück begehrte, da es, wie er sich äußerte, bei ihm einen Eindruck zurückgelassen,
> den er nicht einmal im Gespräch mit mir wiederholen könne. Solche Verschiedenheit der
> Ansichten vermochten [*sic*] keinen vertraulichen Verkehr zu begründen, zur Noth nur
> einen freundlichen.[70]

Knapp zwei Jahre später schrieb Goethe an den Verleger Cotta in Bezug auf die geplante neue *Werke*-Ausgabe, sowohl *Hermann und Dorothea* als auch *Reineke Fuchs*
würden dafür »nach neueren prosodischen Überzeugungen bearbeitet«.[71] In diesem
Zusammenhang hatte Goethe im März oder April 1805 (Johann) Heinrich Voß den
Jüngeren, der seit Mai 1804 eine von Goethe vermittelte Professorenstelle am Weimarer Gymnasium bekleidete, mit der Durchsicht von *Hermann und Dorothea*, besonders
im Hinblick auf den Versbau beauftragt. Voß berichtete darüber:

---

68   Vgl. ZM, 15. Insofern unterscheidet sich der Spondeus
     $$- \ - \ | \ (- \ \smile)$$
     Blau viel-(farbig)
     vom umgestellten Spondeus
     $$- \smile \smile \ | \ - \ \ - | \ \acute{-} \quad \grave{-} \ | \ - \ \smile \smile$$
     (Siehe der) Sonn Auf(gang strahlt herrlicher),
     wo *Sonn(e)* und *Aufgang* beide Substantive sind (vgl. ZM, 132).
69   Vgl. ZM, 22 f., 125.
70   *Briefe von Johann Heinrich Voß*, Bd. III, 2. Abt., 58.
71   Goethe an Cotta am 14. Juni 1805, in: Goethe/Cotta, *Briefwechsel*, Bd. 1, 121.

Ich habe in diesen vierzehn Tagen ein Geschäft eigner Art, das mich ganz beschäftigt. Goethe hat mir die Umarbeitung von »Herrmann und Dorothea« aufgetragen, und ich darf ändern, wo und wie ich will. Dazu hat er mir sein Manuskript gegeben, wo die einzelnen Verse so weit von einander abstehn, daß ich viel dazwischen schreiben kann. Ich war anfangs schüchtern dabei, doch nun habe ich, da er es nicht anders haben will, auch toll hineinkorrigiert. »Nicht bloß begangene Sünden«, sagte er, »sondern auch die Unterlassungssünden suchen Sie zu tilgen«. Nun lege ich jeden Hexameter auf die Goldwage und sehe zu, das Gedicht auch in dieser Hinsicht vollkommen zu machen, ohne daß die naive Sprache und die vollendete Diktion dabei einbüßt.[72]

Am 31. Juli schrieb Voß an Goethe Einzelheiten über seine Tätigkeit:

Ich bin aufmerksam 1) auf die Quantität der einzelnen Worte 2) auf den regelmässigen Bau der einzelnen Hexameter, und endlich 3) auf die Verbindung der Hexameter unter einander. Manchmal finde ich etwa 6 unverbesserliche Hexameter hinter einander, die aber, wenn ich nicht irre, zu gleichförmig fallen und lauten [wieder das oberste Gebot der Mannigfaltigkeit!]; da sinne ich denn nach, wie dem abzuhelfen ist, ohne daß die Diction darunter leidet. – Meine Einfälle schreibe ich darüber, und an einigen Stellen bin ich, wenn mich nicht alles trügt, schon so glücklich gewesen, eine *Verbesserung* zu finden.[73]

Am 15. April 1805 hatte er seinem Freund Abeken mitgeteilt:

Ich habe Goethes »Herrmann und Dorothea« schon in bessere Hexameter umgeschmolzen [...] Goethe hat mir seinen Beifall gegeben und mich gelobt. [...] Er hat mir schon andere Sachen aufgegeben, und ich werde auch noch wohl den »Reineke Fuchs« durchzunehmen bekommen.[74]

Dass es dann tatsächlich dazu gekommen sei, erscheint als unwahrscheinlich. Es ist nämlich kein Zeugnis darüber vorhanden, dass Goethe die Korrektur des *Reineke Fuchs* dem jungen Voß aufgetragen habe, während in der von diesem durchgesehenen Handschrift von *Hermann und Dorothea* jede Zeile die Spuren seiner »toll[en]« Korrekturen trägt. Bei der *Achilleis* ist die Arbeit von Heinrich Voß wiederum handschriftlich überliefert. Es lässt sich aber nicht genau bestimmen, wann er das Gedicht zur Durchsicht erhielt.[75]

Die Ergebnisse der von August Wilhelm Schlegel und Heinrich Voß vorgenommenen Korrekturwellen fielen schließlich im Druck von 1808 recht bescheiden aus. Bei *Reineke Fuchs* unterblieb das Vorhaben einer Bearbeitung im angekündigten Umfang. Nur »einige Varianten« aus der mit Schlegel erstellten Fassung der ersten vier Gesänge wurden in den zweiten Druck übernommen. Die oben kommentierten Eingangsverse gehörten nicht dazu.[76] Wie Heusler in seiner etwas drastischen und nicht unvoreingenommenen Art feststellt, reichte Goethes im oben zitierten Brief an Schiller geäußerter »›Respect für die Fortschritte in der Prosodie‹ nachgerade nicht mehr so weit, daß er auch seinen *Reineke* in vervoßter Gestalt hätte neudrucken mögen.«[77]

---

72 Zitiert nach Goethe, *Epen* 2, 184.
73 Ebd.
74 Zitiert nach Goethe, *Epen* 2, 85.
75 Vgl. Goethe, *Epen* 2, 319f.
76 Vgl. Goethe, *Epen* 2, 85, 94.
77 Heusler (1917), 106.

Nach Heinrich Vossens selbstständiger Korrektur von *Hermann und Dorothea* sollte eine Besprechung mit Goethe stattfinden. Autor und Korrektor sollten dabei »wie [Goethe] sich ausdrückte, einmal ein ganzes Vierteljahr auf Hexameter verwenden«, so Voß in einem Brief an einen Dritten. Dazu kam es jedoch teils wegen Vossens Krankheit, teils wegen Goethes fehlender Motivation nicht. So sind die vossischen Korrekturen in ihrer überwältigenden Mehrheit unverwertet in der Handschrift stehen geblieben.[78] Statt der geplanten Umarbeitung beschränkte sich Goethe auf eine Durchsicht, bei der »nur eine Reihe von Versen neu geformt wurden«. Ein Teil dieser Veränderungen ging immerhin auf vossische Vorschläge zurück.[79] Der 1808 erschienene 10. Band der *Werke*-Ausgabe enthielt neben dem zweiten Druck von *Reineke Fuchs* und *Hermann und Dorothea* den ersten Druck der *Achilleis*. Bei der Durchsicht des Manuskripts im September 1807 hatte Goethes Sekretär Riemer Vossens Korrekturen zu einem großen Teil rückgängig gemacht.[80] Damit war Goethes Bereitschaft, sich an den vossischen Rigorismus im Hexameterbau anzupassen, fürs Erste verebbt.

3. Schillers zwiespältiges Verhältnis zu Voß

Auch Schiller, dem Goethe Ende Juni 1794, also kurz nach seiner Begegnung mit Voß, näher kam, bemühte sich eine Zeit lang, mit seinen antikisierenden Versen – er dichtete bevorzugt in Distichen – die strengsten Forderungen der einschlägigen Autoritäten zu erfüllen. Diese Phase war bei ihm allerdings kürzer als bei Goethe und fällt in die Jahre 1795–1796. Schiller zog dabei dieselben Experten heran wie Goethe. Zu seinem Hauptberater auf dem Gebiet der antikisierenden Versgestaltung wurde Wilhelm von Humboldt, zu dem er ein um so entspannteres Verhältnis entwickelte, als Humboldt selbst so gut wie keine Gedichte veröffentlichte und für ihn damit keinen Konkurrenten auf dem dichterischen Markt darstellte. Schiller berücksichtigte auch August Wilhelm Schlegels Bemerkungen zum Versbau der in den *Horen* und dem *Musenalmanach* herausgegebenen eigenen sowie fremden Gedichte. Er hatte dem älteren Schlegel eine doppelte, nicht einwandfreie Rolle zugewiesen: dieser sollte sowohl zu den *Horen* beitragen als sie auch positiv in der *Allgemeinen Literatur-Zeitung* rezensieren. Spannungsreich und zwiespältig gestaltete sich Schillers Verhältnis zu Voß, dem Führer der »Rigoristischen Parthey«, zu der sich Schiller 1796 gegenüber Schlegel nachdrücklich bekannte.[81] Einerseits erschien Voß als Übersetzer antiker Texte und altertumswissenschaftlicher Forscher den Zeitgenossen als ein prominenter Vertreter des Klassizismus. Deshalb versuchte Schiller, ihn als Mitarbeiter für die programmatisch verwandten *Horen* zu gewinnen. Andererseits gab Voß den Hamburger *Musenalmanach* heraus, der trotz immer akuterer finanzieller Schwierigkeiten vom Niveau der Beiträge her nach einem 1791 im *Neuen Teutschen Merkur* geäußerten

---

78   Vgl. Goethe, *Epen* 2, 185 f.
79   Goethe, *Epen* 2, 195.
80   Vgl. Goethe, *Epen* 2, 320.
81   NA Bd. 28, 159.

Urteil »die Oberstelle unter ähnlichen Sammlungen« behauptete.[82] Vossens poetische Blumenlese stellte demnach den Hauptkonkurrenten dar, gegen den Schillers *Musenalmanach* zu kämpfen hatte. Im Juni 1794 nannte Schiller Voß unter den für ihn in Frage kommenden Beiträgern der im Entstehen begriffenen *Horen*.[83] Allerdings sandte er ihm die Einladung zur Mitarbeit nicht. Im März 1795 meldete sich Voß unaufgefordert bei Schiller, um seine Mitarbeit an der Zeitschrift anzubieten.[84] Der Herausgeber fand die dem Brief beigelegten Gedichte zunächst für die *Horen* ungeeignet,[85] nahm sie dann doch auf, um Voß dauerhaft an das Unternehmen zu binden.[86] Diesem Zweck diente auch die versuchte Entschärfung des Konkurrenzverhältnisses zwischen dem Voß'schen und dem Schiller'schen Musenalmanach. Anfang Juli 1795 sandte Goethe zwei eigene Beiträge nach Eutin für Vossens *Musenalmanach fürs Jahr 1796*. Nach Wolfgang Bunzels treffender Analyse dürfte Voß diese Geste

> nach dem Erscheinen des ersten Jahrgangs von Schillers Almanach noch höher eingeschätzt haben, zeigte sie doch, dass Goethe sich durch die bestehende Konkurrenzsituation nicht davon abhalten ließ, Beiträge an Unternehmen befreundeter Autoren weiterzugeben. Er, Voß, wurde dadurch ausgezeichnet, dass man ihn selbst in Zeiten erhöhten eigenen Manuskriptbedarfs mit Texten bedachte.[87]

Aus Vossens Brief an Schiller vom 1. Oktober 1795 erhellt, dass dieser ihm Ende August den Tausch von Beiträgen für ihre beiderseitigen Almanache angeboten hatte. Voß wies den Vorschlag zurück, weil er dann »Vorwürfe [s]eines Verlegers« zu befürchten gehabt hätte. Wie er Schiller »offenherzig« mitteilte, war er auf seinen Almanach als Erwerbsquelle angewiesen.[88] In den Zusammenhang von Schillers Versuch, Voß als festen Mitarbeiter für die *Horen* zu gewinnen, ist auch das lobende Urteil zu stellen, das Schiller in seiner Abhandlung *Über naive und sentimentale Dichtung* über Vossens *Luise* aussprach. Es erschien im 12. Stück des *Horen*-Jahrgangs 1795.[89] Der Umstand schließlich, dass Voß als einziger Dichter in den *Xenien* »gelobt und verehrt wurde«,[90] gehört in diesen Werbungsprozess.[91]

Zwischen dem Schiller'schen und dem Voß'schen Musenalmanach kam es dann tatsächlich zu einer scharfen Konkurrenz. Davon zeugt unter anderem die Tatsache, dass Voß die Aufmachung seines Almanachs ab dem Jahrgang 1797 derjenigen des Schiller'schen anpasste. War der Hamburger *Musenalmanach* bisher in Fraktur ge-

---

82 Zitiert nach Mix (1987), 62.

83 Vgl. NA Bd. 27, 10 f.

84 NA Bd. 35, 172 f.

85 NA Bd. 27, 187.

86 Voß' Gedichte *Weihe der Schönheit* und *Sängerlohn* erschienen im 5. Stück, *Die Dichtkunst* im 7. Stück des ersten *Horen*-Jahrgangs.

87 Bunzel (1997), 81.

88 NA Bd 35, 364. Schillers Briefe an Voß sind verschollen.

89 Vgl. NA Bd. 20, 471 f. (Fußnote).

90 Schulz (1960), 197.

91 Voß wurde in der Tat zu einem der wichtigsten Autoren von Schillers Zeitschrift. Nach den Originalgedichten des ersten Jahrgangs veröffentlichte er allerdings ausschließlich Übersetzungen antiker Dichtungen von Tibull, Theokrit und Ovid.

druckt im Sedez erschienen, so übernahm er fortan sowohl das größere Format, das Duodez, als auch die klassizistische Druckschrift, die Antiqua, von Schillers Alma-nach.[92] Nach den von York-Gothart Mix zusammengetragenen Zahlen unterlag Voß im Wettbewerb mit Schiller.[93] Schillers Beziehungen zu Voß, die in den 1790er Jahren brieflich blieben, wurden zusätzlich dadurch belastet, dass Voß nach Schillers Ansicht den Anspruch erhob, als einziger in Deutschland richtige Hexameter schreiben zu können. Schillers Briefwechsel zeugt von großer Reizbarkeit, wenn von Vossens – tat-sächlichem oder vermeintlichem – Dünkel die Rede ist. Der Beweggrund seiner eige-nen Bemühungen um einen möglichst richtigen Versbau lag somit auch in dem Wunsch, zu zeigen, dass auch andere korrekte Hexameter schreiben konnten. In sei-nem Brief an Schiller vom 31. August 1795 mahnte Humboldt Verbesserungen in Gedichten an, die in den *Horen* erscheinen sollten. Als Argument diente ihm dabei der Hinweis auf die »Menge Menschen«, die seit dem Aufkommen der »Vossischen Schule [...] grausam [lamentiren], daß bloß Voß Hexameter machen könne«. Er legte nahe, dass Schiller sich über diese Meinung schwerlich hinwegsetzen konnte.[94] Schil-lers Reaktion ließ nicht lange auf sich warten. Er hatte sein Gedicht *Natur und Schule* schon dem *Horen*-Verleger Cotta gesandt. Nun ordnete er Eingriffe in den Text an, ohne sich an die Kosten zu kehren. Am 7. September schrieb er an Cotta:

> Ich muss Sie bitten, in *Natur und Schule* die Veränderungen vorzunehmen die hier folgen. Sollte das Stück schon abgedruckt seyn, so müßten Cartons gemacht werden, versteht sich auf *meine Kosten*. Es ligt mir allzuviel daran, jene Nachlässigkeiten im Silbenmaaß zu ver-bessern, da Herr Voß sich einbildet, er könne allein Hexameter machen.[95]

Im Januar 1798 berichtete Humboldt, der sich in Paris aufhielt, dem in Thüringen gebliebenen Schiller Vossens Urteil über Goethes *Hermann und Dorothea*. Voß hatte es gegenüber dem Verleger von Goethes Epos, Friedrich Vieweg, geäußert, dem Hum-boldt in Paris begegnet war. Nach Vossens Ansicht ließ Goethes hexametrischer Vers-bau viel zu wünschen übrig, doch »sey es kein Wunder, daß er [Voß], der nun eine so große Uebung besitze, dieß besser verstehe«.[96] Als Schiller diese Zeilen las, fand er seine Auffassung bestätigt, wonach Voß den deutschen Hexameter als ein eigenes Mo-nopol betrachtete. Bei der Übermittlung der von Humboldt erhaltenen Information an Goethe zeigte sich seine Gereiztheit dadurch, dass er Vossens Fähigkeit zur metri-schen und prosodischen Strenge einem tierischen Instinkt gleichsetzte:

> Humboldt schreibt mir auch das Urtheil, welches Voß über Ihren Hermann gefällt hat: [...] Daß Sie im Hexameter die Vergleichung mit ihm nicht aushalten könnten, sei Ihnen nicht zu verdenken, da dieß einmal seine Sache sey [...]. Man sieht, daß er [...] keine allge-

---

92 Vgl. Mix (1987), 63.
93 Vgl. ebd., 121–122.
94 NA Bd. 35, 317.
95 NA Bd. 28, 47. Kursivierung von Schiller.
96 NA Bd. 37 I, 228. Eigentlich war Humboldt mit der »Billigkeit« von Vossens Gesamturteil über *Hermann und Dorothea* zufrieden.

meine und freie Fähigkeit [haben muß], sondern lediglich seinen Kunsttrieb, wie der Vogel zu seinem Nest und der Biber zu seinen Häusern.[97]

Ein genauso abfälliges Urteil über Vossens Technik der Versgestaltung in seinen Übersetzungen begegnet in einem drei Monate später geschriebenen Brief an Körner:

Vossens Behandlung der Griechen und Römer ist mir [...] immer ungenießbarer. Es scheint mir eine bloße rhythmische Kunstfertigkeit zu seyn, die [...] bloß ihren eigenen und eigensinnig kleinlichen Regeln genüge zu thun sucht.[98]

Schiller machte seiner Gereiztheit angesichts von Vossens monopolistischem Anspruch auf den deutschen Hexameter Luft, indem er – in privaten Briefen – den Voß'schen *Musenalmanach* unbarmherzig verriss. Am 26. Oktober 1795 teilte er Humboldt und Goethe seine Reaktion auf den Göttinger und den Voß'schen Musenalmanach für das Jahr 1796, die gerade erschienen waren, brieflich mit. Im Brief an Humboldt heißt es im Ton der vertraulichen Unterredung: »Haben Sie die 2 MusenAlmanache gesehen? Sie sind schlechter, als man sich eine Vorstellung machen kann. Der Voßische ist fast der schlechtere. 29 Stücke sind von ihm selbst darinn, worunter kein einziges gut, sehr wenige erträglich und etliche abominable sind.«[99] Etwas gesuchter drückte sich Schiller Goethe gegenüber aus: »Ich habe die zwey neuen MusenAlmanache gelesen, die über die Maaßen dürftig und elend sind. Voß hat 29 Stücke in den seinigen geliefert, worunter Sie vergeblich ein einziges gutes suchen, und die meisten abominable sind.«[100] Am 1. November suchte Schiller – umsonst – mit einem erneuten Hinweis Goethe zu einer Stellungnahme zu bewegen: »Haben Sie die neuen MusenAlmanache angesehen? Sie sind horribel.«[101] Gedrängter, doch nicht günstiger äußerte sich Schiller ein Jahr später: »Den Voßischen Almanach hab ich gesehen. Er ist miserable.«[102] Zustimmend brachte Goethe in seiner Antwort das Konkurrenzverhältnis zwischen Schillers und Vossens Blumenlese unverblümt zum Ausdruck:

Vossens Almanach ist über die Maßen schlecht, es thut mir leid für ihn und unser Verhältnis zu ihm, denn man muß seinen Nebenbuhlern doch einigermaßen gleich seyn wenn man sie nicht hassen soll. Die Mattherzigkeit der sämmtlichen Compagnie ist unglaublich und ohne die paar Uebersetzungen wäre beynah das Bändchen völlig leer.[103]

---

97 NA Bd. 29, 210 f.

98 Ebd., 239.

99 NA Bd. 28, 86.

100 Ebd., 87.

101 Ebd., 94

102 Ebd., 323.

103 NA Bd. 36 I, 383. Im Herbst 1797 ergriff Goethe die Initiative einer Reaktion auf den Voß'schen Almanach gegenüber Schiller, indem er vier als trivial empfundene Verse ironisch lobte: »Die ächte poetische Begeisterung des Vossischen Liedes
    ›Dicht gedränget Mann und Weib
    Pflegen wir mit Punsch den Leib
    Wie den Fuchs die Grube
    Wärmet uns die Stube.‹

Am 19. Oktober 1799 schickte Goethe Schiller den neuen Voß'schen Almanach: »Ich lege den Voßischen Almanach bey, wenn Sie ihn noch nicht gesehen haben sollten; Meyer sagt: er sähe aus, als wenn niemals Poesie in der Welt gewesen wäre.«[104] Schiller hielt seine Reaktion nicht zurück und antwortete am 22. Oktober: »Vossens Almanach zeigt wirklich einen völligen Nachlaß seiner poetischen Natur. Er und seine Compagnons erscheinen auf einer völlig gleichen Stuffe der Platitude und in Ermanglung der Poesie waltet bei allen die Furcht Gottes.«[105]

Im Herbst 1802 – zu diesem Zeitpunkt existierte weder der Voß'sche noch der Schiller'sche Musenalmanach noch – zog der pensionierte Voß von Eutin nach Jena. Schon in den ersten Wochen nach seiner Ankunft kam es zum persönlichen Kennenlernen mit Schiller, der seit Ende 1799 in Weimar lebte. Trotz des freundschaftlichen Verhältnisses, das sich nun anbahnte, blieb Schiller dem Prosodiker Voß gegenüber reserviert. 1803 nahm er dessen *Zeitmessung der deutschen Sprache* zur Kenntnis. Wie knapp neun Jahre zuvor Moritz' *Versuch einer deutschen Prosodie* wurde ihm das Buch von Goethe geliehen. Er fand es weder zum allgemeinen Unterricht noch zum Nachschlagen in Zweifelsfällen geeignet.[106]

Als 1828–1829 der Briefwechsel zwischen Schiller und Goethe, dann 1830 der Briefwechsel zwischen Schiller und Humboldt erschien, musste Ernestine Voß erfahren, wie die Betroffenen damals über ihren 1826 verstorbenen Mann gedacht hatten. In ihren Erinnerungen bezieht sie sich ausdrücklich auf Schillers Brief an Humboldt vom 26. Oktober 1795 sowie auf seinen Brief an Goethe vom 22. Oktober 1799:

> *Schillers* [...] Verdammungswort über die Gedichte des Almanachs von 1796 [im Briefwechel mit Humboldt, C. C.-H.], verbunden mit den Äußerungen im Briefwechsel zwischen *Göthe* und *Schiller*, als zeigten sie Nachlaß des Geistes, und fielen sogar in einen frömmelnden Ton –, alles dieses würde *Voß* wehe gethan haben [...]. *Schillers* Worte über *Voß* haben auch mir wehe gethan.[107]

Über die empfindliche Beleidigung hinaus erklärt Ernestine Voß die unüberbrückbare geistige Kluft zwischen Voß und Schiller dadurch, dass jener im Sinne der Querelle ein Ancien, dieser ein Moderne gewesen sei:

> Vom höchsten Ideal hatten beide ganz verschiedene Begriffe. Voß [...] schloß sich [...] an die Alten, und je vertrauter er im Fortschreiten seines Wissens mit ihnen ward, desto fester ward auch seine Ansicht, daß unsre eigene Veredelung nur auf den Alten beruhe. [...] Schiller dagegen hatte keine warme innere Liebe für die Alten; sein Ideal war: die Kraft der Neueren könne und müsse etwas Höheres erstreben.[108]

---

hat mich äusserst erbaut.« (NA Bd. 37 I, 172)

104 NA Bd. 38 I, 165.
105 NA Bd. 30, 110. Wie Goethes Antwort zeigt, war ihm der Voß'sche Musenalmanach zum Inbegriff des Prosaischen überhaupt geworden: »Mein hiesiges Wesen ist gegenwärtig so prosaisch wie der Voßische Almanach, und ich sehe auch keine Möglichkeit in meinen hießigen Verhältnissen eine Arbeit zu fördern, die doch eigentlich eine zarte Stimmung erfordert. Gerade das was jetzt am Mahomet zu tun ist, darf am wenigsten mit dem bloßen Verstand abgethan werden.« (NA Bd. 38 I, 168)
106 NA Bd. 32, 38.
107 *Briefe von Johann Heinrich Voß*, Bd. III, 2. Abt., 45 f.
108 Ebd., 34–44.

Vossens ausgefeilte Hexameterkunst war ein Produkt seiner Übersetzertätigkeit. Er entwickelte sie beim Versuch, Homers, aber auch Vergils Verse im Deutschen möglichst treu wiederzugeben.[109] Der Versbau der griechischen und lateinischen Klassiker galt Voß als vollkommen, als verwirklichtes Ideal, das er der deutschen Sprache sozusagen überzustülpen bemüht war. Er benutzte dabei Begriffe aus der antiken Grammatik und Metrik, wie z. B. Hochton und Tiefton, die dazu verfügbar waren, weil die Realität, auf die sie sich in der Antike bezogen hatten, nämlich der Klang der gesprochenen, bzw. gesungenen griechischen und lateinischen Wörter und Verse, unwiederbringlich verloren ist. Mit seiner Hexameterlehre und -praxis setzte Voß Maßstäbe, denen sich auch Goethe und Schiller stellen mussten. Auch für sie war Voß *die* Autorität im antikisierenden Versbau. Diese Funktion fiel aber nicht mit der des Versberaters zusammen, die von Wilhelm von Humboldt und August Wilhelm Schlegel übernommen wurde. An Goethes und Schillers Verhältnis zu Voß wird deutlich, dass die Nachahmung der antiken Versmaße im Deutschen um 1800 nicht nur die dichterische Umsetzung von Winckelmanns Aufforderung war, sondern auch ein Trend auf dem Literaturmarkt, wo freie Schriftsteller konkurrierten.

Literaturverzeichnis

Abgekürzt zitierte Quellen
GV: Voß, Johann Heinrich, »Vorrede«, in: *Publii Virgilii Maronis Georgicon libri quatuor. Des Publius Virgilius Maro Landbau, 4 Gesänge*, übersetzt und erklärt von Johann Heinrich Voss, Eutin 1789 (teilweise abgedruckt in: Hellmuth, Hans-Heinrich/Schröder, Joachim (Hg.), *Die Lehre von der Nachahmung der antiken Versmaße im Deutschen [...]*, München 1976, 242–249).
MA: Goethe, Johann Wolfgang, *Sämtliche Werke nach Epochen seines Schaffens* (Münchner Ausg.), hg. v. Karl Richter/Herbert G. Göpfert/Norbert Miller/Gerhard Sauder/Edith Zehm, München 1985 ff.
NA: Schiller, Friedrich, *Schillers Werke. Nationalausgabe*. Im Auftrag des Goethe- und Schiller-Archivs, des Schiller-Nationalmuseums und der Deutschen Akademie hg. v. Julius Petersen und Gerhard Fricke, Weimar 1943 ff.
WA: Goethe, Johann Wolfgang, *Goethes Werke* (Weimarer Ausg.), hg. im Auftrag der Großherzogin Sophie von Sachsen, Weimar 1887 ff.
ZM: Voß, Johann Heinrich, *Zeitmessung der deutschen Sprache*. Beilage zu den Oden und Elegieen, Königsberg 1802.

---

109 In Anschluss an Andreas Kelletat macht Günter Häntzschel auf Vergil als Modell für Voß aufmerksam: »Mit Recht bemerkt Kelletat, daß Voß' geschärfte Aufmerksamkeit für die Regeln des Hexameters aus seiner Beschäftigung mit Vergil herrührt. Mehr als der gegenüber Vergil ›naive‹ Vers Homers reizte Voß der kunstvollere, artistisch bewußter gestaltete Bau des Vergilischen Hexameters zur Nachahmung im deutschen und zu einer Theorie darüber, die sich beim Übersetzen des römischen Dichters entwickelte.« (Häntzschel [1977], 56)

Weitere Quellen

Bratanek, F. Th. (Hg.), »Nachträge zu Goethe-Correspondenzen«, in: *Goethe-Jahrbuch* 5 (1884), 38–133.

Goethe, Johann Wolfgang, *Epen*, hg. v. Siegfried Scheibe, Bd. 1: Text, Bd. 2: Überlieferung, Varianten und Paralipomena, Berlin 1958–1963.

Goethe, Johann Wolfgang/Cotta, Johann Friedrich, *Goethe und Cotta im Briefwechsel 1797–1832*, hg. v. Dorothea Kuhn, 4 Bde., Stuttgart 1979–1983.

Klopstock, Friedrich Gottlieb, »Vermischte Schriften«, in: *Sämmtliche Werke*, Stereotyp-Ausgabe, Bd. 10, Leipzig 1844.

Klopstock, Friedrich Gottlieb, *Briefe 1783–1794*, hg. v. Helmut Riege, Bd. 1: Text (= *Werke und Briefe*. Historisch-kritische Ausgabe, Abteilung Briefe, Bd. 8.1), Berlin/New York 1994.

Voß, Abraham (Hg.), *Briefe von Johann Heinrich Voß nebst erläuternden Beilagen*, 2. unveränderte Ausgabe, 3 Bde., Leipzig 1840.

Forschungsliteratur

Bunzel, Wolfgang, *Poetik und Publikation. Goethes Veröffentlichungen in Musenalmanachen und literarischen Taschenbüchern*, Weimar/Köln/Wien, 1997.

Burdorf, Dieter, *Einführung in die Gedichtanalyse*, Stuttgart/Weimar 1995.

Couturier-Heinrich, Clémence, *Aux origines de la poésie allemande. Les théories du rythme des Lumières au Romantisme*, Paris 2004.

Couturier-Heinrich, Clémence, »Antike Versform als Quelle einer deutschen Dichtung«, in: *Die Antike der Moderne. Vom Umgang mit der Antike im Europa des 18. Jahrhunderts*, hg. v. Veit Elm/Günther Lottes/Vanessa de Senarclens, Hannover 2009.

Häntzschel, Günter, *Johann Heinrich Voß. Seine Homer-Übersetzung als sprachschöpferische Leistung*, München 1977.

Hellmuth, Hans-Heinrich/Schröder, Joachim (Hg.), *Die Lehre von der Nachahmung der antiken Versmaße im Deutschen in Quellenschriften des 18. und 19. Jahrhunderts mit kommentierter Bibliographie*, München 1976.

Heusler, Andreas, *Deutsche Versgeschichte*, unveränderter photomechanischer Nachdruck der 2. unveränderten Auflage (Berlin 1956), Berlin 1968, Bd. 3.

Heusler, Andreas, *Deutscher und antiker Vers. Der falsche Spondeus und angrenzende Fragen* (= *Quellen und Forschungen zur Sprach- und Kulturgeschichte der germanischen Völker*), hg. v. Alois Brandl/Andreas Heusler/Franz Schultz, Bd. CXXIII, Straßburg 1917.

Mix, York-Gothart, *Die deutschen Musen-Almanache des 18. Jahrhunderts*, München 1987.

Schulz, Günter, *Schillers* Horen. *Politik und Erziehung. Analyse einer Zeitschrift*, Heidelberg 1960.

Wagenknecht, Christian, *Deutsche Metrik. Eine historische Einführung*, 4. Aufl., München 1999.

Shakespeare und die alten Tragiker im Briefwechsel. Heinrich Voß' mit Karl Solger und Rudolf Abeken

ANNE BAILLOT

Als Übersetzer tätig, bewegte sich Heinrich Voß im Bann seines Vaters.[1] Der älteste Sohn des Philologen[2] trug die gleichen Vornamen wie dieser (Johann Heinrich), gebrauchte aber sowohl im Alltag als auch bei Veröffentlichungen nur den zweiten, womit er den Identitätsunterschied markierte.

Geboren wurde er 1779. Mit zwanzig Jahren nahm er in Halle das Studium der Theologie und der Klassischen Philologie auf, wechselte im Herbst 1801 zusammen mit seinem Bruder Wilhelm, der Medizin studierte, nach Jena, wo die Eltern weilten. 1804 wurde er Lehrer am Gymnasium in Weimar. 1805 setzte eine äußerst schmerzhafte Lippenkrankheit ein, die ihn bis zu seinem Lebensende plagte und teilweise am Sprechen hinderte. 1806 verließ er Weimar und folgte seinen Eltern nach Heidelberg, wo er an der Universität neben seinem mit einer Sinekureprofessur versehenen Vater tätig war. Dort blieb er bis zu seinem frühen Tode 1822.

Seine philologische, hauptsächlich übersetzerische Produktion begründet in vielerlei Hinsicht die Tatsache, dass er in die Literaturgeschichte als der verlängerte Arm seines Vaters eingegangen ist.[3] Dennoch ist die Antwort auf die Frage nach Qualität und Eigenart seiner übersetzerischen Leistung keine einfache, wie es die grundlegende Arbeit von Lesley Drewing *Die Shakespeare-Übersetzung von Johann Heinrich Voß und seinen Söhnen* zeigt. Auch wenn die Anlehnung Heinrich Voß' an die Übersetzungs-

---

1   Vgl. Berlit, *Goethe und Schiller*, schon im ersten Satz des Vorwortes seiner Ausgabe der Briefe Heinrich Voß'.

2   Genau genommen war er der zweitgeborene. Der zuerst geborene Bruder starb aber früh (vgl. Berlit, *Goethe und Schiller*, 3).

3   In seinem Aufsatz »Von der Freiheit eines Unmündigen« zeigt Frank Baudach, wie einseitig sich die Rezeption Heinrich Voß' entwickelt hat (ebd., 5). Er bemüht sich, dem Bild des kindlichen Unmündigen entgegenzuarbeiten, indem er diese Unmündigkeit als eine freie, persönliche Lebensentscheidung schildert, angelehnt u. a. an einen Auszug eines Briefes an Solger (ebd., 6). Der Briefwechsel Heinrich Voß' mit seinen Freunden Karl Solger und Rudolf Abeken bleibt jedoch in dieser Hinsicht uneindeutig. Eine so radikale Einschätzung wie die Schumanns scheint dennoch schwer vertretbar (Schumann, *Heinrich Voß*, 217, nennt Heinrich den »viel weniger energische[n], stets führungsbedürftige[n] Sohn«; ebd., 224–225, ist von seiner »unmännliche[n] Abhängigkeit« von seinen Eltern die Rede).

theorie und -praxis seines Vaters dort mehrfach unterstrichen wird,[4] lenkt die Monographie ebenfalls das Augenmerk darauf, dass er im Laufe der Zeit eine markante Entwicklung durchlief, die die These einer Eins-zu-eins-Übernahme des väterlichen Modells widerlegt. Dieser Kurswechsel lässt sich zwischen 1806 und 1810 verorten und beobachten.[5]

Es ist das Ziel des vorliegenden Aufsatzes, anhand des Briefwechsels mit seinem Freund Karl Solger[6] (auch er ein ausgebildeter Philologe) der Art und Weise nachzugehen, wie Heinrich Voß als Übersetzer von Dramen[7] und als Rezensent von Dramenübersetzungen die Prinzipien seines Vaters und anderer, mit diesem konkurrierenden Übersetzer umsetzte. Im Mittelpunkt der hiesigen Untersuchung des Briefwechsels Voß' und Solgers stehen die Übersetzungen von einerseits Sophokles (den Solger 1804–1808 übersetzte)[8] und Aischylos (den Voß ab 1805[9] übersetzte, ohne diese Übersetzung zu Lebzeiten zu veröffentlichen)[10] und andererseits Shakespeare (den Voß, aber auch andere Freunde Solgers,[11] ab 1804 übersetzten)[12].

Obwohl noch jung, als sie sich an diese Übersetzungsvorhaben machten und sich darüber austauschten, wussten Voß und Solger ihre eigene und des Anderen jeweilige Expertise bereits hoch zu schätzen. Ihre Übersetzungsversuche sahen sie nicht als akademische Übungen an, sondern als publikationstaugliche Werke oder zumindest als Werke, die letztlich zur Veröffentlichung bestimmt waren. Neben diesem Gestus der (allerdings mehr wissenschaftlichen als poetischen) selbstsicheren Kompetenz, weisen

---

4   Drewing (1999), 103, in der Theorie; ebd., 175, am Beispiel der Übersetzung von Wortspielen bei Shakespeare.

5   Drewing (1999), 105 und 111, situiert die Wende um 1810. Sie ist allerdings schon ab 1806 spürbar (hierzu s. u. den zweiten Teil des vorliegenden Aufsatzes, S. 102 ff.).

6   Der Briefwechsel zwischen Heinrich Voß und Karl Solger – oder zumindest der Teil davon, der heute noch handschriftlich in Archiven erhalten ist – wird im Anhang zu diesem Band erstmalig ediert.

7   Heinrich Voß übersetzte nur Dramen (vgl. Drewing [1999], 101).

8   1804 erschien anonym Solgers *König Oidipus*, 1808 unter seinem Namen eine Übersetzung des gesamten dramatischen Werks von Sophokles: *Des Sophokles Tragödien* (Berlin, 1808, 1824², 1827³). Vgl. hierzu Baillot (2007).

9   Erste Interessensbekundungen lassen sich dem Brief vom 5. Mai 1804 entnehmen; im Oktober 1805 schrieb Voß an Solger, er hätte Aischylos »durchstudirt«, »einzelne Sachen übersezt« und hielte es für »sehr wahrscheinlich«, daß er sich »einmal an die Übersezung des ganzen Äschylus« mache.

10   Sie erschien in Heidelberg bei Winter 1826 mit dem Untertitel »zum Theil vollendet von Johann Heinrich Voss«, gefolgt 1839 von einer gleich betitelten »wohlfeilen Ausgabe«. Hierzu vgl. Baudach (1995), 5; Berlit, *Goethe und Schiller*, 20 (Anm. 27) sowie 36: » Der Vater setzte ihm noch ein Denkmal, indem er seine Aeschylusübersetzung vollendete«.

11   An erster Stelle die Mitglieder der Freitags-Gesellschaft Georg Wilhelm Keßler (1782–1846) und Ludwig Krause (1780–1825). Zu diesen und ihren Shakespeare-Übersetzungen vgl. die Briefe von Voß an Solger von Ende Juni 1810, August 1810, 25. Juli 1816.

12   Voß' Übersetzungen des *König Lear* und *Othello* erschienen 1806 (vgl. Berlit, *Goethe und Schiller*, 21, mit einer Stellungnahme zu den Entstehungsumständen sowie mit A. W. Schlegels Rezeption derselben; Schumann, *Heinrich Voß*, 228). Der Voß'sche Shakespeare (eine Übersetzung, die mit den Namen von Johann Heinrich und seinen zwei Söhnen Heinrich und Abraham versehen wurde) erschien in 9 Bänden zwischen 1818 und 1829.

die ausgetauschten Briefe[13] eine beinahe gegensätzliche Qualität auf, indem sie für beide Briefpartner in eine Zeit der intellektuellen Selbstfindung fallen. So erlauben sie es auch, Umorientierungen zu verfolgen – und insbesondere die schleichende Entfremdung zwischen den beiden Freunden, in deren Folge sich ihre intellektuellen Wege nach 1810 schieden.[14] Dies lässt sich im Diskurs über die Übersetzung der alten Tragiker und des Shakespeare beobachten.

1. »Ich habe meine Eltern; ich habe Göthe, ich habe meine Freunde«[15]
Heinrich Voß' Jenaer und Weimarer Jahre

Die Personenkonstellation in Heinrich Voß' Umfeld zum Zeitpunkt der Entstehung seiner Aischylos- und seiner ersten Shakespeare-Übersetzungen verdient eine ideengeschichtliche Beleuchtung, nicht zuletzt weil sich z. T. daraus erklären lässt, warum er sich diese Texte zu übersetzen vornahm. Für die Jenaer Zeit (1801–1804) ist neben Voß' Eltern der ihn umgebende Freundeskreis von besonderer Bedeutung, und spezieller der spätere Korrespondenzpartner Solger.

Karl Wilhelm Ferdinand Solger[16] wurde 1780 in Schwedt/Oder geboren, studierte zuerst in Halle Jura und Klassische Philologie, ehe er 1802 für ein Semester nach Jena übersiedelte,[17] wo er Heinrich Voß kennenlernte. Nach einer Bildungsreise durch Frankreich und die Schweiz im Sommer 1802 kam er als Referendar der Kriegs- und Domänenkammer nach Berlin. Doch er interessierte sich mehr für Fichte, Sophokles und Pindar als für seine eigentliche berufliche Tätigkeit,[18] die er 1806 aufgab. 1808 veröffentlichte er seine Übersetzung der Sophokleischen Tragödien,[19] wurde damit in Jena promoviert und 1809 an die Universität Frankfurt/Oder berufen. Dort lehrte er nicht nur Philologie, sondern auch Philosophie. 1811 erfolgte seine Berufung nach Berlin,[20] wo er bis zu seinem frühen Tode 1819 Vorlesungen in beiden Fächern hielt.

Zusammen mit Solger ist Bernhard Rudolf Abeken der wichtigste Ansprechpartner Heinrich Voß' in Übersetzungsfragen.[21] Um seinen Beitrag soll es hier zwar nur am

---

13 Genau genommen geht es primär um Briefe von Voß an Solger, da von Solger an Voß nur einer erhalten geblieben ist.

14 Der Streit um F. A. Wolfs Übersetzung von Aristophanes' *Wolken* (1811 erschienen), von Solger hoch gelobt und von H. Voß nicht zuletzt wegen der zu derben Sprache in der Übersetzung der Wortspiele stark kritisiert (vgl. Brief von Voß an Solger vom 8. Juni 1812), besiegelte die Entfremdung.

15 Es folgt darauf: »[I]ch habe daneben die schönste aller Erinnerungen, das Bild meines geliebten Schillers, das mich wie ein Genius umschwebt«, Brief von Voß an Solger vom 22. Mai 1805.

16 Nur ältere Studien widmen sich im deutschsprachigen Raum Solgers Biographie: Hermann Fricke (1972); Wolfhart Henckmann (1974). Vgl. auch Teil 2 meiner Dissertation (Baillot [2002]).

17 Primär um Schelling zu hören; vgl. Henckmann (1978), 53.

18 Vgl. Solger, *Nachgelassene Schriften* (Bd. 1), 139 f.

19 Solger, *Des Sophokles Tragödien*, Berlin 1808 (Neuauflagen vgl. Anm. 8).

20 Zu den Umständen der Berufung nach Berlin vgl. Baillot (2011).

21 Laut Drewing (1999), 118, »[...] spielt Rudolf Abeken während der gesamten Voß-Unternehmung [*sc.* der Shakespeare-Übersetzung] eine wichtige Rolle, indem er Heinrich in Wort und Tat unter-

Rande gehen,[22] dennoch darf er nicht unerwähnt bleiben, da nicht zuletzt zahlreiche Briefe von Voß an Solger ebenfalls an ihn adressiert sind.[23] Auch Abeken gehörte zu der Kohorte der um 1780 Geborenen und studierte in Jena, allerdings Theologie und Philosophie. Als er nach dem Studium 1802 als Hauslehrer nach Berlin kam, führte ihn Solger, den er in Jena kennengelernt hatte, in den Kreis seiner Hallenser (inzwischen Berliner) Freunde, die Freitags-Gesellschaft, ein.[24] 1808 wechselte Abeken nach Weimar, wo er Hauslehrer der Kinder Schillers wurde. Er heiratete anschließend eine Nichte von Schillers Frau. 1814 kam er nach Rudolstadt, 1815 nach Osnabrück ans Gymnasium, wo er zuerst als Konrektor, dann als Rektor tätig war.[25]

Als Voß, Solger und Abeken sich in Jena im Winter 1801/02 näher kamen, erfolgten die Zusammenkünfte im Rahmen einer »Griechischen Gesellschaft«. Rückblickend schrieb Abeken über diese:

> [Solger] war, wenn auch nicht so genannt, das Haupt und der Halt einer Gesellschaft, die wöchentlich einmal [...] zusammenkam, um den Sophokles, von dem Solger einige Jahre später eine so gediegene, bahnbrechende Übersetzung gab, zu lesen. Glieder dieser Gesellschaft waren neben Solger zwei Söhne des Eutinischen Dichters Voß und zwei Schlosser aus Frankfurt, Fritz und Christian, Söhne von Hieronymus, denen sich ein Sohn Georg Schlossers aus dessen zweiter Ehe zugesellte. [...] Heinrich Voß [war] durch seine gute eigenthümliche Laune, seine Gemüthlichkeit, seine gründliche Kenntniß des Griechischen ein sehr geschätztes Mitglied [...].[26]

---

stützt. Heinrichs und Abrahams Shakespeare-Manuskripte oder erste Szenen-Entwürfe in Briefen [...] wurden immer an Abeken [...] geschickt. Abeken las sie durch und schickte sie, wo nötig, mit Kritik, Anmerkungen und Fragen versehen [...] zurück.«

22 Die Entscheidung, den Briefwechsel mit Abeken hier nicht in den Mittelpunkt der Untersuchung zu stellen, hängt primär damit zusammen, dass Abeken selbst nie Übersetzungen veröffentlichte. Zu Abekens Mitwirkung an Voß' Übersetzung schreibt Lesley Drewing: »Abeken war insofern in die Shakespeare-Übersetzungen Heinrichs und Abrahams verwickelt, als er ihre Manuskripte durchlas, bei schwierigen Stellen seinen Rat anbot oder gar Alternativen dort vorschlug, wo er mit der Übersetzung nicht einverstanden war. Die Korrespondenz zwischen Heinrich und Abeken, deren größter Teil nur in den Handschriften zugänglich ist, widmete sich in starkem Maße der Diskussion sowohl der Vossischen Shakespeare-Übersetzung als auch der Originalstücke Shakespeares« (Drewing [1999], 107, Anm. 292).

23 Hinweise zu Doppel- bzw. Mehrfachadressierung lassen sich den Briefen von Voß an Solger vom 30. Januar und 16. April 1803, vom 24. Februar 1804 (eigtl. 1805), vom 5. Mai 1804, vom 22. Mai 1805, vom 30. Oktober 1805, vom 30. Juli 1807 entnehmen.

24 Vgl. Abeken, *Goethe in meinem Leben,* 59–60 und 71. Zur Freitags-Gesellschaft vgl. Henckmann (1974) und Wruck (1998), 111 f.

25 Sein langes Leben (er starb 1866) widmete er außer seiner Lehrtätigkeit der Erziehung seiner Söhne, der Veröffentlichung von Werken über Goethe, der Herausgabe der Werke Justus Mösers und zahlreichen Rezensionen. Der Nachlass Abekens macht einen umfangreichen Bestand im Goethe-und-Schiller-Archiv in Weimar aus.

26 Abeken, *Goethe in meinem Leben,* 52. Der zweite hier erwähnte Voß-Sohn ist der Philologe Abraham Voß (1785–1847). Christian Schlosser (1782–1829) wurde Gymnasialdirektor und politischer Schriftsteller. Er und sein Bruder Johann Friedrich Heinrich Schlosser (1780–1851), der hier unter dem Namen »Fritz« erwähnt wird, konvertierten 1812 zum Katholizismus. Deren Vater Hieronymus Schlosser (1735–1797) war Jurist und in den höheren Ämtern der Verwaltung seiner Heimatstadt Frankfurt a. Main tätig. Die Familie Schlosser war über Goethes Schwester Cornelia mit der

Inhalt und Ablauf der Zusammenkünfte rekonstruiert Georg Berlit seinerseits wie folgt:

> In der griechischen Gesellschaft (es waren ihrer sieben, meist Eutiner) lasen sie Aeschylus und Sophokles, darnach verblieben sie »bei einem traulichen Thee« in wissenschaftlichem Gespräch, aber auch heiterem, oft ausgelassenen Scherz bis in die Mitternacht beisammen.[27]

In einem Brief vom Winter 1803 an Solger und Abeken, die bereits nach Berlin übergesiedelt waren, ging Heinrich Voß selbst auf die gemeinsame Sophokles-Lektüre ein und kommentierte dabei die neue Belegung der Jenaer »Griechischen Gesellschaft«:

> Es ist eigentlich eine Schande einen so heiligen Schriftsteller wie Sofokles so hinzugeben an ganz gefühllose Klöze [...] So gut, wie vorigen Winter kanns nicht wieder werden, da Solger und Abeken fehlen.[28]

Vermutlich haben also Solger, Abeken und Heinrich Voß in ihrem gemeinsamen Semester (Wintersemester 1801/1802) faktisch den aktivsten und kompetentesten Kern der Jenaer »Griechischen Gesellschaft« ausgemacht. Die Erlebnisse dieses einen Semesters wurden kaum ein Jahr später von Heinrich Voß bereits zu einem goldenen Zeitalter erhoben. Sicherlich wird die Intensität der gemeinsamen Zeit zu dieser Idealisierung beigetragen haben. Verstärkt wurde sie dadurch, dass es dann beinahe 15 Jahre[29] dauerte, bis sich die Jugendfreunde tatsächlich wiedersehen konnten: Ein 1803 geplanter Besuch Heinrich Voß' in Berlin zerschlug sich,[30] sodass er Solger erst 1816 bei dessen Rheinreise wiedersah, während der er Voß im Hause seiner Eltern besuchte.[31] Wenig hatte dieses Wiedersehen mit der Zeit der Ungebundenheit und studentischen Freiheit zu tun, die sich umso leichter der Objektivierung entzog.

Goethe-Familie verwandt. Die Freundschaft zwischen Voß und der Familie Schlosser hat sich allerdings nicht bewährt; vgl. den Brief von Voß an Solger vom 25. Juli 1816: »Halte mich nicht für intolerant; ich ehre fremde Überzeugungen wie die meinige, und ein Übertritt zu einer anderen Religion könnte mir unter Umständen sogar ehrwürdig sein. Aber Christians Schloßers Augendreherei [...] ist mir in der Seele zuwider«. Dass Heinrich in Sachen Konversionen toleranter war als sein Vater, legt Schumann, *Heinrich Voß*, 216, dar.

27 Berlit, *Goethe und Schiller*, 12.

28 Brief von Voß an Solger vom 30. Januar und 16. April 1803.

29 Vgl. den Brief von Voß an Solger vom 25. Juli 1816: »Ja, wir müßen uns wiedersehen, nach 14 langen Jahren«. Der Brief vom 30. Januar und 16. April 1803 weist auf einen sehr kurzen Besuch Solgers bei den Vossens hin, vermutlich auf dem Rückweg seiner Frankreich-Reise.

30 Vgl. Briefe von Voß an Solger vom 6. Juli 1803 und vom 24. März 1804. Ein Treffen von Voß und Abeken wird allerdings auch erwähnt (vgl. Brief von Voß an Solger von Ende Juni 1810).

31 Zu diesem Besuch trug Solger Folgendes in sein Reisetagebuch ein: »Heidelberg. [...] Der Adel sucht alle bessere Einrichtung zu hintertreiben. Besonders greifen die katholischen Proselytenmacher um sich, wovon der alte Voß vieles (u[nd] mitunter wohl übertriebnes) erzählt.« Die Reisebeschreibung weist auf drei Treffen hin: am 30. August (»Nachm. mit H. Voß auf dem Schlosse. Thee bei Vossens«), am 31. August (»Abendessen bei Vossens«) und am 1. September (»Abschied bei Vossens«); vgl. Staatsbibliothek zu Berlin-Preußischer Kulturbesitz, Nachlass 177 (Solger), K. 1, M. 11, Bl. 9v bzw. 3v.

Die lange Pause zwischen den Jugendzusammenkünften und dem Treffen im Erwachsenenalter führte dazu, dass die Briefe von Voß an Solger[32] den tatsächlichen Ort dieser intellektuellen Begegnung ausmachen.[33] So zentral jedoch wie diese Korrespondenz hinsichtlich ihres Informationswertes ist, müssen auch die Idealisierungsmechanismen berücksichtigt werden, die besonders stark greifen. Der Briefwechsel mit Solger spielt sich in einem ihm eigenen, konstruierten relationalen Raum ab.

Dies hat grundsätzlich mit Heinrich Voß' eigentümlicher Schreibart zu tun. Auch wenn er sich dieser bewusst war – er erwähnt es in seinem letzten Brief an Solger –,[34] wurde sie dennoch nicht weniger von seinem unmittelbaren Umfeld als störend rezipiert. Abeken etwa charakterisierte ihn rückblickend wie folgt:

> Voß hatte eine eigenthümliche Phantasie, die sich besonders darin äußerte, daß, wenn er von einem Menschen eingenommen war, und darüber einem Freunde schrieb, diese Berichte von seiner Phantasie gefärbt waren, wobei er sich selbst überredete, er schreibe die volle Wahrheit und Wirklichkeit. [...] Was er in seinen Briefen berichtete, war im Wesentlichen Wahrheit, die nur durch jene gemüthliche Überspannung die eigenthümliche Färbung gewann.[35]

Abekens Schilderung trifft eklatant auf Voß' Ausführungen über Goethe sowie (in geringerem Maße) über Schiller zu, die den Briefen an Solger zu entnehmen sind. Auch wenn die Anbindung an die Eltern – manchmal explizit, manchmal latent – ein Strukturmerkmal von Voß' persönlichem und intellektuellem Lebensweg blieb,[36] spielten in der Zeit zwischen 1803 und 1805/06 Schiller und Goethe eine zentrale Rolle für ihn.[37]

---

32   Zur Editionslage der Voß-Briefe im Allgemeinen vgl. Baudach (1995), 13, Anm. 7; Berlit, *Goethe und Schiller*, 38 f.; Schumann, *Heinrich Voß*, 215.

33   Einige Hinweise auf die Bedeutung der Freundschaft für Solger sind im Briefwechsel mit Tieck zu finden, vgl. etwa Matenko, *Tieck and Solger*, 260. In Solgers *Nachgelassenen Schriften und Briefwechsel* (1826) kommt Voß allerdings nicht vor. Diese editorische Entscheidung wird primär in den Händen des Herausgebers Tieck gelegen haben, der mit dieser Publikation ein Bild Solgers entwerfen wollte, das ihn zum Romantiker machte (bereits Hegel warf ihm dies in seiner in den *Jahrbüchern für wissenschaftliche Kritik* 1828 erschienenen Rezension vor).

34   Vgl. Brief von Voß an Solger vom 25. Juli 1816: »Du wirst den alten Voß verstehn, der spricht, wie ihm der Schnabel gewachsen ist etc.«

35   Abeken, *Goethe in meinem Leben*, 62. Zur Rolle dieser Briefe in der Freitags-Gesellschaft, siehe z. B. ebd., 63.

36   Im Brief vom 30. Januar und 16. April 1803 wägt Voß die Entfernung der Freunde mit der Nähe der Eltern ab: »Nun von unserem Zusammenleben. Eins, lieber Solger, habe ich vor dem vorigen Winter voraus, meine Eltern. Aber vieles steht auch nach.« In den folgenden Briefen (bis 1805) kommt der Vater Voß immer wieder als Teilnehmer am intellektuellen Leben in Weimar/Jena vor (zusammen mit Goethe, Schiller, Eichstädt, Riemer); dies kulminiert in der Endformel des Briefes vom 22. Mai 1805 zu Schillers Tod: »Ich habe meine Eltern; ich habe Göthe, ich habe meine Freunde; ich habe daneben die schönste aller Erinnerungen, das Bild meines geliebten Schillers, das mich wie ein Genius umschwebt«. Mit dem Umzug der Eltern nach Heidelberg beginnt auch die Entfernung von Goethe; es entwickelt sich ein neuer Attraktionspol am Rhein, vgl. Voß' Aussage nach einem Besuch in Heidelberg: »Es war mir ein unbeschreibliches Gefühl, meine Eltern einmal so recht glücklich zu sehen [...]. Aber sie müssen es wohl sein in einer wahrhaft paradiesischen Umgebung und bei so vortrefflichen Menschen« (Brief vom 8. Oktober 1806). Ab dem Brief vom 30. Juli 1807 steht die Heidelberger familiäre Konstellation fest: »Ich komme fast nicht aus dem Hause, und die Zeit, welche ich meinen Collegien abmüßigen kann, bringe ich entweder bei meinen Eltern zu, oder in unserem Gar-

Erste Anzeichen eines Fokuswechsels von der Universitätsstadt Jena zur Kultur-
stadt Weimar kommen in den Briefen durch das Interesse an das Weimarer Theater
zum Ausdruck – ein Topos in Briefen Jenaer Studenten aus der Zeit.[38] Über den Besuch
von Aufführungen hinaus, ist es tatsächlich das Theater, welches Voß in Goethes und
Schillers Wirkungskreis etablierte: Als Übersetzer des *Othello* stand er 1804 bei der
Vorbereitung der Inszenierung des Stückes Schiller zur Seite[39] und gehörte bereits zum
engeren Kreis Goethes, dem er vorlas und den er im Falle von Krankheiten pflegte.[40]
Zwischen 1804 und 1806 lässt sich beobachten, wie sich in Voß' Briefen an Solger ein
Vokabular zur Inszenierung seiner Beziehung mit Goethe entwickelte, das sowohl auf
die Vater-Sohn-Qualität derselben hinwies[41] als auch Liebesgesten in ihren zeittypi-
schen Deklinationen vorführte.[42]

ten, oder am liebsten auf meinem Zimmer. Ich wohne drei Stock hoch, sehe nichts von der Stadt,
sondern habe Berge und Wälder vor mir«. Bis zu seinem Tode 1822 wird dies sein Lebenshorizont
bleiben. Baudach (1995), 8, geht von einem expliziten Selbstbewusstsein Heinrich Voß' in dieser Personenkonstellation aus.

37 Zur Mentorenfunktion von Goethe und Schiller vgl. auch Drewing (1999), 109.

38 Brief von Voß an Solger vom 30. Januar und 16. April 1803; vgl. etwa auch die Briefe von Solger an
die Freitag-Freunde in Henckmann (1978).

39 Vgl. Brief von Voß an Solger vom 24. Februar 1804 (eigtl. 1805). Auch im Brief vom 10. April 1804
erwähnt er häufige Theater-Besuche.

40 Berlit, *Goethe und Schiller*, 10, verweist auf die bereits sehr positive Aufnahme während eines ersten
Aufenthalts in den Weihnachtsferien 1800 und kommt (ebd., 22) auf die in den späteren Jahren gemeinsam zugebrachten Winterabende zurück.

41 Mit Variationen, sogar manchmal innerhalb ein- und desselben Briefes: »Da sah er mir gar freundlich
und herzlich ins Gesicht, und reichte mir die Hand, und sagte die Worte, die mir durch Mark und
Gebein gingen: Gutes Kind« (24. Februar 1804, eigtl. 1805), »[ü]ber alles rührte mich seine wirklich
väterliche und zärtliche Fürsorge für mich« (ebd.), »Jedesmal aber, wenn ich zu Göthe kam, und ihm
mein ganzes Herz (selbst alle Schwächen meiner Innerlichkeit) wie einem Beicht-Vater ausschüttete«, Einladung Goethes an Voß »als Augusts Stubencammerad« (Brief vom 24. März 1804). Im
April 1804 wohnte er bei Goethe und unterrichtete August; bei der Verleihung des Doktordiplomes,
das Goethe ihm überreichte, kommentierte Voß: »Göthe schloß mich in seine Arme und nannte
mich zum erstenmal seinen ›lieben Sohn‹, ein Schmeichelwort, daß er nachher öfter wiederholt
hat.« (vgl. »Er hat mich schon zweimal *seinen lieben Sohn* genannt«, im Brief vom 15. Mai und
1. Juni 1804). Voß sieht sich auch als Ersatzsohn: »Ich bin gewöhnlich bei Göthe, wenn seine Familie
mal verreist ist« (Brief vom 10. Oktober 1804). Mit Krankheit und Trauer um Schiller kehrt sich –
wie es typischerweise bei alternden Verwandten der Fall ist – das Verhältnis um und Voß ist es, der
Goethe pflegt (zusammen mit Riemer): »Wir sind auch nun, einer von uns beiden beständig um
ihn« (Brief vom 22. Mai 1805). Ambiguer ist der Ausdruck bereits im Brief vom 30. Oktober 1805:
»es ist eine Wonne von Göthe gelobt zu werden, aber meiner selbst willen freute ich mich, daß er seit
einem halben Jahr Fortschritte in mir bemerkte«. Vom »Ersatzvater« spricht Baudach (1995), 6;
vom »geistigen Vater« spricht Berlit, *Goethe und Schiller*, VIII.

42 Im Brief vom 15. Mai und 1. Juni 1804: »Diesem herlichen Göthe bin ich nun recht nahe; ich kann
ihn täglich sehen, weil mein Fenster grade auf die seinigen gerichtet ist, und darf zu ihm kommen
wann ich will«, »schon der Anblick, die Gegenwart dieses Mannes hat einen Zauber, der unwiderstehlich wirkt«, »Ich habe mehrmal, wie ich mich nachher besann, Göthens Hand ergriffen, und
werde sie gewiß recht *herzlich* gedrückt haben«, »er sah so freundlich aus, so liebevoll, so milde, er
sprach mit unendlicher, mir fast unbegreiflicher Wärme – da gestehe ichs gerne, und schäme mich
dessen nicht, daß mir Thränen in die Augen traten«, »Glaubt mir, [...] daß ich jeden Morgen, wenn

Voß' Beziehung zu Schiller wird in den Briefen an Solger in einem andern Modus dekliniert.[43] In diesem Fall sind die explizitesten Inszenierungen von Liebe überwiegend dem langen Trauerbrief zu entnehmen, in dem Voß Schillers Tod schilderte.[44] Trotz der verhältnismäßig weniger überschwänglichen brieflichen Herzensergießungen[45] stand Heinrich Voß Schiller und seiner Familie (insbesondere den Kindern) näher als der Goethe'schen. Über Schillers Kinder berichtete er in dem eben erwähnten Brief:

> Auch daß ich den Schillerschen Kindern etwas sein kann, ist mir ein großer Trost. Der selige Schiller sah seine Knaben so gern unter meiner Aufsicht, und sie haben großes Zutraun in mich gesetzt, und lieben mich innigst. [...] »Voß«, sagte mir neulich der kleine Ernst, »zieh doch in unser Haus, du kannst in Papas Zimmern wohnen.« Da habe ich den Jungen mit Thränen in den Augen recht herzlich geküßt.[46]

In dieser persönlichen und intellektuellen Konstellation war die Arbeit an Übersetzungen der Punkt, in dem sich Goethe, Schiller, Voß – aber vermutlich auch Voß' Vater, solange er in Thüringen weilte –, Riemer und einige andere wohl trafen.[47]

---

ich in behaglicher Ruhe beim Kaffee mein Pfeifchen rauche, an den theuren einzigen denke, mir seine Gestalt, seine Miene, seinen herzlichen Ausdruck der Rede in der Einbildung hervorrufe«, »Riemer wird mir täglich lieber [...]. Wir wetteifern ordentlich, wer Göthen mehr liebe, keiner ist Sieger noch Besiegter«, »Wie habe ich doch den Göthe so unendlich lieb. Ist mirs doch ordentlich unbehaglich gewesen, ihn nur auf 5 Tage entfernt zu wissen«; im Brief vom 10. Oktober 1804: »will ich Dir auch recht viel von dem lieben theuren *Einzigen* melden«, »wie mich das Gefühl glücklich macht, daß der Mann nicht gleichgültig gegen mich ist«, »Und laßt gegen keinen Menschen den wahren Grund meines Hierbleibens [*sc.* Goethes Nähe] laut werden«; im Brief vom 22. Mai 1805: »Auch habe ichs ihm [*sc.* Goethe] mehrmal schon [...] gesagt, daß ich nicht aus Weimar ginge, daß ich sein treuer Gefährte bleiben wolle«, »Der Mann ist mir nun mein Alles in dieser Gegend«.

43   Berlit, *Goethe und Schiller*, VIII und 24, beschreibt Goethe als einen Vater und Schiller als einen älteren Bruder.

44   Ausdrücke wie »Ich konnte es oft nicht laßen, wenn ich fortging, ihm einen herzlichen Kuß auf seinen Mund zu drücken« sind eher selten (Brief vom 22. Mai 1805). Vergleichend schreibt er im Brief vom 15. Mai und 1. Juni 1804: »Auch dem theuren Schiller will ich sein Recht, und seine Ansprüche auf meine Liebe nicht verkummern, obgleich ich die Ehrfurcht nicht für ihn habe, die ich gegen Göthe habe. Schiller kömmt mir vor, wie Unser eins, und ich bin oft bei ihm, und spreche mit ihm, wo er mir nichts weiter als ein liebenswürdiger Mensch, nicht *Schiller* scheint.« H. Voß hat Solger mehr Briefe geschickt, die auf seine Beziehung mit Goethe eingehen als welche, die auf Schiller eingehen. Daraus soll nicht geschlossen werden, dass es solche nicht gibt. Schiller-Briefe sind an andere Adressaten geschickt worden (vgl. Berlit, *Goethe und Schiller*, 14; Schumann, *Heinrich Voß*, 222).

45   Auf ein ähnliches Vokabular greift auch Berlit, *Goethe und Schiller*, zurück, um Voß' Sprachduktus zu beschreiben (z. B.: »in diesen unmittelbaren Ergüssen eines überquellenden Jünglingherzens«, ebd., IX).

46   Brief von Voß an Solger vom 22. Mai 1805. Dass diese Beziehung eine dauerhafte wurde, signalisiert Berlit, *Goethe und Schiller*, insbes. S. 22, Anm. 33.

47   Zum Plan, einen literarischen Klub zu gründen, vgl. Baudach (1995), 10, sowie die knappe Erwähnung im Brief von Voß an Abeken und Solger vom 10. April 1804: »Nun will Göthe ein paar mal wöchentlich eine andere Gesellschaft constituiren, wo aus mehreren Fächern und Sprachen vorzügliche Schriften gelesen und besprochen werden sollen. Bode, Hain und ich sind constituirte Mitglieder, und mancher talentvolle junge Mensch, vielleicht der Kanngießer der auch nach Weimar kommt, werden sich noch anschließen.«

Übersetzungen Shakespeares für die Weimarer Bühne wurden gemeinsam erarbeitet (*Lear* wollte Voß 1805 unbedingt abschließen, »da diese Arbeit noch ein Auftrag des seligen Schiller«[48] war), Übersetzungen aus dem Griechischen (Solgers Sophokles etwa) wurden gemeinsam gelesen und diskutiert. So bildeten Übersetzungen Shakespeares und der alten Tragiker den Kompetenzbereich, in dem Heinrich Voß sich intellektuell in Weimar etablierte.[49]

Die dadurch gewonnene Anerkennung erlaubte es ihm darüber hinaus, Goethe bei anderen metrischen Feinheiten Hilfestellung zu leisten, etwa als die Hexameter in *Hermann und Dorothea* überarbeitet werden sollten.[50]

Das Ende dieser kurzen Zeit des fruchtbaren Austausches wurde durch Schillers Tod markiert. Wie eine selbsterfüllende Prophezeiung klingt rückblickend der Goethes Mund entnommene und von Voß weiter tradierte Kommentar nach Schillers Tod:

> Abends besuchte ich [*sc.* Heinrich Voß] die Vulpius; die sagte mir, er [*sc.* Goethe] sei noch auf seinem Zimmer ein Zeitlang *bewegt* gewesen. Unter anderm hatte er gesagt: »Voß wird seinem Vater nach Heidelberg folgen, und auch Riemern wird man über kurz oder lang wegziehn, und dann steh' ich ganz allein«.[51]

So skeptisch Heinrich Voß 1805 noch dieser Aussage gegenüberstand, zeigt doch der Brief vom 8. Oktober 1806 schon, dass die vorausgesagte Entfremdung sich bereits anbahnte, ausgelöst durch Voß' Lippenerkrankung:

> So wohl, wie es mir auch in Weimar ist an der Seite meines herlichen Göthe [...]; von Göthe muß ich mich bald doch trennen! Ich habe dies Jahr Göthe auch nur wenig genossen, und die wenigen Male daß ich ihn sah, empfing ich mitleidige Worte und Blicke über meinen Zustand; ich kann ihm nicht vorlesen, ich kann keine Hexameter mit ihm machen, ich muß stumm bei ihm sizen, und darf nur stammeln statt zu reden; drum geh ich auch jezt seltner hin, als im vorigen Winter.[52]

Die Schließung des Weimarer Gymnasiums, an dem Heinrich Voß tätig war, nach der Schlacht von Jena, besiegelte die Entscheidung. Er verließ Weimar im Herbst 1806 und

---

48 Vgl. Brief von Voß an Solger vom 22. Mai 1805. Hierzu Drewing (1999), 104: »als er 1805 Lear übersetzte, war Goethe sein Berater«.

49 Diese den Briefen an Solger zu entnehmende Erkenntnis passt zu zwei wichtigen Thesen Baudachs, welche zum einen die Augenhöhe Voß' mit Goethe in Weimar und zum andern die Eigenständigkeit seinem Vater gegenüber betreffen.

50 Brief von Voß an Solger vom 22. Mai 1805: »Mir hat Göthe ein Exemplar von Hermann und Dorothea gegeben, mit Papier durchschossen. Ich soll die Hexameter mustern, und alle meine Einfälle unter dem Namen Änderungen und Vorschläge beschreiben. Darauf wollen wir Conferenzen halten, und über die Lesarten debattieren.«; Brief vom 10. Oktober 1804: »Ich habe Herrman und Dorothea in metrischer Hinsicht durcharbeiten müssen, und habe, grade wie ichs bei Deinem Sofocles gemacht, meine Vorschläge und Critiken am Rande seines Manuscripts beigeschrieben. Ich bin nun sehr besorgt gewesen kein sacrilege to beauty zu begehn, sondern dem Metrum aufzuhelfen, und den Ausdruck ungekränkt zu lassen, kurz keine manierirten oder seinem Geiste fremdartigen hineinzubringen.« Laut Schumann, *Heinrich Voß*, 222, ist davon jedoch nichts in spätere Editionen eingegangen.

51 Brief von Voß an Solger vom 22. Mai 1805. Hierzu vgl. Schumann, *Heinrich Voß*, 223.

52 Brief von Voß an Solger vom 8. Oktober 1806.

siedelte nach Heidelberg über. Kaum dort angekommen,[53] wurden die Jenaer und
Weimarer Zeiten zum persönlichen Mythos:

> Ob ich [...] wieder Tage erleben werde, wie im Winter 1802 in unserer Griechischen
> Gesellschaft, wie im Jahre 1804, als ich mit Schillern noch zusammenlebte, und Tage, wie
> sie mir bei Göthe [...] geworden sind, das will ich ruhig abwarten. Wohl mir, daß meine
> Erinnerung so treu ist; fast kein Tag vergeht, besonders Abends in den Dämmerung-
> stunden, wo ich nicht das Bild vergangener Zeiten in mir erwecke [...].[54]

Dabei haben, verbunden mit einem Ort und gebunden an eine Zeit, sowohl die
Jugendfreunde als auch die großen Mentoren Goethe und Schiller einen Platz in Voß'
Erinnerung, zumal schon ab 1808 die Enttäuschung über die Heidelberger Verhältnisse
in seinen Briefen zum Ausdruck kommt.[55] Die mehrschichtige Belegung dieses Pan-
theons lässt sich auch an seiner Übersetzungsarbeit und seinen Rezensionen nach-
vollziehen.

2. Rezensieren – aber praktisch

Im Zuge seiner Ernennung zum Mitarbeiter der *Jenaischen Allgemeinen Literaturzeitung* 1804 intensivierte Heinrich Voß seine Tätigkeit als Rezensent. Er nahm
die ersten Aufträge offensichtlich als Mut- und Qualitätsprobe wahr:

> Göthe hatte mich zum Recensenten im mythologischen und geografischen Fache an-
> geschnallt. [...] Man scheint mir in den schönen Künsten nicht viel anvertraun zu wollen,
> denn neben mir liegt noch ein Päckchen von fünf kleinen Schriften, lauter Schofelpack.[56]

Dennoch war bereits kurze Zeit darauf seine Begeisterung für die neue Aufgabe kaum
zu bändigen:

> Die Literaturzeitung interessirt mich nun besonders, da ich Mitarbeiter bin. Ich ruhe nun
> nicht eher, als bis ich Arbeiten liefern kann, wo man seinen Namen beizusezen sich nicht
> schämt.[57]

Zu diesem Zeitpunkt hatte Solger die Arbeit an seiner Übersetzung des Sophokleischen *König Oidipus* aufgenommen. Als Voß dies erfuhr, reagierte er prompt,
aber ambivalent:

> Ich habe mit großem Vergnügen gehört, daß Du den Oedipus Tyrannus übersezt hast. [...]
> Wenn Du nach den Grundsäzen des Recensenten von Stolbergs Äschylus[58] gearbeitet hast

---

53 Zum Wechsel nach Heidelberg und dessen Gründen, vgl. Baudach (1995), FN 20, sowie Berlit,
    Goethe und Schiller, 23 f.
54 Brief von Voß an Solger vom 30. Juli 1807. Vgl. Berlit, *Goethe und Schiller*, 9, über Heinrich Voß,
    »dessen große Reizbarkeit schon in seinen Kindesjahren die Mutter mit Sorge erfüllt hatte, daß er in
    Augenblicken stark erregter und überspannter Phantasie, besonderes zur Zeit der Dämmerung und
    Dunkelheit, Visionen hatte«. Es folgt die Beschreibung von regelrechten Halluzinationen.
55 Vgl. Schumann, *Heinrich Voß*, 226.
56 Brief von Voß an Solger vom 24. März 1804.
57 Brief von Voß an Abeken und Solger vom 10. April 1804.

– und die liegen ja so nahe – so weiß ich bei Deiner Gewissenhaftigkeit, daß Du die Sache gut gemacht hast. Aber hast Du die deutsche Sprache ganz in Deiner Gewalt?[59]

Hiermit bekannte sich Heinrich Voß explizit zu den Übersetzungsprinzipien A. W. Schlegels. In seinem grundlegenden Aufsatz »Etwas über Wilhelm Shakespeare bey Gelegenheit Wilhelm Meisters« von 1796 war A. W. Schlegel in den letzten Seiten auf die Möglichkeiten der Übersetzung von Versen durch Verse grundlegend eingegangen. Dort unterstrich er einerseits die nötige Treue zum Original (»Hart möchte die Treue des Übersetzers zuweilen seyn«),[60] plädierte jedoch auch für eine nicht allzu steife Regelmäßigkeit in der Anlehnung an dieses.[61] Ein besonderes Augenmerk lenkte er dabei auf die Verteilung der Verse, für die er eine ausgleichende Strategie bevorzugte,[62] sowie auf die Wiedergabe von Kolorit und Rhythmus als zentralen Elementen.[63] Daran schloss auch seine Anfang 1804 erschienene Rezension der Stolberg'schen Übersetzung des Sophokles an. Dort schrieb er, die Entwicklung seit 1796 markierend:

> Bey uns ist es ziemlich allgemein anerkannt, dass man Verse durch Verse übersetzen müsse. [...] Allein die hinzufügende Bestimmung, dass es auch in denselben Versarten geschehe, scheint uns fast noch wichtiger.[64]

Neben der Metrik ging er dabei auf einen anderen Aspekt ein, nämlich die Wiedergabe der Lebendigkeit des Textes:

> Wird die Muttersprache aber in der Behandlung zu einer todten, d. h. setzt die Lesung des übersetzten Werks ein eben so mühsames und ausführliches philologisches Studium voraus, als zur vertrauten Bekanntschaft mit dem Original erfordert wird, so wäre es kürzer, die Leser gleich an dieses zu weisen. Die Aufgabe lautet daher so: die möglichste Strenge in der grammatischen und metrischen Nachbildung soll mit dem höchsten möglichen Grade freyer Lebendigkeit vereinigt werden.[65]

Lange Übersetzungsproben waren als Illustration dieses Übersetzungskonzepts der Rezension beigefügt.

Im Gegensatz zu Heinrich Voß orientierte sich Solger jedoch nicht primär an Schlegel. Die Aischylos-Übersetzungsproben gefielen ihm nur begrenzt:

---

58 Stolbergs Übersetzung war 1802 unter dem Titel *Vier Tragödien des Aeschylos* bei Perthes in Hamburg erschienen. Die Rezension A. W. Schlegels wurde in der *Jenaischen Allgemeinen Literaturzeitung* zwischen dem 25. und dem 28. Februar 1804 veröffentlicht.

59 Brief von Voß an Solger vom 24. März 1804.

60 A. W. Schlegel, *Etwas über Shakespeare*, S. 110.

61 Ebd., S. 111.

62 Vgl. ebd., S. 110: »Nicht immer wird er [sc. der Übersetzer] Vers um Vers geben können, aber doch meistentheils, und den Raum, den er an einer Stelle einbüßt, muß er an einer anderen wieder zu gewinnen suchen.«

63 Ebd., S. 110: »Der wiederkehrende Rhythmus ist der Pulsschlags ihres [sc. der Poesie des Styls] Lebens«; S. 111: »In den gereimten Versen wird man sich mit einer weniger wörtlichen Treue begnügen müssen: ihr eigenthümliches Kolorit ist die Hauptsache«.

64 A. W. Schlegel, *[Rezension]*, S. 377.

65 A. W. Schlegel, *[Rezension]*, S. 379.

So ist, wenn ich nicht irre, in der Uebersetzung aus dem Aeschylus in der Literaturzeitung zuweilen der Gedanke im Metrum versteinert.[66]

An dieser Stelle gingen Solger und Heinrich Voß auseinander. Erst 1805 kam bei Heinrich Voß erste deutliche Kritik an A. W. Schlegels Übersetzungsarbeit zum Ausdruck:

> Schlegeln lasse ich in dem was er in späteren Jahren für die deutsche Sprache gethan hat, nicht passiren. Noch vor 4 Jahren hätte er sich nicht erlaubt: *ich ausrufe, ich hinwandle* – [67]

Heinrichs erste Lektüreeindrücke von Solgers Sophokles-Übersetzung 1804 erhellen, dass Solger in seinen Augen zu »vossisch« vorging, indem er eine allzu exakte Wiedergabe von Metrum und Betonung des Originaltextes in der deutschen Übersetzung anstrebte – und realisierte. Im Herbst 1805 schrieb Voß von »Sclavenfesseln«, die Solger sich »ohne Noth angelegt«[68] habe.

> [So] tadle ich, daß Du in den einzelnen Versen mit großer Pünctlichkeit die Abschnitte grade so verlegst wie Sofokles, daß Du grade da Spondeen, Dactyle, Anapäste pp hast, wo er sie hat. Ich will nicht in Abrede sein, daß in vielen Fällen grade dieser bestimmte Ab- oder Einschnitt […] von großer Bedeutung […] ist. […] Aber Du thust es *überall*, und in den wenigen Fällen, wo es nicht geschehn ist, glaube ich, siehst *Du* dies nur als eine Unvollkommenheit, die noch in Zukunft soll gehoben werden.[69]

Aus Voß' darauffolgendem Brief lässt sich entnehmen, dass Solger sich gegen diese Anschuldigung energisch wehrte:

> […] doch, wolltest Du Dir zum Gesez machen, wie ich *anfangs* wirklich glaubte, daß jeder einzelne Vers die selben Abschnitte, ja die selben Wortfüße genau abgezählt wiedergeben sollte, so konnte ich das eben so wenig billigen, als Du, der Du dieses nie beabsichtigt hast; jezt bin ich durch Deinen Aufschluß überzeugt, daß diese Erscheinung nur das Resultat der großen Treue im Allgemeinen ist, und vielleicht mehr und minder bei der zweiten Umarbeitung, zumal wo es dem Ausdrucke schadet verschwinden wird.[70]

In den Folgebriefen ging Heinrich Voß monoton auf die notwendige Nacharbeit ein. Bereits in einer frühen Kenntnisnahme von Solgers Projekt hatte er allerdings angekündigt, er wolle das Werk rezensieren. Zu diesem Zeitpunkt schien er sich der Schwierigkeit bewusst, die dies mit sich bringen würde:

> Nun muß ich Dir, liebster Solger auf einen Theil Deines Briefes antworten. Du willst den Oedipus Tyrannos drucken lassen? Ich sage Amen dazu und freue mich dessen. Traust Du mir hier ein Urtheil zu, so übernehme ich selbst die Recension nach bester Einsicht. Daß ich nicht als *Freund* loben werde, noch gewissenlos aburtheile, *wo mir Einsicht mangelt*, versteht sich von selbst. […] Auf jeden Fall schicke ich Dir die Recension erst hinüber. Bist Du zufrieden, gut so wird sie gedruckt. Bist Du unzufrieden, und es betrift wesentliche Dinge, über die ich mein Urtheil nicht ändern kann und Du doch nicht so beurtheilt sein

66 Brief von Solger an Voß vom 5. Mai 1804.
67 Brief von Voß an Solger vom 22. Mai 1805.
68 Ebd.
69 Ebd.
70 Brief von Voß an Solger vom 30. Oktober 1805.

mögtest, nun dann bleibt sie ungedruckt, und wir Freunde, und ein Anderer übernehme das Geschäft. Schreib mir, ob Du einwilligst.[71]

Sicherlich stellte er auch Solgers *König Oidipus* als die gelungenste Übersetzung unter den vieren vor, die er für die *Jenaische Allgemeine Literaturzeitung* in einer »Quadrupelrezension« im Herbst 1804 präsentierte. Den Inhalt der Rezension fasste er seinem Freund schon vor deren Erscheinen in einem Brief zusammen (anstatt, wie versprochen, die eigentliche Rezension zuzuschicken): Fähse und Hölderlin seien ihm »wahre Lumpenhunde«[72], bei Ast habe er »die Nachlässigkeiten seiner Sprache, die eckelhaften Contractionen [...], die Gemeinheit des Ausdrucks, die wunderlichen Wortcompositionen, und seine metrischen Grundsäze«[73] harsch kritisiert, schließlich fügte er noch hinzu, die Rezension habe ihm »30 Thaler« eingebracht, von denen er sich einen schönen Oberrock kaufen wolle.[74]

Dass Solger an Voß' Ton sowie an der grundsätzlichen Härte seiner Kritik Anstoß nahm, ist naheliegend, auch wenn wir über keine unmittelbaren Textbelege hierzu verfügen.[75] Dies wird sicherlich zu einer gewissen Abkühlung in der Beziehung der beiden Freunde geführt haben, denn Voß war im Herbst 1804 der festen Überzeugung, die Übersetzung seines Freundes mit der gebührenden Gerechtigkeit öffentlich behandelt zu haben. Im Oktober hatte er ihm geschrieben: »Ich habe Dich [...] mit Maß gelobt [...]. Du wirst gewiß zufrieden sein.«[76] Erst kurz vor der Übersiedlung nach Heidelberg 1806 begann er, auf seine Rezension kritisch zurückzublicken:

> Ich habe Dich vor zwei Jahren sehr schlecht abgespeist; auf den Geist Deiner Übersezung wenig Rücksicht genommen, und mich nur an Körperliche Gebrechen gehalten.[77]

Mit den »körperlichen Gebrechen« meinte Voß auf der einen Seite die bereits erwähnte allzu große metrische Treue.[78] Auf der anderen Seite warf er seinem Freund Gräzismen vor.[79] Dabei berief er sich auf Schillers Urteil.[80] Im Mittelpunkt seiner

---

71 Brief von Voß an Abeken und Solger vom 10. April 1804.

72 Brief von Voß an Solger vom 10. Oktober 1804.

73 Ebd.

74 Ebd.

75 Eine Stelle aus dem Brief von Voß an Solger vom 7. November 1807 geht in diese Richtung: »Aber ich sehe, Du hast auch an mir einiges auszusezen«.

76 Brief von Voß an Solger vom 10. Oktober 1804.

77 Brief von Voß an Solger vom 8. Oktober 1806.

78 1807 nahm er wieder Stellung dazu: »Ich fodre nicht von Dir, daß Du über die Regel [*sc.* der genauen Wiedergabe der Längen und Kürzen] Dich widersezest, sondern daß Du nicht an Zufälligkeiten haftest« (Brief von Voß an Solger vom 7. November 1807).

79 Vgl. Brief von Voß an Solger vom 10. Oktober 1804: »Du bist mir zu kühn in der Wortstellung; Du hast mitunter Gräcismen; und Leute, die kein Griechisch verstehn, verstehn die Übersezung an vielen Stellen gar nicht. So ist es Schiller gegangen.« Er unterstreicht aber auch die von Solger eingebrachten Verbesserungen, s. Brief von Voß an Solger vom 30. Oktober 1805: »Du hast die eigentlichen Gräcismen nur einstweilen hingesezt, um sie bei der zweiten Umarbeitung mit deutscheren aber edelen Redensarten zu vertauschen.«

80 Brief von Voß an Solger vom 22. Mai 1805: »Ich habe dem seligen Schiller einiges aus Deinem Oedipus Colonos mitgetheilt«.

Argumentation stand die Unterscheidung zwischen Besonderheiten der griechischen Sprache und Sophokleischen Eigenarten:

> Aber hier prüfe Du Dich doch selber, ob Du nicht manchmal, *Sofokleïschen Styl*, und *Eigenthümlichkeiten der Griechischen Sprache überhaupt*, mit einander verwechselt hast.[81]

Voß hätte sich bei der Beurteilung der Arbeit des Freundes zwar befangen fühlen können, doch war Solgers *König Oidipus* anonym erschienen, und vor dem Vorwurf der Befangenheit schien sich Voß ohnehin nicht zu fürchten, zumal er noch 1807 mehreren Freunden mitteilte, er habe die Horaz-Übersetzung seines Vaters rezensiert – und dies zu einem Zeitpunkt, wo beide unter einem Dach wohnten.[82] Was als Blindheit für gute wissenschaftliche Praxis erscheinen mag, lässt sich z. T. aus Heinrich Voß' Verständnis der Rezensionsarbeit erklären. Sowohl seine Rezensierpraxis als auch viele Bekenntnisse in den Briefen an die Philologenfreunde zeigen, wie sehr er das Rezensieren nicht nur als Teil eines Rezeptionsprozesses, sondern vor allem auch als Etappe auf dem Weg zur eigenen Produktion begriff. Erst daraus erhellt der Sinn seines wiederholten Bekenntnisses zum »praktischen« Rezensieren, das er als Vorstufe zu weiteren Übersetzungen verstand. Dem Brief an Solger von Februar 1804 lässt sich sein Verständnis dieses kritischen Verfahrens entnehmen:

> Ich will nicht bloß zu critisiren suchen, und im allgemeinen reden, sondern in den speciellen Fällen zu bessern mich bemühn. [...] So wollen wir uns in Zukunft in unsern Arbeiten unterstüzen, und auch in unsern Werken, wie in unsern Gesinnungen uns verbrüdern, Du guter Solger – [83]

Hiermit nahm er eine Vorstellung wieder auf, die auch A. W. Schlegel in der Stolberg-Rezension vertreten hatte.[84]

Indem Voß die ihm von Solger zugesandten Manuskripte der Übersetzung des gesamten Sophokles Vers für Vers Korrektur las, versuchte er, seine vordem so vorschnell verfasste Rezension des *König Oidipus* wiedergutzumachen. Für einen Teil des *Philoktetes* ist eine Liste der Verbesserungen erhalten, die er Solger unterbreitete.[85] Meist verbesserte er Einzelheiten, die entweder mit einer Ungenauigkeit in der Wortwahl, mit fehlender Präzision in der Syntax oder einem Fehler in Tempus oder Modus zusammenhängen. An einzelnen Stellen zog er eine andere Lesart vor oder stellte die

---

81 Brief von Voß an Solger vom 22. Mai 1805.

82 Vgl. Schumann, *Heinrich Voß*, 228, insbesondere zur Reaktion der Mutter darauf. Vgl. auch schon im Brief vom 10. April 1804: »Göthe hat mir die Freude gemacht, daß er seine Recension mit der meinigen über meines Vaters Mythologische Briefe in Verbindung gebracht hat. Solltet Ihr in dieser Recension manchen Ausdruck finden, den mit Bescheidenheit ein Sohn über seinen Vater nicht sagen darf, so denkt daran, daß ich ihn entweder in Göthens oder Eichstädts Namen gemacht, oder daß ihn Göthe hineingesetzt (es sind gewöhnlich nur epitheta), und daß ich für die Schlußworte einen leeren Raum gelassen habe, und noch jezt nicht einmal weiß, was Eichstädt hier hinzusezen gesonnen ist.«

83 Brief von Voß an Solger vom 24. Februar 1804 (eigtl. 1805). S. auch den Brief von Voß an Solger vom 30. Oktober 1805: »In der Beilage zu diesem Briefe wirst Du zwei andre Lieder finden, die ich Dich scharf zu recensiren, und wo möglich practisch zu recensiren bitte.«

84 A. W. Schlegel, *[Rezension]*, 381.

85 Brief von Voß an Solger vom 7. November 1807.

von Solger gewählte in Frage. Nur wenige dieser Korrekturen übernahm Solger in die Endfassung seiner Übersetzung.[86]

1808 war es nicht der inzwischen in Heidelberg angesiedelte Heinrich Voß, sondern Abeken, damals Hauslehrer der Schiller'schen Kinder, der Goethe Solgers *Sophokles* im Namen des Übersetzers überbrachte. Und auch die Rezension der Übersetzung gelang Heinrich Voß nicht mehr. 1810 berichtete er über seine fruchtlosen Versuche:

> Ich habe die Recension Deines Sophokles übernommen, weiß aber [...] den rechten Ton nicht treffen. Schon zweimal habe ich angesetzt. Lob aus Freundesmunde scheint verdächtig, Tadel vom Freunde thut weh, besonders wenn der Freund auf Unkosten seines Freundes seine Unparteilichkeit zeigen will. Und wie soll ich recensiren, aus Deinem oder aus meinem Standpuncte? Denn ganz identisch sind beide nicht [...].[87]

An dieser Stelle klingt die schmerzhafte Erinnerung an die Rezension von 1804 mit an, wohl zusammen mit der Erkenntnis, dass sich seitdem intellektuelle Klüfte zwischen beiden Freunden aufgetan hatten, die selbst ein Freundschaftsdienst nicht mehr überbrücken konnte. Voß' Entwicklung in diesen Jahren hängt nicht zuletzt damit zusammen, dass neben den antiken Autoren Shakespeare einen immer größeren Raum in seinem Übersetzungshorizont eingenommen hatte.

3. »Man kann nicht zweien Herren zugleich dienen«[88]

Schon in Heinrich Voß' früher Kindheit sieht Berlit die griechische Literatur und Shakespeare miteinander verbunden – in engem Zusammenhang mit zwei Vaterfiguren:

> Wie der rege Geist des Sechsjährigen leicht die Anfangsgründe des Lateinischen und Griechischen erfaßte, so eignete er sich später auch die englische Sprache rasch an, in deren Studium ihn der väterliche Freund Friedrich Leopold von Stolberg einführte. Diesem war der Knabe mit einer schwärmerischen Liebe ergeben und er blieb ihm auch treu, als der Vater in bitterer Fehde den angefallenen Freund öffentlich bekämpfte. Auch die deutschen Dichter gewann er früh lieb und dichtete selbst. Mit besonderer Liebe umfaßte er Homer, und in seinem fünfzehnten Jahre lernte er durch Stolberg schon Shakespeare kennen.[89]

Doch es dauerte noch einige Jahre, bis Shakespeare einen zentralen Platz einnahm. Wie bereits erwähnt, war der erste Anlass von Heinrich Voß' systematischer Beschäftigung mit Shakespeare die Übersetzung des *Othello* für das Weimarer Theater.[90] Diese fungierte als Grundlage für die unter Schillers Anleitung entstandene Bühnenfassung.

---

86   Vgl. Baillot (2007), 138 f.

87   Brief von Voß an Solger von Ende Juni 1810. S. auch an anderer Stelle in dem Brief: »daß Du, armer Solger, unter solchen Umständen, vielleicht gar nicht recensirt wirst, schmerzt mich [...].«

88   Brief von Voß an Solger vom 30. Oktober 1805.

89   Berlit, *Goethe und Schiller*, 6.

90   Vgl. Brief von Voß an Solger vom 24. Februar 1804 (eigtl. 1805). Am 22. Mai 1805 schrieb er: »mein Manuscript vom Othello, wo Er dies und jenes hineincorrigirt hat, will ich als wahre Reliquien von ihm bewahren.«

Die kurz nach dessen Tod stattfindende Aufführung wurde für Heinrich Voß jedoch
mehr Grund zur Trauer als zur Freude:

> Sonnabend über 8 Tage wird der Othello gegeben. Ich habe mich ehemals darauf gefreut,
> wie ein Kind zum Heiligen Christ, aber jezt ist es mir sehr gleichgültig, oder vielmehr trau-
> rig, denn ich soll ihn ohne *Schiller* sehn.[91]

Diese erste Beschäftigung mit *Othello* führte Heinrich Voß näher an das Werk des englischen Dichters heran. Schon im nächsten Brief an Solger, vom Oktober 1805, zeigt
sich die enge Verbindung zwischen den griechischen Tragikern und Shakespeare, die
sich in seinen Arbeitsalltag eingebürgert hatte:

> Seit meinem lezten Briefe habe ich den Lear übersezt, den Sofokles und Äschylus durch-
> studiert [...]. Den Lear habe ich etwa in 3 ½ Wochen entworfen, [...] vom Morgen bis zum
> Abend dabei gesessen, so daß ich mich ein paarmal Abends nur dunkel erinnerte, zu Mittag
> gegessen zu haben. Jezt ist er umgearbeitet und ins Reine geschrieben, und ich darf mit
> Vertraun sagen, daß ich Schlegeln nicht scheue.[92]

Der hiermit bereits angedeutete obsessive Charakter seiner Beschäftigung mit Shakespeare hielt in der Folgezeit an, und begann, auf die Arbeit an den Tragikern abzu-
färben. Über seine Korrekturen zu Solgers *Oidipus in Kolonos* und *Antigone* schrieb
Voß in diesem Sinne:

> Beurtheile mich und meine Grundsäze nicht falsch, sondern bedenke, daß diese Durch-
> sicht zwischen meine Othello- und Lear-Übersezung gefallen ist: weil ich grade damals
> mich in die Grundsäze einer Shakspearübersezung vertieft hatte, so sind diese unwill-
> kührlich in die Sofoklescritik eingedrungen. Man kann nicht zweien Herren zugleich
> dienen, und wer einen Modernen übersezt, der überseze ja nicht zu gleicher Zeit einen
> Griechen.[93]

Zusammen mit seiner Arbeit an einer Bühnenfassung des *Lear* und des *King John* für
das Weimarer Theater unter Goethes Leitung, berichtete Heinrich Voß von seiner
Absicht, sich dem *Agamemnon* zuzuwenden.[94] Ein Jahr später kündigte er dann an, den
»Humboldischen Agamemnon«[95] rezensieren zu wollen. Diese Rezension wollte
Heinrich Voß als Vorarbeit für eine eigene Übersetzung nutzen.[96]

1807 an Solger gesandte Sophokles-Korrekturen standen wieder explizit unter dem
Einfluss der Shakespeare-Übersetzung.[97] 1810 gab Heinrich Voß an, er sei »beinah
fertig mit dem Äschylos«, wolle aber »noch wohl zwei Jahre« daran feilen, und »in

---

91 Brief von Voß an Solger vom 22. Mai 1805.
92 Brief von Voß an Solger vom 30. Oktober 1805.
93 Brief von Voß an Solger vom 30. Oktober 1805.
94 Vgl. Brief von Voß an Solger vom 30. Oktober bzw. 9. November 1805.
95 Brief von Voß an Solger vom 8. Oktober 1806.
96 Auch seine Krankheit hinderte ihn daran, mit seiner eigenen Übersetzung weiterzukommen: »Von
    meinem Äschylus habe ich ungefähr 1000 Senare fertig, aber meine Lippe hat mich abgehalten, und
    ehe ich gesund werde, gehe ich nicht wieder daran.« (Brief von Voß an Solger vom 8. Oktober 1806).
97 Vgl. Brief von Voß an Solger vom 30. Juli 1807: »[D]en Oedipus Colonos habe ich einen großen
    Theil nach durchgesehen, und viele Veränderungen beigeschrieben. [...] Aber manches taugt nichts,
    denn vieles ist nach dem Maßstabe gemessen, den ich damals für meine Shakespeareübersetzung
    gebrauchte.«

[dieser Übersetzung] fortlebe[n]«[98]. Schon ein paar Monate später kündigte er das Erscheinen der Übersetzung in der Zeitschrift *Pantheon* an – »um zu wetteifern mit dem Humboldtschen, der nun auch nicht lange mehr außenbleibt«[99]. Sowohl von Humboldt als auch von Voß, der seine Aischylos-Übersetzung doch nicht zum Abschluss brachte, verlangte Aischylos einen langen Atem.

Im Gegensatz zu dieser nie enden wollenden Beschäftigung mit Aischylos (und dies, obwohl sie in einen Diskurs des Abschlusses eingebettet war), wurde die Arbeit am Shakespeare beinahe als christliche Wiedergeburt inszeniert und zelebriert:

> Als ich nach einem schweren Lager von 3 Wochen endlich [...] mich des Lebens zu freuen anfing, machte ich mich daran die während meiner Krankheit entworfene Macbethübersezung auszufeilen, [...] Ich war mit meinem Bruder auf einer Reise [...], und wir trieben fast nichts andres als Shakespeare.[100]

Impulsiv ging Heinrich Voß an das Werk des englischen Dramatikers heran: »Daß ich überhaupt am Shakespeare überseze wirst Du nicht tadeln. Ich thu' es, weil ichs nicht lassen kann, weil es mich von innen dazu treibt«[101]. Leicht ließ sich diese Leidenschaft jedoch nicht befriedigen. Wiederholt bat Heinrich Voß um Mithilfe bei seinen Freunden, wenn ihm die Übersetzung bestimmter Passagen Schwierigkeiten bereitete:

> Aber, liebster Abeken, schicke mir doch eine Übersezung von allen Liedern im Lear, so gut Du sie machen kannst, und das recht bald, auch eine Übersezung von den Monologen dieses Stückes, und sonst einiger hervorstechenden Stellen. Ich will den Lear übersezen, und hätte gerne diese Hülfe von Dir – und wo möglich auch von Solger –[102]

Noch fünf Jahre später setzte er auf Ideen Solgers:

> Ist es Dir zum Beispiel möglich für das bubble bubble toil and trouble pp etwas Bürger übertreffendes zu finden? [...] Ich muß – nach aller vergeblich angewandten Anstrengung – dies Distichon für unübersezlich halten.[103]

Die Aporie ist keine theoretische, sondern eine pragmatische, anhaltende.[104] Als er im Juli 1816 – nach einer vierjährigen Unterbrechung des Briefaustauschs – auf Solgers

---

98 Brief von Voß an Solger von Ende Juni 1810.
99 Brief von Voß an Solger von August 1810.
100 Brief von Voß an Solger von Ende Juni 1810, der auch so weitergeht: »[...] Der Shakespear ist mir wie Äschylos an die Seele gewachsen [...]. Der nächste Band, der schon fertig da liegt, wird Wintermährchen und Coriolan bringen.«
101 Brief von Voß an Solger vom 8. Juni 1812.
102 Brief von Voß an Solger vom 22. Mai 1805. Abeken, *Goethe in meinem Leben*, 67, unterstreicht, dass er über Solger zu Shakespeare gekommen sei.
103 Brief von Voß an Solger von Ende Juni 1810.
104 Im Gegensatz etwa zur zugegebenen lokalen Inkompetenz bzgl. der Sophokleischen Chöre, bei denen er Solger um Hilfe bittet – und zwar in einer nur halb versteckten Bitte um »Selbstrezension«; vgl. Brief vom 10. April 1804 an Abeken und Solger: »Daß ich nicht als *Freund* loben werde, noch gewissenlos aburtheile, *wo mir Einsicht mangelt*, versteht sich von selbst. Dies leztere könnte bei dem Chor der Fall sein, und da mögte ich Dich um eine vollständige Erklärung darüber, nemlich über die Constitution des Sylbenmaße, über die Ansicht des Ganzen in der Nachbildung und so weiter bitten, versteht sich, nicht um Dich zu einer Selbstrecension zu verleiten, sondern nur um Dich hier nicht mißzuverstehn.«

Ankündigung seiner Rheinreise antwortete, war seine Antwort immer noch von den gleichen Hilferufen begleitet, die sich dieses Mal an Solgers Freund Krause richteten, der ebenfalls Shakespeare übersetzte:

> [S]o bitte ich ihn um eins: er theile mir mit, was er für Gedanken und Einfälle bei den Wortspielen des sogenannten dritten Actes [*sc.* von *Love's Labour's Lost*] (bei mir die lezte Scene des zweiten) gehabt. Es ist wahrhaftig eine Aufgabe, die envoy-Geschichten, [...] so recht an der lebendigen Wurzel zu ergreifen: Ich könnte die ganze Passage auslassen, und kein Hund würde darnach krähen [...].[105]

In diesem Zusammenhang erwähnte Heinrich Voß den Einfluss seines Vaters kaum, den er im Frühjahr 1816 überredet hatte, sich der Shakespeare-Übersetzung anzuschließen.[106] Vielmehr war er bemüht, sich an andere Shakespeare-Übersetzer anzureihen, die er teilweise sogar plünderte, wie etwa den späteren Tieck-Mitarbeiter Baudissin.[107] Auch gegenüber A. W. Schlegel definierte er sein übersetzerisches Projekt:

> Du scheinst zu tadeln, daß meine Übersezung an einigen Stellen ganz oder doch fast mit seiner zusammentrifft und doch ihr gegenübersteht. [...] Wenn das Nebenbuhlerei ist, so ist sie was schönes, da sie offenbar zur Veherlichung Shakespeare's beiträgt. – Mit welcher Liebe, mit welchem Eifer habe ich bei jeder Gelegenheit nicht bloß Schlegel, sondern auch Krause und Keßler zum Fortübersezen aufgemuntert, ja es dem ersten zur Pflicht gemacht![108]

So inszenierte er sich – beinahe kappellmeisterartig – als Mittelpunkt einer Gilde der Shakespeare-Übersetzer. Mit diesem Feigenblatt wollte er wohl die Tatsache verschleiern, dass die adäquate Übersetzung so zentraler Aspekte der Shakespeare-Stücke wie der Wortspiele und Textrhythmen ihn an die Grenzen seiner Übersetzungskompetenz führten.

Mit der Arbeit an der Übersetzung Shakespeares bewies Heinrich Voß seine intellektuelle Eigenständigkeit gegenüber seinem primär der Klassik zugewandten Vater. Das sorgfältige Studium der Prinzipien seines Vaters und August Wilhelm Schlegels zur Übersetzung von (meist versifizierten) Dramen, dem er sich unterzog und das er im Laufe der Jahre auch reflektierte, erlaubte es ihm jedoch nicht, eine relevante, rezeptionshistorisch anerkannte übersetzerische Leistung zu vollbringen. Aus übersetzungshistorischer Sicht bildet er ein eher schwaches Glied in der Kette sowohl der Shakespeare- als auch der Aischylosübersetzer.

Dennoch spielt er für das Verständnis der Entwicklung der großen Übersetzungstheorien und ihrer Anwendung im frühen 19. Jahrhundert eine zentrale Rolle. Die Analyse seiner Vernetzung mit diversen Übersetzern, mit der Weimarer wie mit der Berliner Intelligenz, veranschaulicht die Kommunikationswege, über welche Ideen,

---

105 Brief von Voß an Solger vom 25. Juli 1816.

106 Vgl. Drewing (1999), 115.

107 Vgl. Brief vom 30. Oktober 1805: »Einige Lieder hat mir Abeken aus der Übersezung des jungen Grafen Baudißin zugeschickt, die wirklich sehr schön waren, und nur einer kleinen Nachhülfe bedurften.«

108 Brief von Voß an Solger vom 8. Juni 1812.

Entwürfe, Neuausgaben in einen intellektuellen bzw. intertextuellen Dialog traten. So geht aus dem Briefwechsel zwischen Voß und Solger klar hervor, dass die historische Verortung einer Übersetzung das Heranziehen einer Reihe von Rezensionen voraussetzt, ohne die der ideengeschichtliche Zusammenhang, in dem die Übersetzung zu lesen ist, sich nicht vollständig erschließt.

Heinrich Voß war zu seiner Zeit nicht der einzige, der sich an die Übersetzung antiker und moderner Autoren zeitgleich machte.[109] Diejenigen, denen die Verbindung beider Übersetzungswelten gelungen ist, waren in der Regel Autoren mit außergewöhnlichen Schaffenskräften, die produktiv damit umgehen konnten, solche wie es etwa Goethe oder Schiller gewesen sind.[110] Am Beispiel Voß' lässt sich demgegenüber das Ringen mit solchen Kräften beobachten, wie sie ihn als einen nicht unbegabten Übersetzer dennoch an die Grenzen seiner Möglichkeiten führen und sogar bei der Konkurrenz um Hilfe rufen lassen.

Literaturverzeichnis

Quellen
Abeken, Bernhard Rudolf, *Ein Stück aus Goethe's Leben*, Berlin 1845.
Abeken, Bernhard Rudolf, *Goethe in meinem Leben. Erinnerungen und Betrachtungen*, hg. von Adolf Heuermann, Weimar 1904.
Berlit, Georg (Hg.), *Goethe und Schiller in persönlichem Verkehre. Nach brieflichen Mitteilungen von Heinrich Voß*, Stuttgart 1895.
Gräf, Hans Gerhard, *Goethe und Schiller in Briefen von Heinrich Voß dem jüngeren*, Leipzig 1896.
Matenko, Percy, *Tieck and Solger. The complete correspondence*, New York/Berlin 1933.
Schlegel, August Wilhelm, »Etwas über William Shakespeare bey Gelegenheit Wilhelm Meisters«, in: *Die Horen. Eine Monatsschrift* hg. von [Friedrich] Schiller, Bd. 6 (1796), 4. Stück, Tübingen 1796, 57–112.
Schlegel, August Wilhelm, [Rezension] »Griechische Literatur«, in: *Jenaische Allgemeine Literatur-Zeitung*, 25.–28.2.1804 (Nr. 48–50), Sp. 377–395.
Schumann, Detlev W., »Heinrich Voß – Zwischen Aufklärung und Romantik. Mit unveröffentlichten Briefen«, in: *Jahrbuch des Wiener Goethe-Vereins* 84/85 (1980/81), 215–273.

---

109 Dieses Spannungsfeld wird in Bezug auf seinen Vater im Aufsatz von Leif Ludwig Albertsen (1999) thematisiert. In seine Analyse führt er mit folgender Diagnose ein: »Die Übersetzungen, die Johann Heinrich Voß von Homer und anderen Poeten aus der Antike ins Deutsche veranstaltete, blieben berühmt. Seine entsprechenden Übersetzungen aus Shakespeare blieben eher berüchtigt. Für die Forschung ist das ein beunruhigendes Moment.« (Albertsen [1999], 335).

110 Vgl. ebd., 345: »Es ist natürlich äußerst schwierig, die edle Einfalt in den Blankvers zu bringen. Lessing vermochte es nicht, Schlegel wich, wie wir sahen, in Alexandriner aus, Goethe glückte es in Sternstunden.«

[Solger, Karl Wilhelm Ferdinand], *König Oidipus. Eine Tragödie des Sophokles in den Versmassen des Originals aus dem Griechischen übersetzt*, Berlin/Leipzig [1804].

Solger, Karl Wilhelm Ferdinand, *Des Sophokles Tragödien*, Berlin 1808 (1824², 1837³).

Solger, Karl Wilhelm Ferdinand, *Nachgelassene Schriften und Briefwechsel*, hg. von Ludwig Tieck und Ferdinand von Raumer, 2 Bde., Leipzig 1826.

Solger, Karoline (Hg.), »Briefe von Heinrich Voß an Karl Solger«, in: *Archiv für Literaturgeschichte*, Bd. 11, Leipzig 1882.

Voß, Abraham (Hg.), *Briefwechsel zwischen Heinrich Voß und Jean Paul*, Heidelberg 1833.

Voß, Abraham (Hg.), *Briefe von Johann Heinrich Voß. Nebst erläuternden Beilagen*, 3 Bde., Heidelberg 1833–1838.

Voß, Heinrich, *Äschylos. Zum Theil vollendet von Johann Heinrich Voß*, Heidelberg 1829 (1839²).

Wolf, Friedrich August, *Aristophanes' Wolken. Eine Komödie Griechisch und Deutsch*, Berlin 1811.

Sekundärliteratur

Albertsen, Leif Ludwig, »Der Stilwille in Vossens Shakespeare-Übersetzung«, in: *Johann Heinrich Voss. Kulturräume in Dichtung und Wirkung*, hg. von Andrea Rudolph, Dettelbach 1999, 335–349.

Baillot, Anne, *Genèse et réception de la pensée esthétique de K. W. F. Solger*, Paris 2002 (zugänglich unter http://tel.archives-ouvertes.fr/tel-00783069).

Baillot, Anne, »Dekanat, Rektorat, Promotionen. Die Gründerjahre der Philosophischen Fakultät am Beispiel von Karl Wilhelm Ferdinand Solger (1780–1819)«, in: *Publikationen zur Zeitschrift für Germanistik*, Bd. 23 (200 Jahre Berliner Universität, 200 Jahre Berliner Germanistik, Bd. III), Bern 2011, 43–63.

Baillot, Anne, »›Wenn der Geist der Sophokles so in einer blauen Flamme emporsteigt‹. Deutsche Übersetzungen der alten Tragiker am Beispiel von Solgers Sophokles«, in: Vanessa de Senarclens (Hg.), *Das Tragische im Jahrhundert der Aufklärung / Le tragique au siècle des Lumières*, Hannover 2007, 127–154.

Baudach, Frank, »Von der Freiheit eines Unmündigen. Ein ungedruckter Brief von Heinrich Voß«, in: *Vossische Nachrichten* (2), Eutin 1995, 5–18.

Drewing, Lesley, *Die Shakespeare-Übersetzung von Johann Heinrich Voß und seinen Söhnen*, Eutin 1999.

Fricke, Hermann, *K. W. F. Solger: ein brandenburgisch-berlinisches Gelehrtenleben an der Wende vom 18. zum 19. Jahrhundert*, Berlin 1972.

Henckmann, Wolfhart, »Die geistige Gestalt K. W. F. Solgers«, in: *Philosophisches Jahrbuch*, München 1974, 172–186.

Henckmann, Wolfhart, »Solgers Schellingstudium in Jena 1801/02. Fünf unveröffentlichte Briefe«, in: *Hegel-Studien* 13/1978, Bonn 1978, 53–74.

Wruck, Peter, »Freitag«, in: *Handbuch literarisch-kultureller Vereine, Gruppen und Bünde 1825–1933*, hg. von Wulf Wülfing, Karin Bruns und Rolf Parr, Stuttgart/Weimar 1998 (= *Repertorien zur Deutschen Literaturgeschichte*, hg. von Paul Raabe, 18), 111–112.

Der deutsche und der fremde Shakespeare.
Die Voß'sche Shakespeare-Übersetzung im Kontext ihrer Zeit

CHRISTINE ROGER

In einer Rezension zu »Einigen der neuesten Uebersetzungen des W. Shakspeare«, die im März 1832 in den *Ergänzungsblättern* zur *Allgemeinen Literatur-Zeitung* erschien, heißt es über die Shakespeare-Übersetzungen von August Wilhelm Schlegel und Johann Heinrich Voß:

> Und sollte wohl deswegen Jemand die ebengenannten Meister [*sc.* Schlegel und Voß] nicht
> für Künstler gelten lassen wollen, weil es neben ihnen auch Farbenkleckser und Tapetenmaler und zwar, der Natur der Sache nach, in verhältnißmäßig größerer Anzahl giebt? Oder
> sollte man darum auf die angestrengten und glücklichen Bemühungen geistreicher Männer,
> ausgezeichnete Hervorbringungen der Redekünstler des Auslandes zu verdeutschen, vornehm herabsehen, sollte man deswegen aufhören, ihre Leistungen als wahrhafte Bereicherungen unserer Literatur und Sprache, die beide durch gute Uebersetzungen so
> bedeutend gewannen, zu betrachten, weil dasselbe Geschäft leider auch fabrikmäßig betrieben wird [...]?[1]

Diese Stellungnahme ist in zweierlei Hinsicht bemerkenswert: Sie ist eine der wenigen Rezensionen, die den beiden miteinander konkurrierenden Übertragungen gleichermaßen Beifall zollt, und sie verdeutlicht, dass beide Vorhaben sich von Anfang an gegenüber einer wahren »Sündflut«[2] von vielgestaltigen Unternehmen behaupten mussten, die zum Teil Produkte wahrer »Übersetzungsfabriken«[3] im Dienste der Verlagshäuser waren.

1. J. H. Voß und seine Söhne im Wettlauf um den ersten »ganzen« deutschen Shakespeare

Im Wettlauf der Shakespeare-Übersetzer und Verleger für den Entwurf des ersten »ganzen« deutschen Shakespeare, gebürt Johann Heinrich Voß und seinen Söhnen Heinrich und Abraham die Anerkennung, zwischen 1818 und 1829 die erste vollstän-

---

1 »Übersetzungskunst. Einige der neuesten Uebersetzungen des W. Shakspeare«, in: *Ergänzungsblätter*
   26 zur *Allgemeinen Literatur-Zeitung*, März 1832, 203.
2 A. W. Schlegel an G. A. Reimer: »[die] jetzige Sündflut von Sh.-Uebersetzungen«, in: A. W. Schlegel,
   Sämmtliche Werke, Bd. 7, 283.
3 Siehe dazu Bachleitner (1989), 1–42.

dige Versübersetzung der Shakespeare-Stücke herausgebracht zu haben. Das Voß'sche Unternehmen dokumentiert damit eine bedeutende Wende in der Beschäftigung mit dem Werk Shakespeares in Deutschland im ersten Drittel des 19. Jahrhunderts: Es ging nun um das Postulat eines ganzen »Deutschen Shakespeare« im Metrum des Originals und nicht mehr nur um die Verbreitung von Prosa-Übersetzungen, Teilausgaben und Blütenlesen,[4] um die Einverleibung des Briten in einen national-universellen Kanon und nicht zuletzt um das intensive Bemühen, dank der Übersetzung von Werken der Weltliteratur (Shakespeare, Calderon, Homer, Vergil, Ariost, Tasso), an der ›Repoetisierung‹ (A. W. Schegel)[5] der deutschen Sprache mitzuwirken.

Er sehe keine Möglichkeit, seine Übersetzung der dramatischen Werke Shakespeares zu Ende zu bringen,[6] hatte August Wilhelm Schlegel seinem Berliner Verleger Georg Andreas Reimer im November des Jahres 1819 mitgeteilt. Der neunte Band der Ausgabe war 1810 nach einer längeren Unterbrechung erschienen,[7] zur gleichen Zeit wie die Buchausgabe seiner berühmten Wiener Vorlesungen *Ueber dramatische Kunst und Litteratur* (Heidelberg 1809–1811), die seinen internationalen Ruhm begründeten. Insgesamt lagen nun siebzehn Stücke Shakespeares in Schlegels Versübersetzung vor. Die großen Tragödien *Othello*, *König Lear* und *Macbeth* waren jedoch unübersetzt geblieben, denn Schlegel war dem Rat seiner Frau Caroline, sich in erster Linie mit den »großen« Stücken zu befassen, nicht gefolgt. Schenkt man August Wilhelms Bruder Friedrich Glauben, so »seufzte« damals »halb Deutschland«[8] nach der Vervollständigung des Shakespeare.

Jahrelang hatte Schlegel mit dem Gedanken gespielt, seine Arbeit zu vollenden. Seine Unschlüssigkeit ebnete ab 1810 den Weg für Unternehmen, die anfangs noch nicht gezielt mit seiner Übertragung wetteiferten. Aus Ungewissheit über seine Absichten und aus Hochachtung vor seiner hervorragenden übersetzerischen Leistung gaben sich die neuen Übersetzer zunächst damit zufrieden, die bereits vorhandenen Stücke zu ergänzen. Es erschienen jedoch schon bald unrechtmäßige Unternehmen, wie z. B. die Wiener Ausgabe des Buchdruckers Anton Pichler, die aus rein verkaufsstrategischen Gründen den Lesern einen »ganzen« Shakespeare in deutscher Sprache feilboten. Pichlers Shakespeare war ein unautorisierter Nachdruck in 20 Bänden, der aus Eschenburgs und Schlegels Übertragungen sowie aus den Arbeiten von anderen nicht genannten Übersetzern (Heinrich Voß, Georg Wilhelm Keßler, Hans Carl Dippold, Ludwig Tieck und Ludwig Krause) bestand.[9] Friedrich Schlegel hatte seinen Bruder

---

4   Tieck, *Briefe über W. Shakespeare*, 139.

5   Siehe dazu Holmes (2006), 130–135.

6   Körner (1930), Bd. 1, 361.

7   *Shakspeare's dramatische Werke*, übersetzt von August Wilhelm Schlegel, 9 Bde., Berlin 1797–1801; 1810.

8   F. Schlegel an A. W. Schlegel, 18.3.1808, in: Körner (1936), Bd. 1, 520: »Die U.[nger] klagt wie immer und seufzt nach *Shakespear* – was freilich auch halb Deutschland mit ihr thut.«

9   *Shakspear's dramatische Werke*, uebersetzt von A. W. Schlegel und J. J. Eschenburg, 20 Bde., Wien 1811–1812.

schon frühzeitig vor diesen Vorhaben gewarnt, die er drastisch als »Schmeißfliegen«[10] verunglimpfte. Er informierte ihn über das Wiener Unternehmen noch vor dessen Veröffentlichung: »Hier ist bei Pichler ein Shakespeare von A. W. S.[chlegel] und Eschenburg angekündigt, vermuthlich also ein Nachdruck, wo sie was Du nicht hast, aus Eschenburg nehmen.«[11]

Bereits 1808 mutmaßte Friederike Helene Unger, die Witwe von Schlegels erstem Verleger Johann Friedrich Unger, dass Schlegels Zögern eine neue Phase intensiver Übersetzung und Verbreitung von Shakespeares Werken im deutschen Sprach- und Kulturraum einleiten würde. Vergeblich bat sie Schlegel inständig, er möge doch sein Werk schnell vervollständigen:

> Lieber August Wilhelm Schlegel, es wird mir immer schwerer gemacht, die Shakespear lustigen Uebersetzer zurückzuhalten; sie häufen sich an, und werden ich fürchte, mit einemmale so loßplatzen, daß ich sie nicht länger abwehren kann. Schon habe ich Richard den III. und Heinrich den Achten in Händen, von einem jungen Mann, der Talent verräth [Wolf Graf Baudissin?]. Freilich, ein Schlegel verspricht er nicht zu werden: aber wer kann das auch; wo findet sich der Verein von Genie und Kunst wie bei ihm, zusamt dem feinen kritischen Geist. – Nein mein Freund, nicht meinetwegen nicht irgend eines mercantilischen Interresses wegen sage ich's: aber – Sie versündigen sich am Vaterland, an sich selbst, an Deutsche Litteratur, daß Sie so stumm sind![12]

Eine Weile lang begnügten sich die angesehenen Verlagshäuser freilich noch mit der Veröffentlichung von Teilausgaben. Weil es Julius Eduard Hitzig daran gelegen war, eine »Collision« mit August Wilhelm Schlegel zu vermeiden,[13] veröffentlichte er 1809 eine Ausgabe von Stücken, die Schlegel nicht übersetzt hatte in der Übertragung der Juristen Hans Carl Dippold, Georg Wilhelm Keßler und Ludwig Krause.[14] Zusammen mit Schlegels fragmentarisch gebliebenem Werk sollte diese Ausgabe den ersten »ganzen« im Metrum des Originals übersetzten Shakespeare bilden. Das Vorhaben wurde jedoch frühzeitig abgebrochen. Zur gleichen Zeit gesellte sich Abraham Voß zu seinem Bruder Heinrich, um bei Johann Friedrich Cotta eine neue Ausgabe der *Schauspiele von William Shakespeare* herauszubringen. Auch bei diesem Unternehmen, das zwischen 1810 und 1815 in drei Bänden erschien, handelte es sich vorerst nur um die Übertragung von sieben bei Schlegel nicht vorhandenen Stücken.[15] Wie Heinrich Voß in der Vorrede des ersten Teils der Ausgabe (1810) beteuerte, war er bei der Fortführung seines Vorhabens den »freundlichen Aeußerungen« der damals führenden lite-

---

10   F. Schlegel an A. W. Schlegel, 15.7.1805, in: Körner (1936), Bd. 1, 230: »Nachrichten aus Deutschland habe ich eben nicht. Die Unger schrieb mir, der junge Schütz hätte den Shakespear in Deiner Manier fortsetzen wollen. Sie hat ihm Deine Ankündigung geschickt. Aber gut ist es doch, daß Du nun wieder einen Theil gibst; sonst kömmt immer so eine Schmeißfliege daran«.

11   F. Schlegel an A. W. Schlegel, 7.7.1810, in: Körner (1937), Bd. 2, 146.

12   F. H. Unger an A. W. Schlegel, 9.12.1808, in: Körner (1936), Bd. 1, 652.

13   F. Schlegel an A. W. Schlegel, 7.1.1809, in: Körner (1937), Bd. 2, 9.

14   *Shakspeare's von Schlegel noch unübersetzte dramatische Werke*, übersetzt von mehreren Verfassern, 3 Teile, Berlin 1809–1810.

15   Heinrich ist der Übersetzer von *Macbeth, Wintermährchen, Die lustigen Weiber zu Windsor* und *Die Irrungen*, Abraham übertrug *Cymbelin, Coriolan* und *Antonius und Cleopatra*.

rarischen Zeitschriften gefolgt sowie den Ermunterungen der damals bedeutendsten
Übersetzer Shakespeares, Johann Joachim Eschenburg und August Wilhelm Schlegel.[16]
Voß formulierte seine Vorrede mit Bedacht, indem er gegenüber seinen Lesern beteu-
erte, er spiele keineswegs mit dem Gedanken, die vom »vollendeten Shakspears-
übersezer«[17] verdeutschten Stücke neu zu übersetzen. Zum selben Zeitpunkt schrieb er
jedoch an Cotta: »[August Wilhelm Schlegel] hatte vor einigen Jahren vor mir den
Vorsprung größerer Übung, nicht des Talentes. Jetzt bin ich ihm nachgekommen«.[18]
Auch in seiner Rezension des letzten Bandes der Schlegel'schen Ausgabe (*Richard der
Dritte*) in den *Intelligenz-Blättern* der *Jenaischen Allgemeinen Literatur-Zeitung* vom
21. und 23. Dezember 1811 wird der erwachte Wetteifer mit Schlegel unmissver-
ständlich ausgedrückt, indem Übersetzungsproben von Schlegels und von Heinrich
Vossens *Richard dem Dritten* gegenübergestellt werden:

> Diese Probe wird hinreichend seyn, das Verhältniß des *Schlegelschen* Richard zu dem unsri-
> gen anzugeben, den wir 1806 in der Vorrede zum Othello versprachen. Mögen wir uns noch
> oft begegnen, und jeder des anderen Werk zur Ehre Shakspeare's, und zu eigener Treff-
> lichkeit benutzen. [...]
> Laß uns beide das heilige Lied des göttlichen Shakspeare
> Unserem Volke singen: wir lieben den Göttlichen Beide.
> Keiner werde besiegt; keiner siege![19]

In der Tat waren Heinrich und Abraham während der Veröffentlichung ihrer Auswahl
von Shakespeares Dramen übereingekommen, nunmehr einen Shakespeare in »vollendet[e]r Gestalt« zu liefern.[20] In einem Brief vom 3. Juli 1816 erklärte Heinrich dem
Philologen und Literaturhistoriker Heinrich Rudolf Abeken, Shakespeare müsse vollständig erfasst werden:

> Wir [*sc.* Heinrich und Abraham] fühlen beide, daß wir zwar vieles leisten können, aber vie-
> les, u. wohl noch mehr als jenes unerreicht lassen müssen. Das hat mich oft schon mit bit-
> term Schmerz erfüllt, nicht unsertwegen, sondern Shakspearswegen, der in der vollendeten
> Gestalt dastehn sollte.[21]

In einem an Friedrich Diez gerichteten Brief von 1819 heißt es über die Notwendig-
keit, das Werk dem deutschen Publikum in seiner ›Originalgestalt‹ zu zeigen, ähnlich:
»Der Uebersezer soll Shakspeare in seiner ganzen Eigenthümlichkeit zeigen. Das darf
Shakspeare so gut fodern wie Aristofanes und Homer.«[22]
Der »ganze« Shakespeare, das hieß nun, dass das Werk sowohl in seiner Tiefe, als
auch in seiner Breite erfasst werden sollte, in seinem formellen Zusammenhang und in

---

16 *Schauspiele von William Shakspeare* übersetzt von Heinrich Voß und Abraham Voß, 1. Teil, Tübingen
    1810, III [»Vorrede« von H. Voß].

17 Ebd.: »Daß wir keins der von Schlegel, diesem vollendeten Shakspearsübersezer, gelieferten Stücke
    anrühren werden, sei denen versichert, die den Titel unserer Sammlung misverstehn sollten«.

18 H. Voß an J. F. Cotta, 9.12.1810, in: Fehling (1925), 325.

19 *Intelligenz-Blatt* 293 zur *Allgemeinen Literatur-Zeitung* vom 23. Dezember 1811, 555.

20 H. Voß an B. R. Abeken, 3.7.1816. Zitiert nach Drewing (1999), 116.

21 Ebd.

22 H. Voß an F. Diez, 4.1.1819, in: Toller (1883), 18.

seiner inneren poetischen Einheit. Schlegel hatte den »schön[en] Wetteifer«[23] zunächst begrüßt und 1807 – das geht aus einem seiner Briefe an Friedrich hervor – sogar eine Zusammenarbeit mit Heinrich Voß[24] erwogen, da dieser damals noch nach seinen Übersetzungsprinzipien arbeitete. Ein Jahr zuvor hatte Voß auf Anregung Friedrich Schillers *Shakspeare's Othello und König Lear* in metrischer Übersetzung herausgebracht.[25] Am 8. August 1806 schrieb er an Schlegel:

> Mit einiger Schüchternheit überreiche ich Ihnen einliegende zwei Büchelchen [es handelt sich um die Übersetzung von *King Lear* und *Othello* – C. R.], die Frucht vom Studium Ihrer Shakspeareübersezung. Ich war ein 16jähriger Knabe, als der erste Band Ihres Shakspeare erschien; aber wohl keiner hat sich inniger daran erlabt, wie ich damals. Mit der Erscheinung jedes neuen Bandes erneute sich meine Freude; und als das Werk ins Stocken gerieth, habe ich's schmerzlich empfunden.[26]

Der Rezensent in der Jenaischen *Allgemeinen Literatur-Zeitung* lobte die Voß'sche Arbeit wegen ihrer vorbildlichen Sprache und ihrer Bühnentauglichkeit:

> Beide Übersetzungen [*sc.* verdienen] eine ehrenvolle Auszeichnung und die Aufmerksamkeit der Freunde Shakspeare's. Man muß sie nämlich als Versuche ansehen, die Dramen des großen Dichters getreu und vollständig, aber zugleich in einer Sprache wiederzugeben, wie wir sie in den Meisterwerken unserer Dramatiker zu hören gewohnt sind.[27]

2. Übersetzerschelte und Wettstreit der Verleger

In der darauffolgenden Zeit reagierte Schlegel jedoch mit wachsendem Unmut auf die vielfältigen Bemühungen, ihm in der hohen Kunst des treuen und zugleich poetischen Übersetzens gleichzukommen. In der Tat war seine Übertragung bald nur noch eine unter vielen,[28] und die Pläne zur Herstellung einer Versübersetzung des Gesamtwerks häuften sich. Unzweifelhaft betrachtete Schlegel Johann Heinrich Voß und seine Söhne als seine größten Widersacher. Kurzerhand forderte er nun die Rolle der Autorität in Übersetzungsfragen zu Shakespeare ganz für sich ein: Sein »Ruf und der [seiner] vortreflichen Bearbeitung des Shakspear« sei »seit Anfang des Unternehmens bedeutend gewachsen,« beteuerte er, er nähme und müsse sogar »immerwährend« zu-

23 A. W. Schlegel an H. Voß, 20.6.1807, in: Körner (1930), Bd. 1, 202.

24 F. Schlegel an A. W. Schlegel, 25.9.1807, in: Körner (1936), Bd. 1, 441: »Wenn Du Voß zum Mitarbeiter am Shakespeare nähmst, so glaube ich erzeigst Du ihm fast mehr Ehre als er noch verdient. Denkst Du auf eine Rückkehr nach Deutschland so würdest Du auch Zeit genug haben, ihn allein fortzusetzen«.

25 *Shakspeare's Othello und König Lear* übersezt von Dr. Johann Heinrich Voß, Professor am Weimarischen Gymnasium. Mit fünf Compositionen von Zelter, Jena 1806. Vgl. auch Larson (1989), 113–133.

26 H. Voß an A. W. Schlegel, 8.8.1806, in: Körner (1936), Bd. 1, 354.

27 *Allgemeine Literatur-Zeitung*, 14.2.1807, 297–298.

28 Siehe Blinn/Schmidt (2003); Roger (2008) 363–408.

nehmen.[29] Im April 1817 äußerte er sich spöttisch über das Vorhaben des »alten Voß« und seiner Söhne:

> [...] der alte Voß [*sc.* will] mit seinem Sohn Johann Heinrich und Abraham, vermutlich auch mit seinen Schwiegersöhnen, Enkeln, gebornen und ungebornen, mit Einem Worte der ganzen Übersetzungs-Schmiede-Sippschaft, auch die von mir schon übersetzten Stücke neu übersetzen. Dies ist freilich eine große Impertinenz: allein wir haben kein ausschließendes Privilegium; es kommt darauf an, wie das Publicum die Sache nimmt.[30]

Sein Verleger Reimer versicherte beschwichtigend, dass die Voß'sche Übersetzung »auch um so weniger Glück machen [werde], da sie bei schlechtem Papier und Druck zu dem enormsten Preise verkauft wird.«[31]

Doch mit diesem Unternehmen wurden nun die Übersetzungsgrundsätze und Verfahren Schlegels offen angefochten. Schlegels Shakespeare sei »zierlich«, »glatt«, »nervlos«, urteilte Heinrich Voß,[32] ein Ausdruck des Zeitgeschmacks. Die Wirkung von Schlegels Übersetzungskunst sei damit eine Modeerscheinung, die zu veralten drohe, schrieb er an Friedrich Diez zur Rechtfertigung seiner eigenen sprachlichen Realisierung:

> Daß der sprachgewaltige Shakspeare nicht durch gangbares Deutsch, am wenigsten durch das Modedeutsch einer Schule kann bezwungen werden, giebt jeder unbedingt zu. [...] Lessing dachte 1780 an das Jahr 1819, so müssen wir jetzt an das Jahr 1860 denken, und so schreiben, wie unsere Enkel vielleicht erst ganz billigen werden.[33]

Johann Heinrich Voß, so heißt es bei dessen Biographen Wilhelm Herbst, ließ sich »nach anfänglichem Sträben [...] werben, gerade die Stücke, in denen er mit Schlegel concurrirte [...] zu übernehmen«,[34] also den *Sturm,* den *Sommernachts-Traum* und *Romeo und Julia,* die zusammen mit *Viel Lärmens um Nichts* von Heinrich Voß den ersten Band ausmachen. Nachdem sich auch der bedeutendste Übersetzer des 18. Jahrhunderts im Frühjahr 1816 bereit erklärt hatte, seinen Söhnen bei dem schwierigen Vorhaben mit der Übertragung von insgesamt dreizehn Stücken[35] Beistand zu leisten, wich Heinrichs anfängliche Zurückhaltung rasch einem neuen Selbstbewusstsein.

Das Voß'sche Vorhaben fand jedoch von Anfang an kaum Anklang und drohte ein buchhändlerisches Verlustgeschäft zu werden. Karl Wilhelm Ferdinand Solger schrieb im Februar 1817 an Bernhard Rudolf Abeken:

---

29 G. A. Reimer an A. W. Schlegel, 16.5.1812, in: Körner (1930), Bd. 1, 273.

30 Körner (1930), Bd. 2, 109.

31 G. A. Reimer an A. W. Schlegel, 11.7.1812, in: Körner (1930), Bd. 1, 283.

32 H. Voß an Jean Paul, September 1818, in: Voß (1833), Bd. I, 56.

33 H. Voß an F. Diez, 4.1.1819, in: Toller (1883), 15.

34 Herbst (1872), Bd. 2, 166.

35 *Der Sturm; Sommernachts-Traum; Romeo und Julia; Der Kaufmann von Venedig; Was Ihr Wollt; Wie es euch gefällt; König Johann; König Richard der Zweite; König Heinrich der Fünfte; Troilus und Kressida; Julius Cäsar; Antonius und Kleopatra; Hamlet.*

> Über Vossens Unternehmung mit dem Shakspeare bin ich ganz Deiner Meinung; ich würde wenigstens die Stücke, die Schlegel schon übersetzt hat, aus dem Spiele gelassen haben, und ich habe ihm dieses bei meinem Besuche [...] auch ehrlich gesagt.[36]

Matthäus von Collin äußerte sich auf ähnliche Weise in einem Brief an Ludwig Tieck vom 18. November 1818:

> Wenn A. W. Schlegel endlich seinen Shakespear vollenden wollte, wäre es eine schöne Sache. Ich sehe nicht ein, wie ihm beym Anblicke des Voßischen nicht die Pflicht klar wird, was er begonnen, auch hindurch zu führen.[37]

Der bedeutendste Verleger der Zeit, Johann Friedrich Cotta, hatte 1817 aus wirtschaftlichen Gründen[38] nicht nur auf die Publikation der Gesamtausgabe verzichtet, die Heinrich ihm im Januar diesen Jahres angeboten hatte, sondern er stellte auch den Druck der Shakespeare-Teilausgabe von 1810–1815 ein.[39] Daraufhin hatte sich Friedrich Arnold Brockhaus zur Übernahme des Projektes bereit erklärt, doch nur aufgrund der Teilnahme von Johann Heinrich Voß. Das Erscheinen des Voß'schen Shakespeare wurde ab 1817 mittels großer Werbekampagnen in Form von literarischen Anzeigen und Übersetzungsproben angekündigt. Der verschärfte Konkurrenzkampf zwischen Schlegel und Voß sowie zwischen den Verlagshäusern wurde nun auch in der Öffentlichkeit ausgetragen. In einem Brief an Reimer äußerte Schlegel sich entzürnt über die aggressiven Werbekampagnen: »Der Verleger der Voßschen Übersetzung [sc. Brockhaus] hat nichts gespart um sie ausposaunen zu lassen wobei ganz unwürdig von mir gesprochen worden ist«.[40] In der Tat war Eile geboten, um Schlegels und Reimers vermeintliche strategische Erwägungen rechtzeitig zu kontern. Aus diesem Grund versprach Brockhaus zügige Lieferung der Gesamtausgabe innerhalb von drei Jahren. In der Beilage zur *Allgemeinen Literatur-Zeitung* 270 vom November 1818 heißt es:

> Ueber die Erscheinung einer neuen Verdeutschung des Shakspeare, so viel es auch schon verdienstvolle Versuche in Hinsicht dieser höchst schwierigen Aufgabe der Uebersetzungskunst geben mag, kann man sich schon an sich selbst wohl um so mehr freuen, je mehr von dem großen englischen Dichter dasjenige gilt, was die Portugiesen ihrem Camöens auf das Grabmal schrieben, es sey erlaubt ihn zu übersetzen, aber vom Schicksal unerlaubt, ihn jemals ganz zu erreichen. – Allein noch größer muß ohne Zweifel das diesem Unternehmen zuzuwendende Vertrauen seyn, da an der Spitze desselben ein Mann steht, der die Verdeutschung klassischer Dichter zur höchsten Kunst erhoben hat, und dabey den eigenen kräftigen Dichtergeist unter dem Gesetze wörtlicher und metrischer Treue, so viel als möglich, zu bewegen weiß. So ist es ihm, unterstützt von der Verwandtschaft des Englischen mit dem Deutschen [...] gelungen, den großen Britten, nicht nur im Schwunge seiner kühnen humoristischen Phantasie, sondern auch in seiner ausdrucksvollen Wortstellung, in seinem den Gedanken immer angemessenen jambischen Gange, ja bis zu den Wort- Reim- und Sylbenspielen und sogar den Alliterationen hinab sie historisch treu darzustellen, als es in einer fremden Sprache vielleicht möglich seyn dürfte. Erscheint hier auch Shakspeare nun mit-

---

36 K. W. F. Solger, *Nachgelassene Schriften und Briefwechsel*, Bd. 1, 534–535.
37 Holtei (1864), Bd. 1, 155.
38 H. Voß an F. Diez, 4.1.1819, in: Toller (1883), 18.
39 Wittmann (1982), 452.
40 A. W. Schlegel an G. A. Reimer, 2.4.1825, in: Körner (1930), Bd. 1, 423.

unter einmal rauh, ungeglättet, einem neuen verfeinerten Geschmacke nicht immer angemessen, so wird darin jeder Unterrichtete das von uns entferntere Zeitalter des Original-
genies erkennen, gediegene Uebersetzung von weitläufiger Umschreibung oder Bearbeitung
zu unterscheiden wissen [...].[41]

Tatsächlich bemühte sich Brockhaus mit Verkaufsargumenten, die einem neuen,
gewandelten Leseverhalten entsprachen, eine breitere Leserschicht für den »neuen
Shakespeare« zu gewinnen: Durch unterschiedliche Veröffentlichungsformen, z. B. in
den »literarischen Beilagen« der Zeitschriften und in den damals sehr beliebten Al-
manachen und Taschenbüchern trugen Verleger wie Brockhaus nicht unerheblich zur
Breitenwirkung und Popularisierung Shakespeares in Deutschland bei. Auch das be-
lesene weibliche Publikum sollte sich angesprochen fühlen. Die Taschenbücher und
Almanache vermittelten einer weiblichen Leserschaft nicht nur kanonisierte Bildungs-
inhalte anhand von »Blumenlesen«, sondern durchaus auch neue Einsichten in das
Werk und in die Biographie des Dichters. In Schrift, aber auch in Bild (Kupferstiche)
wurde auf diese Weise ein bürgerlicher Bildungskanon vermittelt, der die anspruchs-
volle Konversation in geselligen Kreisen nähren konnte. Die Übersetzung der Tragödie
Romeo und Julia von Johann Heinrich Voß erschien aus diesem Grund nicht nur als
separater Druck zusätzlich zum ersten Band der Gesamtausgabe bei Brockhaus, son-
dern auch in Auszügen im ebenfalls von Brockhaus veröffentlichten berühmten
Taschenbuch für Damen *Urania auf das Jahr 1819* mit 5 Kupfern von Georg Emanuel
Opiz und einer »Zugabe« (Erläuterung des Stückes) von Bernhard Rudolf Abeken.[42]
Szenen aus dem *Sturm*, dem *Kaufmann von Venedig* und *König Lear* folgten in späteren
Jahrgängen des Almanachs.

Im Jahr 1822 übernahm der Metzler-Verlag die Rechte am Übersetzungsunternehmen aufgrund eines Zerwürfnisses zwischen Brockhaus und Johann Heinrich Voß,
der die vom Verlag geplante drastische Reduzierung der Auflage von 2000 auf 1000
Exemplare ablehnte.[43] »Vossens Übersetzung des Shakespeare«, schrieb der Dichter
Wilhelm Müller daraufhin am 20. August 1820 in einem Brief an den schwedischen
Romantiker Per Daniel Amadeus Atterbom, »ist schlafen gegangen, d. h. Brockhaus
hat das Unternehmen, aus Mangel an Absatz aufgegeben.«[44] Friedrich Arnold Brockhaus warnte Heinrich Erhard, den Geschäftsführer des Metzler-Verlages, vor den zu
erwartenden finanziellen Einbußen,[45] weil, so urteilte er, »[...] diese Uebersetzung bei
ihren schroffen oft selbst wieder eine Uebersetzung bedürftigen Ausdrücken, bei ihren
Unschicklichkeiten nie ein großes Publikum gewinnen wird«.[46] Es waren innerhalb
von fünf Jahren nur 496 der ursprünglichen 2000 Exemplare der Auflage abgesetzt
worden.[47]

---

41 *Allgemeine Literatur-Zeitung* 270, November 1818, 463.
42 *Urania*, Taschenbuch für Damen auf das Jahr 1819.
43 Wittmann (1982), 452 ff.
44 W. Müller an P. D. A. Atterbom, 20. 8. 1820, in: Leistner (1994), Bd. 5, 166.
45 Wittmann (1982), 453.
46 F. Brockhaus an H. Erhard, 31. 1. 1822, in: ebd., 454.
47 Ebd., 453.

3. Urteile der Zeitgenossen

Die Voß'sche Übersetzung, die dem Prinzip der »Nichtüberschreitung des Räumlichen in Vers und in Prosa«[48] folgt, scheint den herrschenden Zeitgeschmack nicht getroffen zu haben. Verglichen mit Schlegels Postulat des Maßes, der Symmetrie und der Harmonie, das den ästhetischen Idealen der Weimarer Klassik verpflichtet ist, wirkte sie fremd, rau, ungeglättet, ja ›undeutsch‹. Man warf ihr Unnatürlichkeit, Schwerfälligkeit des Satzbaus, Gezwungenheit und mangelnde Verständlichkeit vor. Adolf Wagner rügte in den *Jahrbüchern für wissenschaftliche Kritik* die »starre, einförmige Manier«, die Voß'sche Vorliebe für »schwerlöthige Wörter, schwertrittige Rhythmen und Wortklumpfüsse«.[49] Bei Heinrich Heine heißt es in *Die Romantische Schule*:

> Endlich aus Rivalität, wollte letzterer [*sc.* Johann Heinrich Voß] auch den Shakespear übersetzen, welchen Herr Schlegel in seiner ersten Periode so vortrefflich ins Deutsche übertragen, aber das bekam dem alten Voß sehr schlecht und seinem Verleger noch schlimmer; die Übersetzung mißlang ganz und gar. Wo Herr Schlegel vielleicht zu weich übersetzt, wo seine Verse manchmal wie geschlagene Sahne sind, wobey man nicht weiß, wenn man sie zu Munde führt, ob man sie essen oder trinken soll: da ist Voß hart wie ein Stein, und man muß fürchten, sich die Kinnlade zu zerbrechen wenn man seine Verse ausspricht.[50]

Somit war die Suche nach einer »frischen wahrhaft Shakspearischen Sprache«,[51] nach einer kompromisslosen, kernigen, lebendigen Ursprache, die der sinnlichen Qualität und ursprünglichen Kraft des Originals nahe kommt, nach dem Urteil vieler Zeitgenossen gescheitert. Die Übertragung konnte sich nicht als stilistische Alternative zu Schlegel und zur späteren so genannten Schlegel-Tieckschen Ausgabe etablieren. Dass das Voß'sche Vorhaben als wichtigste Konkurrenz zum Schlegel-Tieck'schen Shakespeare[52] angesehen wurde, wird aus Ludwig Tiecks Vorrede zum ersten Band der Ausgabe 1825 ersichtlich: Dort wird sie als »Verirrung« abgetan, als »Parodie des Vorbildes«, als »misslungene Arbeit«:

> Daß wir uns verirrt haben, beweiset auf jeden Fall der Shakspeare jenes berühmten Autors, der in einem niemals gesprochenen Deutsch schwer und unverständlich Zufälligkeiten des Dichters nachstammelt, die sich selbst im Originale nicht finden. Das Mißverständniß des dramatischen Dialogs ist hier aufs höchste getrieben und von der Grazie und Leichtigkeit des Britten jede Spur verschüttet. Fleiß und Anstrengung können dergleichen auch nicht mit steifem Vorsatz erzwingen. Wie viel Preiswürdiges diese edle Thätigkeit auch in der Literatur und für die Alten geleistet haben mag, so ist, wenn Kritiker über das Maaß des

48 *Shakspeare's Schauspiele* von Johann Heinrich Voß und dessen Söhnen Heinrich Voß und Abraham Voß. Mit Erläuterungen, Bd. 9, 224 [»Anhang« von H. Voß].

49 A. Wagner, Rez. zu »Shakespeare's Schauspiele von Voß«, in: *Jahrbücher für wissenschaftliche Kritik* 62 (1830), 492.

50 Heine, *Die Romantische Schule,* 145.

51 H. Voß an F. Cotta, 31.1.1817, in: Fehling (1925), 344.

52 Zur Entstehungsgeschichte der Shakespeare-Ausgabe von Schlegel-Tieck, siehe Paulin (2003), 345–348.

Verdienstlichen unter sich streitend abweichen mögen, der Shakspeare wohl geradezu eine misslungene Arbeit zu nennen.[53]

Gegenüber der Schlegel-Tieck'schen Ausgabe der Dramen Shakespeares (1825–1833) konnte sich das Voß'sche Unternehmen nun nicht mehr behaupten. Heinrich Voß verstarb im Oktober 1822, der Vater vier Jahre später. Im Jahr 1829 gab Abraham Voß nach siebenjähriger Unterbrechung den letzten Band heraus. Bereits zwei Jahre später wurde die Ausgabe für ein Drittel des ursprünglichen Preises (27 Taler) zum Verkauf angeboten.[54]

Im Verlauf des 19. Jahrhunderts war es dann vor allem ein Anliegen der ersten deutschen Shakespeare-Philologen, der Schulmänner und der Literaturhistoriker, der Schlegel-Tieck'schen Shakespeare-Übersetzung eine »stabil-classische Geltung«[55] zu verleihen, indem sie die symbolische Assoziation der Namen der beiden großen Romantiker zelebrierten und somit die »Einbürgerung« Shakespeares in den deutschen Sprach- und Kulturbereich vollzogen. So schrieb der Shakespeare-Philologe Alexander Schmidt in der Vorrede zu seinen *Sacherklärende Anmerkungen zu Shakespeare's Dramen*, die 1842 ediert wurden:

> Eschenburg, Benda, Voß haben, was ihnen zugänglich war, im Anhange zu ihren Uebersetzungen mitgetheilt; aber diese sind durch neuere verdrängt; vor allen hat das Schlegel-Tiecksche Werk sich eine weite Bahn gebrochen und uns den Dichter so nahe gebracht, daß seine darin gegebene Form bei uns klassische Geltung besitzt.[56]

Auf den deutschsprachigen Bühnen in der Mitte des 19. Jahrhunderts jedoch, schenkt man dem Dichter, Publizisten und Theaterdirektor Franz von Dingelstedt Glauben, konnte sich keines der Übersetzungsunternehmen als Gesamttext fest etablieren, sodass überraschende Kompromisse geschlossen wurden:

> Dem Shakspeare-Cultus auf dem heutigen deutschen Theater fehlt es vor allen Dingen an der einheitlichen Unterlage einer gemeinsamen Uebersetzung. Schröder hatte seinen Wieland, die Klassiker und die Romantiker brachten ihre eigene Uebersetzung mit; daß keine von diesen nach allen Richtungen mehr genügt, wird auch auf der Bühne empfunden, und doch ist eine neue, zeit- und zweckgemäße nirgends vorhanden. Deswegen wird bald nach Schlegel, bald nach Voß gespielt, bisweilen nach einer Verbindung beider; in außerordentlichen Fällen trifft es sich wohl auch, und nicht auf unbedeutenden Bühnen, daß die eine Rolle, etwa die eines Gastes, Voß und alle übrigen Schlegel sprechen, wo denn das verschnittene und verklebte Soufflirbuch einzig und allein die Einheit des Dialogs aufrecht erhalten muß.[57]

53 *Shakspeare's dramatische Werke.* Uebersetzt von August Wilhelm von Schlegel, ergänzt und erläutert von Ludwig Tieck, 1. Bd., Berlin 1825, VI–VII [»Vorrede« von L. Tieck].

54 *Blätter für literarische Unterhaltung* 165 vom 14.6.1831, 724.

55 Assmann (1843), 9.

56 Schmidt (1842), V.

57 Dingelstedt, *Studien und Copien*, 15 f.

Literaturverzeichnis

Quellen: Periodika
Allgemeine Literatur-Zeitung (Beilagen: *Intelligenzblatt* und *Ergänzungsblätter*), Jena/
    Halle 1785–1849.
Blätter für literarische Unterhaltung, Leipzig 1826–1898.
Jahrbücher für wissenschaftliche Kritik, Stuttgart/Tübingen/Berlin 1827–1846.
Urania. Taschenbuch für Damen, Amsterdam/Leipzig 1810–1848.

Weitere Quellen
Assmann, Carl, *Shakspeare und seine deutschen Uebersetzer. Eine literarisch-linguistische*
    Abhandlung als Beitrag zur Kritik der deutschen Uebersetzungs-Literatur, Liegnitz
    1843.
Dingelstedt, Franz, *Studien und Copien nach Shakspeare*, Pest/Wien/Leipzig 1858.
Fehling, Maria (Hg.), *Briefe an Cotta. Das Zeitalter Goethes und Napoleons 1794–*
    1815, Stuttgart/Berlin 1925.
Heine, Heinrich, *Die Romantische Schule* [Erstes Buch], in *Historisch-kritische Gesamt-*
    ausgabe der Werke. In Verbindung mit dem Heinrich-Heine-Institut, hg. v. Man-
    fred Windfuhr im Auftrag der Landeshauptstadt Düsseldorf, Band 8/1, Hamburg
    1979.
Holtei, Karl von (Hg.), *Briefe an Ludwig Tieck*, 4 Bde., Breslau 1864.
Körner, Joseph (Hg.), *Briefe von und an August Wilhelm Schlegel*, 2 Bde., Zürich/Leip-
    zig/Wien 1930.
Körner, Joseph (Hg.), *Krisenjahre der Frühromantik. Briefe aus dem Schlegelkreis*, 3
    Bde., Brünn/Bern, 1936/37, 1958.
Müller, Wilhelm, *Werke, Tagebücher, Briefe*, hg. v. Maria-Verena Leistner. Mit einer
    Einleitung v. B. Leistner, Bd. 5: *Tagebücher, Briefe,* Berlin 1994.
Schlegel, August Wilhelm, *Sämmtliche Werke*, hg. v. Eduard Böcking, Bd. 7, Leipzig
    1846.
Schmidt, Alexander (Hg.), *Sacherklärende Anmerkungen zu Shakespeare's Dramen*,
    Leipzig 1842.
[Shakespeare, William], *Shakspeare's dramatische Werke*, übersetzt von August Wil-
    helm Schlegel, 9 Bde., Berlin 1797–1801; 1810.
[Shakespeare, William], *Shakspeare's Othello und König Lear* übersezt von Dr. Johann
    Heinrich Voß, Professor am Weimarischen Gymnasium. Mit fünf Compositionen
    von Zelter, Jena 1806.
[Shakespeare, William], *Shakspeare's von Schlegel noch unübersetzte dramatische Werke*,
    übersetzt von mehreren Verfassern, 3 Teile, Berlin 1809–1810.
[Shakespeare, William], *Schauspiele von William Shakspeare* übersezt von Heinrich
    Voß und Abraham Voß, 3 Teile, Tübingen 1810–1815.
[Shakespeare, William], *Shakspear's dramatische Werke*, uebersetzt von A. W. Schlegel
    und J. J. Eschenburg, 20 Bde., Wien 1811–1812.

[Shakespeare, William], *Shakspeare's Schauspiele* von Johann Heinrich Voß und dessen Söhnen Heinrich Voß und Abraham Voß. Mit Erläuterungen, 9 Bde., Leipzig/Stuttgart 1818–1829.

[Shakespeare, William], *Shakspeare's dramatische Werke*. Uebersetzt von August Wilhelm von Schlegel, ergänzt und erläutert von Ludwig Tieck, Berlin 1825–1833.

Solger, Karl Wilhelm Ferdinand, *Nachgelassene Schriften und Briefwechsel*, 2 Bde., Leipzig 1826.

Tieck, Ludwig, »Briefe über W. Shakspeare (1800)«, in: Tieck, *Kritische Schriften*. Zum erstenmale gesammelt und mit einer Vorrede, Bd. 1, Leipzig 1848–1852.

Toller, Adolf (Hg.), »Briefe von Heinrich Voß an Friedrich Diez«, in: *Preußische Jahrbücher* 51 (1883), 19–30.

Voß, Abraham (Hg.), *Briefe von Heinrich Voß*, Bd. 1: *Briefwechsel mit Jean Paul*, Heidelberg 1833.

Sekundärliteratur

Bachleitner, Norbert, »›Übersetzungsfabriken‹. Das deutsche Übersetzungswesen in der ersten Hälfte des 19. Jahrhunderts«, in: Wolfgang Frühwald (Hg.), *Friedrich Sengle zum 80. Geburtstag, Internationales Archiv f. Sozialgeschichte der deutschen Literatur* 14/1 (1989), 1–42.

Blinn, Hansjürgen/Schmidt, Wolf Gerhard (Hg.), Shakespeare – deutsch. Bibliographie der Übersetzungen und Bearbeitungen, Berlin 2003.

Drewing, Lesley, *Die Shakespeare-Übersetzung von Johann Heinrich Voß und seinen Söhnen*, Eutin 1999.

Herbst, Wilhelm, *Johann Heinrich Voß*, 2 Bde., Leipzig 1872–1876.

Holmes, Susanne, *Synthesis der Vielheit. Die Begründung der Gattungstheorie bei August Wilhelm Schlegel*, Paderborn 2006.

Larson, Kenneth E., »Pro und Contra Schlegel. Die zwei gegensätzlichen Blankversübersetzungen des King Lear von Heinrich Voß (1806 und 1819)«, in: *Jahrbuch der Deutschen Shakespeare-Gesellschaft* (West) 125 (1989), 113–133.

Paulin, Roger, *The Critical Reception of Shakespeare in Germany 1682–1914*, Hildesheim 2003.

Roger, Christine, *La réception de Shakespeare de 1815 à 1850. Propagation et assimilation de la référence étrangère*, Bern 2008.

Wittmann, Reinhard, *Ein Verlag und seine Geschichte: 300 Jahre J. B. Metzler*, Stuttgart 1982.

Homer im Wohnzimmer. Das bürgerlich-idyllische Epos im 19. Jahrhundert

GÜNTER HÄNTZSCHEL

An großen literarischen Vorbildern festzuhalten und sie doch gleichzeitig der Gegenwart in Abwandlung und eigener Aneignung neu und interessant zu machen, bildet eines der üblichen Verfahren und zugleich auch eines der Probleme jeder neuzeitlichen Dichtung. Georg Wilhelm Friedrich Hegel bringt in seiner *Ästhetik* diesen Zwiespalt auf den Punkt:

> Der moderne Künstler kann sich freilich alten und älteren zugesellen; Homeride, auch nur als letzter, zu sein ist schön, und auch Gebilde, welche die mittelaltrige Wendung der romantischen Kunst widerspiegeln, werden ihre Verdienste haben; aber ein anderes ist diese Allgemeingültigkeit, Tiefe und Eigentümlichkeit eines Stoffs und ein anderes seine Behandlungsweise. Kein Homer, Sophokles usf., kein Dante, Ariost oder Shakespeare können in unserer Zeit hervortreten; was so groß besungen, was so frei ausgesprochen ist, ist ausgesprochen; es sind dies Stoffe, Weisen, sie anzuschauen und aufzufassen, die ausgesungen sind. Nur die Gegenwart ist frisch, das andere fahl und fahler.[1]

Hegel spielt auf Goethe an, und ich möchte zunächst in unserem Zusammenhang Goethes poetischen Wetteifer mit Homer skizzieren. Daraus ergibt sich – zweitens – ein Vergleich der beiden bekanntesten bürgerlich-idyllischen Epen, *Luise* von Johann Heinrich Voß und *Hermann und Dorothea*. Dieser führt – drittens – dazu, exemplarische Beispiele der Gattung des idyllisch-bürgerlichen Epos in drei unterschiedlichen Kategorien vorzustellen. Die leitende Frage wird sein, ob und wie weit die originelle Kombination des Idyllischen mit dem Epischen fähig ist, für die weitere Gegenwart »frisch« zu wirken, oder ob sie Gefahr läuft, tatsächlich »fahl und fahler« zu werden. Abschließend sollen – viertens – einige Bemerkungen zur Rezeption den zuvor erörterten Befund differenzieren.

1. Goethes poetischer Wetteifer mit Homer

Seine lebenslange Begeisterung für Homer führte bekanntlich Goethe dazu, mit seinem Vorbild auch literarisch zu wetteifern. Mit unterschiedlichem Ergebnis. Erstaunlicherweise mißlingen seine Pläne, so lange er sich Homer ganz nah fühlt, während er

---

1   Hegel, *Ästhetik*, Bd. 1, 581.

mit wachsendem Abstand erfolgreich ist. Als Goethe auf seiner Reise nach Italien aufs Innigste die Verschmelzung von Natur und Kunst in der sizilianischen Landschaft erlebt und seine eigene Person gleichsam in Odysseus aufgehen sieht, ergibt sich von selbst,

> gar bald zu eigner Produktion angeregt [zu werden], die, so seltsam sie auch im ersten Augenblicke schien, mir doch immer lieber ward und mich endlich ganz beschäftigte. Ich ergriff nämlich den Gedanken, den Gegenstand der *Nausikaa* als Tragödie zu behandeln.[2]

Sein Plan bleibt in den Anfängen stecken. Einmal weil Goethe die Erfahrung macht, daß die *Odyssee* »die interessantesten Motive schon vorweggenommen hat. Die Rührung eines weiblichen Gemütes durch die Ankunft eines Fremden, als das schönste Motiv, ist nach der Nausikaa gar nicht mehr zu unternehmen.«[3] Zum andern weil sich die von ihm gewünschte tragische Version nicht mit der idyllischen Zeichnung des homerischen Epos verträgt. Die allzu enge Orientierung an der Vorlage und die gleichzeitige Idee, die Gattung zu wechseln, führen zu unüberwindlichen Schwierigkeiten. Und ähnlich gut zehn Jahre später bei seinem geplanten Epos *Achilleis*: Indem Goethe den bei Homer ausgeführten heroischen Tod Achills mit der Liebe zu Polyxena verbinden will und darin einen »tragischen Stoff« erkennt, der, »durchaus sentimental«, »sich in dieser doppelten Eigenschaft zu einer modernen Arbeit qualifizieren [...] würde«,[4] steht er wieder vor dem unlösbaren Problem, mit der Umgestaltung des epischen in den tragischen Stoff das öffentliche Interesse an Achill bei Homer in ein Privatinteresse zu überführen und damit als moderner Dichter sich zwangsläufig von dem antiken Original zu entfernen. Die allzu große Nähe zu Homer wird ihm erneut zum Verhängnis, zumal in beiden Fällen die bekannten Figuren in den homerischen Epen ein für alle Mal festgelegt sind.

Ganz anders dagegen bei *Hermann und Dorothea*. Friedrich August Wolf und Johann Heinrich Voß haben ihm zum Gelingen dieser Dichtung den Weg eröffnet. 1795 legt der berühmte Klassische Philologe und Begründer der neueren Altertumswissenschaften Friedrich August Wolf seine *Prolegomena ad Homerum* vor. Wolf versucht, aus den schon von den Homerforschern der Antike bemerkten Widersprüchen der Komposition zu beweisen, daß die *Ilias* und die *Odyssee*, nicht das Werk eines einzigen Dichters seien, sondern von mehreren Rhapsoden stammen. Die alten Gesänge seien erst viele Jahrhunderte nach ihrer Abfassung zu der uns überlieferten Form zusammengefügt worden. Er spricht den beiden homerischen Epen einen durchgehenden einheitlichen Zusammenhang ab und wirft mit seiner Untersuchung die sogenannte »Homerische Frage« auf, die im 19. Jahrhundert große Bedeutung für die allgemeine Epenforschung gewinnen sollte. Mit großer Anteilnahme arbeitet Goethe Wolfs Untersuchung durch, immer unschlüssig zwischen Zustimmung und Ablehnung schwankend, bis sich schließlich der zunächst verblüffende Befund ergibt, daß Goethe, sobald er Wolfs Vorstellung der Epen als einer Sammlung von Gesängen mehrerer Verfasser folgt, selber zu einer homerisierenden Dichtung befähigt wird, zu dem bürgerlichen Epos

---

2   Goethe, *Italienische Reise*, 368.
3   Goethe an Schiller, 14.2.1798, in: *Goethes Briefe*, Bd. 2, 331.
4   Goethe an Schiller, 16.5.1798, ebd., 346.

Hermann und Dorothea, das nach dem *Götz* und dem *Werther* sein berühmtestes Werk werden sollte. Wolf gegenüber bekennt er:

> Schon lange war ich geneigt mich in diesem Fache zu versuchen und immer schreckte mich der hohe Begriff von Einheit und Unteilbarkeit der Homerischen Schriften ab, nunmehr da Sie diese herrlichen Werke einer Familie zueignen, so ist die Kühnheit geringer sich in größere Gesellschaft zu wagen und den Weg zu verfolgen den uns Voß in seiner Luise so schön gezeigt hat.[5]

Die poetische Formulierung dieses Sachverhalts lautet in der Elegie *Hermann und Dorothea*: »Denn wer wagte mit Göttern den Kampf? und wer mit dem Einen? Doch Homeride zu sein, auch nur als letzter, ist schön.«[6] Als »Homeride«, das heißt also als einer unter mehreren, die im Geist Homers dichten, verliert Goethe die Scheu, ein Homer ähnliches Werk seiner eigenen Zeit zu schaffen. Er wird bestärkt und angeregt durch Johann Heinrich Voß. Der Homer-Übersetzer hatte in Metrik, Sprache und Geist seines größten Vorbilds Homer 1795 drei zuvor separat veröffentliche Hexameteridyllen zu dem idyllischen Epos *Luise* zusammengefügt. Sein Epos schildert in behaglich patriarchalischer, von humanem und kosmopolitischem Geist durchdrungener bürgerlicher Sphäre die Familie eines Pfarrhauses. Die Handlung gipfelt in der Trauung der Pfarrerstocher Luise, vorgenommen von ihrem Vater unter Verzicht auf die üblichen kirchlichen Zeremonien und im eigenen Hause. Mit dieser Dichtung hatte Voß die Kompetenz des homerischen Hexameters, der nach der Poetik der Zeit immer einen großen, bedeutenden Stoff verlangt, erweitert. Indem er sich den Hexameter unabhängig vom Inhalt vorstellte, verschaffte er sich die Möglichkeit, auch alltägliche Dinge zu erhöhen, denn – so Voßens Überzeugung –: »Der Vers muß zu gemeinen Gegenständen nicht hinabsinken, sondern zu seiner Würde sie mit erheben.«[7] Und diese Neuerung bewirkte zugleich eine Neuerung und Aktualisierung der Gattung des Epos zu einer modernen bürgerlichen Dichtung. Am Ende des 18. Jahrhunderts wird nämlich noch, wie etwa in Sulzers *Allgemeiner Theorie der schönen Künste*, unter der Gattung Epos ein »Heldengedicht« verstanden, die Wichtigkeit und Größe seiner Handlung betont und als vornehmste Absicht des Ependichters herausgestellt, uns mit »ganz merkwürdigen«, also außerordentlichen Personen, Königen, Fürsten, Helden und bedeutenden Kriegern, bekannt zu machen oder große religiöse Stoffe zu behandeln: »Unternehmungen und Begebenheiten, wovon das Glük und Unglük eines ganzen Volke abhängt, sind die eigentlichen Gegenstäder der Epopoe.«[8]

Voßens Erneuerung des Epos verbindet sich mit einer Reform der Idylle beziehungsweise des Idyllischen.[9] Nach den Beispielen antiker Dichter wie Theokrit, Horaz, Vergil versteht man unter dieser Gattung in der Regel kurze epische oder lyrische Texte mit der Schilderung einfach-friedlicher, meist ländlicher Lebensformen als Korrektiv zur Wirklichkeit. In der deutschsprachigen Literatur wurde sie besonders durch Salo-

---

5   Goethe an Wolf, 26.12.1796, ebd., 252.
6   Goethe, *Hermann und Dorothea*, 858.
7   Voß, *Zeitmessung*, 189. Vgl. für den Gesamtzusammenhang Häntzschel (1977).
8   Sulzer, *Theorie der schönen Künste*, Bd. 2, 499 f.
9   Vgl. Häntzschel (2000), 122–125.

mon Gessner bekannt, dessen *Idyllen* von 1756 eine Versöhnung von Idealität und
Realität anstreben und bei dem idyllische Züge auch in andere Gattungen eindringen,
in den Hirtenroman *Daphnis* und in das biblische Hirtenepos *Der Tod Abels*. In seiner
Abhandlung *Über naive und sentimentalische Dichtung* von 1795 versteht Schiller die
Idylle als »Empfindungsweise« und neben Satire und Elegie als eine der drei Möglich-
keiten des sentimentalischen, also reflektierenden Dichters, dem der Widerspruch
zwischen der Unendlichkeit des Ideals und den Grenzen der Wirklichkeit bewußt ist.
Aufgabe des Dichters sei es, das erträumte Ideal als wirklich zu evozieren, nicht im
Rückgriff auf die naive Konkretheit einer archaischen Hirtenwelt wie Gessner und
viele seiner Nachahmer, sondern in der reflexiven Überhöhung der Gegenwart:

> Er führe uns nicht rückwärts in unsere Kindheit, [...] sondern führe uns vorwärts zu unserer
> Mündigkeit, um uns die höhere Harmonie zu empfinden zu geben [...]. Er mache sich die
> Aufgabe einer Idylle, welche jene Hirtenunschuld auch in Subjekten der Kultur und unter
> allen Bedingungen des rüstigsten feurigsten Lebens, des ausgebreitetsten Denkens, der
> raffiniertesten Kunst, der höchsten gesellschaftlichen Verfeinerung ausführt, welche mit
> einem Wort, den Menschen, der nun einmal nicht mehr nach Arkadien zurück kann, bis
> nach Elysium führt.[10]

Damit steht das Idyllische in der klassischen Dichtung der als unzulänglich empfundenen Wirklichkeit als Ideal gegenüber.

2. Johann Heinrich Voß: *Luise* und *Hermann und Dorothea* von Goethe

Wenn Voß in der von ihm geschaffenen neuen Gattung des idyllischen oder bürgerlichen Epos den antiken Hexameter mit der modernen Welt des Bürgertums verbindet
und die vorher den homerischen Göttern und Helden zugehörenden Attribute auf
bürgerliche Personen überträgt, wertet er die bürgerlichen Verhältnisse auf und verleiht
ihnen eine Würde, die sie in der realen Gegenwart der dynastisch geprägten Stände-
gesellschaft so nicht besessen haben. Der Pfarrer von Grünau agiert als aufgeklärt-
christlicher protestantischer Geistlicher. Er predigt Toleranz und verabscheut jegliche
Form von Dogmatismus. Seine Vorbilder sind neben Moses, Petrus und Jesus nicht nur
Homer, sondern auch Sokrates, Konfuzius, Zoroaster und, als Repräsentanten der
neuen aufgeklärten Welt, sogar Franklin und Washington:

> Alle, die Gutes gethan nach Kraft und redlicher Einsicht,
> Und die zu höherer Kraft vorleuchteten: freun uns mit Petrus,
> Moses, Konfuz und Homer, dem liebenden, und Zoroaster,
> Und, der für Wahrheit starb, mit Sokrates, auch mit dem edeln
> Mendelssohn! Der hätte den Göttlichen nimmer gekreuzigt![11]

Nur auf den ersten Blick erscheint die Sphäre des Eutiner Pfarrhauses eng und begrenzt, ihr Personal pedantisch oder spießbürgerlich. Vergegenwärtigt man sich die
sozialen Gegebenheiten des späten 18. Jahrhunderts und bedenkt die Bedingungen der

---

10   Schiller, *Naive und sentimentalische Dichtung*, 221 und 228.
11   Voß, *Luise*, 44 f. Zu Franklin und Washington siehe ebd., 85.

Gattung Idylle, so offenbart sich ein anderes Bild: Die in der *Luise* geschilderte Welt ist nicht Abbild, sondern – dem Charakter der Idylle gemäß – Wunschbild einer besseren Wirklichkeit. Der geschilderte Vorgang spielt sich »im Gebiete der veredelten Möglichkeiten« ab, erklärt Voß[12] und gibt damit den Schlüssel zum Verständnis seiner Dichtung, kommt es ihm doch darauf an, die Welt des Pfarrhauses als ideal hinzustellen und sie der ganz anders gearteten sozialen Wirklichkeit als mustergültiges Vorbild zu empfehlen. So sind etwa die Wohlhabenheit des Pfarrers, sein Selbstbewußtsein, seine vom Adel und von den Einwohnern des Dorfes unabhängige Position, das gediegen ausgestattete Pfarrhaus, das freundliche Verhältnis zum benachbarten Grafengeschlecht, die Harmonie der Familie, die Achtung des Dienstpersonals nichts anderes als Wunschvorstellungen. Aus der Sozialgeschichte des 18. Jahrhunderts ist bekannt, daß der Landpfarrer von seinem Landesfürsten oft in demütiger Abhängigkeit gehalten wurde, seinen kargen Lebensunterhalt durch Privatunterricht, Lehrtätigkeit oder sogar durch Almosenbetteln bei Kurrendesingen aufbessern mußte. Darauf angewiesen, bei Geburten, Hochzeiten und Sterbefällen von den Gemeindemitgliedern eine Gebühr zu verlangen, stand er in schlechtem Ansehen bei der Dorfbevölkerung, die dann wohl kaum aus eigenem Antrieb wie in Voß' Idylle den Pfarrhof so gut in Stand gesetzt hätte. Voß' eigene Erfahrungen auf dem Gut Ankershagen, seine erniedrigenden Jahre als Hofmeister mögen ihn zu seiner Gegendarstellung mit veranlaßt haben.

Voß' bürgerliches Epos gehört mit seinem aufklärerischen und indirekt gesellschaftskritischen Ideengehalt in die Nähe sozialkritischer Utopien, Gesellschaftssatiren, Tendenzromane und Fürstenspiegel, wie sie im Fluidum der Französischen Revolution etwa von Carl Ignaz Geiger, Adolf von Knigge, Johann Gottfried Seume, Georg Forster und anderen Spätaufklärern verfaßt wurden. Im Gegensatz zu vielen dieser Texte, deren gesellschaftliche Idealvorstellungen in utopischen oder exotischen Räumen spielen, bleibt Voß jedoch mit seinem Idealbild konkret auf dem Boden der gegenwärtigen heimischen Welt. Diesem neuen Weg folgt nun auch Goethe:

> Uns begleite des Dichters Geist, der seine Luise
> Rasch dem würdigen Freund, uns zu entzücken, verband.[13]

Goethe erweitert bekanntlich den Stoff und vertieft den Gehalt des bürgerlichen Epos, indem er seine häusliche Idylle auf dem Hintergrund eines weltpolitischen Ereignisses ansiedelt, der Französischen Revolution und ihrer Kriegsfolgen in Deutschland. Eine Anekdote der aus dem Erzbistum Salzburg vertriebenen Protestanten von 1731 verlegt er in eine kleine rechtsrheinische Landstadt und mit der Flucht linksrheinischer Deutscher vor den französischen Revolutionstruppen in die zeitgenössische Gegenwart von 1796. Durch den derart erweiterten Weltgehalt tritt eine Spannung zwischen privatem Geschehen und öffentlichem Bezug in das Handlungsgeschehen, die seinem Vorbild, Voßens *Luise*, noch fehlte. Die zeitgenössischen Rezipienten konnten *Hermann und Dorothea* als eine Gegenwartsdichtung verstehen, wenn sie dem tüchtigen, aber schüch-

---

12 Voß, *Sämtliche Gedichte*, 321.
13 Goethe, *Hermann und Dorothea*, 859.

ternen Hermann, dem Sohn des Löwenwirts, folgten, der sich bei seiner Hilfe für die Flüchtlinge in die junge tatkräftige Dorothea verliebt und sich seiner Mutter anvertraut, die es trotz des väterlichen Wunsches nach einer reichen Schwiegertochter durchsetzt, daß zwei Freunde des Hauses, Pfarrer und Apotheker, sich nach den Umständen Dorotheas in ihrer Heimat erkundigen. Sie erfahren dort nur das Beste über sie. Dorothea sei selbstlos, hilfsbereit, tatkräftig und freundlich, sie werde von jedem geliebt. Hermann wirbt um sie, verhält sich dabei aber so ungeschickt, daß Dorothea annimmt, als Dienstmagd gedingt zu sein. Nach mehreren Mißverständnissen klärt sich die Lage auf, und Dorothea willigt freudig-erleichtert in die Ehe ein. Doch das Epos erschöpft sich keineswegs in der damals aktuellen Kriegssituation, wie sie auch etwa eine beliebige Erzählung berichtet hätte. Goethe gelingt es vielmehr, seine aus dem Alltag gewählten Personen und Vorfälle ins Typische, Symbolische und zeitlos Gültige zu erheben. Das eigentliche Thema bilden Sittlichkeit und Humanität des Einzelnen, dessen Beständigkeit als Gegensatz zu den Unbilden der Zeit, das Aufrechterhalten der Ordnung in Unruhe und Verworrenheit, in Krieg und Gewalt, wie sie die Revolution hervorruft. All dieses Ungemach könne durch vorbildliches menschliches Verhalten glücklich überwunden werden. Hermann und Dorothea erfahren in ihrem sittlich idealen Verhalten das allgemeine Chaos als eine Möglichkeit, es durch Liebe und Ehe zu überwinden und eine neue harmonische Ordnung zu begründen. Sie werden dadurch gleichsam zu modernen Helden, die den antiken Helden der homerischen Epen entsprechen, sich aber durch ihre humane Gesinnung von ihnen hervorheben und zu Beispielfiguren der eigenen Zeit emporwachsen: Das private Schicksal gedeiht im Zeichen der Liebe zum allgemeinen Wohl.

> Aber der Bräutigam sprach, mit edler, männlicher Rührung:
> Desto fester sei, bei der allgemeinen Erschüttrung,
> Dorothea, der Bund! Wir wollen halten und dauern,
> Fest uns halten und fest der schönen Güter Besitztum.
> Denn der Mensch, der zur schwankenden Zeit auch schwankend gesinnt ist,
> Der vermehret das Übel, und breitet es weiter und weiter;
> Aber wer fest auf dem Sinne beharrt, der bildet die Welt sich.[14]

Hegel, der in seiner *Ästhetik* Epen in der Moderne für fragwürdig hält, weil ihr Spielraum im Gegensatz zu dem des Romans eng geworden sei, nimmt *Luise* und *Hermann und Dorothea* ausdrücklich von seiner negativen Einschätzung aus:

> Goethe hat für dieses Werk mitten aus der modernen Wirklichkeit Züge, Schilderungen, Zustände, Verwirklichungen herauszufinden und darzustellen verstanden, die in ihrem Gebiete das wieder lebendig machen, was zum unvergänglichsten Reiz in den ursprünglich menschlichen Verhältnissen der Odyssee und der patriarchalischen Gemälde des Alten Testamentes gehört.[15]

---

14 Ebd., 629.
15 Hegel, *Ästhetik*, 468.

3. Drei Kategorien der Gattung des idyllisch-bürgerlichen Epos

Voßens Begründung der Gattung mit seiner *Luise* und Goethes Vervollkommnung mit *Hermann und Dorothea* lösen eine Folge weiterer idyllisch-bürgerlicher Epen aus. Die zeitgenössischen Poetiken erkennen in ihnen eine eigene Gattung.[16] Nach der Goetheschen und Hegelschen Terminologie lassen sich ihre Verfasser als »Homeriden« beziehungsweise »Vossiden« bezeichnen.

Daß die meisten von ihnen das anfangs erreichte Niveau nicht einhalten können, erklärt sich wohl aus den Eigenschaften der Idylle, werden deren begrenzte Thematik wie deren begrenzte Darstellungsmöglichkeiten doch von jeher als Einschränkung dichterischen Spielraums beklagt. Ihre Herkunft aus der Bukolik, also der Schäfer- und Hirtendichtung, erlaubt im Grunde nur die Präsentation idealer Personen, mustergültiger Handlungsweisen und tugendhaften Verhaltens in Konfrontation mit der anders gearteten Umwelt. Derartig friedlich-harmonische Daseinsformen verlangen die aus dem antiken *Locus amoenus* resultierenden abgeschirmten, eingegrenzten, geborgenen Schauplätze. Auch die Schauplätze der idyllisch-bürgerlichen Epen sind meist gefälliger und liebenswürdiger Natur: Aus der wilden Natur der *Odyssee*, dem aufbrausenden Meer, den Klüften, Gebirgen und gefährlichen Höhlen werden gepflegte Gärten mit stillen Teichen, Lauben, Blumenrabatten oder Gemüsebeeten. Die gefährlich-verlockenden Aufenthalte des Odysseus bei Kalypso, der Zauberin Kirke, den Seeungeheuern Skylla und Charybdis, den Sirenen sind durch häusliche Feste, Geburtstage, Verlobungsfeiern, freundliche Besuche ersetzt. Statt Abenteuer, Kampf, Mutproben und Entbehrungen dort Behaglichkeit, Frieden, Geborgenheit, genüßliche Mahlzeiten, Kaffeetrinken und Pfeiferauchen hier. Mit einem Wort: Homer gerät ins bürgerliche Wohnzimmer. Liebe bildet ein Grundthema der Idylle. Insgesamt wandeln sich Bewegung und Dynamik des Heldenepos zu Ruhe und Behaglichkeit. Die fortschreitende epische Handlung erstarrt oft zur Beschreibung des Räumlichen und verleiht den idyllischen Epen einen statischen Charakter.

Vor allem die unkriegerischen Passagen der *Odyssee* regen die Verfasser idyllisch-bürgerlicher Epen zur Nachahmung an. Manche Autoren harmonisieren einzelne Episoden der antiken Vorlage. So variiert der Philologe und Homer-Übersetzer Carl Ludwig Kannegießer einen Gesang der *Odyssee*, indem er in seinem epischen Gedicht *Telemachos und Nausikaa*[17] idyllisch ausmalt, wie Odysseus nach seiner Heimkehr mit seiner Familie in das Land der Phäaken zurückkommt und bei König Alkinoos für seinen Sohn um Nausikaa wirbt, begleitet von Pallas Athene, die in Gestalt des Sängers Demokodos die Reisenden vor allen Gefahren schützt und mit Hilfe von Arete und Penelope eine glückliche Heirat herbeiführt. Biedermeier-Idylle bürgerlicher Gesinnung und Antike suchen eine Synthese einzugehen.

Überzeugungskraft und Qualität des bürgerlich-idyllischen Epos hängen davon ab, ob und wie weit mit der ideal dargestellten Welt zugleich die zu kritisierende, als unzulänglich empfundene Wirklichkeit als Gegenpol erscheint, sei sie wie bei Voß indi-

---

16 Vgl. zum Beispiel Heinsius, *Teut*, 225; Kleinpaul, *Poetik*, 118 f.

17 Kannegießer, *Telemachos und Nausikaa. Episches Gedicht in neuen Gesängen*, Nürnberg 1846.

rekt oder wie bei Goethe mit der als verhängnisvoll gewerteten Revolutionsthematik
direkt einbezogen. Wir können drei unterschiedliche Ausformungen unterscheiden:
erstens in Geist, Intention und dichterischem Nachdruck Voßens und Goethes
Leistungen adäquate Epen; zweitens deren Gegenteil: Epen, die im heute geläufigen,
eher abwertenden Sinne des Wortes ›idyllisch‹ sich mit beschaulich-privaten Szenen
begnügen und ans Triviale grenzen; und drittens Mischformen beider, die eine Spannung zwischen kritischer und selbstgenügsamer Ausprägung bilden. In allen drei Kategorien können die Epen sich mit anderen Gattungen verbinden, etwa biblischen
Gemälden, Klostererzählungen, Wander- und Reiseidyllen oder Dorfgeschichten.[18]

a) Voßens und Goethes Leistungen adäquate Epen
Zu den überzeugenden Beispielen der ersten Gruppe zählt Friedrich Hebbels *Mutter
und Kind* von 1859,[19] eines der zeitlich letzten idyllisch-bürgerlichen Epen und
zugleich einer ihrer Höhepunkte. Hebbel schildert den frevelhaften Versuch eines
reichen kinderlosen Kaufherrenpaares, sich ein Kind zu kaufen. Hatte Goethe den
ländlichen Schauplatz der Idylle durch eine Kleinstadt ersetzt, so wählt Hebbel die
Großstadt Hamburg als Lebensraum für den Kaufherrn und seine Gemahlin, bezieht
aber zugleich die dörflich-ländliche Sphäre mit Christian und Magdalena, den leib-
lichen Eltern des Kindes, ein. Er konfrontiert also die Lebensverhältnisse des besitzen-
den Bürgertums mit den der aus der Dienerschaft zu Kleinbauern Aufgestiegenen und
bereichert die Szene zusätzlich durch ein drittes sozial tiefer stehendes Paar, die Armen
Anna und Wilhelm. Im Verständnis der Gattung bedeuten sowohl die Großstadt als
Schauplatz wie das Einbeziehen des vierten Standes Neuerungen, denn, wie erwähnt,
spielte ja das idyllische Epos im ländlichen oder bürgerlichen Bereich und war nur –
wie noch zu sehen sein wird – zur nächst höheren sozialen Schicht des Adels offen.
Hebbel differenziert aber auch analog zu seinem bürgerlichen Trauerspiel *Maria
Magdalena* den bisher als vorbildlich stilisierten bürgerlichen Stand, indem er den
Vertretern des Bürgertums auch negative Eigenschaften zuschreibt: Ein mißtrauischer
Kaufmann erscheint, »nicht offen und ehrlich« (237); ein Hausbesitzer vermietet
Anna und Wilhelm eine menschenunwürdige Behausung, »sie wohnen im feuchtesten
Keller« (102); ein brutaler Roué bedrängt Magdalena und sucht Christian, der ihr zur
Hilfe kommt, mit Geld abzuspeisen. Es ist die Rede von rücksichtslos-egoistischen
Machenschaften der Kapitalisten in ihrem Begehren,

> die Erde in unersättlicher Goldgier
> Auszuschmelzen und dann als Schlacke liegen zu lassen,
> Wie es ein Rothschild thut. (479–481)

Das Börsenwesen gerät in den Blick, Reichtum und Verschwendung breiten sich aus,
während menschliche Bindungen kaum noch gelten. Bürgerliche Eitelkeit wird kritisiert, wenn manche Frauen dieses Standes

---

18 Vgl. Sengle (1972), Bd. 2, 710–731.
19 Hebbel, *Mutter und Kind. Ein Gedicht in sieben Gesängen*, Hamburg 1859 (hier zit. nach: *Sämtliche
    Werke*, 275–352; die Verszeilen nach den Zitaten im Text in Klammern).

prunkend und pralend erscheinen, gehüllt in die neuesten Roben,
Welche Paris geliefert, und brennend, Neid zu erregen,
Oder zum Wenigsten doch in stiller Bewund'rung zu schwelgen. (658–660)

Solchem Luxusleben steht als Auswirkung der Industrialisierung das Elend der Armen gegenüber. Landflucht, Überbevölkerung und zunehmende Proletarisierung sind drastisch vor Augen geführt und demonstrieren, daß die bisher intakten gesellschaftlichen Ordnungen und Bindungen auseinanderbrechen.

Wenn zwischen krassen Elendsschilderungen auf der einen und der Darstellung reichen Luxuslebens auf der anderen Seite, zwischen sozialistischen und kommunistischen Ideen Proudhons und Weitlings (1903) und kapitalistischen Vorstellungen à la Rothschild (481) die Verhaltensweisen Christians und Magdalenas und die des Kaufherren und seiner Gattin – vom Plan des Kindskaufs einmal abgesehen – als ehrsam und human inszeniert sind, so soll weder das eine noch das andere Paar die ihnen entsprechende soziale Schicht unmittelbar repräsentieren. Vielmehr stellen sie ideale und vorbildliche Ausnahmeerscheinungen dar. Interpreten, die darin mangelnde Psychologisierung kritisieren, verkennen die Gattungsgesetze der Idylle, die bekanntlich darauf abzielt, der als schlecht, verdorben und unzulänglich empfundenen Wirklichkeit ein mustergültiges Wunschbild gegenüberzustellen.

Während viele Verfasser idyllischer Epen sich mit der bloßen Schilderung positiver Figuren vor negativem Hintergrund begnügen, vermeidet Hebbel solche plakative Schwarz-Weiß-Zeichnung und gestaltet seine Personen differenzierter. So schildert er detailliert, wie der Kaufherr und seine Gemahlin trotz ihrer humanen Gesinnung zunächst daran denken, sich Kind und Kindesliebe ›kaufen‹ zu können. Ebenso zeigt er Christians und Magdalenas Anfälligkeit für materiellen Besitz, wenn sie auf den Vertrag eingehen, ihr erstes Kind für den Besitz eines Bauernhofes herzugeben. In beiden Fällen gelingt es Hebbel, wie in seinen Dramen so auch im Epos gemischte Charaktere zu zeichnen, die im Verlauf der Handlung eine Entwicklung durchmachen, eine überzeugende Neuerung im idyllisch-bürgerlichen Epos. Kaufherr und Kaufherrin erfahren im Verlauf des Geschehens den Wert der natürlichen Mutterliebe, erkennen unter Gewissensqualen ihr einstiges Vorhaben als Frevel und lernen am Ende zu entsagen, indem sie ihre Kinderlosigkeit durch karitative Tätigkeit kompensieren: »Unsere Kinder sind die Armen.« (2066). Ebenso werden Christian und Magdalena geläutert. Nach der Geburt des Sohnes entscheidet sich Magdalena voller Mutterglück gegen die materielle Verlockung, bis endlich auch Christian zu seiner Familie steht, nachdem ihn ein Freund aus seiner einstigen Unmündigkeit befreit und über seine rechtlichen Möglichkeiten aufgeklärt hatte: »Uns zwingt kein Gesetz, ihn zu geben, / Wie ein verhökertes Kalb.« (1965 f.) Den von Kapitalismus und Elend bedrohten Verhältnissen der modernen Gegenwart ist damit eine reine unschuldige Welt arkadischen Ursprungs gegenübergestellt, wie sie die Idylle verlangt und wie sie die aus Homer entlehnten Mittel verwirklichen. Der stark betonte jahreszeitliche Rhythmus des Handlungsverlaufs steht bewußt in Kontrast zu der aus den Fugen geratenden Arbeitswelt des 19. Jahrhunderts und weist darauf hin, daß die natürliche Ordnung dennoch wirksam sein kann. Der Handlungskreislauf von einem Weihnachtsfest bis zum nächsten und die Sakralisierung Christians und Magdalenas zum »heiligen Paar«

(2060) stehen dem Plan des Kindesverkaufs gegenüber und lassen diesen als einen
teuflischen Plan erscheinen. Tatsächlich steckt ja in dem bekannten Märchenmotiv, für
eine große Hilfeleistung das erste Kind zu fordern, ein teuflisches Prinzip. Das Kauf-
herrenpaar tritt mit diesem Plan dem Versucher gleich an die unschuldigen und von
Armut und Not bedrängten Dienstboten heran. So findet auch die zunächst un-
motiviert erscheinende Besteigung des Brockens im Harz ihren Sinn als Voraus-
deutung. Christian und Magdalena erkennen auf dem Brocken »Urians Sitz« (1233),
zittern vor dem »Teufel« (1245), fliehen entsetzt vor seinem Einfluß in die Täler, »die
er nur dann betritt, wenn ein entsetzlicher Frevel / Ihm den heiligen Kreis der schir-
menden Engel geöffnet« (1252 f.).

    Der versöhnliche Ausgang bringt im Sinne der Epostheorie das Wunderbare zur
Wirkung, das nach zeitgenössischer Vorstellung nicht mehr durch die Maschinerie der
Götter, sondern durch menschliche Größe in Erscheinung tritt: durch Humanität, Ehe
und Mutterliebe. Hebbel praktiziert, was zur Entstehungszeit von *Mutter und Kind*
Gustav Freytag in den *Grenzboten* über das Epos der Gegenwart feststellt: Zwar bleiben
dem »Epos in Versen« fast nur kleinere Stoffe, in denen »eine einheitliche Stimmung
so mächtig hervortritt, daß sie dem Dichter erlaubt, die Motive zu vereinfachen [...].«
Aber dafür unterstützt der Vers »in großartiger Weise die Wirkung einer richtig empfundenen Charakteristik, weil er das wahr Empfundene viel eindringlicher zu sagen
vermag, als der prosaische Satz.«[20] Ordnung und Harmonie der Hexameter betonen
die im Handlungsverlauf sich entwickelnde Humanitätsidee, indem sie der epischen
Tradition gemäß sowohl die Entsagung des Kaufherrenehepaars wie den Reifeprozeß
der Dienstboten als etwas innerlich Heroisches hinstellen. Damit sind die Heldentaten
des ›hohen Epos‹ homerischer Provenienz im bürgerlich-idyllischen Epos sittliche
Handlungsweisen geworden.

b) Idyllisch-triviale Epen
Dieser zweiten und sicherlich größten Gruppe der idyllisch-bürgerlichen Epen fehlt die
Kritik an einer unzulänglichen Gegenwart, so daß die idyllisch gestaltete Sphäre allein
ohne Gegengewicht leicht der Gefahr ausgesetzt ist, lediglich eine heile, beschauliche
und anspruchslose Welt *per se* zu evozieren. In der Regel stammen derartige Epen von
in der literarischen Welt eher unbekannten Verfassern. Manche von ihnen sind Pfarrer,
die ihre humanistische Bildung mit dem vertrauten Milieu des Pfarrhauses verbinden.
Dort läßt sich in familiärer Gemeinschaft die christliche Ethik am besten demonstrieren. Offensichtlich hat das Pfarrhaus aus Voßens *Luise* einen starken Einfluß ausgeübt.
In manchen Vorworten und bisweilen sogar in den Texten selber wird Voß als Vorbild
genannt. Man ahmt gerne seine sprachlichen Wendungen nach; von Voß geprägte
Komposita und Epitheta kehren sogar manchmal wörtlich wieder; selbst in der
Namensgebung bleiben manche Verfasser ihrer Vorlage verpflichtet. Luises Verlobter
Walter taucht öfter wieder auf; Voßens Vers »Drauf antwortetest du, ehrwürdiger
Pfarrer von Grünau«[21] ist imitiert zu: »Also redetest du, ehrwürdiger Pfarrer von

---

20 Freytag, *Neue epische Dichtungen*, 646–648.
21 Voß, *Luise*, 11 u. ö.

Weidau«. Das Zitat stammt aus dem Epos *Der Dammbruch oder Das Pfarrhaus zu Weidau. Ein Natur- und Familiengemälde in vier Gesängen* von Hermann Krüger.[22] Der Verfasser konfrontiert eine tatsächlich erfolgte Überschwemmung in der Weichselniederung mit der Familie des Pfarrhauses. Im Vorwort erläutert er:

> Also sollte dem Grausenhafteintönigen der verheerenden Naturscene, welches, allein dargestellt, entsetzt und ermüdet haben würde, das Gegengewicht gehalten werden durch die Schilderung harmloser Häuslichkeit und jenes Friedens, welcher das gläubige Herz auch zur Zeit des schwersten Geschicks nimmer verläßt, sondern freudig ihm überwinden hilft.

Nur auf den ersten Blick erhält hier allerdings die pastoral-häusliche Idylle die Funktion eines positiven Gegenbilds zur negativen Wirklichkeit. Im Grunde kann die Idylle keineswegs die schlechte Wirklichkeit korrigieren, hier also die Gefahr der Überschwemmung abwenden, zumal der Verfasser im Vorwort von der »diesjährigen Ueberschwemmung« spricht und damit nahelegt, daß diese sich öfter ereignet, also jedes Jahr wiederkehren kann. Insofern bewirkt das mustergültige Verhalten keine Besserung. Auch ein weiteres Handlungselement fällt aus dem Idyllenrahmen und erweist sich als blindes Motiv: Nachdem der Vikar und Verlobte der Pfarrerstochter sich soeben im Nachbardorf nach seiner Probepredigt als Retter von Überschwemmten bewährt hatte, wird er unter mehreren Bewerbern mit der dringend gesuchten festen Anstellung als Pfarrer belohnt. Die mutige Tat bringt ihm zwar persönlich ein Amt ein, kann jedoch keineswegs allgemeine Besserung bewirken. Außerdem bilden die Belohnung für das Rettungswerk und die Gegenüberstellung von Naturgewalt mit frommer Häuslichkeit zwei getrennte Vorgänge; ihre Verquickung erweist sich logisch als unwahr und führt zu rührseligem Kitsch.

In einem anderen idyllischen Epos, *Der Verlobungstag* von Carl Vogel,[23] fehlt die für die Idylle erforderliche Gegenwelt gänzlich. Der Vater, ein Förster – auch dieser Beruf eine idyllische Stereotype – prüft die Liebe seiner Tochter zu dem in die Familie aufgenommenen Pflegesohn, indem er vorgibt, einen eben zu Besuch kommenden älteren Freund als Bräutigam ausgewählt zu haben. Doch nicht genug damit, der geliebte Pflegesohn muß sich auch noch durch Tapferkeit bewähren, denn erst als es ihm gelingt, einen gefährlichen Eber, der die Tochter auf einem Spaziergang bedroht, zu erschießen, steht dem Glück des Paares nichts mehr im Wege. Wieder sind zwei von einander unabhängige Vorgänge verquickt, ein Verfahren, das sich wohl durch die Absicht erklärt, die an sich spärliche Handlung des Familiengemäldes durch allerlei abenteuerliche Vorgänge zu erweitern. Spannungslosigkeit und Langeweile können dadurch jedoch kaum vertrieben werden.

Es bliebe zu prüfen, wie weit die Fülle idyllischer Epen mit Titeln wie *Wilhelm und Emma*,[24] *Ewald und Bertha*,[25] *Eginhard und Emma*,[26] *Wilhelm und Rosina*,[27] *Paul und*

---

22 Erschienen 1839 in Elbing. Zitate daraus S. 49, IV, III.

23 Erschienen in Neustadt a. d. Orla 1827.

24 Georg Christian Wilhelm Holzapfel, *Wilhelm und Emma. Eine ländliche Dichtung in acht Idyllen. Zum Besten verwundeter Krieger*, Lemgo 1816.

25 Karl August Timotheus Kahlert, *Ewald und Bertha: Idyllisches Epos in sechs Gesängen*, Leipzig 1829.

26 Eduard Ziehen, *Eginhard und Emma. Ein episch-lyrisches Gedicht*, Frankfurt a. M. 1860.

Therese,[28] die sämtlich Liebe, Verlobung und Heirat thematisieren, die Gesetze der Idylle erfüllen oder sich bloß in spannungslosen Familiengemälden erschöpfen. Ein Heinrich Müller gibt seinem Epos *Oswald und Luise* den Untertitel *Ein Seitenstück zu Göthe's Hermann und Dorothea und Vossens Luise*.[29] Der Rezensent der *Bibliothek der redenden und bildenden Künste* urteilt:

> Wer ein Seitenstück zu Göthes Hermann und Dorothea und Vossens Luise unternimmt, sollte doch wenigstens nicht ganz ohne poetischen Beruf, und also ein ganz anderer Mann seyn, als der [...] Verfasser dieses völlig verunglückten Machwerks.[30]

Goethe rezensiert eine Dichtung des sonst nicht bekannten Autors Alexander Weinrich, *Der Geburtstag. Eine Jägeridylle in vier Gesängen*:

> Das Hauptmotiv, daß am Geburtstage eines Försters der Geliebte seiner Tochter einen Wolf schießt und dadurch zur Versorgung gelangt, ist artig und durch Retardationen interessant gemacht. [...] Der Vf. hat einen idyllischen Blick in die Welt, in wiefern er original sei, läßt sich schwer entscheiden: denn vorzüglich die zwei ersten Gesänge erinnern im Ganzen wie im Einzelnen durchaus an Vossens Louise. Die Welt seiner Jäger kennt der Vf. recht gut, doch hat er manche Eigentümlichkeiten derselben nicht genug herausgehoben und sich dafür mit den kleinen Lebensdetails, welche diese Klasse mit allen anderen gemein hat, Kaffeetrinken, Tabakrauchen u.s.w. wie auch mit allgemeinen Familienempfindungen, die allenfalls im Vorbeigehen berührt werden können, zu sehr aufgehalten. Überhaupt möchte man sagen, er sei nur mit den Augen und nicht mit dem Herzen ein Jäger.[31]

c) Mischformen

Mit Mischformen sind Epen gemeint, deren idyllische Substanz zwischen beschränkter Selbstgenügsamkeit und kritischem Potential schwankt. Dafür eignen sich Darstellungen einer idealen Symbiose zwischen bürgerlichen und adligen Personen, wie sie in der realen Wirklichkeit nur selten zu finden ist. Das 1822 erschienene idyllische Epos *Hannchen und die Küchlein* von August Gottlob Eberhard, ähnlich der *Luise* ein lang anhaltender Erfolg – 1875 erschien die 25. Auflage –, schildert die innige Freundschaft zwischen Hannchen, der Tochter einer Pfarrerswitwe, und der jungen Gräfin Antonie, der sie ihren einzigen geliebten Besitz, die Küchlein, zur Hochzeit schenkt, nachdem die Tochter des Amtmanns, Laura, dem von Hannchen versprochenen Geschenk eines Myrtenkranzes durch eine Intrige zuvorgekommen war und die außerdem versucht hatte, Hannchen ihren Geliebten, den jungen Pfarrer, abspenstig zu machen. Der Gang der Handlung demonstriert, wie die Grafenfamilie sich nach ehrbarem bürgerlichem Vorbild bewährt, Hannchen und ihrer Mutter in ihrer ausgesetzten Lage hilft, die Intrige vereitelt und selber bürgerliche Bescheidenheit an den Tag legt, so daß Standesunterschiede zwischen reichem Adel und armen Bürgern, aber auch Zwistigkeiten

---

27 Melchor Meyr, *Wilhelm und Rosina. Ein ländliches Gedicht*, München 1835.
28 Ludwig Dill, *Paul und Therese. Idyllisches Epos in zwölf Gesängen*, Eichstätt 1969.
29 Hamburg 1808.
30 *Bibliothek der redenden und bildenden Künste* 6 (1809), 1, 215.
31 Goethe, *Sämtliche Werke*, Bd. 6.2, 596.

innerhalb der bürgerlichen Gesellschaft unwesentlich werden und materielle Armut als innerer Reichtum erscheint. Antonie, die Gräfin, bekennt:

> Nie noch sah ich in Schlössern, auf spiegelnd gebohnetem Boden,
> Einen vergnügteren Tanz, nie glücklicher lachende Tänzer.
> Nennet euch arm nicht mehr! Wer so sich zu freuen gelernt hat,
> Der ist reicher an Glück, als tausend beneidete Reiche!
> Oft bei dem Reichen ist klein nur die Freud' auch über das Größte,
> Während des Dürftigen Freud' ist groß auch über das Kleinste.[32]

Ein inniges Verhältnis zwischen bürgerlicher und adliger Jungfrau bildet auch den Rahmen für Ludwig Theobul Kosegartens idyllisches Epos *Jucunde* von 1803, das bis zum Ende des 19. Jahrhunderts oft wiederaufgelegt wurde. Die Titelheldin, ebenfalls Pfarrerstochter mit sprechendem Namen – ›die Liebenswürdige‹ – lebt in naher Nachbarschaft mit Thecla von Thurn, deren Name wiederum an bekannte Heilige aus dem Mittelalter erinnert. Beider Beziehung intensiviert sich, wenn am Ende Jucunde Theclas Bruder Almarich und Thecla Jucundes Vater, den verwitweten Pfarrer, heiraten, so daß der Standesunterschied zwischen Bürgertum und Adel gleich doppelt aufgehoben wird nach der Devise: »Erst ein Mensch und sodann ein Adliger!«[33] Schon diese gekünstelte Konstruktion offenbart, daß es dem Verfasser, selbst wiederum Pfarrer, nicht unbedingt um eine plausibel nachvollziehbare Handlung gegangen ist, sondern vor allem um die Idee humanitärer Liebe, die er in einprägsamen Bildern, Episoden und Gesprächen verdeutlicht und der er durch kunstvolle Hexametersprache Dignität verleiht. Zwei Einlagen unterstreichen den ernst-feierlichen und didaktischen Charakter dieser Seelengemeinschaft. Thecla unterweist die in philosophischem Wissen unerfahrenen Jucunde über die Vorstellung des Eros, wenn sie aus Platons *Phaidros* erklärt, daß die Liebe ein den Menschen von den Göttern geschenkter heilsamer Wahnsinn sei:

> Nichts Edleres gab den Menschen der Gott, als den Wahnsinn;
> Keinen begeisternden je von allen Arten des Wahnsinns;
> Als des deinigen heilige Wuth, hochheilige Liebe.[34]

Und die Predigt des Pfarrers am Strand der Insel Rügen, dem Schauplatz des Epos, preist die Liebe zu Gott und die christliche Nächstenliebe. Wie in der *Luise* erheben auch in diesem Epos die feierlichen Hexameter die agierenden Personen aus dem gewöhnlichen Alltag hinaus in gleichsam heldenhafte Seelengröße. Typisch für fast alle idyllisch-bürgerlichen Epen sind die ausführlich geschilderten Interieurs und die nach dem Vorbild der *Odyssee* liebevoll zubereiteten Mahlzeiten. Nach seiner Predigt am Meer wird der Pfarrer als Gast im Haus eines Fischers bewirtet:

> Wol war die Wohnung geschmückt zum Empfang so ehrbarer Gäste;
> Sauber die Diele gefegt, gesandet das niedere Stübchen,
> Dessen vorspringende Balken der Pfarrer oft mit dem Kopf traf,
> Denn er war groß und stattlich zu schaun; die vernagelten Fenster

---

32   Eberhard, *Hannchen und die Küchlein*, 93.
33   Kosegarten, *Jucunde*, 95.
34   Ebd., 42.

Waren gewaschen, wiewol vergebens; die höckrigen Wände
Neu geweißt mit der Kreide Arconens, die erdig und grau ist.
Ueber das ehliche Bett war gebreitet die streifige Decke;
Ueber den sauber gescheuerten Tisch das reinliche Tischtuch,
Reichlich besetzt mit der Netz' Ertrag und der Beute des Meeres,
Mit der Makrele, dem Aal, dem Dorsch, dem stachligen Flunder,
Auch dem Ulyß des Meers, dem vielgewanderten Häring.
Hoch auf waren die Schüsseln gethürmt und schmackhaft bereitet.
Milch auch war vorhanden mit Semmel durchbrockt für die Kindlein;
Brod aus gesiebtem Mehl, und der Sahne güldene Blume;
Räumige Krüge, gefüllt mit des Malzes schäumendem Absud,
Standen umher, auch mangelte nicht das stärkende Schlückchen,
Dessen nicht gerne entbehrt, wer die Netze pflegt und des Ruders.[35]

4. Zur Rezeption der idyllisch-bürgerlichen Epen

Wer mögen die Leser der idyllisch-bürgerlichen Epen gewesen sein? Konkretes ist
kaum zu erfahren, man bleibt auf Spekulationen und Zufallsfunde angewiesen. Einige
Anhaltspunkte sind durch Subskriptionsverzeichnisse zu gewinnen, allerdings ist mir
nur ein einziger Band mit vorangestelltem Subskriptionsverzeichnis bekannt: *Wilhelm
und Emma. Eine ländliche Dichtung in acht Idyllen* von Georg Christian Wilhelm
Holzapfel. Der Verfasser dieses Epos, nach den Befreiungskämpfen 1816 in Lemgo
»Zum Besten verwunderter Krieger« erschienen, fügt auf dem Titelblatt seinen Beruf
hinzu: »Justizcommissair beim Königl. Preuß. Oberlandsgericht zu Minden«. Das
mag der Grund sein, warum der Hauptanteil von den 203 verzeichneten Subskribenten, nämlich 69 Personen, sich aus Juristen, Ministern, Sekretären Regierungs- und
Landräten und Verwaltungsbeamten rekrutiert. Die nächste größere Gruppe setzt sich
aus 45 weiblichen, sowohl adligen wie bürgerlichen Personen zusammen; 21 Subskribenten kommen aus dem militärischen Bereich, vom General über den Major bis
zum Hauptmann; ihnen folgen 17 Kaufleute und 14 Adlige, Königliche Hoheiten,
Grafen und Barone; 13 Geistliche beider Konfessionen schließen sich an. Die übrigen
Subskribenten, davon sechs ohne Berufsangabe, sind Ärzte, Professoren, Studenten
und je ein Postdirektor, Steuereinnehmer, Apotheker, Lehrer, Gastwirt, Salinen-
inspektor, Maler, Fabrikant, Goldarbeiter, Sattler und Schäfer.
      Im Ganzen also eine homogene soziale Gemeinschaft aus dem gehobenen bürger-
lichen Lager mit einem relativ großen Anteil von Personen aus Adel und Hochadel, von
denen die meisten auf mehrere Exemplare des Buchs subskribiert haben. Einige Verfasser anderer Epen haben ihre Werke Adligen gewidmet und diesen damit möglicherweise indirekt vorbildliches bürgerliches Verhalten empfehlen wollen. Die Berufe der
Subskribenten entsprechen denen der literarischen Protagonisten entweder direkt –
Adlige, Pfarrer, Militärs, Kaufleute – oder gehören doch weitgehend zu derselben sozialen Schicht. Ob dies ein Kauf- und Leseanreiz gewesen ist, eigenen Lebenssitua-

---

35   Ebd., 69 f.

tionen in der Literatur veredelt wiederzubegegnen, oder ob es sich eher um Gefällig-
keitssubskriptionen gehandelt hat, weil der Verfasser vielleicht mehreren Subskribenten
bekannt war, ist an Hand einer einzigen Liste nicht auszumachen. Es fällt auf, daß
dieses im westfälischen Lemgo erschienene Epos zunächst nicht weit über die Region
hinausgelangt ist, wie die mitangegebenen Wohnorte der Subskribenten bezeugen. Da
es »zum Besten verwundeter Krieger« veröffentlicht wurde, ist auch anzunehmen, daß
mehrere das Buch in erster Linie aus karitativer Absicht erworben haben.

Im allgemeinen ist zu vermuten, daß die Rezeptionsweisen der Epen sich gewandelt haben, seitdem die sozialen Verhältnisse der bürgerlichen Gesellschaft sich im
Laufe des 19. Jahrhunderts verbesserten. Die neuen Leser, so geht aus mehreren Rezensionen hervor, nehmen nicht mehr den utopisch-kritischen Impetus wahr, vielmehr
sticht ihnen das Behagliche und Beschauliche, die harmlose Seite der Idylle, ins Auge.
In den Gründerjahren gerät Homer noch einmal direkt ins bürgerliche Wohnzimmer
oder in den Salon der feinen Gesellschaft, jetzt ganz konkret haptisch und visuell: Die
Texte werden nämlich in üppigen und aufwendigen, meist illustrierten Prachtausgaben
im Folioformat herausgegeben.[36] In den ursprünglich als ideal geschilderten Zuständen
mit dem Ziel, diese in der realen Lebensweise zu verwirklichen, kann jetzt ein saturier-
tes Bürgertum sein eigenes Wohlergehen genüßlich gespiegelt finden. Der einstige
sozialkritische Impetus ist in bürgerlichen Stolz und bürgerliche Selbstzufriedenheit
übergegangen.

Literaturverzeichnis

Quellen
Eberhard, August Gottlob, *Hannchen und die Küchlein* (1822), 19. Aufl., Leipzig 1862.
Freytag, Gustav, »Neue epische Dichtungen«, in: *Die Grenzboten* (1856), zitiert nach:
    Widhammer, Helmuth, *Die Literaturtheorie des deutschen Realismus (1848–
    1860)*, Stuttgart 1977, 646–648.
Goethe, Johann Wolfgang, *Hermann und Dorothea* (1797), in: *Sämtliche Werke*, Bd.
    4.1, hg. v. Karl Richter u. a., München 1988.
Goethe, Johann Wolfgang, *Italienische Reise* (1829), in: *Sämtliche Werke*, Bd. 15, hg. v.
    Karl Richter u. a., München 1992.
Goethe, Johann Wolfgang, *Goethes Briefe*, hg. v. Karl Robert Mandelkow, Hamburg
    1964.
Hebbel, Friedrich, *Mutter und Kind. Ein Gedicht in sieben Gesängen* (1859), in: *Sämt-
    liche Werke*, hg. v. Richard Maria Werner, Bd. 8, Berlin 1904.

---

36 Vgl. etwa: *Homer's Odyssee. Vossische Übersetzung.* Mit 40 Original-Compositionen von Friedrich
    Preller in Holzschnitt ausgeführt von R. Brend'Amour und K. Oertel, Leipzig 1872; Johann Heinrich
    Voß: *Luise.* Mit sechs Bildern, von Arthur Freiherr von Ramberg und Paul Thumann und
    Ornamentstücken von G. Rehlender. 22. Tausend, Berlin 1895. Vgl. Ritter (1999), 215–236.

Hegel, Georg Wilhelm Friedrich Hegel, *Ästhetik* (1835–1838), hg. v. Friedrich Bassenge, Berlin/Weimar 1965.

Heinsius, Theodor, *Teut oder theoretisch-praktisches Lehrbuch*, Bd. 3, Berlin 1810.

Holzapfel, Georg Christian Wilhelm, *Wilhelm und Emma. Eine ländliche Dichtung in acht Idyllen. Zum Besten verwundeter Krieger*, Lemgo 1816.

Kleinpaul, Ernst, *Poetik. Die Lehre von den Formen und Gattungen der deutschen Dichtkunst* (1843), 6. Aufl., Bd. 2, Barmen 1868.

Kosegarten, Ludwig Theobul, *Jucunde. Eine ländliche Dichtung in fünf Eklogen* (1803), Leipzig 1894.

Krüger, Hermann, *Der Dammbruch oder Das Pfarrhaus zu Weidau. Ein Natur- und Familiengemälde in vier Gesängen*, Elbing 1839.

Schiller, Friedrich, *Über naive und sentimentalische Dichtung* (1795), in: *Sämtliche Werke*, Säkular Ausgabe, Bd. 12, Stuttgart/Berlin o. J. [1905].

Sulzer, Johann Georg, *Allgemeine Theorie der schönen Künste* (1771–1774), Bd. 2, Leipzig 1792.

Voß, Johann Heinrich, *Luise. Ein laendliches Gedicht in drei Idyllen*, Königsberg 1795.

Voß, Johann Heinrich, *Sämtliche Gedichte*, Bd. 1, Königsberg 1802.

Voß, Johann Heinrich, *Zeitmessung der Deutschen Sprache. Mit Zusätzen und einem Anhange vermehrte Ausgabe* (1802), hg. v. Abraham Voß, Königsberg 1831.

Forschungsliteratur

Häntzschel, Günter, *Johann Heinrich Voß. Seine Homer-Übersetzung als sprachschöpferische Leistung*, München 1977 (= *Zetemata*, 68).

Häntzschel, Günter, »Idylle«, in: *Reallexikon der Deutschen Literaturwissenschaft*, Bd. 2, hg. v. Harald Fricke u. a., Berlin/New York 2000, 122–125.

Ritter, Heidi, »Resonanz und Popularität der ›Luise‹ im 19. Jahrhundert«, in: *Johann Heinrich Voß. Kulturräume in Dichtung und Wirkung*, hg. v. Andrea Rudolph, Dettelbach 1999, 215–236.

Sengle, Friedrich, *Biedermeierzeit. Deutsche Literatur im Spannungsfeld zwischen Restauration und Revolution 1815–1848*, 3 Bde., Stuttgart 1971/72/80.

Homer übersetzen nach Voß. Zum Epigonalitätsproblem in Homer-Übersetzungen des 19. und 20. Jahrhunderts

JOSEFINE KITZBICHLER

Dass die zuerst 1793 erschienene Homer-Übersetzung von Johann Heinrich Voß in der Übersetzungsgeschichte eine herausragende Stellung einnimmt, ist unstrittig: Was Durchschlagskraft und Dauer ihres Erfolgs anlangt, kann ihr in der deutschen Literatur nur Luthers Bibel und vielleicht die Shakespeare-Übersetzung von Schlegel/Tieck zur Seite gestellt werden. Seit dem Erscheinen der zweiten Auflage im Jahr 1802 gilt sie als der deutsche Homer schlechthin; sie hat nicht nur der deutschen Literatursprache nachhaltige Impulse gegeben, sondern auch in der Schulgrammatik Spuren hinterlassen.[1] Bis heute ist ihr kanonischer Status unangetastet geblieben, wie sich an ihrer beeindruckenden Präsenz auf dem Buchmarkt ablesen lässt. So ist sie derzeit allein in vier verbreiteten Taschenbuchreihen verfügbar: in der Reihe Fischer Klassik, als Insel-Taschenbuch, bei dtv und bei Goldmann.[2] Hinzu kommen verschiedene gebundene Ausgaben, etwa bei Reclam, wo der Text der Ausgabe von 1821 – der letzten zu Voß' Lebzeiten erschienenen Ausgabe – wieder zugänglich gemacht worden ist;[3] auch dieses editorische Bemühen um unterschiedliche Textfassungen indiziert die ungebrochene kanonische Geltung.

Besonders bemerkenswert ist bei alledem jedoch, dass die meisten genannten Verlage neben dem Voß'schen Homer auch andere Homer-Übersetzungen im Sortiment haben.[4] Dies führt zu der Frage, inwieweit die Präsenz von Voß' Homer primär mit

---

1   Vgl. dazu Häntzschel (1977), 249–261. Schon Gervinus hat Voß' sprachschöpferische Kraft mit Überschwänglichkeit gewürdigt, vgl. Gervinus (1853, Bd. 5), 532: »Es gibt außer Luthers Bibel in keiner Sprache und Literatur ein Uebersetzungswerk, das mit diesem zu vergleichen wäre; es gibt in der unseren kein Werk, das einen solchen poetischen Sprachschatz geöffnet hätte.«

2   Bei Fischer: *Odyssee* 2011 (2. Auflage, Fischer Klassik 90019), *Ilias* 2009 (Fischer Klassik 90190); im Insel-Verlag: *Ilias* und *Odyssee* in einem Band 1993 (Insel Taschenbuch 1204), *Odyssee* 2005 (Insel Taschenbuch 3121); bei dtv: *Ilias* und *Odyssee* in einem Band 2002 (dtv 13000); bei Goldmann: *Odyssee* 2004 (17. Auflage, Goldmann Klassiker 7548). – Die 2008 bei Zweitausendeins erschienene Taschenbuch-Ausgabe, in der Voß' Übersetzung neben dem griechischen Text gedruckt wurde, ist vergriffen.

3   Homer, *Ilias. Odyssee*, Text der Ausgabe letzter Hand von 1821. Mit Nachworten von Ernst Heitsch und Günter Häntzschel, Stuttgart 2010.

4   So ist bei Fischer neben Voß noch die umstrittene Version von Raoul Schrott verfügbar (2010, Fischer Taschenbuch 18435). Der Insel-Verlag bietet sogar zwei weitere Übersetzungen: die *Ilias* von Wolfgang Schadewaldt (9. Auflage, 1992, Insel Taschenbuch 153) und eine Prosa-Übersetzung der

dem Autor Homer oder aber mit der Übersetzung durch Voß zu tun hat. Während häufig genug Übersetzungen stillschweigend als quasi-identisches Substitut für die zugrunde liegenden Originale präsentiert und gelesen werden, scheint im Fall Homers ein vergleichsweise deutliches Bewusstsein für die Differenz verschiedener Übersetzungen zu existieren – andernfalls würden Verlage wohl nicht unterschiedliche Übersetzungen ein und desselben Werks parallel anbieten. Das heißt: Die Präsenz der Voß'schen Übersetzung im Buchhandel hängt offenbar auch mit bestimmten Qualitäten eben dieser Übersetzung oder aber generell mit ihrer Kanonizität, ihrem Status als »Klassiker« zusammen.

Nun sind Prozesse der Kanonisierung von Literatur auch sonst von schwer fassbarer Komplexität: »Welche Faktoren und Prozesse dazu führen, dass ein literarischer Text in einer Kultur über längere Zeit hinweg hoch gewertet und damit ›kanonisiert‹ wird, oder warum dies nicht passiert, ist noch nicht zufriedenstellend erforscht worden«[5], hat Simone Winko in diesem Sinne konstatiert. Dass die Situation bei übersetzter Literatur noch vertrackter ist, liegt auf der Hand. Es ist anzunehmen, dass hier zu den sonst in Kanonisierungsprozessen wirksamen Faktoren und Mechanismen (Verhältnis der betreffenden Texte zu bestimmten ästhetischen Programmen, Funktionalisierung innerhalb von politischen Kontexten, Berücksichtigung oder Nicht-Berücksichtigung in Verlagsprogrammen oder Schul-Curricula usw. usf.) noch spezifische Bedingungen hinzutreten. Zunächst verkompliziert sich die Situation durch die Verdopplung des Textcorpus: Die oben angedeutete Frage, ob der Erfolg übersetzter Literatur eher vom zugrunde liegenden Original oder von der Übersetzung her zu deuten ist, dürfte sich in den meisten Fällen nicht eindeutig klären lassen. Sobald ein Text mehrfach übersetzt wurde, erweitert sich das Beziehungsgeflecht noch einmal, denn nun treten Übersetzungen nicht nur ins Verhältnis zum Original, sondern auch in Konkurrenz zu anderen Übersetzungen; wir haben es dann mit vielfachen Verkettungen und Vernetzungen übersetzerischer Transformationen zu tun. Im Fall der Homer-Übersetzung nach Voß war die Situation stets so, dass Übersetzer gezwungen waren, sich mit dem übermächtigen kanonischen Muster der Voß'schen Übersetzung auseinanderzusetzen.

Daraus ergibt sich die These der vorliegenden kleinen Fallstudie, die als Paradox formuliert werden kann: Einerseits ist oft beobachtet worden, dass Übersetzungen schneller »veralten« als Originale, was Neuübersetzungen in mehr oder minder kurzen Abständen notwendig macht;[6] andererseits aber scheinen Übersetzungen in besonderem Maß den Zwängen des Epigonalen zu unterliegen. Sobald nämlich eine Übersetzung einmal eine gewisse Gültigkeit erlangt hat, ergibt sich für alle Neuübersetzungen eine doppelte Abhängigkeit: Zu der für jede Übersetzung konstitutiven Anbindung an den Ausgangstext kommt eine Abhängigkeit von der erfolgreichen, verbreiteten, gewohnten Vorgängerübersetzung hinzu. Neuübersetzungen, obwohl

Ilias und *Odyssee* von Karl Ferdinand Lempp (2012, Insel Taschenbuch 4523, bzw. 2011, Insel Taschenbuch 4510).
5   Winko (2007), 257.
6   Vgl. dazu z. B. Albrecht (1998), 101–109.

eben wegen der kurzen Verfallszeit von Übersetzungen notwendig, können durch die Existenz älterer Übersetzungen in hohem Grad gesteuert, ja erschwert oder sogar verhindert werden.

Schon Günter Häntzschel hat in seinem grundlegenden Aufsatz zum deutschen Homer im 19. Jahrhundert gezeigt, dass Homer-Übersetzer in dieser Zeit sich durchweg auch über ihr Verhältnis zu Voß definiert haben. Dabei unterschied Häntzschel drei Gruppen von Übersetzungen:

1. Hypertrophierungen der Voßschen Übersetzungen, die meist Fragment bleiben; 2. epigonale Übersetzungen, meist in Hexametern abgefaßt; 3. als Gegenbewegung zu den ersten Gruppen und zu Voß' eigenen Übersetzungen freie Eindeutschungen, Bearbeitungen, Nachdichtungen in Prosa oder nichthexametrischen Versmaßen.[7]

Diese unterschiedlichen Optionen einer Bezugnahme auf Voß werden in Häntzschels Arbeit sozialgeschichtlich innerhalb der Bildungsgesellschaft des 19. Jahrhunderts verortet und kontextualisiert. Die vorliegende Fallstudie nimmt ihren Ausgangspunkt ebenfalls im 19. Jahrhundert, legt den Fokus aber auf Übersetzungen des 20. Jahrhunderts und verfolgt dabei andere Fragestellungen: Untersucht werden soll, ob und wie sich Übersetzer nach Voß auf das kanonische Modell in konkret fassbaren Sprachformen bezogen haben.[8] Werden Formulierungen von Voß, Elemente der Voß'schen Sprache aufgegriffen? Welche? Wie wird das Voß'sche Vorbild modifiziert und transformiert? Was wird nicht übernommen? Wie grenzen sich die Übersetzer gegen kanonischen Mustertext ab?

Dass ich dabei nur exemplarische Stichproben vornehmen kann, ergibt sich schon aus der riesigen Menge von Homer-Übersetzungen, die seit 1793 auf den deutschen Buchmarkt gekommen sind.[9] Ziel vorliegender Arbeit ist es also nicht, eine umfassende oder auch nur in irgendeiner Weise repräsentative Darstellung zu geben; vielmehr sollen punktuell Strategien, Mechanismen, Verfahrensweisen und Ziele der Auseinandersetzung mit Voß untersucht werden. Gemeinsam ist den hier herangezogenen Fassungen immerhin, dass sie sämtlich auf dem Buchmarkt und/oder in der Literaturgeschichte erfolgreich waren bzw. sind und dass sie durchweg prinzipiell ein hohes Maß an Texttreue gegenüber dem Griechischen anstreben, was allein schon für die Vergleichbarkeit nötig ist. Unter diesen Prämissen sollen im Folgenden die *Ilias*-

---

7   Häntzschel (1983), 51. Vgl. auch Häntzschel (1977), 234–243.

8   Ich kann mich dabei auf die eingehende Untersuchung zur Sprache des Voß'schen Homer von Häntzschel (1977) stützen.

9   Eine in Vorbereitung befindliche umfassende Bibliographie deutscher Homer-Übersetzungen von den Anfängen bis in die Gegenwart verzeichnet (nach aktuellem Stand) 139 Titel für die Zeit nach 1793. (Dabei werden *Ilias*- und *Odyssee*-Übersetzungen desselben Übersetzers stets gesondert erfasst. Mitgezählt wurden ca. 30 Teilübersetzungen, wobei das Spektrum von Übertragungen weniger Verse bis zu »leicht gekürzten« Gesamtausgaben reicht. Mitgezählt wurden auch einige Übertragungen in Mundart sowie mehrere Übersetzungen, in denen – in Reaktion auf die analytische Homer-Forschung – Rekonstruktionen von angenommenen »Urfassungen« der Homerischen Epen geboten werden. Schließlich ist bei der Zählung zu berücksichtigen, dass die Grenze zwischen echten Übersetzungen einerseits und freien Nachdichtungen andererseits sehr unscharf ist, was eine entsprechende Unschärfe der Statistik nach sich zieht.)

Übersetzungen von Johann Jakob Christian Donner (1855), Thassilo von Scheffer (1913), Rudolf Alexander Schröder (gedruckt 1943) und Wolfgang Schadewaldt (1975) betrachtet werden. Während Donner und Scheffer völlig in die Nachfolge Voß' zu stellen sind, gehen Schröder und Schadewaldt in je verschiedenem Maß und in unterschiedlicher Weise auf Distanz zum »klassischen« Muster.

Die Homer-Übersetzung Johann Jakob Christian Donners erschien 1855–1858 in der Hoffmannschen Verlagsbuchhandlung in Stuttgart innerhalb der »Neuesten Sammlung ausgewählter griechischer und römischer Classiker«, wurde wenig später vom Langenscheidt-Verlag als Band 14 und 15 der »Langenscheidtschen Bibliothek sämtlicher griechischen und römischen Klassiker« übernommen und fand hier in mehreren Neuauflagen bis zum Ersten Weltkrieg sehr große Verbreitung. Entscheidend für das Verständnis des Donner'schen Homer ist, dass bis ins Jahr 1867 (als das »ewige Verlagsrecht« aufgehoben wurde) die Voß'sche Version ausschließlich im Cotta-Verlag erscheinen durfte.[10] Solange also Voß nicht frei verfügbar war, fungierte Donners Arbeit für den Verlagsinhaber Carl Hoffmann auch als Substitut für den »eigentlichen« deutschen Homer, eben den von Voß. Johann Jakob Christian Donner (1799–1875), ein schwäbischer Philologe und Gymnasiallehrer, hatte mit einigen übersetzerischen Jugendarbeiten (Juvenal, Persius) die Anerkennung des alten Voß gefunden;[11] seine Sophokles-Übersetzung von 1838/39 brachte ihm auch den Erfolg in der literarischen Öffentlichkeit. In der Folge zog er sich aus dem Schuldienst zurück, machte das Übersetzen antiker Schriftsteller zu seinem Hauptberuf und wurde zum wohl produktivsten Übersetzer antiker Literatur im 19. Jahrhundert; neben Sophokles und Homer übertrug er u. a. Euripides, Aischylos, Aristophanes, Pindar, Terenz und Plautus. Auf eine Darlegung seines Übersetzungsbegriffs, seiner Übersetzungsprinzipien und seines Verhältnisses zu Voß verzichtete er, so dass die Übersetzung für sich sprechen muss.

Das Proömium der *Ilias*, das im Folgenden als Beispiel dienen soll (einerseits weil es ein Aushängeschild darstellt, auf das Übersetzer stets besondere Sorgfalt verwendet haben, andererseits weil die Fassung von Voß hier in besonderem Maß *locus classicus* ist), lautet in der Übersetzung Donners:

> Göttin, singe vom Grolle des Peleiaden Achilleus,
> Ihm, der unendliches Leid, ein Verderber, erschuf den Achäern,
> Und viel tapfere Seelen gewaltiger Streiter dem Hades
> Hinwarf, aber sie selbst den Hunden zum Raub und den Vögeln
> Allen umher darbot – so ward Zeus' Wille vollendet –
> Seit *dem* Tag, da die Fürsten einmal sich entzweiten in Hader,
> Atreus' Sohn, der Beherrscher des Volks, und der edle Achilleus.[12]

---

10 Vgl. dazu Häntzschel (1983), 64.
11 Ich beziehe mich hier auf Klüpfel (1877), 334: »Der berühmte Homer-Uebersetzer Voß beurtheilte seine [*sc.* Donners] Leistungen günstig und es entspann sich ein freundschaftlicher persönlicher Verkehr zwischen dem alten Meister und dem hoffnungsvollen Schüler.«
12 Donner (1855), 3.

Vergleicht man dies mit dem Voß-Text, dann fallen sofort Ähnlichkeiten und sogar wörtliche Übereinstimmungen auf:

> Singe den zorn, o göttin, des Peleiaden Achilleus,
> Ihn der entbrannt den Achaiern unnennbaren jammer erregte,
> Und viel tapfere seelen der heldensöhne zum Aïs
> Sendete, aber sie selbst zum raub darstellte den hunden,
> Und dem gevögel umher. So ward Zeus wille vollendet:
> Seit dem tag', als erst durch bitteren zank sich entzweiten
> Atreus' sohn, der herscher des volks, und der edle Achilleus.[13]

Sieht man von der Orthographie ab, dann sind beide Fassungen identisch in der zweiten Hälfte des ersten Verses (»des Peleiaden Achilleus«), in der ersten Hälfte des dritten Verses (»Und viel tapfere Seelen«), in der zweiten Hälfte des fünften Verses (»so ward Zeus' Wille vollendet«), am Anfang des sechsten Verses (»Seit *dem* Tag«) und – bis auf eine einzige Silbe – im ganzen V. 7 (Donner: »Beherrscher des Volks«, Voß: »herscher des volks«). Deutliche Anklänge an Voß weist überdies Donners V. 4 f. auf (»aber sie selbst den Hunden zum Raub [...] darbot«; Voß: »aber sie selbst zum raub darstellte den hunden«).

Angesichts dieser frappierenden Übereinstimmungen ist der Blick auf Donners Abweichungen vom Vorbild instruktiv. Auffällig ist eine Tendenz zur syntaktischen Normalisierung. Wo Voß in Nachahmung der griechischen Syntax ungewöhnliche und sperrige Formulierungen gefunden hatte, verwendet Donner gebräuchliche, normgerechte Formen. Ein besonders markantes Beispiel findet sich in unmittelbarer Folge des Proömiums, in V. 11, wo Donner das Subjekt (*der Atride*), das bei Voß am Satzende stand, in die gebräuchlichere und müheloser lesbare Kopfposition rückt:

> *Donner:* Weil der Atride den Chryses, Apollons Priester, verunehrt.
> *Voß:* Drum weil ihm den Chryses beleidiget, seinen priester,
> Atreus sohn.

Mit der syntaktischen Normalisierung geht hier die Eliminierung des Enjambements einher, das sowohl in der griechischen Vorlage als auch bei Voß spannungserzeugend gewirkt hatte. Im Ergebnis hat zwar auch Donners Fassung noch einen literatursprachlich hohen Ton; der elaborierte, hochartifizielle Charakter der Voß'schen Sprache aber wird von Donner zurückgenommen zugunsten einer Annäherung an Normalsprachlichkeit, die bequemes Lesen ermöglicht. Vergleichbares findet sich auch im Proömium: So ersetzt Donner in V. 1 das bei Voß in Nachahmung des Griechischen verwendete Akkusativobjekt *[Singe] den zorn* durch das im Deutschen gebräuchlichere Präpositionalobjekt *[singe] vom Groll*, und verwendet in V. 3 die eingedeutschte Namensform *Hades* an Stelle der von Voß bevorzugten transkribierten Form *Aïs*. Wo Voß in V. 4 f. auf die um 1800 schon verschwundene Bedeutung des Verbs *darstellen* (im wörtlichen, nicht-metaphorischen Sinn: »hinstellen«) zurückgegriffen hatte, substituiert Donner durch das zeitgemäß übliche *darbieten*. Im weiteren Verlauf der Übersetzung werden übrigens häufig (jedoch nicht immer) auch die homerisch-vossischen

---

13   Voß (1793, Bd. 1), 3.

Epitheta ausgesondert, etwa in V. 17, wo Donner die Voß'schen *hellumschienten Achaier* durch das *Volk mit den glänzenden Schienen* ersetzt.

Charakteristisch sind schließlich Donners Veränderungen in der Versgestaltung, insbesondere seine Tendenz, die Zahl der Spondeen zu reduzieren. So wird in V. 7 durch bloßes Hinzufügen einer Vorsilbe – *Beherrscher* statt *herscher* – die Gewichtigkeit des Voß'schen Versanfangs (–––––◡◡–) durch Auflösung eines Spondeus in größere Leichtgängigkeit überführt (–––◡◡–◡◡–). Ähnliches ist hauptsächlich im Versinneren zu beobachten, waren doch am Versanfang Spondeen durch entsprechende Lizenzen in der Versgestaltung der deutschen Literatursprache gedeckt.

Donners Text bietet also letztlich eine Art revidierte Fassung der Voß-Übersetzung, deren Substitut sie im Verlagsprogramm darstellte und die sie zugleich dem Sprachhorizont des deutschen Bildungsbürgertums und vor allem der höheren Schulen (für deren Curricula Buchreihen wie die Langenscheidtsche ja konzipiert waren[14]) anpassen wollte.

Ein halbes Jahrhundert nach Donners Homer erschien die *Ilias*-Übersetzung Thassilo von Scheffers: 1913, kurz vor Beginn des Ersten Weltkriegs, im Zeichen der Legitimationskrise des Humanistischen Gymnasiums. Scheffer (1873–1951) war Privatgelehrter und freier Schriftsteller; mit kulturhistorischen Sachbüchern (darunter mehrere über Homer[15]) erreichte er bis in die Zeit unmittelbar nach dem Zweiten Weltkrieg ein großes Publikum. Sein übersetzerisches Werk ist im Umfang dem von Donner vergleichbar: Es umfasst neben Homer etwa Hesiod, Vergil, Ovid und Seneca, aber auch Zolas *Das Geld* (*L'argent*) und Werke Friedrichs des Großen (für die 10bändige Werkausgabe, die Gustav Berthold Volz 1912/14 in Berlin herausgab).

Wie die Sachbücher, so waren auch die Übersetzungen von Scheffers unbeirrbar neoklassizistischen Auffassungen und seinen volkspädagogischen Zielen bestimmt, dabei aber immer um Ausgleich unterschiedlicher Positionen bemüht. Seine Arbeit war, nach eigenem Bekunden, darauf gerichtet, »die Echtheit und Einfachheit, die ewig gültige Menschlichkeit, die hohe milde Weisheit, die tiefe Innerlichkeit, die zeitlose Wahrhaftigkeit«[16] Homers und der antiken Literatur für gegenwärtige und künftige Leser zu bewahren und zu tradieren.

Schon 1911 (vor Erscheinen seiner *Ilias*) hatte Scheffer in den *Preußischen Jahrbüchern* einen Aufsatz mit dem Titel *Prinzipien einer neuen deutschen Homerübersetzung* veröffentlicht.[17] Hier legte er dar, warum er eine Neuübersetzung Homers für erforderlich und auch für möglich hielt (womit er zugleich ausdrücklich dem Verdikt

14 Zur Lektüre von Übersetzungen im Humanistischen Gymnasium und anderen Schultypen vgl. Häntzschel (1983), 60.

15 *Die Homerische Philosophie* (1921); *Die Schönheit Homers* (1921); *Homer und seine Zeit* (1925).

16 *Odyssee, verdeutscht von Thassilo von Scheffer* (Neu gestaltete Ausgabe), Leipzig 1938, VII; zit. n. Korte (2010), 237.

17 Auf seine eigene Übersetzung hat Scheffer hier übrigens nur in einer Fußnote und ohne Namensnennung hingewiesen, Scheffer (1911), 310 (Anm.): »Nach Abfassung der Arbeit wurde es bekannt, daß für zwei große, deutsche Verlage sogar zwei Dichter am Werke sind [...]. Ein Bruchstück der einen Uebersetzung (v. R. A. Schroeder, Insel-Verlag) liegt bereits vor, die andere [*sc.* die von Scheffer selbst] ist in Vorbereitung bei G. Müller–München.«

Ulrich von Wilamowitz-Moellendorffs widersprach, nach dem durch Voß' Schuld eine Neuübersetzung Homers aktuell unmöglich sei[18]), und erörterte die Problematik der Substitution veralteter, aber kanonischer Übersetzungen:

> Es ist natürlich nicht zu leugnen, daß eine vorhandene Uebersetzung, die durch die Vorliebe unserer Väter uns fast sakrosankt erscheint und auch in ihrer Art bisher das Höchste geleistet hat, das Neuaufkommen und die allgemeine, freudige Anerkennung einer neuen Uebersetzung ungemein erschweren muß. [...] Den guten Voß in allen Ehren, müssen wir doch alle zugeben, daß unsere künstlerische Erziehung an Ohr und Geschmack heute denn doch ganz andere Anforderungen stellt, ja daß ein wirklicher Genuß des Homerischen Epos im Voßschen Gewande einfach unmöglich ist. Und etwas Besseres ist nicht da, wenigstens nicht als Gesamtwerk.[19]

Homer, so Scheffer, war neu zu übersetzen, »oder der Homer geht dem deutschen Volke verloren«[20], weil die Voß'sche Fassung philologisch, in erster Linie aber durch ihre Sprache den gewachsenen Ansprüchen nicht mehr genügte. Die geforderte Neuübersetzung sollte »*die* Uebersetzung [werden], die die äußerliche und innerliche Notwendigkeit so widerspruchslos an sich trägt, daß sie selbstverständlich für einige Jahrhunderte uns als die maßgebende gilt.«[21] Scheffer zeigt hier einen volkspädagogischen Anspruch und ein wilhelminisch geprägtes Fortschrittsbewusstsein, das durchaus an Wilamowitz erinnert.

In der Ausführung aber war ihm, allen Erneuerungspostulaten zum Trotz, seine unvermeidliche Abhängigkeit vom Voß sehr bewusst. Dies betraf nicht so sehr Fragen der Versbildung: Scheffer plädierte für die Verwendung des Originalversmaßes, vorausgesetzt, es wurde nicht metrisch-quantitativ, sondern als »gut-deutsches rhythmisches Gebilde«[22] aufgefasst. Schwierigkeiten sah Scheffer vielmehr dort, wo die Voß'sche Übersetzung treffende, geglückte Formulierungen geprägt hatte:

> Es ist gar nicht zu leugnen, daß unserm Voß [...] ab und zu eine Verdeutschung, die Prägung eines Ausdrucks geglückt ist, wie sie besser nicht gedacht werden kann, ja das tritt öfter ein, als man denkt; selten ist einer seiner Hexameter durchweg haltbar, zuweilen aber der halbe und mehr, und man ist gezwungen zu sagen: Jede andere Verdeutschung ist hier Verschlechterung. Aus diesen Gesichtspunkten entsteht die eine Aufgabe, der ich, offengesagt, früher den Vorzug gab: eine Art revidierten Voß zu schaffen, wobei man sich aber nicht die Ausmerzung einiger heut unmöglicher Wörter und Stellen vorstellen muß, sondern doch eine sehr radikale Umarbeitung, die aber ungescheut beibehält, was auch heute noch für durchaus [*sic*] gut erklärt werden muß.[23]

---

18 Bei Wilamowitz (1891), 341, heißt es: »Treten wir nun der konkreten Aufgabe näher, für die griechische Poesie Formen und Stil in unserer Sprache zu bestimmen, so muß ich eins für zurzeit unübersetzbar erklären, das alte Epos. Das hat Voß zu verantworten.« – Wilamowitz (1891), 330, hatte Voß »Trivialität und Bombast« vorgeworfen, was Scheffer (1911), 304, zitiert und zurückweist.

19 Scheffer, *Prinzipien* (1911), 302.

20 Ebd., 303.

21 Ebd., 300.

22 Ebd., 302.

23 Ebd., 307.

Zwar entschied Scheffer sich letztlich doch gegen eine Voß-Revision und für eine eigene, neue Übersetzung; diese aber konzipierte er nicht als »rigorose« Neufassung,
sondern als eine »eklektische« Arbeit, und zwar »sogar gegen ihren eigenen Willen«[24]. Entscheidend war für Scheffer, dass man der Neufassung den eklektischen Charakter nicht anmerken durfte:

> Man sollte ganz Gefühl und Kenntnis auslöschen, daß es einen Voßschen Homer gibt, und
> dann das neue Gebilde wirklich als etwas Neues, Geschlossenes auf sich wirken lassen und
> zusehen, ob es dann vor dem philologischen Gewissen und dem künstlerischen Ohr und
> den ästhetischen Anforderungen heute bestehen kann.[25]

Angesichts dieser paradoxen Forderung neoklassizistischer Epigonalität überrascht es
nicht, dass auch Scheffers Übersetzung dem Voß'schen Vorbild in sehr hohem Maß
verpflichtet blieb. Das Proömium lautet hier:

> Singe, o Göttin, den Groll des Peleïaden Achilleus,
> Wie unselig er schuf ein endlos Leid den Achaiern,
> Viel starkmütige Seelen der Helden entsandte zum Hades,
> Helden, die er nun ließ zum Raube liegen den Hunden
> Und den Geiern zum Fraß – so ward Zeus' Wille vollendet –
> Seit dem Tage, da einst in streitendem Hader sich trennten
> Atreus' Sohn, der Gebieter des Volks, und der hehre Achilleus.[26]

Wie bei Donner, so wurden auch hier Versteile und manchmal ganze Verse unverändert
oder kaum verändert übernommen, darunter dieselben Stellen in V. 1 (die Formel *des
Peleïaden Achilleus*), V. 5 (*so ward Zeus' Wille vollendet*), V. 6 (*Seit dem Tage*) und V. 7
(*Atreus' Sohn, der Gebieter* [anstatt: *Beherrscher*] *des Volks, und der hehre* [anstatt: *der
edle*] *Achilleus*), die auch Donner schon beibehalten hatte. Mit Donner vergleichbar ist
auch das Bestreben, den artifiziellen Charakter der Voß'schen Sprache abzuschwächen.
So hebt Scheffer durch eine einfache Wortumstellung die gesperrte Stellung des Ge-
nitivus subiectivus auf: *Groll* und *des Peleïaden Achilleus* werden nicht mehr, wie bei
Voß, durch die Götteranrufung voneinander getrennt, sondern folgen unmittelbar
aufeinander.

Auffällig ist auch, dass Scheffer häufig Vokabeln des Voß-Textes durch andere substituiert, ohne dass der Grund für diese Substitutionen immer deutlich erkennbar wäre.
Lässt sich beispielsweise die Ersetzung von *erst* durch *einst* (V. 6) noch als Adaption an
modernen Sprachgebrauch erklären, so liegt an anderen Stellen – etwa *in streitendem
Hader* statt *durch bittern zank*, und *sich trennten* statt *sich entzweiten* (beides V. 6) –
nahe, dass Scheffers Variation wohl auch der Legitimierung seiner Arbeit diente, die er
bei allzu großer Nähe zu Voß eben doch gefährdet gesehen hätte. (Den Voß'schen *zorn*
in V. 1 hatte vor Scheffer schon Donner durch *Groll* ersetzt; Latacz hat jüngst ebenfalls
für *Groll* plädiert, weil dies einen »chronischen Erzürntheitszustand«[27], im Unterschied zum jäh aufwallenden »Zorn«, ausdrücke).

---

24   Scheffer, *Prinzipien* (1911), 308.
25   Ebd.
26   Scheffer, *Ilias* (1913), 1.
27   Latacz (2000), 13.

Auch für Scheffer blieben letztlich die epigonale Übernahme, die Variation und Modifikation des Voß-Textes Programm. Neuauflagen bis in die Zeit nach dem Zweiten Weltkrieg[28] weisen Scheffers Fassung als die – neben Voß natürlich – erfolgreichste in den ersten Jahrzehnten des 20. Jahrhunderts aus: Über die Katastrophen der Weltkriege hinweg blieb der deutsche Homer klassizistisch. Der kanonische Status von Voß blieb dabei unangetastet.

Eine weitere deutsche *Ilias* erlangte nach 1945 Bedeutung, deren Entstehung ebenfalls in die Zeit des Ersten Weltkriegs zurückreicht: die von Rudolf Alexander Schröder. Sie ist der Arbeit Scheffers in manchen Aspekten vergleichbar und kann im Ganzen als deren Komplement beschrieben werden.[29] Auch Schröder (1878–1962) war ein außerordentlich produktiver Übersetzer aus alten und neuen Sprachen; neben Homer übertrug er u. a. Vergil, Horaz und Cicero, Shakespeare, Corneille und Racine. Außerdem trat er als vielseitiger und formbewusster Lyriker, Essayist und Redner auf, der seine eigenen Arbeiten stets in die Traditionen der Weltliteratur stellte:

> Das Gefühl des Eingegliedertseins in einen jahrtausendealten Zusammenhang hat [...] die Ausgangspunkte meiner dichterischen Arbeit bestimmt. Namentlich in der Richtung, daß ich mich niemals als ein Neubeginner, Neutöner oder Verhänger neuer Tafeln, sondern als Fortsetzer, mitunter sogar – und zwar mit Vergnügen – als Wiederholer empfunden habe. [...] Was innerhalb dieser Konstanz an Neubildung, an Entwicklung, an Weiterzeugung vor sich geht, geschieht auf dem Wege der Variation oder Permutation.[30]

Neben den literarischen Aktivitäten arbeitete Schröder auch als Architekt; in der Zeit des Nationalsozialismus schloss er sich der Bekennenden Kirche an und wirkte als Prediger. Nicht zuletzt wegen dieser Integrität der Inneren Emigration wurde er schließlich zu einem vielgeehrten Repräsentanten der westdeutschen Nachkriegsliteratur, in der er eben für die Kontinuität der Tradition und den erneuerten Anschluss an die Weltliteratur stand.

Unter seinen zahlreichen Übersetzungen nimmt die *Ilias* insofern eine besondere Position ein, als sie Schröder durch drei Jahrzehnte hindurch begleitete und als Lebenswerk gelten kann: 1910 hatte Schröder eine Übersetzung der *Odyssee* veröffentlicht;[31] unmittelbar im Anschluss daran fasste er den Plan, auch die *Ilias* ins Deutsche zu übertragen, aber erst 1943 wurde diese Arbeit beendet und gedruckt.[32]

---

28 Zuletzt erschien 1958 (parallel in Leipzig und Bremen) die *Odyssee* in 6., die *Ilias* in 5. Auflage.

29 Korte (2010) behandelt die *Odyssee*-Übersetzungen von Scheffer und Schröder in diesem Sinn unter dem gemeinsam Titel »Der Homer der Dichter«.

30 Schröder, *Nachwort* (1940), 1179.

31 Zunächst als bibliophiler Druck: *Die Odyssee, neu ins Deutsche übertragen von Rudolf Alexander Schröder, mit [...] Holzschnitten von Aristide Maillol*, Leipzig/Weimar 1910 (Druck der Cranach-Presse 17; gedruckt in 425 Exemplaren, davon 350 verkäuflich). 1911 folgte im Leipziger Insel-Verlag eine gewöhnliche Buchhandels-Ausgabe.

32 Die *Ilias* erschien im S. Fischer Verlag, der – nach dem Tod Samuel Fischers (1934) und dem Weggang von Fischers Schwiegersohn und Nachfolger, Gottfried Bermann, ins Exil – damals von Peter Suhrkamp geleitet wurde. Daher lautet die Angabe auf dem Titelblatt mehrere Jahre vor Suhrkamps eigener Verlagsgründung »Suhrkamp Verlag Berlin«.

Dass Schröders Arbeit auch auf der Grundlage genauer Kenntnisse der Über-
setzungsgeschichte Homers und zumal der Voß'schen Übersetzung beruhte, zeigt eine
Neuausgabe der Voß'schen *Odyssee* durch Schröder, die 1940 mit einem Nachwort des
Herausgebers erschien. Hier heißt es:

> Johann Heinrich Voß hält nun seit bald anderthalb Jahrhunderten die Palme der Homer-
> übersetzung. Andre sind im Lauf der Generationen neben ihn getreten, verdrängt hat ihn
> bislang keiner […] jeder Versuch einer neuen Übertragung wird auf seinen Schultern ste-
> hen. Seine Odyssee in der heut allgemein gelesenen ersten Fassung hat vielleicht nicht die
> ganze Fülle, aber viel von der klaren, knappen, durchdringenden Helligkeit und Kraft des
> homerischen Wortes. Wenn bei der Ilias Versteifungen und Härten sich in beträchtli-
> cherer Anzahl finden, so liegt das mit an den Schwierigkeiten, die gerade dies Meisterwerk
> aller Meisterwerke dem modernen Übersetzer in den Weg stellt.[33]

Der kanonische Rang der Voß'schen Übersetzung wurde von Schröder anerkannt,
allerdings mit ausdrücklichem Bezug auf die erste Fassung der *Odyssee* von 1781. Der
radikalere Kunstcharakter der Ausgabe von 1793 erschloss sich Schröder offenkundig
nicht; vielmehr sah Schröder darin nur »Versteifungen und Härten« gegenüber dem
großen ersten Wurf der 1781er *Odyssee*. Besondere Skepsis hatte er im Blick auf den
deutschen Hexameter; er nannte ihn einen

> theoretischen Sündenfall erster Ordnung […], der sich an seinen Begehern »bis ins dritte
> und vierte Glied« durch eine Reihe unlösbarer Einzelschwierigkeiten rächt, aber an-
> scheinend mit dem ersten Sündenfall den Anreiz immer neuer Verlockung teilt.[34]

Die hier zum Ausdruck kommende Ambivalenz zwischen Anerkennung von Voß' litera-
turhistorischer Bedeutung einerseits und Beschränkung der Anerkennung auf die Früh-
fassung der *Odyssee* andererseits, zwischen Eingeständnis der »Verlockung«, die von
Voß' Programm der Hexameter-Nachbildung ausgehe, und grundlegenden Zweifeln an
der Realisierbarkeit dieses Programms, ist bezeichnend. Hinter derartigen Ambiva-
lenzen ist jedoch stets auch Schröders Bekenntnis zur Tradition zu sehen. Aus
Schröders Sicht hat der Voß'sche Homer gewissermaßen unwiderrufliche literar-
geschichtliche Fakten geschaffen: Determinationen, die Schröder anerkannte und
denen er sich überhaupt nicht zu entziehen versuchte. Im Nachwort seiner *Ilias*-
Übersetzung heißt es demgemäß:

> Die Begegnung unsrer Klassiker mit Homer ist ein geistesgeschichtliches Ereignis von so
> tief und weit reichenden Folgen gewesen, daß auch die Formen dieser Begegnung für alle
> deutschen Folgezeiten irgendwie bestimmend bleiben werden.[35]

---

33 Schröder, *Einleitung* (1940), XII f.
34 Ebd., VIII.
35 Schröder, *Nachwort* (1943), 571. – Mit seiner Anerkennung der Leistung von Voß widersprach
    Schröder übrigens auch seinem Freund Rudolf Borchardt, der bei der Entstehung der Homer-
    Übersetzung wichtiger Gesprächspartner und sprachkundiger Berater gewesen war. Borchardt hatte
    in einem Brief an Schröder einmal das »Bestehen niederer Vorarbeiten wie Stolberg Bürger Voss«
    eine »Gewähr für das Weiterkommenmüssen« von Schröders Homer-Übersetzung genannt; an
    Schröder, 17.8.1907, in: Borchardt/Schröder, *Briefwechsel* (Bd. 8, 2001), 110.

Die Frage lautete für Schröder deshalb nicht, *ob* die Formen des Voß'schen Homer bestimmend bleiben sollten, sondern *wie* sie wiederholt, permutiert, variiert werden konnten. Schröders Übersetzung des *Ilias*-Proömium lautet:

> Sing, o Muse, den Zorn des Peleussohnes Achilleus,
> Unheilszorn, der Leiden, unzählige, schuf den Achaiern,
> Tapferer Seelen viel, gar viel dem Aïdes hinwarf,
> Heldenvolk, und ließ ihren Leib den Hunden zum Raube,
> Gab ihn den Vögeln zum Fraß; und ward Zeus' Wille vollendet,
> Seit dem Tag, da hadernd die zween voneinander getreten,
> Atreus' Sohn, der Heger des Heers, und der starke Pelide.

Auch Schröder, so zeigt sich, greift noch auf Voß'sche Formulierungen zurück, wenngleich in geringerem Maß, als Donner und Scheffer dies getan hatten. Und wieder sind es dieselben Wendungen, die übernommen werden: das Ende von V. 5 und der Anfang von V. 6 (*ward Zeus' Wille vollendet* und *Seit dem Tag*). Auch in V. 3 (*Tapferer Seelen viel*) und V. 4 (*den Hunden zum Raube*) sind die Anklänge offenkundig. Und in der Verwendung der griechischen Wortform *Aïdes* (V. 3) geht Schröder wieder auf Voß zurück – hinter Scheffer und Donner, die im Interesse einer normalisierten Sprache die eingedeutschte Namensform *Hades* bevorzugt hatten.

Bemerkenswerter als diese erneut anzutreffende Praxis wörtlicher Übernahmen ist jedoch, dass Schröder zwischen dem Bereich des Formal-Metrischen einerseits und dem des Lexikalisch-Semantischen auf der anderen Seite einen Unterschied geltend machte (er sprach vom »formalen« und »materiellen« Problem[36]), und dass er sein Verhältnis zu Voß für beide Bereiche verschieden konzipierte. Für die Gestaltung der Verse hatte er sich eingehend mit der Geschichte des deutschen Hexameters befasst und insbesondere die Hexameter Klopstocks, Goethes, Hölderlins und eben die von Voß studiert, wovon neben dem Übersetzungsnachwort auch Schröders Briefe an Rudolf Borchardt zeugen.[37] Voß blieb für Schröder, angesichts allzu freier Versgestaltung bei den anderen Vorbildern, letztlich der wichtigste Impulsgeber, ohne dass Schröder allerdings (wie Voß es ja getan hatte) eine Identität zwischen griechischem und deutschem Vers für möglich hielt und anstrebte.[38] Wichtigstes Indiz für die Kenntnis der Versgesetze und der Versgeschichte ist stets die Verwendung von Spondeen, die bei Schröder – anders als bei Donner und Scheffer – von größter Sorgfalt und Regelmäßigkeit zeugt. So ist in der Benutzung von Komposita (z. B. V. 2 *Unheilszorn*: ———) und einsilben Wörtern (z. B. V. 3 *viel, gar viel*: ———) für den Bau deutscher Spondeen die Schule Voß' unverkennbar; und wo Scheffer übersetzt hatte: *Singe, o Göttin* (V. 1), heißt es bei Schröder: *Sing, o Muse*, weil Schröder die Interjektion *o* als

---

36   Vgl. Schröder, *Nachwort* (1943), 544.
37   Vgl. z. B. die Briefe vom 7.8.1908 und 1.2.1909, in: Borchardt/Schröder, *Briefwechsel* (Bd. 8, 2001), 153–155 bzw. 227–235.
38   Schröder konzipierte seinen Vers lediglich als ein dem griechischen Vorbild »*ähnliches* Gebilde«, vgl. *Nachwort* (1943), 550.

longum auffasst (dies allerdings im Unterschied zu Voß[39]) und auf diese Weise auch den störenden Hiat eliminieren kann. Deutlich wird allerdings auch, dass Schröder mit Trochäen (»unechten Spondeen«[40]) weniger streng als Voß verfährt; die tonlose Nebensilbe »-den« in *Heldenvolk* (V. 4, – – –) hätte Voß nicht als *longum* akzeptiert. Dennoch: Im Versbau zeigt sich Schröder als Kenner und Nachfolger der Voß'schen Silbenlehre.

Mit Blick auf den anderen Problemkreis, den des Lexikalisch-Semantischen, sind die letzten beiden Verse des Proömiums besonders auffällig. Hier bietet Schröder mit *voneinander getreten* eine überraschend »wörtliche« Lösung (διαστήτην; anstelle der sonst meist verwendeten Vokabel *sich entzweien*); vor allem aber gibt er mit den altertümlichen Wörtern *zween* und *Heger* und der alliterierenden Wendung *Heger des Heers* seiner Übersetzung einen archaischen Charakter. Ähnliche Archaismen prägen die gesamte Übersetzung Schröders. Er suchte damit, wie er im Nachwort erläutert,[41] zunächst begriffliche Defizite der deutschen Gegenwartssprache zu kompensieren. Überdies wollte er durch diesen »Rückstieg vom Boden unsrer heutigen Denk- und Sprechweise in das Altertum unsrer eigenen Sprache und Sitte«[42] die historische Relation des modernen Lesers zur archaischen Welt des Epos sinnfällig machen. Schließlich erreichte Schröder – was für die hier besprochenen Zusammenhänge ausschlaggebend ist – mithilfe des archaischen Wortschatzes eine effektive Distanzierung von Voß'scher Übersetzungssprache.[43]

Schröder, der sein Verhältnis zu Voß nicht im Spannungsfeld von Epigonentum und Emanzipation reflektierte, sondern unter dem Aspekt des »Eingegliedertseins«[44] in eine Tradition, der er sich verpflichtet wusste, begriff seine Gestaltung des deutschen Hexameters also geradezu als eine *aemulatio* gegenüber dem Voß'schen Vorbild, während er sich gleichzeitig durch sein archaisierendes Vokabular vom Voß'schen Sprachduktus entschieden löste. Rudolf Borchardt hat in diesem doppelten Verfahren einen unbefriedigenden Kompromiss gesehen und Schröders *Ilias* »teils ein abgebrochenes Wagnis [...], teils ein zurückgenommenes«[45] genannt. Auf dem Buchmarkt der Nachkriegszeit hat sich Schröders Fassung dennoch (oder gerade deshalb) neben der Thassilo von Scheffers etablieren können.[46]

---

39 Zwar betrachtete Voß die »stärkeren Ausrufe« wie »Ach« und »ei« als lang, weniger nachdrückliche Interjektionen wie »das verbrauchte o« aber als mittelzeitig; in Voß' *Ilias* wird »o« überwiegend kurz verwendet; vgl. Voß, *Zeitmessung* (1802), 16 f.
40 Schröder, *Nachwort* (1943), 560.
41 Vgl. Schröder, *Nachwort* (1943), 566.
42 Ebd., 567. – Hier ist auch eine Nähe zu den archaisierenden Übersetzungsstrategien Rudolf Borchardts offenkundig; vgl. dazu Schmidt (2008) und Lubitz in Kitzbichler/Lubitz/Mindt (2009), 229–235.
43 Zu Voß' eigenen archaisierenden Strategien vgl. Häntzschel (1977), 141 ff.
44 S. o. S. 149.
45 An Schröder, Dezember 1944; in: Borchardt/Schröder, *Briefwechsel* (Bd. 9, 2001), 655 f.
46 Scheffers *Ilias* hat nach 1945 zwei Neuauflagen erlebt (1947 und 1958); Schröders Fassung wurde nach dem Erstdruck von 1943 wieder innerhalb von Schröders Werkausgabe (Bd. 4, 1952) gedruckt, außerdem in einer Lizenzausgabe des Suhrkamp-Verlags (1963).

Wenn man die Geschichte des deutschen Homer als Geschichte der Emanzipation von Voß auffasst, dann müssen die Übersetzungen Wolfgang Schadewaldts als die ersten gelten, die mit Erfolg eine weitgehende Unabhängigkeit vom klassischen Muster erreicht haben. Schadewaldt (1900–1974) war Klassischer Philologe und hat auch als Philologe Homer in den Mittelpunkt seiner Arbeit gestellt.[47] Neben Homer galt seine Arbeit – wiederum die philologische *und* die übersetzerische – vorrangig der attischen Tragödie und der frühgriechischen Lyrik; es liegen Übersetzungen von Aischylos, Sophokles und Sappho vor. Schadewaldt betrachtete das Übersetzen (darin den Frühromantikern nahe, aber in gewisser Weise auch seinem Lehrer Wilamowitz) als genuine Aufgabe des Philologen.[48] Mit seinem Konzept des »dokumentarischen Übersetzens«[49] prägte er in den vergangenen Dezennien – zumindest im Umkreis der Klassischen Philologie – den Theoriediskurs zum Übersetzungsproblem.

Dass Schadewaldts Emanzipation von Voß sich als langwieriger Prozess vollzog, wird aus den verschiedenen Formentscheidungen deutlich, die er im Zusammenhang seiner Homer-Übersetzungen traf: Frühere Versuche, die sich in Schadewaldts Nachlass erhalten haben (darunter Passagen aus der *Odyssee* aus den Jahren 1944/45), sind noch in Voß'schen Hexametern gefasst.[50] Im Druck der *Odyssee* von 1958 verzichtete Schadewaldt jedoch vollständig auf eine Versbindung (übrigens mit Berufung auf Goethe, der sich in *Dichtung und Wahrheit* für die Verwendung von Prosa in Homer-Übersetzungen ausgesprochen hatte[51]); in der 1975[52] erschienenen *Ilias* schließlich kehrte er zu einer gebundenen Sprachform zurück und verwendete freirhythmische, sich dem Hexameter gelegentlich annähernde Verse. Zugleich bewunderte aber auch Schadewaldt den Voß'schen Homer als literaturgeschichtliches Ereignis, als »große Sprachschöpfung«, die »den Homer dem Deutschen angeeignet«[53] habe.

Bezeichnend ist, dass Schadewaldt die Notwendigkeit einer Neuübersetzung nicht aus dem seit Voß veränderten Sprachstand oder den Fortschritten der Philologie begründete, sondern in ästhetisch-zeitloser Argumentation mit der grundsätzlichen Inadäquatheit des deutschen Hexameters und der Wesensfremdheit der Homerischen und der Voß'schen Sprache: Die Hexameter machten, so Schadewaldt, wegen der Kürze des deutschen Ausdrucks immer Dehnungen und »Füllsel« notwendig, Voß' Spra-

---

47 Vgl. vor allem die *Ilias-Studien* (1938).

48 Allerdings ohne Wilamowitz' Ausschließlichkeit und nationalpädagogische Schärfe. Der während des 19. Jahrhunderts oft unversöhnlich ausgetragene Streit über Philologen- und Dichterübersetzungen und deren jeweilige Berechtigung (zu einigen wichtigen Positionen vgl. Lubitz in Kitzbichler/Lubitz/Mindt [2009], 181–207) hatte mittlerweile an Bedeutung verloren.

49 Im Unterschied zum »transponierenden Übersetzen«, vgl. Mindt in Kitzbichler/Lubitz/Mindt (2009), 277–297.

50 Vgl. Mindt in Kitzbichler/Lubitz/Mindt (2009), 279 (Anm.).

51 Vgl. Schadewaldt, *Zur Übersetzung* (1965), 433 f., und Goethe, *Dichtung und Wahrheit* (1988, Bd. 9), 493 f.

52 Schadewaldts *Ilias* wurde postum gedruckt; Schadewaldt war 1974 nach Durchsicht der Manuskripte gestorben.

53 Schadewaldt, *Zur Übersetzung* (1975), 425. – Schadewaldt bezieht sich auf die *Odyssee* von 1781 und die *Ilias* von 1793, ohne auf die spätere *Odyssee*-Fassung von 1793 einzugehen.

che zeichne sich aus durch »einen ebenso pietistisch-erregten wie idyllischen Charakter«.[54] In Voß' Übersetzung seien deshalb die »Naivität«[55], die Schadewaldt im Homerischen Epos erblickte, und sein »Lakonismus«[56] verzerrt. Daraus ergab sich für Schadewaldt die Notwendigkeit einer radikalen Erneuerung der Übersetzungssprache, einer Übertragung in ein »völlig neues Sprachterrain«[57]. Das Proömium der *Ilias* lautet bei Schadewaldt:

> Den Zorn singe, Göttin, des Peleus-Sohns Achilleus,
> Den verderblichen, der zehntausend Schmerzen über die Achaier brachte
> Und viele kraftvolle Seelen dem Hades vorwarf
> Von Helden, sie selbst aber zur Beute schuf den Hunden
> Und den Vögeln zum Mahl, und es erfüllte sich des Zeus Ratschluß –
> Von da beginnend, wo sich zuerst im Streit entzweiten
> Der Atreus-Sohn, der Herr der Männer, und der göttliche Achilleus.[58]

Tatsächlich wird hier durch die freien Rhythmen, vor allem aber durch den versachlichten Ausdruck der deutsche Homer in grunderneuerter Sprache präsentiert; dies im Detail nachzuweisen, erübrigt sich. Und doch lassen sich auch bei Schadewaldt noch Voß-Spuren aufdecken, und zwar in zweierlei Hinsicht.

Zum einen finden sich hier und da immer noch Formulierungen, die offenkundig von Voß übernommen wurden, allerdings nicht im Proömium (wenn man nicht in V. 1 den *Zorn* als Rückkehr zu Voß verstehen will, nachdem bei Donner und Scheffer von *Groll* die Rede gewesen war). So übernimmt Schadewaldt, teils in variierter Form, Voß'sche Epitheta wie *Ferntreffer* (V. 14) oder *Wolkensammler* (V. 511). Und selbst Versteile der Voß'schen Übersetzung werden aufgegriffen, etwa in V. 9 f., wo Schadewaldt sogar die veraltete Dativ-Endung (*dem Könige*) beibehält:

> *Schadewaldt:*   Denn der, dem Könige zürnend,
> Erregte eine Krankheit im Heer [...].
> *Voß:*   Denn der, dem könige zürnend,
> Sandte verderbliche seuche durchs heer [...].

Aufschlussreich sind auch hier die Differenzen in der Ähnlichkeit. So lautete V. 12 f. bei Voß:

> Denn er kam zu den rüstigen schiffen Achaia's,
> Frei zu kaufen die tochter, und bracht' unendliche lösung [...].

54 Schadewaldt, *Zur Übersetzung* (1975), 425. – Vgl. auch Schadewaldt, *Zur Übersetzung* (1965), 435: »[E]in deutscher hexametrischer Homer [ist] ein in die Breite gegangener, gestreckter, behäbig und füllig gewordener Homer«.
55 Schadewaldt, *Zur Übersetzung* (1975), 426.
56 Ebd., 425. Vgl. auch Schadewaldt, *Zur Übersetzung* (1965), 435. – Schadewaldt bezieht sich hier auf eine Äußerung Goethes in einem Brief an den Homer-Übersetzer Joseph Stanislaus Zauper vom 6.8.1823.
57 Schadewaldt, *Zur Übersetzung* (1975), 426. – Vgl. *Zur Übersetzung* (1965), 436.
58 Schadewaldt, *Ilias* (1975), 7.

Schadewaldt ersetzt das veraltete Wort *rüstig* durch *schnell*, fügt die bei Voß dem Vers zum Opfer gefallene Konjunktion *Um* und die ebenfalls aus metrischen Gründen apostrophierte Endung des Verbs *brachte* wieder ein:

> Der kam zu den schnellen Schiffen der Achaier,
> Um freizukaufen die Tochter, und brachte unermeßliche Lösung [...].

Auffallend ist, dass Schadewaldt das Nomen *Lösung*, obwohl in der Wortbedeutung (»Lösegeld«) veraltet, beibehält, und dass er – vielleicht um den Hexameter-Schluss (*bracht' unendliche lösung*: —— ◡◡—◡) und damit einen allzu »vossischen« Ton zu vermeiden – *unendliche* durch *unermeßliche* ersetzt.

Zum anderen übernimmt Schadewaldt von Voß das Prinzip der Wahrung der griechischen Wortfolge und geht in diesem Punkt sogar deutlich über Voß hinaus. Wo beispielsweise Voß in V. 1 den Imperativ in die Anfangsposition gesetzt hatte (*Singe den zorn*), rückt Schadewaldt in Übereinstimmung mit dem Griechischen das Objekt, *Den Zorn* (Μῆνιν) nach vorn, wo es für das Epos die Funktion einer Überschrift erhält. Ein weiteres Beispiel bietet V. 3 f., wo Schadewaldt die gesperrte Stellung des Genitivs imitiert: *viele kraftvolle Seelen dem Hades vorwarf / Von Helden*, während Voß den Genitiv unmittelbar an das Bezugswort angeschlossen hatte: *viel tapfere seelen der heldensöhne zum Aïs / Sendete*. Dass es im Deutschen häufig (jedenfalls häufiger als in den meisten anderen modernen europäischen Sprachen) möglich ist, die Wortstellung des Griechischen nachzubilden, galt dem deutschen Klassizismus als Argument für eine besonders enge (Wesens-)Verwandtschaft zwischen der deutschen und der griechischen Sprache. In Schadewaldts Sprach- und Dichtungsverständnis hatte die Wortstellung eine andere, womöglich aber noch prominentere Bedeutung: Sie war wesentlicher Garant seiner Wortontologie, sie war, wie es im *Ilias*-Nachwort heißt, »für die Struktur des Gedankens wichtig« und sollte der Übersetzung »in der speziell homerischen Gedankenfolge der Diktion auch den poetischen Charakter und das Substantielle«[59] des Originals wahren.

Schadewaldts erneuerter Homer, der doch in »völlig neues Sprachterrain«[60] übersetzt werden sollte, steht also nach wie vor auf dem von Voß bereiteten Boden und im selben übersetzungsgeschichtlichen Kontinuum wie der Voß'sche Homer. (Im Unterschied dazu führt übrigens von Voß und den anderen Homer-Übersetzern des 18. Jahrhunderts keinerlei Verbindung zu den frühneuzeitlichen Verdeutschungen Simon Schaidenreissers [*Odyssee* 1537] und Johannes Sprengs [*Ilias* 1610] zurück). Schadewaldt hat eine Erneuerung und Emanzipation erreicht, aber keine völlige Ablösung von Voß, der nach wie vor präsent bleibt, sei es in einzelnen Wörtern und Wendungen, sei es in der Umdeutung des originär klassizistischen Prinzips einer Mimesis der Wortfolge im Sinn Schadewaldt'scher Wortontologie. In der Versgestaltung führte Schadewaldts Weg vom Voß'schen Hexameter in den frühen Ent-

---

59 Schadewaldt, *Zur Übersetzung* (1975), 426. – Neben der Wahrung der Wortfolge waren Vollständigkeit der Übersetzung und Wahrung der bildlichen Vorstellungen die Eckpfeiler von Schadewaldts Konzept der »dokumentarischem Übersetzen; vgl. Mindt in Kitzbichler/Lubitz/Mindt (2009), 286–291.

60 S. o. S. 154.

würfen über radikal anti-vossische Prosa in der *Odyssee* schließlich zu einer Versbindung, die sich gegenüber Voß eigenständig zeigt: von der Imitation des Vorbilds über die Radikalopposition zur souveränen Gestaltung eines »zeitgemäßen« Hexameter-Substituts.

Es hat sich gezeigt, so ist zu resümieren, dass das Voß'sche Muster in allen hier stichprobenartig betrachteten Homer-Übersetzungen durchweg erkennbar blieb und selbst in denjenigen Versionen noch durchscheint, die als Erwiderung auf und Einspruch gegen Voß gedacht waren (Schröder, Schadewaldt), sei es durch die Übernahme von Wörtern und Formulierungen oder durch die Bauweise der deutschen Hexameter. Eine Ausweitung der Untersuchung auf größere Textpassagen und auf andere Übersetzungen würde weitere Elemente der Übersetzungssprache von Voß aufzeigen, die tradiert wurden, beispielsweise die Praxis der Nachstellung von Adjektiv-Attributen oder die Imitation der griechischen Enjambements. Auch so ist aber zu konstatieren, dass Homer-Übersetzungen nach Voß in einzigartiger Weise auf Voß bezogen geblieben sind, Voß imitierten, variierten oder manchmal auch nur plünderten. Bis in die Gegenwart hinein sind Homer-Übersetzer doppelt gebunden: an den Text des griechischen Epos und an die Übersetzung durch Voß. Man kann dabei grob unterscheiden zwischen solchen Übersetzungen, die als moderate Revisionen des kanonischen Textes gedacht waren und Voß den Bedürfnissen eines neuen Publikums zu adaptieren suchten, und solchen, die Voß vom Thron stoßen, ihn vollständig substituieren wollten. Der erste Typus, dem die Übersetzungen Donners und Scheffers zuzurechnen sind, lässt sich ungefähr mit Häntzschels zweiter Gruppe (»epigonale Übersetzungen«)[61] korrelieren, der zweite, den Schadewaldt und *cum grano salis* auch Schröder vertreten, mit Häntzschels dritter Gruppe (»Gegenbewegung« zu Voß und den Voß-Epigonen); allerdings ist zu beachten, dass die veränderten Bedingungen des 20. Jahrhunderts Modifikationen und Grenzverschiebungen in den Typologien bewirkt haben, und dass Typologisierungen dieser Art generell unscharfe Grenzen aufweisen. Beiden hier vorgeschlagenen Typen ist ein Moment der *aemulatio* gemeinsam: Nur durch die Behauptung, mit dem »verbesserten« Voß auch einen »besseren« Homer bieten zu können, lassen sich, wenn bereits eine als gültig betrachtete Übersetzung existiert, Neuübersetzungen überhaupt legitimieren, nur im Konzept der *aemulatio* sind Anerkennung des kanonischen Textes und Abweichung von ihm vereinbar.

Eine echte emanzipatorische Zäsur wird durch die Übersetzung Wolfgang Schadewaldts markiert – aber auch nach Schadewaldt hat sich an der Situation nichts wesentlich geändert, dass Homer-Übersetzer ihre Arbeit in erster Linie an Voß messen und auf Voß beziehen, wie zwei Beispiele belegen mögen. 1979 (vier Jahre nach Schadewaldt) erschien die *Ilias*-Übersetzung von Roland Hampe. Im Unterschied zu Schadewaldt hielt Hampe den Hexameter für unverzichtbar. Zur Legitimierung seiner Arbeit verwies er daher hauptsächlich auf die seit Voß stattgefundene Wandlung der Sprache:

---

61 Vgl. oben S. 143.

Die alte Übersetzung von Johann Heinrich Voß, vor rund 200 Jahren erschienen, war für das damalige Publikum etwas durchaus Neues, sowohl in der Übersetzung in deutsche Hexameter als in sprachlicher Hinsicht. Aber die deutsche Sprache hat sich seither gewandelt.[62]

Hampes Übersetzung weist eine große Zahl von Voß-Anklängen auf und ist im Ganzen den »Voß-Revisionen« zuzurechnen. Im scharfen Kontrast dazu steht die umstrittene *Ilias* von Raoul Schrott (2008 erschienen). Der literaturgeschichtliche Rang der »zu recht berühmten Voßschen Version« wird von Schrott zwar nach wie vor anerkannt. Allerdings scheint sich Voß aus zweihundertjähriger Distanz kaum mehr von seinen Epigonen aus dem 19. Jahrhundert zu unterscheiden:

Sieht man das Übersetzen als Überfahrt über den Fluß der Zeit hinweg, so wollen sie [*sc.* die Übersetzer] zwar alle wieder zurück an das homerische Ufer, bleiben jedoch regelmäßig an den Sandbänken des 19. Jahrhunderts hängen – noch die modernsten Übersetzungen glauben ja, auch sprachlich dem Status gerecht werden zu müssen, den Homer zur Zeit der deutschen Klassik gewann.[63]

Als übermächtiges, kaum überwindbares Muster erscheinen hier gleichermaßen die »Sandbänke des 19. Jahrhunderts« und die »deutsche Klassik«. Ein Verweis auf Schadewaldt fehlt bezeichnenderweise. Tatsächlich lassen sich auch in Schrotts Übersetzung, die doch in ihrem alltagssprachlichen Duktus als radikale Innovation gedacht war, noch zahlreiche Rückgriffe auf altertümlichen Wortschatz und sogar (allerdings vereinzelt) Anklänge an Voß nachweisen.

Ob Schrotts *Ilias* sich auf Dauer durchsetzen kann, bleibt abzuwarten. Bemerkenswert ist, dass im 19. Jahrhundert die sehr zahlreichen Versuche einer Radikalopposition zu Voß – beispielsweise die Übersetzung der *Odyssee* in deutsche Nibelungenstrophen durch Ernst Johann Jakob Engel (1885) oder in Stanzen durch Theodor Dann (1894), um nur diese beiden zu nennen – durchweg und vollständig erfolglos geblieben sind. Dagegen ergab sich bei Übersetzungen, die die Kontinuität zum kanonischen Muster gewahrt haben, offenbar ein wechselseitiger Profit. Es ist nicht nur so, dass Voß'sche Wendungen und Formen, weil sie als kanonisch gelten und mehr oder weniger vertraut klingen, auch häufig als bestmögliche Übersetzungslösungen erscheinen und deshalb in Neuübersetzungen übernommen werden (wobei unerheblich ist, ob dies bewusst oder unbewusst geschieht). Wenn, wie Häntzschel schrieb, Voß' Übersetzung sich bislang »von keiner anderen verdrängen« ließ, ihrerseits aber »alle Konkurrenten nach kürzerer oder längerer Zeit mehr oder weniger endgültig in Vergessenheit« bringen konnte,[64] dann ist zu ergänzen, dass Übersetzer, die ihre eigene Arbeit sichtbar an das kanonische Muster angebunden haben und die auf diese Weise das Voß'sche Formenrepertoire weiter tradieren und den kanonischen Status des Vorbilds konsolidieren, damit oft auch ihren eigenen Erfolg befördern konnten.

---

62 Hampe, *Ilias* (1979), 563.
63 Schrott, *Zu dieser Fassung* (2010), XXXI f.
64 Häntzschel (1983), 50.

Literaturverzeichnis

Quellen

Borchardt, Rudolf/Schröder, Rudolf Alexander, *Briefwechsel*, in Verbindg. m. d. Rudolf Borchardt-Archiv bearb. v. Elisabetta Abbondanza, München 2001 (= Rudolf Borchardt, *Gesammelte Briefe*, Bd. 8: 1901–1918, Bd. 9: 1919–1945).

Donner, Johann Jakob, *Homer's Werke. Deutsch in der Versart der Urschrift von J. J. C. Donner*, T. 1: *Ilias*, Stuttgart 1855, T. 2: *Odyssee*, Stuttgart 1858.

Gervinus, Georg Gottfried, *Geschichte der deutschen Dichtung* (4., gänzlich umgearbeitete Ausgabe), Bd. 5, Leipzig 1853.

Goethe, Johann Wolfgang von, *Aus meinem Leben. Dichtung und Wahrheit* (Werke, Hamburger Ausgabe, Bd. 9 u. 10, dtv-Taschenbuchausgabe), München 1988.

Hampe, Roland, *Homer Ilias. Übersetzung, Nachwort und Register von Roland Hampe*, Stuttgart 1979 (Reclams Universal Bibliothek, 249).

Schadewaldt, Wolfgang, »Zur Übersetzung« (1965), in: *Homer. Die Odyssee. Deutsch von Wolfgang Schadewaldt*, Reinbek bei Hamburg ²2008, 433–441.

Schadewaldt, Wolfgang, »Zur Übersetzung«, in: *Homer. Ilias. Neue Übertragung von Wolfgang Schadewaldt*, Frankfurt a. M. 1975, 425–427.

Schadewaldt, Wolfgang, *Homer. Ilias. Neue Übertragung von Wolfgang Schadewaldt. Mit zwölf antiken Vasenbildern*, Frankfurt a. M. 1975.

Scheffer, Thassilo von, »Prinzipien einer neuen deutschen Homerübersetzung«, in: *Preußische Jahrbücher*, Bd. 145, H. 2 (August 1911), Berlin 1911, 297–310.

Scheffer, Thassilo von, *Homer Ilias. Übersetzt von Thassilo von Scheffer*, München/ Leipzig 1913 (= Klassiker des Altertums, ausgew. u. hg. von Hanns Floerke, 9).

Scheffer, Thassilo von, *Homer Odyssee. Übersetzt von Thassilo von Scheffer*, München 1918 (= Klassiker des Altertums, ausgew. u. hg. von Hanns Floerke, 10).

Schröder, Rudolf Alexander, »Einleitung« [zur *Odyssee*-Übersetzung von Voß], in: *Homer. Odyssee*, deutsch von J. H. Voß, hg. von Rudolf Alexander Schröder, Berlin 1940, V–XX.

Schröder, Rudolf Alexander, *Homers Ilias. Deutsch von Rudolf Alexander Schröder*, Berlin 1943.

Schröder, Rudolf Alexander, »Nachwort des Übersetzers«, in: *Homers Ilias. Deutsch von R. A. Schröder*, Berlin 1943, 539–583 (wieder in: *Dokumente zur Theorie der Übersetzung antiker Literatur in Deutschland seit 1800*, hg. v. Josefine Kitzbichler, Katja Lubitz und Nina Mindt, Berlin u. a. 2009, 391–418).

Schröder, Rudolf Alexander, »Nachwort [zu den *Weltlichen Gedichten*]« (1940), in: *Gesammelte Werke*, Bd. 1, Berlin 1952, 1177 ff.

Schrott, Raoul, *Homer Ilias. Übertragen von Raoul Schrott. Kommentiert von Peter Mauritsch*, Frankfurt a. M. 2010.

Schrott, Raoul, »Zu dieser Fassung«, in: *Homer Ilias. Übertragen von Raoul Schrott*, Frankfurt a. M. 2010, XXXI–XL.

Voß, Johann Heinrich, *Homers Werke von Johann Heinrich Voss. Vier Bände*, Bd. 1 (Homers Ilias, I–XII Gesang), Altona 1793.

Voß, Johann Heinrich, *Zeitmessung der deutschen Sprache. Beilage zu den Oden und Elegien*, Königsberg 1802.
Wilamowitz, Ulrich von, »Was ist übersetzen?« (1891), in: *Dokumente zur Theorie der Übersetzung antiker Literatur in Deutschland seit 1800*, hg. v. Josefine Kitzbichler/Katja Lubitz/Nina Mindt, Berlin u. a. 2009, 326–349.

Forschungsliteratur
Albrecht, Jörn, *Literarische Übersetzung. Geschichte, Theorie, Kulturelle Wirkung*, Darmstadt 1998.
Häntzschel, Günter, *Johann Heinrich Voß. Seine Homer-Übersetzung als sprachschöpferische Leistung*, München 1977.
Häntzschel, Günter, »Der deutsche Homer im 19. Jahrhundert«, in: *Antike und Abendland*, Bd. 29, Berlin u. a., 1983, 49–89.
Häntzschel, Günter, »Die Ausbildung der deutschen Literatursprache des 18. Jahrhunderts durch Übersetzungen. Homer-Verdeutschungen als produktive Kraft«, in: *Mehrsprachigkeit in der deutschen Aufklärung*, hg. v. Dieter Kimpel, Hamburg 1985, 117–132.
Kitzbichler, Josefine/Lubitz, Katja/Mindt, Nina, *Theorie der Übersetzung antiker Literatur in Deutschland seit 1800*, Berlin u. a. 2009.
Klüpfel, Karl, »Donner, Johann Jakob Christian«, in: *Allgemeine Deutsche Biographie*, Bd. 5, Leipzig 1877, 333–334 (Onlinefassung: http://www.deutsche-biographie.de/pnd116178728.html?anchor=adb).
Korte, Hermann, »Der Homer der Dichter. Strategien der ›Odyssee‹-Übersetzungskunst bei Rudolf Alexander Schröder und Thassilo von Scheffer«, in: *Homer und die deutsche Literatur*, in Zusammenarbeit mit Hermann Korte hg. v. Heinz Ludwig Arnold, München 2010 (= *Text und Kritik*, Sonderband), 225–241.
Latacz, Joachim (Hg.), *Homers Ilias. Gesamtkommentar*, Bd. 1, Fasz. 2, München 2000.
Schmidt, Ernst A., »›In heiligen Tümern‹ – Rudolf Borchardt als Übersetzer antiker Texte und sein Programm ›schöpferischer Restauration‹ am Beispiel der *Altionischen Götterlieder* (1924)«, in: *Übersetzung antiker Literatur*, hg. v. M. Harbsmeier u. a., Berlin 2008, 155–169.
Winko, Simone, »Textbewertung«, in: *Handbuch Literaturwissenschaft*, hg. von Thomas Anz, Bd. 2 (*Methoden und Theorien*), Stuttgart/Weimar 2007, 233–266.

Anhang: Briefe zwischen Heinrich Voß und Karl Solger

Herausgegeben von SOPHIA ZEIL und JOHANNA PREUSSE
in Zusammenarbeit mit ANNE BAILLOT

Editionsprinzipien

Textfassung

Die Erstellung der Textfassung erfolgte nach der Originalhandschrift und dem Prinzip »letzter Hand«, d. h. die Transkription richtet sich nach der mutmaßlich letzten Aufzeichnungsschicht unter Einbeziehung aller vorhergehenden Korrekturvorgänge. Um die Textfassung lesbar zu gestalten, blieb sie frei von editorischen Zeichen. Über Korrekturen der Schreiberhände gibt das Variantenverzeichnis Auskunft.

Voß' bzw. Solgers Schreibgewohnheiten (inkl. Kommasetzung) wurden beibehalten, es wurden keine Normalisierungen vorgenommen. Dies betrifft auch die griechischen Stellen, insbesondere die Diakritika, die von Voß und Solger häufig weggelassen werden. Die Transkription erfolgte absatzgetreu, dabei wurden nur solche Absätze übernommen, bei denen die erste Zeile einen Einzug aufwies. Konjekturen (bei irrtümlicher Wortdopplung oder offensichtlichen Schreibfehlern) werden unter den Lesarten aufgeführt. Es erfolgt dort die Wiedergabe des eigentlichen Wortlauts, erkennbar durch die vorhergehende Markierung mit [eigtl.:].

Unter Voß' Feder ist es bei bestimmten Anfangsbuchstaben kaum möglich, zwischen Groß- und Kleinschreibung zu unterscheiden. Dies ist besonders der Fall beim »d«. Der grammatikalischen Logik folgend, wurde deshalb das große »D« an Satzanfängen und bei Substantiven verwendet. Ebenso wurden in Analogie zur Großschreibung der Anrede- und Possessivpronomen (Ihr, Euch, Euer) auch die Pronomen der zweiten Person Singular groß gesetzt. Trifft keiner dieser Fälle zu, wurde das »d« in Kleinschreibung wiedergegeben.

Passagen in lateinischer Schrift werden durch eine größere Schrift angezeigt. Da bei Voß besonders Fremdwörter teilweise in einer zwar runderen, aber dennoch nicht lateinischen Schrift stehen, und verschiedene Mischformen aus lateinischer und Kurrentschrift auftreten, wurden in der vorliegenden Transkription nur Wörter mit eindeutig lateinischen Buchstaben als lateinische Schrift gelesen und entsprechend größer gesetzt.

Einfache Unterstreichungen werden durch eine Kursivierung signalisiert. Bei mehrfachen Unterstreichungen kommt zur Kursivierung eine Unterstreichung hinzu.

Aufgelöst wurden Geminationsstriche, allgemein verwendete Abkürzungen (»d.«, »u.«), aber auch Abkürzungen, die Voß' Schreibweise eigentümlich sind (»nt« für nicht, »s.r« für seiner, »Stud.« für »Studium«, etc.). Unsichere Auflösungen wurden in den Lesarten angemerkt.

Ein Seitenwechsel in der Vorlage wird in der Textfassung durch eine Nummerierung in eckigen Klammern angegeben.

Überlieferung

Auf Aufbewahrungsorte, mögliche Besonderheiten der Überlieferungsträger sowie eventuelle Druckorte wird in der Überlieferung hingewiesen. Es ist im Rahmen dieser Edition nicht möglich gewesen, alle Fremdeingriffe an Ort und Stelle wiederzugeben, wo sie erscheinen. Es erfolgte lediglich der Hinweis auf ein eventuelles Vorhandensein fremder Hände.

Folgende archivische Bestände und Briefeditionen bilden die Grundlage dieser Edition:
- Deutsches Literaturarchiv Marbach, 16 Briefe von Heinrich Voß an Karl Solger;
- Freies Deutsches Hochstift, ein Brief von Voß an Solger vom 25. Juli 1816;
- Schleswig-Holsteinische Landesbibliothek Kiel, ein Brief von Voß an Solger vom 7. November 1807;
- Universitäts- und Landesbibliothek Bonn, ein Brief von Voß an Solger vom 8. Juni 1812;
- Eutiner Landesbibliothek, ein Brief von Solger an Voß vom 5. Mai 1804 und ein Brief von Voß an Solger vom 30. Januar und 16. April 1803;
- Sächsische Landesbibliothek – Staats- und Universitätsbibliothek Dresden (SLUB), ein Brief von Voß an Abeken und Solger vom 10. und 11. April 1804 (Fragment);
- Heinrich Voß, *Goethe und Schiller in persönlichem Verkehre. Nach brieflichen Mitteilungen von Heinrich Voß*, eingeleitet und kommentiert von Georg Berlit, Stuttgart, 1895;
- Heinrich Voß, *Goethe und Schiller in Briefen von Heinrich Voß dem jüngeren*, eine Auswahl zusammengestellt von Hans Gerhard Gräf, Leipzig, 1963;
- Karoline Solger (Hg.), »Briefe von Heinrich Voß an Solger«, in: *Archiv für Literaturgeschichte*, Bd. 11, Leipzig, 1822.

Varianten

Korrekturen und Ergänzungen von Voß' oder Solgers Hand werden im Variantenverzeichnis wiedergegeben. Streichungen wurden dabei durch eckige Klammern und Hinzufügungen durch nach unten offene, eckige Klammern angezeigt.

Lesarten

Die Kenntlichmachung unsicherer Entzifferungen erfolgte in den Lesarten. Hier steht vor dem betreffenden Wort oder der Wortgruppe [Lesart unsicher:], bei unsicheren Auflösungen von Abkürzungen: [Auflösung unsicher:]. Werden zwei Wörter durch einen Schrägstrich voneinander getrennt dargestellt, existieren zwei (in ihrer Wahrscheinlichkeit ähnliche) mögliche Lesarten. Bei Konjekturen in der Textfassung erfolgte in den Lesarten die Wiedergabe des originalen Wortlautes unter dem Vorzeichen [eigtl.:].

Kommentar

Der Kommentar erläutert die für das unmittelbare Verständnis maßgeblichen Textstellen und gibt Hinweise zu Personen, Druckorten und Übersetzungsfragen. Alle sowohl im Brieftext als auch im Kommentar erwähnten Personen und Werke (ausgenommen sind Rezensionen) werden im Personenregister bzw. Literaturverzeichnis aufgeführt. Ausführlichere Erläuterungen zu Personen erfolgen in der Regel bei ihrer Erstnennung, Kurzinformationen bietet das Personenregister. Bei unsicheren Personenzuordnungen erscheint ein »?« vor dem Namen der betreffenden Person im Register. Um Verwechslungen zwischen Voß (dem Sohn) und Voß (dem Vater) zu vermeiden, wurde Voß (der Sohn) stets als Voß oder Heinrich Voß bezeichnet und Voß (der Vater) als J. H. Voß.

Für die Abschrift der Rohtranskription sei an dieser Stelle Angelika Wedel, für Zuarbeiten bei der Erstellung des Kommentars Janin Afken gedankt.

Briefe

1. Voß an Solger vom 30. Januar und 16. April 1803 (Jena)

[1] Jena, den 30. Januar 1803.
16. April.

Mein liebster Solger,
Dein Brief ist schon einige Tage unter uns, und ich danke Dir zugleich im Namen
derer, die ihn bis jezt gelesen haben, für Dein treues liebevolles Andenken. Glaube mir,
ich habe nicht erst auf einen Brief von Dir gewartet, um Dir schreiben zu können; ich
hätte es gewiß und ohnfehlbar in diesen Tagen gethan, Du bist mir nur zuvorgekommen. Ich bin ein bischen saumselig, an meine Freunde zu schreiben – *nicht*, an sie
zu denken. Möchtest Du und Abeken doch alle Gedankenbriefe erhalten haben, die ich
im Herzen an Euch schrieb! Als Börm neulich von Berlin kam, da habe ich mich recht
an seinen Erzählungen gelabt, und war lebhaft in dem Gedanken an meine Freunde
vertieft. Er wußte von allen zu erzählen, nur von unserem Solger nicht. Ich habe die
schönen Briefe von Abeken und Sprengel gelesen. Jezt liegt der Berg meiner Schulden-
lasten vor mir. Er soll in Einem Termin geebnet werden; und mit Dir, Beßter, mache
ich den Anfang. Ich will schreiben und schreiben, bis mir die Schwarten knacken.
Nehmt es denn so genau nicht, und verlange keiner ein Ganzes. Ihr lebt, als Freunde
zusammen, theilt Euch wechselseitig mit, was jeder erhält; bei jedem denke ich an Alle.
Auch Dein Brief wandelt herum, wie ein holsteinscher Hirtenbrief von einem zum
anderen. Jezt ist er bei Eckstein. – Auch nimm es so genau nicht, wenn ich mitunter ein
bischen radotire. Das ist meine Art so – ernsthaft und munter durcheinander, wie es
fällt. Du weißt ja, daß der alte Voß es mit allem, was er thut ehrlich meint. Nun genug.
Keine Einleitung weiter! [2]
    Du hast an Zahnschmerzen gelitten? Das hat uns leid gethan; aber Du bist jezt ge-
nesen. Auch ich mußte mich drei Wochen, mit diesem Übel plagen, das mir weder
Nachts noch Tags Ruhe ließ. Als ich desperat wurde, und mein Leben verfluchte, ging
der Teufel vorüber, jezt spüre ich nichts. Mein Vater aber war schlimmer daran. Ihm
artete das Zahnweh in Gicht aus – das Übel vergrößerte sich durch Himmlys unverzeihliche Nachlässigkeit (dies nur unter Freunden!) Stark der ältere hat ihn curirt. Auch
meine gute Mutter litt und leidet noch mitunter an Zahnschmerzen. Das der jüngere
Börm Blutspeien gehabt hat, weißt Du; wir anderen sind wohl geblieben.
    Wo soll ich mit der verlangten Schilderung anfangen, alles dessen was Dir werth
ist? Nimm mit einer **rudis indigestaque moles** vorlieb, die Dein Geist ordnen
mag. Der alte Rath Wedell, der Dich noch an dem lezten Abend Deines Hierseins
durch einen Besuch bei Eckstein ehrte, hat sich zu seinen Vätern versammelt. Er kam
wenige Tage nach Deiner Abreise besoffen aus ...... zurück. An dem Saalufer verliehrt er
die Tramontane, und schießt, wie Elpenor kopfüber in die Flut. Ich habe den armen

Mann recht bedauert; der Mistfink soll blutige Thränen geweint, und sich eine hand-
voll Haare aus dem Kopfe gerupft haben – und Studenten mit holsteinischen geborg-
ten Hosen angethan, haben ihn zu Grabe begleitet. Schade, daß ich ihm nicht die
Nachrichten von den Familienumständen seines Vetters **Malebranche** noch bringen
konnte. – Von Kilian kann ich Dir nicht viel sagen; ich sah ihn nicht, und habe ihm
Deinen Gruß auch nicht melden können. Es geht ihm armselig, er muß an den Hun-
gerpfoten saugen, [3] und auch da ist nicht vielmehr zu hohlen. Ich denke, Du läßest
diesen fahren; wenn er Dir auch Freundschaft erwiesen hat, so ist das doch wohl nicht
vielmehr, als was jeder kann, der sich einen Schwung dazu giebt. Ohne Zweck handelt
Kilian wohl gewiß nicht; auch bei Dir hat er Zwecke gehabt, und wäre es auch nur der,
sich unter Layen einen Anhang zu verschaffen. Niethammer, und Griesbachs, wie meine Eltern lassen Dich herzlich grüßen. Mein Vater dankt noch ganz besonders für die
Besorgung seines Auftrags. Er wünschte, daß er Dich (einen Menschen von so gradem
offenem Wesen, wie er sagte) länger hätte bei sich sehen können. O Du böser guter
Solger, daß Du nicht länger bliebst. Noch gestern Abend sprach ich mit Eckstein (ich
saß mit ihm auf bis nach 1 Uhr) von Dir. Da sagten wir, Du hättest wenigstens 8 Tage
bei uns bleiben und mit uns leben sollen.! Wünsche! Wünsche! und keine Erhörung?
Wo soll jezt unser erster Sammlungsplaz werden? ich verzage nie, am Wiedersehen;
aber ob wir uns so zahlreich wieder zu Hause versammeln, das mag der gute Geist wissen? Ja wir wollen auch in der weitesten Entfernung uns nahe bleiben. Da hast Du recht
meinen Wunsch ausgesprochen. Es soll unter uns nicht – und niemals an umständlichen Nachrichten fehlen. Vielleicht aber komme ich selbst nach Berlin als Hofmeister
– schöner Gedanke! wie wenn gar nächsten Winter?

Nun von unserem Zusammenleben. Eins, lieber Solger, habe ich vor dem vorigen
Winter voraus, meine Eltern. Aber vieles steht auch nach. Unsere schöne griechische
Abendgesellschaft. Freilich existirt sie, aber nicht wie ein junger Fönix aus der Asche des
alten. **quantum mutatus ab illo hectore.** Ich klage hiemit nicht meine Theilneh-
[4]mer an, Ukert und Bruder Abraham sind ein paar würdige Theilnehmer. Aber Bruder Aye, der auch dabei ist, der macht den Kohl nicht fett. Es ist eigentlich eine Schande einen so heiligen Schriftsteller wie Sofokles so hinzugeben an ganz gefühllose Klöze,
und ihn als Motif zu nuzen, einem dritten die Grammatik ein bischen einzurichten.

Denke Dir Aye. . (von dem man nicht sagen kann, was Schiller den Don Karlos
über der Leiche des Posa aussprechen läßt, *die Splitter seines Geistes könnten tausenden
genügen*). . liest Sofokles und Pindar. Oft kommt ihm auch hier sein Lachen an – Du
kennst die Natur desselben, ein Gegenstück des sardoischen Lächelns – ein Anlauf, und
dann ein plözlicher Halt, wie einer, der mit einem Anlauf über einen breiten Graben
springen will, und plözlich am Rande stehen bleibt, und den Mund zuklappt. Er liest
freilich den Sofokles, aber Sofokles läßt sich von ihm nicht lesen. Was in seiner Seele
lebendig wird, ist gewiß ein ungeheuer langweiliges Gespennst. Sonst ist Aye ein ehr-
liches Blut, der gewiß einmal als Landprediger den Bauch nicht weniger als die Seele
füttern, und seine Beichtkinder nicht übervortheilen wird. Er hat etwas zuviel von der
Natur seines Namengenossen *Aj*, und fast möchte ich glauben, daß sein erster Stamm-
vater wegen seiner Ähnlichkeit mit einem Faulthiere, diesen wunderlichen Namen
erhalten, die sich später wie eine Erbsünde bis zu ihm fortgepflanzt hat. Mit Marxen

und Richter bin ich zufriedener. Wenn es auch gleich beiden an reinem Geschmacke fehlt, so zeigen sie doch Eifer, und einen gewissen Enthusiasmus für unseren Liebling. – So gut, wie vorigen Winter kanns nicht wieder werden, da Solger und Abeken fehlen. [5]

In Weimar bin ich lange nicht gewesen, es wird auch nie was rechtes und ordentliches gegeben – das neuste ist der Terenzische *Eunuch*, in eine *Mohrin* verwandelt, vom Herrn von Einsiedel. Die Weimarische Bühne sinkt doch wahrlich. Graf geht auch ab, und was man wiedererhalten hat, und soll, ist nichts von Bedeutung. Nächstens aber will ich hinüber, wenn das neue Schillersche Stück aufgeführt wird. Der Graf Reuß macht viel Aufsehn in Weimar, und da seine beiden Söhne hier studieren, auch in Jena. Bälle über Bälle werden in Weimar gegeben, und einer auch hier im Paulsenschen Hause, woran auch ich mit meinen Brüdern theilnahm. Er soll 90000 Thaler Einkünfte haben, aber die gehen auch drauf bei seiner Lebensweise. Die jungen Leute machen weniger Aufwand, dafür fallen sie aber auch fast alle Tage auf der Straße in den Dreck nieder. – Auf einem dieser Weimarischen Bälle hatte sich der älteste Böttiger eine Krankheit geholt, an der er über 6 Wochen niederlag. Mit genauer Noth ist er endlich genesen, sieht aber noch sehr hinfällig und blaß aus.

Bei Eckstein kommen wir ziemlich häufig. Ich bin ihm unbeschreiblich gut. Wenn wir bei ihm sind, so lesen wir gewöhnlich erst ein Stück im Holberg, dann werden gesellige Spiele gespielt. Neulich spielten wir das Frag' und Antwortspiel in Versen sehr glücklich. Beim Vorlesen [6] wollten wir vor Lachen zerspringen. Du hast ja neulich einen Brief an Eckstein geschrieben. Ich habe noch nichts davon vernommen.

Ich wollte noch heute so viel schreiben, auch an Gottholdt, von dem ich heute Nacht einen gelehrten Traum hatte, der in zwei Hälften zerfiel. Ich komme nicht dazu. Grüße den treuen Freund, so wie Brohm, Lindau, Krause, Hagen, Bergemann, etc. Bald soll mehreres Nachfolgen. Leb' wohl – Dein treuer
Heinrich Voß

Überlieferung
Der Originalbrief wird in der Eutiner Landesbibliothek unter der Signatur Reliquien VIII (A) 3 aufbewahrt.

Varianten
S. 3   sollen.⌊!⌉
S. 4   aber Sofokles läßt sich [mit] ⌈von⌉ ihm nicht lesen

Kommentar
S. 1   Abeken] Bernhard Rudolf Abeken (1780–1866) studierte Theologie und Philosophie in Jena, wo er Voß und Solger kennenlernte. 1803 ging er als Hauslehrer nach Berlin und wurde 1808 in Weimar Lehrer der Kinder Schillers. 1810–1815 war Abeken Konrektor am Gymnasium in Rudolstadt. Danach ging er nach Osnabrück, wo er 1841 das Rektorat des Gymnasiums übernahm, das er bis 1863 innehatte.

S. 1   Als Börm neulich von Berlin kam] Vermutl. ist der ältere der beiden Brüder Börm, Heinrich Nikolaus (1780–1831), gemeint, der von 1801 bis 1803 in Jena Naturwissenschaften studierte, daraufhin nach Berlin an die Bauakademie ging und später Stadtbaumeister in Lübeck wurde. (Vgl. Klose [Hg.]: *Biographisches Lexikon für Schleswig-Holstein und Lübeck*, Bd. 6, 1982, S. 28).

S. 1   Sprengel] Es konnte nicht ermittelt werden, welcher Sprengel gemeint ist. Es wäre möglich, dass es sich um Kurt Polycarp Joachim Sprengel (1766–1833), Botaniker und Arzt in Halle, handelt, der mit Voß bekannt war. (Vgl. Brief von J. H. Voß an Voß vom 3. November 1799: »Erinnere Kurd Sprengel an die theokritischen Pflanzen; sonst muß ich selbst daran pfuschen.«, in: Abraham Voß [Hg.]: *Briefe von Johann Heinrich Voß*, Bd. 3, 1832, S. 210). Aber auch dessen Onkel, Christian Konrad Sprengel (1750–1816), der Theologie und Philologie in Halle studiert hatte, sich ebenso mit botanischen Studien befasste und seit 1794 als Privatgelehrter in Berlin lebte, könnte in Betracht kommen. (Vgl. Zepernick: »Sprengel, Christian Konrad«, in: *Neue Deutsche Biographie*, Bd. 24, 2010, S. 750–751). Dies sowohl aufgrund seiner philologischen Interessen (er arbeitete an einer textkritischen Arbeit über Ovid, Virgil und Tibull, die 1815 erschien) als auch durch die gemeinsame Nennung mit dem in Berlin lebenden Abeken.

S. 1   Eckstein] Eckstein war neben Abeken, Börm, Georg Wilhelm Keßler, Solger und Voß Mitglied der Griechischen Gesellschaft in Jena. (S. u. Komm. zu S. 3; vgl. Fricke: *Karl W. F. Solger*, 1972, S. 32). Er stammt vermutl. aus Schlesien. (Vgl. [Anonym:] *Leben des [...] Georg Wilhelm Keßler*, 1853, S. 31).

S. 2   **rudis indigestaque moles**] Ovid: *Metamorphosen I*, Kap. 2, V. 7. In der Übersetzung von J. H. Voß: »Ein roher und ungeordneter Klumpen«. (J. H. Voß: *Verwandlungen. Nach Publius Ovidius Naso*, Bd. 1, 1798, S. 1).

S. 2   Der alte Rath Wedell] Konnte nicht ermittelt werden.

S. 2   schießt, wie Elpenor kopfüber in die Flut] Elpenor, einer der Gefährten des Odysseus, fiel betrunken vom Dach des Palastes der Circe. (Vgl. Homer: *Odyssee*, 10. Gesang).

S. 2   seines Vetters **Malebranche**] Konnte nicht ermittelt werden.

S. 2   Kilian] Vermutl. handelt es sich um den Arzt Konrad Joseph Kilian (1771–1811), der 1795 zunächst Philologie und Philosophie in Jena studierte (u. a. bei Schelling), sich dann aber dem Medizinstudium zuwandte und 1801–1803 an der Universität Jena lehrte. Daraufhin ging er als Medizinalrat nach Bamberg. (Vgl. Joachim Heinrich Jäck: *Pantheon der Literaten und Künstler Bambergs*, 1813, S. 547–551).

S. 3   Griesbachs] Bei dem Theologen und Jenaer Professor Johann Jacob Griesbach (1745–1812) und dessen Frau Friederike Juliane (1758–1831) wohnten die Eltern Voß' übergangsweise für ein halbes Jahr, nachdem sie im September 1802 Eutin verlassen hatten.

S. 3   griechische Abendgesellschaft] Im April 1799 immatrikulierte sich Voß in Halle, um Theologie und Philosophie zu studieren. Nebenher besuchte er regelmäßig die philologischen Vorlesungen Friedrich August Wolfs, wo er Solger kennenlernte. Im September 1801 siedelte er nach Jena über und gründete dort die Griechische Gesellschaft, welche sich regelmäßig versammelte, um Aischylos und Sophokles zu lesen, und der neben Solger und anderen auch Abeken, Eckstein, Börm und Keßler angehörten. (S. u. Brief von Voß an Solger vom 30. Juli 1807, Komm. zu S. 2).

S. 3 **quantum mutatus ab illo hectore**] Vergil *Äneïs II*, V. 274f. In der Übersetzung von J. H. Voß: »Wie ganz verändert von jenem / Hektor«. (J. H. Voß: *Des Publius Virgilius Maro Werke*, Bd. 2, 1822, S. 74).

S. 4 Aye] Vermutl. ist der spätere Pastor Daniel Aye (1789–1828) gemeint.

S. 4 was Schiller den Don Karlos über der Leiche des Posa aussprechen läßt, *die Splitter seines Geistes könnten tausenden genügen*] Schiller *Don Karlos* (1787), 5. Akt, 4. Auftritt: »Sein Herz war reich genug, Sie selbst / von seinem Überflusse zu vergnügen. / Die Splitter seines Geistes hätten Sie / zum Gott gemacht.« (Schiller: *Don Karlos. Infant von Spanien*, 1802, S. 388).

S. 4 sardoischen Lächelns] Gemeint ist das ›sardonische Lachen‹ (Risus Sardonius), das ein krampfhaftes Verziehen des Mundes zum Lächeln bezeichnet, und von dem angenommen wurde, dass es durch den Verzehr eines auf Sardinien wachsenden Krautes (Sardonia Herba) hervorgerufen wird. (Vgl. Zedler: *Universallexicon*, Bd. 16, 1737, S. 112; Meyer: *Neues Konversations-Lexikon für alle Stände*, Bd. 13, 1860, S. 996).

S. 4 Namengenossen *Aÿ*] Auch Aï, dreizehiges Faultier.

S. 4 Marxen und Richter] Mit Christian Marxen (1780–1831), Richter, Daniel Aye und seinem Bruder Abraham las Voß auch nach dem Weggang Abekens und Solgers aus Jena noch dreimal wöchentlich Griechisch.

S. 5 der Terenzische *Eunuch*, in eine *Mohrin* verwandelt, vom Herrn von Einsiedel] Friedrich Hildebrand von Einsiedel (1750–1828), Kammerherr am Weimarer Hof, bearbeitete den *Eunuchen* von Terenz unter dem Titel *Die Mohrin*. Am 19. Februar 1803 wurde das Stück in Weimar aufgeführt. (Vgl. Reinhardstoettner: *Plautus. Spätere Bearbeitungen plautinischer Lustspiele*, 1886, S. 43).

S. 5 Graf geht auch ab] Konnte nicht ermittelt werden.

S. 5 das neue Schillersche Stück] Schillers *Die Braut von Messina* wurde am 19. März 1803 im Weimarer Hoftheater uraufgeführt und erschien im selben Jahr bei Cotta in Tübingen.

S. 5 Graf Reuß] Graf Heinrich XLIV. Fürst Reuß (1753–1832, jüngere Linie). (Vgl. Brief von Voß an Solger vom 6. Juli 1803, Komm. zu S. 2).

S. 5 hier im Paulsenschen Hause] Vermutl. ist Johann Christoph Jacob Paulsen (1768–1808) gemeint, seit 1792 Bürgermeister in Jena. (Vgl. Wilson: *Goethes Weimar und die Französische Revolution*, 2004, S. 730).

S. 5 der älteste Böttiger] Vermutl. ist Karl Wilhelm Böttiger (1790–1862), der älteste Sohn Karl August Böttigers gemeint.

S. 5 Holberg] Ludvig Holberg (1684–1754), dänisch-norwegischer Dichter, der v. a. als Komödienautor Beachtung fand.

S. 6 Gottholdt] Friedrich August Gotthold (1778–1858) studierte 1798–1801 Philologie in Halle bei Friedrich August Wolf, wo er Solger und Voß kennenlernte, war bis 1806 als Lehrer in Berlin tätig und wurde 1810 Direktor des Collegium Fridericianum in Königsberg. (Vgl. Eckstein: *Nomenclator philologorum*, 1871, S. 203).

S. 6 Brohm] Karl Friedrich August Brohm (1779–1838) studierte in Halle, ging als Lehrer nach Berlin und war seit 1817 Direktor des Gymnasiums in Thorn/Pommern. (Vgl. Krollmann: *Altpreußische Biographie*, Bd. 1, 1941, S. 305).

S. 6 Lindau] August Ferdinand Lindau (1778–1842) wurde 1818 Lehrer der französischen Sprache am Gymnasium im schlesischen Oels und später Prorektor.

S. 6 Krause] Der Justizrat und Übersetzer Ludwig Krause (1781–1825) zählte zu den engen Freunden Solgers.

S. 6 Hagen] Friedrich Heinrich von der Hagen (1780–1856), der in Halle Jura studiert, aber ebenso an den philologischen Vorlesungen Wolfs teilgenommen hatte, war zunächst von 1801–1806 Referendar des Kammergerichts Berlin, bevor er 1808 zum Dr. phil. promovierte und 1810 als außerordentlicher Professor für deutsche Sprache und Literatur an die Berliner Universität berufen wurde. Er gehörte neben Gotthold, Lindau, Johann Gustav Gottlieb Büsching (1783–1829), Johann Daniel Ferdinand Sotzmann (1781–?), Keßler, Krause und Friedrich von Raumer dem Freundeskreis Solgers an, der sich in Halle gebildet hatte. (Vgl. Fricke: *Karl W. F. Solger*, 1972, S. 27).

S. 6 Bergemann] Konnte nicht ermittelt werden.

2. Voß an Solger vom 6. Juli 1803 (Jena)

[1] Jena den 6 Juli 1803.

Mein liebster Solger,

Deine Langmuth hat mich wahrlich gerührt, ich weiß es wie sehr ich in Deiner Schuld bin, und Du hast so schonend darüber in Deinem Briefe an Wilhelm geschrieben, Du hältst jede misbilligende Aeußerung zurück, und willst nur Briefe von Deinen Freunden. Ich habe etwas hierüber schon in meinem Briefe an Abeken geschrieben. Daß ich doch Deine Adresse nicht wußte, und noch nicht weiß, oder vergessen habe! wahrlich ich hätte schon viel früher geschrieben. Du siehst, lieber Junge, und Du weißt es lange, wie sehr mein Herz an Dir hängt – und nicht wahr, wie Du dies liesest, so hast Du auch kein Fünkchen von Unwillen mehr, über Deine Dich herzlich liebenden: Freunde. – Warum ich nun aber jezt noch meinen Brief verspätet, und zu einer Zeit zu schreiben anfange, wo meine Abreise nach Holstein so nahe ist – das weiß ich nicht, weil ich ein bischen viel zerstreut bin. Es ist recht, als ob mir diese Reise meine Seele aus dem Leibe gerissen und nach Holstein versezt hat, ich habe fast nicht ein Stückchen zurückbehalten, und der träge Körper will nur so langsam nachfolgen – Denke Dir 8 Tage auf der Post muß er zubringen. Wenn ich nicht jezt schon ein bischen toll wäre, so würde ich sagen, es ist zum toll werden; ich bin wie ein Wahnsinniger auf einen Punkt fixirt, ich habe jezt wie der Fisch im Wasser nur Ein Element, und das ist Holstein. Dich aber will ich nicht mit meiner Reise plagen, ich will aus [2] mir heraus, damit Du nicht über mich lachest, oder gar mit mir toll werdest. Du bist ja auch vom Vaterlande lange entfernt gewesen, auch Dir hat das Herz bei der Stunde des Wiedersehens gepocht – Du verstehst mich. Ich habe nie Heimweh empfunden, jezt kenne ichs, aber ich denke auch den brennenden Durst zu stillen, und die bevorstehende Freude bis auf den lezten Hafen auszutrinken. Ach! wenn ich nur nicht während des Trunkes immer durstiger werde.

Du lieber Solger hast mich so gerne nach Berlin haben wollen; auch ich wollte dahin, und mir ist das Glück im Traume beschert worden. Ganz ungerufen ist mir der herliche Antrag vom Grafen Reuß (Heinrich 44) gekommen – Abeken kennt ihn – und Michaelis bin ich bei Euch. Da soll unser altes Leben von neuem beginnen – eine neue Wiedergeburt – ich werde in den Kreis meiner liebsten Freunde wieder eintreten, und ihr den alten treuen herzlich aufnehmen. Bis Michaelis ist nur eine kurze Zeit, mir wird sie noch kürzer werden, denn mir steht die Reise bevor. Sonnabend Morgen gehts ab, und 8 Tage drauf bin ich in Eutin, in meiner theuren Vaterstadt, dann bei meinem Onkel, in Brunsbüttel, in Izehoe pp. Ich bleibe 6 Wochen weg, wollte Gott, ich könnte noch länger – aber ich werde sparsam mit der Zeit umgehen, und sie dadurch verlängern. Ob ich meinen Bruder Hans wiederkenne? ob die Kinder meines Onkels? ob meine Freunde mich – vor vier Jahren war ich noch jung – die Zeiten haben sich geändert, Freund! aber mein Herz ist jung geblieben – das fühle ich jezt mehr als je. [3]

Hast Du den tollen Brief über die χιλιας κακῶν in der Gothaischen Zeitung gelesen – der meinen Vater zum Verfasser der Heynischen Recension macht? Mein Vater hat sich herabgelassen dem Waschweibe die Kolbe zu lausen. Ein herlicher Critiker, der ihm neben dieser noch drei andere Recensionen aufbürdete, die *alle* von ganz verschiedenen Verfassern sind. Dabei wird einem *»grün und gelb vor Augen«* (confer Aeschylus edition Schütz pagina ...). Wahrhaftig mein Vater brauchte sich nicht zu schämen, diese Recensionen geschrieben zu haben, wenn er's hätte – eben so wenig, als neulich ein alter Mensch (mit einem Kropfe), unsere Nachbarin unserem Dienstmädchen auf die Frage: ob sie denn keine Jungfer sei, sie habe sie immer für eine Jungfer gehalten, antwortete: »nein, ich bin eine Wittfrau, aber nenne sie mich nur Jungfer, *das ist keine Schande.*« – Uns hat die Recension viel Spaß gemacht – der Teufel! sie enthält Gelehrsamkeit, Scharfsinn und Wiz. Jezt habe ich vor dem Dr. Pfannkuchen Respect erhalten – Bisher hielt ich ihn für – einen Pfannkuchen. Heynes Waffen sind sehr ohnmächtig, und so versteckt, daß sie der Hundertste nicht aus den Göttinger Anzeigen herausliest. – Lindaus Schrift will Eichstädt recensiren, mich wunderts daß es noch nicht geschehen ist. Grüß ihn von mir, vielleicht schreib ich ihm [4] auch noch selbst – aber Gotthold geht voran, dem ich schon so lange einen Brief schuldig bin.

Ueber Bode pp wundere ich mich. Die Polychorda – geht sie ab? Er hat zu wenig Mitarbeiter, und es fehlt hauptsächlich an *Namen.* Zum Uebersezen hat er gewiß Talent, aber sein Dante ist sehr hölzern – wenigstens darf ichs sagen, da er sie hat *drucken* lassen. Mein Vater hat ihm einen kleinen Beitrag gegeben, weil ihn sein bescheidener Brief sehr für ihn einnahm. Sollte Bode der Verfasser vom Herodes vor Bethlehem sein? seinetwegen wollte ich mich freuen, denn das Ding – besonders die Vorrede – ist sehr wizig. Ich habe Bode recht lieb gewonnen. Ich wollte, er wäre in einer Lage, die ihn nicht fürs Geld zu schreiben, nöthigte.

Göthe will jezt ein Taschenbuch herausgeben – (wenn anders das Gerücht, das wie der heilige Geist vom Vater Fromman ausgegangen ist, wahr ist.) Gestern Abend aß er bei uns, heute Abend wieder – Göthe hat einen Bedienten der *Geist* heißt. In Pyrmont meldete er sich als Göthe Vater, Sohn und Geist. Da haben die dummen Thorschreiber das Maul aufgesperrt.

Sei nicht unzufrieden, liebster Solger, daß ich Dir so tolles Zeug schreibe – wanns auch nicht danach aussieht, es kann doch eine Gute Leber werden. O ich denke noch gerne der alten Tollheiten in Jena, und da wird man dann immer wieder ein bischen von neuem Toll.

Nun Gott befohlen, wenn ich Dich in Berlin, wieder sehe – und Dich in meine Arme schließe – – –. Lebe wohl. Dein treuer *Heinrich*

Überlieferung
Der Originalbrief wird im Deutschen Literaturarchiv in Marbach aufbewahrt. Er wird von einem archivischen Regest begleitet. Die Handschrift weist fremde Eingriffe (Markierungen) auf, welche wenigstens teilweise von Solgers Frau Henriette Solger stammen dürften, welche Abschriften für eine angedachte Veröffentlichung anfertigte. Diese dienten später ihrer Tochter als Grundlage für die tatsächliche Veröffentlichung. (Vgl. Karoline Solger: *Briefe von Heinrich Voß an Karl Solger*, 1882, Vorwort S. 95). Der Brief wurde dort S. 96–99 mit zahlreichen Auslassungen und Abweichungen abgedruckt.

Varianten
S. 1   weil ich ein bischen ⌈viel⌉ zerstreut bin.
S. 3   ein [alter] ⌈altes⌉ Mensch

Lesarten
S. 2   [Lesart unsicher:] (Heinrich 44) [Vgl. Komm.]

Kommentar
S. 1   Wilhelm] Vermutl. ist Wilhelm Voß (1781–1840), der Bruder Heinrichs, gemeint.
S. 1   meine Abreise nach Holstein] Voß reiste im Juni 1803 nach Eutin, um seinen jüngeren Bruder Hans abzuholen, der dort eine Lehre als Kunsttischler beendet hatte. Auf der Rückreise erkrankte Voß und musste seine Reise für zwei Wochen in Hamburg unterbrechen. (Vgl. Brief von Voß an Solger vom 24. März 1804, S. 1; Brief von Ernestine und J. H. Voß an Johann Martin Miller vom 13. Oktober 1803, in: Stosch: *Der Briefwechsel zwischen J. M. Miller und J. H. Voß*, 2012, S. 291).
S. 2   Du bist ja auch vom Vaterlande lange entfernt gewesen] Solger bereiste 1802 Frankreich und die Schweiz.
S. 2   der herliche Antrag vom Grafen Reuß (Heinrich 44)] Voß sollte Ende Oktober 1803 eine Stelle als Hofmeister in Berlin bei Graf Heinrich XLIV. Fürst Reuß (1753–

1832, jüngere Linie) antreten. Dessen Söhne hatten im Sommer bei Voß in Jena Griechisch gelernt. (Vgl. Brief von Ernestine und J. H. Voß an J. M. Miller vom 13. Oktober 1803, in: Stosch: *Der Briefwechsel zwischen J. M. Miller und J. H. Voß*, 2012, S. 291, 636).

S. 2   meinem Onkel] Der Dichter und Herausgeber Heinrich Christian Boie (1744–1806), Bruder von Ernestine Voß, lebte zu der Zeit als Landvogt in Meldorf. Ihn und Voß' Vater, J. H. Voß, verband eine enge Beziehung im Kreise des Göttinger Hainbundes.

S. 3   χιλιας κακῶν]›Tausend Übel‹.

S. 3   Hast Du den tollen Brief über die χιλιας κακῶν in der Gothaischen Zeitung gelesen – der meinen Vater zum Verfasser der Heynischen Recension macht?] 1802 erschien der erste Band der Homer-Ausgabe des Göttinger Altertumswissenschaftlers Christian Gottlob Heyne (1729–1812): *Homeri Ilias. Cum brevi annotatione.* Hierzu verfasste J. H. Voß in Zusammenarbeit mit Heinrich Karl Abraham Eichstädt und Friedrich August Wolf eine umfassende Rezension in 16 Teilen in der *Allgemeinen Literatur-Zeitung* (*ALZ*) (der erste Teil erschien in der Nr. 123 [1803], Sp. 241–248), welche als Höhepunkt der schon seit 1778 andauernden Auseinandersetzung zwischen Heyne und Voß angesehen wird. (Vgl. Herbst: *Johann Heinrich Voss*, I. Bd., 1872, S. 244 ff.; II. Bd., 2. Abt. 1876, S. 44 ff.). Diese bezog sich ursprüngl. auf Differenzen bezügl. der orthografischen Übertragung der griechischen in die lateinische Schrift und wurde von beiden Seiten sehr polemisch geführt. Die von J. H. Voß, Eichstädt und Wolf verfasste Rezension wurde, vermutl. von Carl Gotthold Lenz, in der *Gothaischen Zeitung* vom 1. Juni 1803, S. 375–376 besprochen. Es heißt darin: »Sie erinnern sich wohl, daß Voß schon ehemals, irre ich nicht, in seiner Schrift über des virgilischen Landgerichts Ton und Auslegung, Heyne'n bedrohte, gegen seine erwartete Ausgabe des Homer zu schreiben. Er hat dies nun wahr gemacht. [...] Was den critischen Theil dieser Rec. des Homer anlangt, so sagt man sich, daß noch zwei Männer, deren einer ein berühmter Restaurator des Homer, daran Antheil genommen hätten.« (Ebd., S. 376). In einem Brief vom 6. Juni 1803 schreibt J. H. Voß an Wolf: »Die Recension der Ilias macht Lerm, wie sich erwarten ließ; doch hören wir hier lauter Beifall. Aus Gotha hat eben ein Aner [für: Anhänger, Nachbeter], wahrscheinlich der heillose Lenz, sich hören lassen;« (A. Voß: *Briefe von Johann Heinrich Voß*, Bd. 2, 1830, S. 250 f.). Offensichtlich wusste Voß nichts von der Miturheberschaft seines Vaters an der Rezension. (Vgl. Brief von Voß an Solger vom 24. März 1804, S. 5).

S. 3   die Kolbe zu lausen] Redensartl. für ›durch Schläge zur Vernunft bringen‹. (Vgl. Adelung: *Grammatisch-kritisches Wörterbuch der Hochdeutschen Mundart*, 1793, S. 1690).

S. 3   »grün und gelb vor Augen« (confer Aeschylus edition Schütz pagina ...)] Voß bezieht sich auf die Worte des Chores im *Agamemnon* von Aischylos V. 1113, die C. G. Schütz übersetzt und erläutert: »praecordia autem nostra invadit gutta croco tincta (billis scilicet propter angorem effusae)« (Schütz: *Aeschyli Tragoediae Septem*, Bd. 2, 1801, S. 78), wofür die Übersetzung lautet: »in unsere Brust aber dringt der safrangelbe Tropfen (die Galle wird natürlich wegen der Beklemmung vergossen)«.

S. 3   Dr. Pfannkuchen] Konnte nicht ermittelt werden.

S. 3   Lindaus Schrift] Voß bezieht sich auf die 1803 erschienene Schrift von August Ferdinand Lindau: *Ad. Frid. Ludov. Heindorfium. Epistola critica. In qua disputator de locis quibusdam Timaei Platonici, quos vel explanabat vel emendabat*, in der sich Lindau mit Ludwig Friedrich Heindorfs Emendationen des *Timaeus* von Platon auseinandersetzt.

S. 4   Bode] Der Berliner Theodor Heinrich August Bode (1778–1804) hatte sich um 1800 dem Kreis junger Gelehrter um Goethe angeschlossen. Er war Verfasser mehrerer Tragödien und Burlesken und Herausgeber der Zeitschrift *Polychorda*. 1804 promovierte er in Jena. (Vgl. Goedeke, Goetze: *Grundrisz zur Geschichte der deutschen Dichtung*, Bd. 7, 1900, S. 416).

S. 4   Die Polÿchorda] Bode gab von 1803 bis 1804 die Zeitschrift *Polychorda* heraus. Nach seinem Tod erschien die Zeitschrift noch bis 1805. (Vgl. auch die Rezension von Voß in der *JALZ*, Nr. 106 [1806], Sp. 238–239).

S. 4   sein Dante ist sehr hölzern] Bodes Übersetzung des Ersten und Zweiten Gesangs von Dantes *Inferno* erschien in: *Polychorda*, Heft 1, 1803, S. 179–192; des Fünften bis Siebten Gesangs: ebd., S. 259–289. (Vgl. Karoline Solger: *Briefe von Heinrich Voss an Karl Solger*, 1882, S. 98).

S. 4   Mein Vater hat ihm einen kleinen Beitrag gegeben] J. H. Voß: »Der erste Merz. Tibulls zweite Elegie des vierten Buchs.« In: *Polychorda*, Heft 1 (1803), S. 197f.

S. 4   Herodes vor Bethlehem] Von Siegfried August Mahlmann erschien 1803 anonym eine Satire auf Kotzebues *Hussiten vor Naumburg* unter dem Titel *Herodes vor Bethlehem, oder der triumphirende Viertelsmeister. Ein Schau- Trauer- und Thränenspiel in drey Aufzügen. Als Pendant zu den vielbeweinten Hussiten vor Naumburg.*

S. 4   Göthe will jezt ein Taschenbuch herausgeben] Das Taschenbuch erschien 1804 als *Taschenbuch auf das Jahr 1804* bei Cotta in Tübingen, herausgegeben von Christoph Martin Wieland und Goethe. Es enthält 22 Gedichte von Goethe, zusammengefasst unter dem Titel: »Der Geselligkeit gewidmete Lieder«.

3. Voß an Solger vom 24. März 1804 (Jena)

[1] Jena den 24 März 1804

Mein guter Solger,

Nicht wahr, Du hast schon auf meinen versprochenen Brief gewartet? Heute solls nun gewiß geschehn, damit ich nicht länger aufschiebe. Ich habe einige Zeitlang sehr viel zu arbeiten gehabt, und jezt, da Dethlefsen abgeht, und zwei meiner andern Landsleute, fällt manche Zerstreuung vor; aber demungeachtet will ich an meine Berliner Freunde denken; was ich zu schreiben vergesse, mag Euch Dethlefsen mündlich erzählen. Ich hoffe, Ihr werdet diesen guten Menschen Eurer Liebe würdig finden, und freue mich schon im Voraus auf künftigen Winter, wo er mit Euch zusammenleben, und ich drei meiner liebsten auf Erden vereint denken soll. – Mich hat das Schicksal nicht nach Berlin gewollt. Die Wege, die es einschlug, mich, der so fest schon zur Abreise gerüstet war, dennoch zurückzuhalten, sind wunderbar. Ich muß staunen, wenn ich an den Zusammenhang denke. Da mußte ich nach Holstein reisen, und auf der Reise unvorsichtig sein, und krank werden, da mußte mir in Hamburg ein mittelmäßiger Arzt in den Wurf kommen, der mich schlecht kurirte, damit ich nach vollbrachter Reise nur desto derber krank würde – da mußte ein Professor in Helmstädt sterben, damit Bredow seine Stelle erhielt, und ich mich in Eutin melden konnte, da mußte in Oldenburg ein Professor König mir den Vorrang ablaufen, da mußte mein Vater einen Ruf nach Würzburg erhalten – Ich kann Dir das übrige nicht all hererzählen, ohne unverständlich zu sein. Wie hat sich Jakobi bemüht, in Eutin für mich zu wirken, indem meine Jugend Anstoß angab: Es hing nur an schwachen Fäden, denn um ein Haar wäre ich dennoch erwählt worden – aber Gott sei Dank, daß ich die Stelle nicht erhalten habe. Meine Liebe für Eutin, und das Wohlwollen vieler Eutiner gegen mich hätte mir gewiß ein angenehmes Leben verschafft, aber was ich in Weimar habe, das kann mir Eutin nicht geben. Ich sehe jezt Weimar schon als Vaterland an, ich werde warm, wenn ich an Weimar denke, denn ich habe Göthens Zutraun und Liebe. Ich kann Dir nicht sagen, wie schwul ich anfangs [2] wurde, als ich mich in Weimar präsentiren sollte. Die Leute hatten – Gott weiß wodurch! – eine zu vortheilhafte Meinung von mir; auch Göthe *durch andere*, denn zu meinen Eltern hatte er gesagt, er habe mich freilich gesehn, aber nur wenig kennen gelernt, denn ich wäre sehr still und schüchtern gewesen. Nun hatte er sich zu meinem Examinator erboten. Das alles war mir so feierlich und – – ich weiß selbst nicht wie! Mir hat das Herz gepocht, als ich vor seinem Hause still hielt, als ich die Treppe hinauf ging, als sich seine Stubenthüre öfnete. Der Mann war mir so furchtbar majestätisch! Aber wie ganz anders war mir zu Muthe, als er mich freundlich anblickte, und ich Durchgefrorener seinen warmen Händedruck fühlte. Er fing auch gar nicht auf der Stelle ein ernsthaftes Gespräch an; er fragte mich mit herzlicher Stimme nach meiner Gesundheit, ließ mich nahe an den Ofen rücken, wollte mir Kaffe, Wein kurz alles mögliche zum Frühstücke auftischen. Sieh! liebster Solger da war alle Furcht verschwunden. Nun wurde ich frei, offen, und warm für den Mann, er hatte auf der Stelle mein ganzes Zutraun. Wir kamen diesmal und jedes andre mal so unvermerkt in das Hauptgespräch, und ich weiß durch das was er an Herrn von Voigt über mich gesagt hatte, der mir es treuherzig und buchstäblich wiedererzählte, das ich ihn befriedigt habe. – Nicht wahr, nun kann ich mit leichtem Herzen mein Amt antreten, denn Göthes Liebe habe ich. Ich bin unaussprechlich glücklich dadurch, wie ich es ehemals in Stolbergs Nähe war, der auch ein bischen auf mich hielt. – In Eutin hätte ich leicht verspießbürgern können, Göthe wird mich in Athem und Thätigkeit halten – ich weiß es und fühle es, daß ich Aufmunterung von Außen bedarf, hab' ich die, so kann ich vorwärts rücken – und ich habe sie. Da hatte ich vorgestern, als [3] Dethlefsen durch den Brief des Grafen Reuß so entzückt wurde, eine nicht geringere Freude. Ich hatte nicht bloß einen eigenhändigen – sondern auch freundlichen umständlichen Brief von Göthe. Ich habe ihn vor Freuden geküßt, so unerwartet und lieb war er mir. Sieh! ich muß Dir das umständlich erzählen. Göthe hatte mich zum Recensenten im mythologischen und geografischen Fache angeschnallt, und mir den Dornedden, den Mythologen Hermann, und – (dies aber tiefes Geheimniß, zwischen Dir und Abeken, denn es könnte dem Institute schaden, daß ein Sohn seinen Vater recensirte, wenn es laut würde) – meines Vaters Mythologische Briefe aufgetragen. Das lezte war mir besonders erwünscht, denn ich hatte schon die Absicht Göthe darum zu bitten. Ich bin gleich dabei gegangen, als ich nach Jena zurückkam, und habe 8 Tage ununterbrochen daran gearbeitet. Drauf schicke ich sie an Göthe, mit der Bitte, sie etwas durch zu corrigiren. Denn mein Vater wollte sie gar nicht sehn, damit er, wenn ihm vielleicht von den Gothanern eine Selbstrecension vorgeworfen würde, dann mit Gutem Gewissen sagen könnte, er hätte so wenig Antheil daran, daß er sie zuerst gedruckt gelesen hätte. Göthe hat mir meine Bitte mit großer Sorgfalt erfüllt, er hat an mehreren Stellen den Ausdruck gemildert, wo ich gegen Heyne und den Leipziger Hermann geredet hatte u. s. w. Da erhielt ich die Recension mit einem freundlichen lieben Brief zurück, daß ich meine Arbeit braf gemacht hätte, und dergleichen. Zugleich eine Einladung, ich sollte die Ferien über bei ihm sein, der Hofmeister seines August wäre verreist, dessen Zimmer und Bette sollte ich einnehmen, als Augusts Stubencammerad. Sein Wagen würde mich abhohlen, und er hoffentlich selbst mich zurück bringen. [4] Nun stehn mir wieder Göttertage bevor, und davon schreibe ich Euch recht umständlich. – Außer diesem Fache der Recension pfusche ich auch ein bischen in die schönen Künste hinein. Ich habe Meyers Begräbnißfeyer Klopstocks abgethan, Höltys neue Gedichtsausgabe, Bruckners Gedichte, Solbrigs Commentar zu den Göttern Griechenlands und ein ästhetisches Erbauungbuch von – – – Was von dieser Art von mir in die Zeitung kömmt, das könnt ihr unter der Signatur D A E (der alte Ehrwürdige) lesen. Aber man scheint mir in den schönen Künsten nicht viel anvertraun zu wollen, denn neben mir liegt noch ein päckchen von fünf kleinen Schriften, lauter Schofelpack. –

Heute Morgen disputirt Elverfeld, er ist ein Philosoph aus der Astischen und Güldenapfelischen Schule, und hat eine Dissertation über Plato geschrieben, von dem er NB dem Worte und dem Sinne nach, keine Zeile versteht. Dr. Ulrich hat ihm die Sprachschnizer ausgemistet, den Unsinn hat der Dissertation keiner nehmen können; da werden aufgezählt Jacobus Böhmius, Schellingius, Schleiermacherus, Eschermeyerus, Kielmeyerus, Baderus, Steffensius, Wagnerus, Fichtius (die er alle kennt) Astius, Güldenapfelius (der aber nachher gestrichen ist) – repraesentanter philosophiae – da wird von der Göttlichkeit Platos in furchtbaren oratorischen Declamationen gewüthet – divinus poëta, qui, velut columna Memnonis Aurorae clangorem edit (sic), (was aber von Ulrich geändert ist). Auch sagen böse Leute, daß darin von seligen Thieren auf der excentrischen Planetenbahn (de bestiolis beatis in semita excentrica planetarum) soll gestanden haben. – Ich gehe hin, und verspreche mir Spaß! [5]

Ich habe mit großem Vergnügen gehört, daß Du den Oedipus Tyrannus übersezt hast. Theilst Du mir nicht davon etwas mit? etwa bis zum Schlusse des ersten Chores? Wenn Du nach den Grundsäzen des Recensenten von Stolbergs Äschylus gearbeitet hast – und die liegen ja so nahe – so weiß ich bei Deiner Gewissenhaftigkeit, daß Du die Sache gut gemacht hast. Aber hast Du die deutsche Sprache ganz in Deiner Gewalt? ich meine, ob Dir der Reichthum unserer Sprache so im Gedächtniße liegt,

daß Du unter vielem Guten, das Beste und Einzigste des gehörigen Ausdrucks zu finden weist? Bei mir ist es nicht der Fall, und ich helfe mir dadurch, daß ich Luthers
Bibel, und Opiz, und Fleming lese. Ich hoffe mich so zu einem Übersezer zu bilden,
aber drucken lasse ich nicht eher, als bis ich es mit Ehren thun kann. Gott! wenn wir
zusammenarbeiten könnten, an Einem Orte lebten, uns wechselseitig anzuspornen. Der
Recensent des Äschylus (ich glaube der ältere Schlegel) hat sehr gut übersezt, nur die
ersten 60 Verse holpern; später ist er in den Zug gekommen. Will er den ganzen
Äschylus geben, so wird er willkommen sein. Ich bin überzeugt, was ich anfangs nicht
war, daß auch die Chöre im Sylbenmaße des Originals müssen übersezt werden. – Hier
schicke ich Euch die Recension des Heynischen Homer, die ich Euch lange zugedacht
habe. Sie mag nun vom Dr. Pfankuchen sein, oder nicht, gut ist sie wenigstens. Sie kam
nicht von meinem Tische, selbst während meiner Krankheit war sie mir Trost und
Freude. Hast Du nichts vom Schweden Brinkmann gehört? warum mag der meinem
Vater und Eichstädt nicht geantwortet haben? Wir hätten ihn so gern an der Zeitung
zum Recensenten. – Ist das Gerücht von Johann Müller wahr? Beinahe glaube ichs.
Gut, daß der Mann von Wien wegkommt; nun kann er wieder drucken lassen, er muß
viel im [6] Manuscripte haben. – Ich las neulich seine Briefe an Bonstetten, die ich Dir
auch empfehle. So viel Feuer und Enthusiasmus hat außer ihm kein Sterblicher. Nie
habe ich eine ähnliche Freundschaft gesehn, als zwischen diesen beiden und sie gränzt
an Liebe, oder ist selbst Liebe. Ich glaube, wenn Bonstetten gestorben wäre, so hätte
Müller ihn nicht überlebt. Sonst glaube ich, daß Müller in seinem Freunde mehr gefunden hat, als drin war. Sein Ideal eines edlen Menschen, überträgt er auf Bonstetten,
und – findet es in ihm, und aus ihm heraus. Sieh zu, daß Du Müller kennen lernst, ich
halte es nicht für schwer: denn einen gütigeren, freundlicheren, naiveren Menschen
giebts nicht. Ich sah ihn und hörte ihn reden eine halbe Stunde lang; die vergesse ich
mein Lebtage nicht.

Was macht Spalding. Den grüße von mir, und versprich ihm ehestens von mir
einen umständlichen Brief. Mein Sündenregister ist gar zu groß, und in diesen Tagen
schmiere ich was das Zeug halten will.

Leb wohl, Du herlicher Solger. Von Weimar aus, oder wenigstens gleich nach meiner Zurückkunft schreibe ich Euch gewiß. Grüße Gotthold und Hagen von mir, und
liebe Deinen
Heinrich Voß.

Überlieferung
Der Originalbrief wird im Deutschen Literaturarchiv in Marbach aufbewahrt. Die
Handschrift weist fremde Eingriffe (Markierungen) auf, welche wenigstens teilweise
von Solgers Frau Henriette Solger stammen dürften, die Abschriften für eine an-
gedachte Veröffentlichung anfertigte. Diese dienten später ihrer Tochter als Grundlage
für die tatsächliche Veröffentlichung. (Vgl. Karoline Solger: *Briefe von Heinrich Voß an
Karl Solger*, 1882, Vorwort S. 95). Der Brief wurde dort S. 99–103 mit zahlreichen
Auslassungen und Abweichungen abgedruckt.

Lesarten
S. 4   Eschermeyerus/Eichler, Meyerus [Vgl. Komm.]

Kommentar
S. 1   jezt, da Dethlefsen abgeht] Vermutl. übernahm Georg Dethlefsen das Amt des Hofmeisters beim Grafen Reuß in Berlin, welches Voß aus gesundheitlichen Gründen nicht antreten konnte. (Vgl. Brief von Voß an Solger vom 6. Juli 1803, S. 2).
S. 1   Mich hat das Schicksal nicht nach Berlin gewollt] Als Hofmeister beim Grafen Reuß. (S. vorhergehender Komm).
S. 1   da mußte ein Professor in Helmstädt sterben, damit Bredow seine Stelle erhielt] Gabriel Gottfried Bredow (1773–1814), der nach J. H. Voß' Pensionierung zwei Jahre Rektor in Eutin gewesen war, übernahm die Professur für Geschichte an der Universität Helmstedt nach dem Tod Julius August Remers (1738–1803).
S. 1   Professor König] Durch Bemühungen seines Vaters sollte Voß in Eutin die durch den Weggang Bredows vakant gewordene Rektorenstelle am dortigen Gymnasium erhalten, welche J. H. Voß von 1792 bis 1802 innehatte. Diese wurde jedoch durch Georg Ludwig König (1766–1849) besetzt.
S. 1   Ruf nach Würzburg] Anfang 1804 wurde J. H. Voß angeboten, als Leiter des philologischen Seminars nach Würzburg zu gehen. Nachdem er dies abgelehnt hatte, folgten noch weitere Anträge im Frühling und Sommer 1804, Heinrich in das Angebot mit einschließend, die er schlussendlich ebenfalls ablehnte. (Vgl. A. Voß: *Briefe von Johann Heinrich Voß nebst erläuternden Beilagen*, Bd. 3, 1833, S. 32 f.). Um J. H. Voß in Jena zu halten, bot Goethe ihm die Direktorenstelle am Weimarer Gymnasium an. Nachdem J. H. Voß auch dieses Angebot ausgeschlagen hatte, bemühte sich Goethe um eine Griechisch-Professur für Heinrich Voß, welche er im Mai 1804 antreten konnte. (Vgl. Herbst: *Johann Heinrich Voss*, II. Bd., 2. Abt., 1876, S. 19 f.; A. Voß: *Briefe von Heinrich Voß*, Bd. 3, 1838, S. 17).
S. 1   Jakobi] Friedrich Heinrich Jacobi (1743–1819).
S. 1   daß ich die Stelle nicht erhalten habe] Als Rektor in Eutin.
S. 2   als ich mich in Weimar präsentiren sollte] Im Februar 1804 lud Goethe Voß nach Weimar ein. Erstmals waren sie sich allerdings schon im Dezember 1800 begegnet, als Voß, damals Student in Halle, Goethe und Schiller in Weimar aufgesucht hatte. (Vgl. Herbst: *Johann Heinrich Voss*, II. Bd., 2. Abt., 1876, S. 20).
S. 2   was er an Herrn von Voigt über mich gesagt hatte] Goethe schreibt am 13. Februar 1804 an den Hofrat Christian Gottlob Voigt: »Der junge Voß ist angekommen und ich finde ihn, nachdem ich ihn gestern viel gesehen, an Geist und Gemüth und Wissen als einen Abdruck der väterlichen Eigenschaften. Was ich über Sprache, Autoren, Alterthümer, Geschichte, Poesie, Rythmick pp gesprochen hat mir durchaus einen guten Begriff von ihm gegeben, überall bemerckt man des Vaters Kenntnisse, Gesinnungen, Methode. Freylich ist ihm für den ersten Anblick das Äusserliche nicht günstig. Ein gesencktes Haupt, eine leise Sprache deuten auf eine zu beschränckte zu enge Erziehung; doch löst sich auch das bald zu seinem Vortheile auf, wie ich gestern Abend gesehen, da ich ihn in eine muntre Gesellschaft versetze.« (*Goethes Werke*, Sophienausgabe, IV. Abt., Bd. 50, 1912, Nr. 4850a, S. 20).

S. 2 mein Amt] Die Professur am Weimarer Gymnasium. (S. o. Komm. zu S. 1).
S. 2 in Stolbergs Nähe] Friedrich Leopold Graf zu Stolberg (1750–1819), in der
Eutiner Zeit (1791–1800) in enger Verbindung zu J. H. Voß stehend, übte großen
Einfluss auf den jungen Voß aus. So führte er ihn u. a. an die englische Sprache und
Shakespeare heran. (Vgl. A. Voß: *Briefe von Heinrich Voß*, Bd. 3, 1838, S. 8.; ebd.: *Briefe
von Heinrich Voß*, Bd. 1, 1833, S. 32). Nachdem es 1800 durch die Konversion Stol-
bergs zum Katholizismus zum Bruch zwischen ihm und J. H. Voß gekommen war, hielt
Heinrich Voß, wenn auch weniger offen, an der Verbindung zu Stolberg fest. (Vgl. ebd.,
S. 80). Zu Voß' Verbundenheit gegenüber Stolberg vgl. auch die Briefe an Solger vom
15. Mai und 1. Juni 1804, S. 9, und vom 2. Dezember 1807, S. 8.
S. 3 Brief von Göthe] Brief vom 21. März 1804. Goethe merkt zur Rezension an:
»[...] lassen Sie mich gegen ein Paar Ausdrücke rechten! S. 8 *Nothbehelf* klingt so un-
freundlich, da Sie selbst den verschiednen Künsten verschiedne Sprachen zugestehen.
Ich würde *Bedürfniß* dafür setzen. *Meißeln* bringt uns eine verächtliche Technik vor die
Augen.« (*Goethes Werke*, IV. Abt., Bd. 17, 1895, Nr. 4868, S. 96 f.).
S. 3 den Dornedden, den Mythologen Hermann] Von Carl Friedrich Dornedden
erschien 1802 die *Neue Theorie zur Erklärung der griechischen Mythologie* und von
Martin Gottfried Herrmann 1787–1795 das *Handbuch der Mythologie aus Homer und
Hesiod*. Am selben Tag (24. März 1804) schreibt Voß an Goethe: »Nun will ich den
Dornedden recensiren, und Herrmann, (den Mythologen) wenn Sie es mir verstatten.«
(Geiger: *Goethe-Jahrbuch*, Bd. 18, 1897, S. 70). Bereits in einem Brief vom Oktober
1803 schlug Eichstädt Goethe vor, J. H. Voß mit der Besprechung von Dorneddens
Mythologie zu beauftragen und erinnerte daran, auch J. H. Voß' *Mythologische Briefe*
rezensieren zu lassen. (Vgl. *Briefe an Goethe*. Gesamtausgabe in Regestform, Bd. 4,
1988, Nr. 4/1033, S. 317). Die Rezensionen zu Dornedden und Herrmann wurden
vermutl. nicht realisiert.
S. 3 meines Vaters Mythologische Briefe] Die Rezension zu J. H. Voß' 1794 erschie-
nenen *Mythologischen Briefen* findet sich unter dem Kürzel W. C. J. in der *JALZ*,
Nr. 111–113 (1804), Sp. 257–276. Entgegen Bulling wurde sie nicht alleinig von
Eichstädt verfasst, sondern vorrangig von Voß in Zusammenarbeit mit Goethe und
Eichstädt. (Vgl. Bulling: *Die Rezensenten der Jenaischen Allgemeinen Literaturzeitung*,
Bd. 1, 1962, S. 56).
S. 3 Gothanern] Gemeint sind wahrsch. der Gothaer Philologe und spätere Platon-
Forscher Friedrich Ast (1778–1841) sowie der ebenfalls aus Gotha stammende Philo-
loge und spätere Direktor des Münzkabinetts Friedrich Jacobs (1764–1847). (Auch
Goethe bezieht sich auf die ›Gothaner‹ im Brief von Voß an Solger vom 10. Oktober
1804, S. 3. Zur Identifizierung vgl. Steiger, Reimann: *Goethes Leben von Tag zu Tag:
eine dokumentarische Chronik*, Bd. 4, 1986, S. 527).
S. 3: wo ich gegen Heyne und den Leipziger Hermann geredet hatte] Voß schreibt
(Mitte März 1804) an Goethe über Johann Gottfried Jakob Hermann (1772–1848),
damals Professor für Beredsamkeit in Leipzig: »Dieser Mann [Hermann] hat mich
geärgert, nicht weil er meinen Vater widerlegte, sondern weil er ihn so dumm widerlegte. [...] Wäre er nicht Professor in Leipzig, und wäre ich ein zehn Jahre älter, so hätte
ich ihn ganz anders abgefertigt;« (*Goethe-Jahrbuch*, Bd. 18, 1897, S. 69). Auf Goethes

Brief vom 21. März schreibt Voß am 24. März 1804 über Christian Gottlob Heyne:
»Auch die Bitterkeiten sollen getilgt werden, bis auf die unschädlichen und harmlosen.
Es ist unser gewöhnlicher Hausdialect, der nicht so arg ist, als er aussieht, denn wir
pflegen über Heyne in dem Tone zu reden mit lachendem Gesichte.« (*Goethe-Jahrbuch*, Bd. 18, 1897, S. 70).

S. 4   Ich habe Meyers Begräbnißfeyer Klopstocks abgethan] Friedrich Johann Lorenz
Meyer: *Klopstocks Gedächtniss-Feier*, 1803. Vgl. die Rezension von Voß in der *JALZ*,
Nr. 75 (1804), Sp. 599–600. ›Abgethan‹ wird hier nicht im abwertenden Sinne ge-
braucht, im Gegenteil, Voß bemerkt in der Rezension anerkennend: »Die Sprache des
Vfs. ist die eines edeln begeisterten Herzens; die Empfindung ist selten durch die Bey-
mischung eines fremdartigen getrübt.« (Ebd., Sp. 600).

S. 4   Hölty's neue Gedichtsausgabe] J. H. Voß: *Gedichte von Ludewig Heinrich Christoph Hölty*, 1804. (Vgl. Voß' Rezension in der *JALZ*, Nr. 93 [1804], Sp. 113–116).

S. 4   Bruckners Gedichte] Ernst Theodor Johann Brückner: *Gedichte*, 1803. (Vgl.
Voß' Rezension in der *JALZ*, Nr. 93 [1804], Sp. 116–120).

S. 4   Solbrigs Commentar zu den Göttern Griechenlands] Eine Rezension zu Carl
Friedrich Solbrigs *Die Götter Griechenlands, von Schiller, zum Behuf der Deklamation
herausgegeben, und mit mythologischen Anmerkungen begleitet* (1804) konnte nicht
nachgewiesen werden.

S. 4   und ein ästhetisches Erbauungbuch von – – –] Die Rezension konnte nicht mit
Sicherheit nachgewiesen werden. Möglicherweise handelt es sich um die von Voß verfasste Rezension zu dem 1803 anonym erschienenen Gedichtband *Spätlinge* und den
1804 erschienenen *Episteln, zu den Spätlingen gehörig* von Johann Georg Scheffner.
Allerding wurde die Rezension erst 1808 in der *JALZ*, Nr. 136, Sp. 479–480 abgedruckt.

S. 4   Elverfeld [...] hat eine Dissertation über Plato geschrieben] Karl Johann Friedrich
Elverfelds Dissertation *Disp. exhibens convenientam philosophiae Platonis cum philosophiae nostrae aetatis* erschien 1804.

S. 4   Eschermeyerus] Unsichere Lesart, in der Ausgabe von 1882 steht: »Eichler,
Meyerus«. (Karoline Solger: *Briefe von Heinrich Voss an Karl Solger*, 1882, S. 101).

S. 4   Baderus] Vermutl. ist der Philosoph Franz Baader (1765–1841) gemeint.

S. 4   Steffensius] Vermutl. ist der Philosoph Henrich Steffens (1773–1845) gemeint.

S. 4   Wagnerus] Vermutl. ist der Philosoph Johann Jakob Wagner (1775–1841)
gemeint.

S. 4   divinus poëta, qui, velut columna Memnonis Aurorae clangorem
edit] ›Der göttliche Dichter, der, wie die Memnonsäule, im Morgenrot einen Klang
von sich gibt.‹

S. 5   Stolbergs Äschylus] Von Friedrich Leopold Graf zu Stolberg erschienen 1802
Vier Tragödien des Aeschylos.

S. 5   Opiz] Vermutl. ist der Dichter Martin Opitz (1597–1639) gemeint.

S. 5   Der Recensent des Äschylus (ich glaube der ältere Schlegel)] Der Rezensent von
Stolbergs *Aeschylos* war August Wilhelm Schlegel, der ältere der beiden Schlegel-

Brüder. Die Rezension erschien in der *JALZ*, Nr. 48–50 (1804), Sp. 377–395. (Vgl. Brief von Solger an Voß vom 5. Mai 1804, S. 3).

S. 5   die Recension des Heynischen Homer] Zu Heynes 1802 erschienener Homer-Ausgabe verfasste J. H. Voß 1803 in Zusammenarbeit mit Eichstädt und Wolf eine umfassende Rezension in 16 Teilen in der *ALZ*. Offensichtlich wusste Voß nichts von der Miturheberschaft seines Vaters an der Rezension. (Vgl. Brief von Voß an Solger vom 6. Juli 1803, S. 3, und Komm. zu S. 3).

S. 5   das Gerücht von Johann Müller] Bekannt wurde dieses »Gerücht« später unter der Bezeichnung ›Hartenbergaffäre‹. 1795 nahm der Schweizer Historiker und spätere Staatsmann Johannes von Müller (1752–1809) den jungen Friedrich von Hartenberg als Zögling auf, der dessen Freigiebigkeit betrügerisch ausnutzte und ihn, nach Bekanntwerden des Betrugs, öffentlich bloßstellte, indem er Müller homosexuelle Neigungen unterstellte. (Vgl. Henking: *Johannes von Müller 1752–1809*, Bd. 2, 1928, S. 548; Schib: *Johannes von Müller*, 1956, S. 108). Die Affäre endete 1804 mit der Verurteilung Hartenbergs und dem Weggang Müllers aus Wien.

S. 6   seine Briefe an Bonstetten] Friederike Münter Brun gab 1802 die *Briefe eines jungen Gelehrten* [d. i. Johannes von Müller] *an seinen Freund* [d. i. Carl Victor von Bonstetten] heraus.

S. 6   Spalding] Georg Ludwig Spalding (1762–1811) war seit 1787 Professor für Griechisch und Hebräisch am Berlinisch-Köllnischen Gymnasium zu Berlin und später Sekretär der historischen Klasse der Akademie der Wissenschaften zu Berlin. (Vgl. Hamberger, Meusel: *Das gelehrte Teutschland*, Bd. 20, 1825, S. 530). Er unterrichtete Solger in der griechischen Sprache.

4. Voß an Abeken und Solger vom 10. und 11. April 1804 (Jena), Fragment

[1] Jena den 10. April 1804.

Und mein lieber Abeken hätte wirklich keinen Brief von mir durch den Grafen Reuß empfangen, und nicht die Homerische Recension? – Ich kann es mir nur dadurch erklären, daß der Graf es im ersten Taumel des Wiedersehens vergessen hat, denn geschrieben habe ich, so wahr ich jezt dabei size und schreibe. Da aber mein Brief vielleicht sehr gehaltlos gewesen ist, und Ihr wenigstens durch Dethlefsen wißt, daß ich von neuem in Weimar bei dem herlichen Göthe 10 Tage lang gewesen bin, so ist es billig, daß ich mich so bald wie möglich zu einem neuen Brief hinseze. Ja Du sollst Dich über das unendliche Glück Deines Voß freuen, und mit mir den lieben Mann segnen, der es so vollkommen schuf, und so freundlich sich seines Werks freut. – Doch erst zur Beantwortung Deines Briefes.

   Die Nachricht von der Aufnahme unseres Freundes hat mich recht innig gerührt. Ich wollte Du hättest den Brief von Dethlefsen gelesen, der mit so vieler Innigkeit von jener durchaus edelen Familie schreibt. Ich vertraue auch von ganzem Herzen, daß er seines Glückes sich würdig zeigen und daß der Graf vollkommen zufrieden mit ihm sein, und die Kinderschaar unter ihm gedeihen wird. Nicht wahr, Du hast ihn ganz nach Wunsche gefunden, und er Dich und Solger? Ja wahrhaftig, es giebt Menschen, wo man ohne Rheu alles Gute heraus sagen kann, und wo die Besorgnis einer zu hoch gespannten Erwartung von selbst schwindet.

An dem Tage, wo Dethlefsen in Berlin angekommen ist, kam ich zu meinem köstlichen Göthe. Ich wurde seinem freundlichen Schreiben gemäß auf das herzlichste aufgenommen. »Da ist ja unser Freund wieder« sagte er, drückte mir treulich die Hand und küßte mich. Ich sah ihm steif ins Auge und es schien mir freundlicher und milder als jemals. Ja [2] wohl ist es wahr, was Du liebster Solger mir schreibst, »es ist eine Wonne einen großen Mann zu sehen«, aber es ist noch eine größere Wonne, ihn von Herzen und in der innersten Seele zu lieben. Euch darfs ich ja unverhohlen sagen, daß auch ich ein wenig Liebe von ihm habe, und mich dessen unaussprechlich freue. Da denke ich denn manchmal, wenn der für dich ist, wer mag wider dich sein. – Lieben Freunde, ich habe Göttertage gehabt, ich habe Göthe noch mehr genossen als das erste mal; und jedes Restchen von Scheu und Furcht ist verschwunden. Ich verstehe jezt das freundliche **Salve** das vor seiner Stubenthür steht – wahrhaftig auch zu seinem Herzen haben wir Söhne des Staubes zutritt. Ich kann manchmal schwelgen in dem seligen Gefühle, daß ein Mann wie Göthe herzlich sein kann, daß habe ich noch vor 6 Wochen nicht geglaubt, und hatte ein Gefühl weniger, in welchem ich mich jezt so unaussprechlich reich fühle. – Meine Freunde verstehen mich, sonst schämte ich mich, daß ich Dinge schreibe, die so nahe an Überspannung grenzen, aber Gott sei mein Zeuge, daß ich in diesem Augenblicke von jeder Überspannung entfernt bin! – Du theurer Göthe, wer kann lebhaft an deine schöne, edele und freundliche Miene denken, ohne auf das innigste bewegt zu sein! Wenn Du wüßtest, liebster Abeken, welche Ehrfurcht und Liebe dieser Mann in Weimar durch sein bloßes Dasein verbreitet, wenn Du die vielen leisen Stimmen behorcht hättest, die über ihn einstimmig sich vernehmen lassen, ja dann würde kein böses Gerücht [3] über ihn nicht mehr bei Dir Eingang finden können, wie Du in einem Brief schreibst, daß man dergleichen so oft hörte und dadurch irre würde. Ich bin weit entfernt, Göthe für ein durchaus fleckenloses Wesen zu halten, aber Fehler, die seine kleinste Tugend verdunkeln könnten, diese in ihm aufzufinden, das halte ich für ein vergebliches und ich möchte sagen ein verwegenes Unternehmen. – Ich bin dießmal Hofmeister bei August gewesen was mir gar große Freude machte, besonders dadurch, daß ich Göthe zeigen konnte, wie gerne ich für seine Güte und Liebe erkenntlich sein möchte. Als ich Göthen anmerkte, daß er auch nach meinem Antritt des neuen Amtes, meinen Unterricht bei seinem Sohn fortgesezt wünschte, bin ich ihm durch ein Anerbieten zuvorgekommen, und habe mir dadurch eine gewiß nicht geringe Gunst erworben. – Göthe hat da einen herlichen Einfall. Ich habe Dir ja von den Leseübungen mit den Schauspielern geschrieben, und Du hast dadurch sehen können, wie gerne er auf solche Weise seine müssigen Abende (dann nemlich arbeitet er nie ernsthaft) hinbringt. Aber bloße Deklamirübungen sind ihm zu einseitig, besonders da die meisten Schauspieler das Gelesene nicht einmal verstehen, und bloße Papageyen machen. Nun will Göthe ein paar mal Wöchentlich eine andere Geselschaft constituiren, wo aus mehreren Fächern und Sprachen vorzügliche Schriften gelesen und besprochen werden sollen. Bode, Hain und ich sind constituirte Mitglieder, und mancher talentvolle junge Mensch, vielleicht der Kanngießer der auch nach Weimar kommt, werden sich noch anschließen. [4] Ich fragte Göthe einmal auf einem Spaziergange, er möchte mir erlauben, daß ich manchmal Gespräche von ihm, die doch billig dem Publikum wie dem Einzelnen zugehören sollten, in Aufsäze oder Recensionen verarbeiten dürfte. Dies hat ihm die erste Veranlassung zu jener Idee gegeben, das schließe ich daraus, weil er, als er mit Lebhaftigkeit von dieser Gesellschaft sprach, damit schloß, daß auch die Allgemeine Literatur-Zeitung durch diese Conversation gewinnen müßte. Göthe selbst taugt zum Recensenten nicht, wenigstens so bald er die Feder ansezt. Du wirst mich verstehen, sobald Du an die Recension über die Ausstellung denkst. Er nimmt *zu sehr* auf die Umstände unter denen ein Werk entstanden ist, schonende Rücksicht, als daß er sich, was ein Recensent muß, sich an das Werk allein halten sollte. Im Gespräch indeß ist er ganz anders, und da möchten oft nachgeschriebene Urtheile, schon als die vollendetste Recension dastehn. Nun ein Wort im Vertraun. Göthe hat seit einiger Zeit die Gedichte meines Vaters zu recensiren angefangen, da er aber herausgekommen war, verlangte er meinen Beistand seine Arbeit wieder anzuknüpfen und zu vollenden – die Hauptursache, warum ich dießmal in Weimar war. Gleich nach meiner Ankunft gab er mir das Manuscript, und am Abend laß ichs mit Aufmerksamkeit durch. Der erste Theil war vollendet. Ein recht originelles und schönes Ding, aber keine Recension, sondern vielmehr ein Gedicht über die Gedichte. Ich war erstaunt darüber, an manchen Stellen recht innig gerührt. [5] Ich sagte Göthe, ich wüßte nicht, ob ich mich mehr über meinen Vater freuen sollte, daß er sich in seinen Gedichten so schön darstellte, oder über ihn, daß er ihn so schön aufgefaßt habe. Nun den zweiten Theil haben wir gemeinschaftlich gemacht. Wenn er Dir nicht so scheint wie der erste, so denke daran, daß das Ganze nicht in einem Gusse gemacht ist, und daß ich im lezten Theil oft die Feder geführt habe, weil Göthe solche Dinge lieber spricht als hinschreibt. Ich machte es denn so gut ich konnte, und Göthe übersah dann das Ganze, und corrigirte wo es Noth that. Um 6 Uhr des Morgens mußte ich schon herunter zu ihm kommen um das Weitere mit ihm durchzusprechen. Eines Morgens um 10 Uhr, als ich eben August informirte, kam er herauf mit recht heiterer Miene; August mußte hinausgehen, und nun fing er an einen Zusaz vorzulesen erst **piano** dann steigend bis zum **fortissimo**. Ich muß ihn Dir herschreiben, weil ich ihn gerade auswendig weiß: – – »will einer eine besondere Lehre, eine ausschließende Meinung, einen beengenden Grundsaz aufstellen, dann bewegt sich sein Geist in Leidenschaft, dann steht der friedliche Mann auf, greift zum Gewehr, und schreitet gewaltig gegen die ihn so fürchterlich bedrohenden Irrsale, gegen Schnellglauben und Aberglauben, gegen alle, den Tiefen der Natur und des menschlichen Geistes entsteigenden Wahnbilder, gegen Vernunft-verfinsternde, den Verstand beengende Sazungen, Macht- und Bannsprüche, gegen Verkezerer, Baalspriester, Hierarchen, Pfaffengezücht, und gegen ihren Urahn den leibhaftigen Teufel«! [6] Das ist der ganze Göthe, wie er leibt und lebt, so äußert er sich im Gespräche – und wäre es da nicht jammerschade, wenn so herliche Aussprüche verlohren gehen sollten? Nein! davor will ich mit Bode schon sorgen. Was Göthe über Mythologie und Geschichte äußert, das werde ich, wie der

Fisch die Semmelkrum aufzuschnappen und zu verdaun wissen, und so Bode in den schönen Künsten, die ich jezt ganz abgegeben will.

Nun muß ich Dir, liebster Solger auf einen Theil Deines Briefes antworten. Du willst den Oedipus Tyrannos drucken lassen? Ich sage Amen dazu und freue mich dessen. Traust Du mir hier ein Urtheil zu, so übernehme ich selbst die Recension nach bester Einsicht. Daß ich nicht als *Freund* loben werde, noch gewissenlos aburtheile, *wo mir Einsicht mangelt*, versteht sich von selbst. Dies leztere könnte bei dem Chor der Fall sein, und da mögte ich Dich um eine vollständige Erklärung darüber, nemlich über die Constitution des Sylbenmaße, über die Ansicht des Ganzen in der Nachbildung und so weiter bitten, versteht sich, nicht um Dich zu einer Selbstrecension zu verleiten, sondern nur um Dich hier nicht mißzuverstehn. Auf jeden Fall schicke ich Dir die Recension erst hinüber. Bist Du zufrieden, gut so wird sie gedruckt. Bist Du unzufrieden, und es betrift wesentliche Dinge, über die ich mein Urtheil nicht ändern kann und Du doch nicht so beurtheilt sein *mögtest*, nun dann bleibt sie ungedruckt, und wir Freunde, und ein Anderer übernehme das Geschäft. Schreib mir, ob Du einwilligst. Auf meine Verschwiegenheit kannst Du rechnen, denn keiner hat Deinen [7] Brief gelesen.

Göthe hat mir die Freude gemacht, daß er seine Recension mit der meinigen über meines Vaters Mythologische Briefe in Verbindung gebracht hat. Solltet Ihr in dieser Recension manchen Ausdruck finden, den mit Bescheidenheit ein Sohn über seinen Vater nicht sagen darf, so denkt daran, daß ich ihn entweder in Göthens oder Eichstädts Namen gemacht, oder daß ihn Göthe hineingesezt (es sind gewöhnlich nur epitheta), und daß ich für die Schlußworte einen leeren Raum gelassen habe, und noch jezt nicht einmal weiß, was Eichstädt hier hinzusezen gesonnen ist.

Die Literaturzeitung interessirt mich nun besonders, da ich Mitarbeiter bin. Ich ruhe nun nicht eher, als bis ich Arbeiten liefern kann, wo man seinen Namen beizusezen sich nicht schämt. Den Dornedden und Hermann recensire ich, so Gott will, in den Hundstagsferien.

Den 11. April.

Ich bin Euch noch die Rechenschaft schuldig, Ihr Lieben, wie ich meine Tage in Weimar zugebracht, wie meine Anstellung beschaffen ist, und dann eine umständliche Beschreibung von dem lieben herlichen Göthe. Außer meinen Pflichtbesuchen bei meinen Collegen, und Übergeordneten, bin ich wenig ausgekommen, denn ich hielt es für unverzeihlich, wenn ich auch nur einen Augenblick, wo ich bei Göthe sein konnte, unbenutzt vorbei gehen ließe. Nur des Nachmittags entweder nach dem Essen, wenn wir lange bei Tische gesessen hatten, oder nach einem Spaziergange, den ich bei gutem Wetter mit Göthe nach dem Essen in den Park machte, war ich ganz frei, weil Göthe immer von 4–7 Uhr in seinem [8] Zimmer arbeitete; dann war ich entweder bei Schiller oder Bode, oder ging ins Schauspiel. Aber um 7 Uhr war ich schon wieder auf meinem Zimmer, und laß mit August Griechisch. Dann kam Göthe manchmal zu uns, oder ließ mich auf sein Zimmer hohlen, ihm Gesellschaft zu leisten. Nie ist der Mann liebenswürdiger, als in solchen Abendstunden. Weil er nie ernstlich des Abends arbeitet, und seine Augen das Lesen bei Licht nicht vertragen, so hat er gerne jemanden bei sich mit dem er sprechen kann. Dann sizt er ausgezogen in einem wollenen Jäckchen da, und diese Bequemlichkeit, die Abendstille und die Ruhe nach schwerem Tagesgeschäft macht ihn so überaus heiter und gesprächig. Besonders gern erzählt er dann von seinem Leben, nie aber etwas anderes als heitere Dinge. So hat er, obgleich ich ihn mehrmals darauf lenkte, nie umständlich von seiner Krankheit vor drei Jahren gesprochen, und was er davon erzählte waren auch nur die heiteren Seiten der Krankheit. Einmal sprach er von Gott und Unsterblichkeit, und war dabei in einer Bewegung, die ich Dir nicht beschreiben kann. Aber wohl steht mir noch vor Augen, wie er mit dem Leibe rückwärts sich lehnte, und sein unbeweglicher nur auf den Gegenstand, der seine Seele füllte, fixirter Blick von dem irdischen weggewandt, das Höhere und Unnennbare suchte. Dann ist er mehr als ein Mensch, ein wahrhaft überirdisches Wesen, dem man sich mit tiefer Ehrfurcht nur nahen kann. Und dagegen kann er bei Tische oft so launig, so komisch, ich möchte sagen, so sinnlich fröhlich sein – recht die beiden äußersten Extreme in der schönsten Vereinigung. In seinen heitern Augenblicken dann ist ihm auch alles willkommen, jeder Schwenk, jedes [9] Lachen, selbst ein von der Nachbarin geraubter Kuß, den er eigentlich selbst in seinen Schauspielergesellschaften eingeführt zu haben scheint, ist ihm gar nicht zuwider. Und doch ist er dann bei aller Laune und gutherzigen Fröhlichkeit so, daß man nie vergessen kann, daß man in *Göthens* Nähe ist, nie sich geneigt fühlt, auch nur die weiteste Grenze der Ehrfurcht zu überschreiten.

When the sun shines, let foolish gnats make sport,
but keep in crannies, when he hides his beams.

Schiller ist in dem Punkte etwas anders. Bei dem kann man sprechen und schwazen was man will, und die ausgelassenste Lustigkeit bei einem fröhlichen Gastmahl ist ihm die willkommenste. Aber dafür möchte ich auch sagen: Ich kann gegen Schiller dieselbe Liebe fühlen wie gegen Göthe, aber nicht dieselbige Ehrfurcht. Nun muß ich Dir noch ein unbedeutendes Stückchen erzählen, ich hoffe aber für Dich und mich kein unbedeutendes, da Du mir ähnliche Dinge vom Grafen Reuß geschrieben hast. Man hatte mich in Jena während meiner Abwesenheit zum **doctor philosophiae** gemacht, und Göthe erhielt mein **Diplom** es mir zu überreichen. Er schickt seinen Sohn nach dem Gewächshause, Lorber und Pomeranzenzweiglein zu hohlen. Nach der Mahlzeit, wie wir noch bei Tische saßen, sagt Göthe zur Vulpius, sie möchte noch einen kleinen Nachtisch besorgen »weil der Voß ihm so hungrig aussähe, und man nach dem Gastrechte, doch seinen Gästen stattgeben müsse«. Ich entschuldige mich natürlich in demselben komischen Tone, aber es half nichts; August mußte eine große Schüssel hohlen, die er mir auf den Kopf sezte: Mir wurde ein komisch-feyerliches Versprechen abgezwungen, daß [10] ich vom Gerichte essen wollte. Und nun stand vor mir ein Schaugericht mit Lorberen gekrönt. Es war mir äußerst rührend die Herzlichkeit mit der ich von den drei Anwesenden gratulirt wurde, Göthe schloß mich in seine Arme und nannte mich zum erstenmal seinen »lieben Sohn«, ein Schmeichelwort, daß er nachher öfter wiederholt hat. Nun wurde ich *Herr Doctor* genannt. Ich bat dagegen. Nein! sagte Göthe zur Vulpius, er bleibe Herr Doctor heute durch, und Morgen bis zum Abend, aus Strafe, daß er Doctor geworden ist. Dann haben wir eine kleine Geselschaft, wo auch der neue Doctor Bode sein wird, dann trinken wir der Herrn Doctoren

Gesundheit, und nehmen ihm (auf mich zeigend) den Doctortitel wieder ab, damit er wieder unser »*guter Voß*« werde. Und nun (zur Vulpius) wäre es nicht übel, wenn wir in einem Glase Champagner des neuen Doctors Gesundheit tränken. Denke Dir, lieber Abeken, wir hatten schon viel Wein getrunken, aber die Flasche Champagner wurde dennoch (bis zum Schwindlichtwerden) auf den lezten Tropfen geleert. Wahrhaftig wäre Göthe nicht dabei gewesen, ich hätte vor lauter Freude mich gewiß ungereimt aufgeführt. Nach dieser Champagneroperation ging ich mit Göthe in den Park spazieren, erst aber führte er mich auf die Bibliothek. Könnte ich Dir doch Göthens komische Miene schildern, als er mich dem Doctor Vulpius, und ihn mir vorstellte, mit dem Worte: *Doctor Voß*! *Doctor Vulpius*! – Ich mußte auf eine Leiter [11] steigen, um einen Persius herunterzuhohlen; was mir das Mühe machte!, dieweil der Kopf schwerer war, als gewöhnlich. Nachher im Park, verlohr sich der Taumel, aber Göthe hatte auch einen, der so ziemlich war, und ihn mit gar großer Kraft, oft komischer Kraftäußerung reden machte. – Der Göthe ist ein herlicher Mann, der seines Gleichen nicht hat. – Ich wollte Du hörtest ihn einmal seine Generalbeichte vorlesen, oder sähest sein Gesicht, wenn Ehlers das Lied: *Mich ergreift, ich weiß nicht wie, himmlisches Behagen* vorsingt. Der Gesang ist bei Göthe durch die Schauspieler recht einheimisch geworden, und der Ehlers muß so recht eigentlich die Stelle eines Demodokos vertreten. –

Über die Einrichtung meiner Stunden habe ich Ursache sehr zufrieden zu sein. Ich bin nicht Lehrer einer ganzen Klasse, wo ich mancherlei Dinge, die ich verstehe und nicht verstehe zugleich und nebeneinander – ein sehr zerstreuendes Geschäft, wie es der Lehrer in der Eutinischen Stunde hat – vortragen müßte, sondern Lehrer des classischen Alterthums, besonders der griechischen Sprache mit dem weiteren Umfange der Sachkenntnisse pp zugleich in mehreren Klassen. Dadurch fällt der Religionsunterricht, Mathematik und Physik, neue Geschichte und Geografie für mich ganz weg. Die Ästhetik wird mir freilich zu Theil werden, aber ich werde sie ganz praktisch treiben, und das theoretische, so viel ich für nöthig erachte, beiläufig. So kann ich den Sinn bilden für Göthes, Klopstocks, Shakspears Werke, indem ich die Werke dieser Männer vorlese und vorlesen lasse. So kann ich Rhytmik und Sylbenmaße, und Declamation und was dazu gehört [12] auf praktischem Wege in die Ästhetik hineinziehn. Göthe hat mir hier seinen Beistand versprochen. Wir werden gemeinsam, wie er schon angekündigt hat, die griechischen Sylbenmaße durchgehn. So hoffe ich auch mich selbst bestimmt zu einem poetischen Übersezer auszubilden, was ich nun einmal werden will, und nach Göthens Wunsch auch werden soll. – Mit vielem Dank habe ich die Erlaubnis angenommen, die man mir mit vollem Zutraun gegeben hat, daß ich die Wahl der zu lesenden Schriftsteller selbst bestimmen darf. In Eutin hätte ich nach einer verfluchten Schuleinrichtung (vorausgesezt, daß es mir an Beharlichkeit gefehlt hätte mich dagegen zu stämmen) lesen müssen, was mir Senator, Consul (Du weißt wie erbärmlich diese Posten in kleinen Städten unter dem Namen Bürgermeister und Rathsherr bekleidet werden) und Scholarch vorzuschreiben beliebt hätte. – Ich habe in Weimar erklärt, ich wolle beständig den Homer und Herodot lesen, mein höchstes Streben sei zum Pindar zu gelangen; abwechselnd den Thucydides, oder vielmehr Theilweise. Daß ich den Sophokles lesen kann, scheint mir jezt gewiß, und man wünscht es auch sogar, so wie ich gehört habe, auch die Schüler, von denen mir der

Consistorialrath Günther sagte, daß sie sich sehr auf meine Lehrstunden schon im
Voraus freuten.

Überlieferung

Der Originalbrief wird in der Sächsischen Landesbibliothek – Staats- und Universitätsbibliothek Dresden (SLUB) unter der Signatur Mscr.Dresd.e.97 (Bd. 1) aufbewahrt. Da eine Grußformel am Ende des Briefs fehlt, wird davon ausgegangen, dass der
Schlussteil des Briefs nicht erhalten ist.

Varianten

S. 1   die Besorgnis einer zu hoch gespannten [Meinung] ⌐Erwartung⌐
S. 3   Als ich Göthen anmerkte, daß [ich] ⌐er⌐ auch
S. 3   meinen Unterricht bei seinem Sohn fortgesezt[e] wünschte
S. 5   Ich sagte Göthe, ich wüßte nicht, [was] ⌐ob⌐ ich
S. 5   und nun fing er an ⌐einen Zusaz vorzu⌐ [zu] lesen
S. 7   mit Göthe ⌐nach dem Essen⌐ in den Park
S. 8   Krankheit vor [zwei] ⌐drei⌐ Jahren
S. 8   nur ⌐die⌐ heitere Seiten [dieser.] ⌐der Krankheit.⌐
S. 9   [Dem Mit] Man hatte mich in Jena
S. 11   was mir das Mühe machte!, [weil] ⌐dieweil⌐ der Kopf schwerer war
S. 11   Dadurch fällt [mir] der Religionsunterricht [...] für mich ganz weg.
S. 12   So hoffe ich ⌐auch⌐ mich ⌐selbst⌐ bestimmt zu einem poetischen Übersezer
auszubilden
S. 12   Mit vielem Dank habe ich die [Verstattung] ⌐Erlaubnis⌐ angenommen

Lesarten

S. 6   [Auflösung unsicher:] Tyrannos/Tyrannus
S. 8   waren auch nur die [eigtl.:] heitere Seiten der Krankheit.
S. 12   die Erlaubnis angenommen, die man [eigtl.:] mit mir mit vollem Zutraun gege-
ben hat

Kommentar

S. 1   Aufnahme unseres Freundes] Georg Dethlefsen. (Vgl. Brief von Voß an Solger
vom 24. März 1804, S. 1).
S. 1   kam ich zu meinem köstlichen Göthe. Ich wurde seinem freundlichen Schreiben
gemäß auf das herzlichste aufgenommen.] In einem Brief vom 21. März 1804 schlug
Goethe Voß vor, am 29. März nach Weimar zu kommen, die Osterfeiertage bei ihm zu
verbringen und in dieser Zeit Augusts Stubengenosse zu werden. (Vgl. *Goethes Werke*,
IV. Abt., Bd. 17, 1895, Nr. 4868, S. 97; Brief von Voß an Solger vom 24. März 1804,
S. 3). Voß nahm diesen Vorschlag an und besuchte Goethe vom 29. März bis zum
8. April in Weimar. Da Riemer in dieser Zeit abwesend war, wurde Voß übergangsweise

Augusts Hauslehrer. (Vgl. Tagebucheinträge Goethes, in: *Goethes Werke*, III. Abt., Bd. 3, 1889, S. 102 f.).

S. 2   »es ist eine Wonne einen großen Mann zu sehen«] In Anlehnung an Goethes *Götz von Berlichingen*, wo Bruder Martin über Götz im 1. Akt ausruft: »Es ist eine Wollust einen großen Mann zu sehn«. (*Goethes Werke*, I. Abt., Bd. 8, 1889, S. 17).

S. 2   das freundliche Salve das vor seiner Stubenthür steht] 1792 ließ Goethe sein Treppenhaus nach eigenem Entwurf erneuern. Die Inschrift »Salve« am oberen Ende der hölzernen Treppe wurde einem Mosaik aus Pompeji entlehnt. (Vgl. Trunz: *Ein Tag aus Goethes Leben*, 2006, S. 54).

S. 3   Bode, Hain und ich sind constituirte Mitglieder] Die jungen Gelehrten August Bode und Ludwig Friedrich Theodor Hain (1781–1836) waren zuvor nach Weimar gekommen und hatten sich dem Kreis um Goethe angeschlossen. Wohl aufgrund von Bodes frühem Tod im Oktober 1804 kam es nicht zur Gründung der geplanten Gesellschaft. Hain führte die von Bode begonnene Dante-Übersetzung (vgl. Brief von Voß an Solger vom 6. Juli 1803, S. 4) fort, übergab sie aber später an Ludwig Kannegießer. (Vgl. *Morgenblatt für gebildete Stände*, 17. Jg., 1823, S. 164).

S. 3   Kanngießer der auch nach Weimar kommt] Karl Friedrich Ludwig Kannegießer (1781–1861) kam erst 1806 als Privatgelehrter für ein Jahr nach Weimar, bevor er 1807 als Lehrer nach Berlin ging. (Vgl. Nowack [Hg.]: *Schlesisches Schriftsteller-Lexikon*, Heft 1, 1836, S. 81).

S. 4   die Recension über die Ausstellung] Vermutl. ist der von Goethe verfasste Rückblick auf die »Weimarische Kunstausstellung vom Jahre 1803« gemeint, erschienen als Beilage zur *JALZ*, Bd. 1 (1804).

S. 4   Göthe hat seit einiger Zeit die Gedichte meines Vaters zu recensiren angefangen] Die Rezension zu J. H. Voß' 1802 erschienenen *Lyrischen Gedichten* in 4 Bänden findet sich in der *JALZ*, Nr. 91–92 (1804), Sp. 97–103 und Sp. 105–108.

S. 5   »will einer eine besondere Lehre, [...] Teufel«] In der Rezension lautet der Beginn dieses Absatzes: »Will man dem Dichter dieses Gefühl allgemeinen heiligen Behagens rauben, will man irgend eine besondere Lehre, [...]«. (Ebd., Nr. 91, Sp. 102).

S. 7   seine Recension mit der meinigen über meines Vaters Mythologische Briefe] Die Rezension zu J. H. Voß' 1794 erschienenen *Mythologischen Briefen* findet sich unter dem Kürzel W. C. J. in der *JALZ*, Nr. 111–113 (1804), Sp. 257–276. (Vgl. Brief von Voß an Solger vom 24. März 1804, S. 3).

S. 7   Den Dornedden und Hermann recensire ich] Vgl. Brief von Voß an Solger vom 24. März 1804, S. 3.

S. 8   seiner Krankheit vor drei Jahren] Im Januar 1801 litt Goethe an einer schweren Form der Blatterrose, heute als ›Wundrose‹ oder ›Gürtelrose‹ bezeichnet, und starkem Krampfhusten. (Vgl. Grumach: *Goethe. Begegnungen und Gespräche*, Bd. V, 1985, S. 103).

S. 9   When the sun shines [...] beams.] Aus Shakespeares *Komödie der Irrungen*, 2. Akt, 2. Szene. Dort lautet der Beginn des zweiten Verses: »But creep in crannies«. (Steevens: *The Plays of William Shakspeare*, Bd. 7, 1793, S. 234).

S. 9   zum doctor philosophiae] Voß wurde am 4. April 1804 die Würde eines *Doctoris philosophiae dignitatem* verliehen.

S. 10   Schaugericht] Als ›Schaugericht‹ wurden nicht zum Verzehr gedachte Gerichte
oder Nachbildungen von Speisen bezeichnet, die eine festliche Tafel zierten. (Vgl.
Deutsches Wörterbuch von Jacob und Wilhelm Grimm, Bd. 14, 1893, Sp. 2338). Hier
handelt es sich bei dem ›Schaugericht‹ um Voß' Diplom. In einem Brief an seinen
Onkel Heinrich Christian Boie vom 9. April 1804 schreibt Voß: »der kleine August
mußte hinausgehen, und kam gleich darauf mit einer großen Schüssel wieder, die er mir
auf den Kopf setzte mit dem abgedrungenen Versprechen, daß ich davon essen *müßte*.
Ich versprach es, und die Schüssel stand vor mir mit dem Doctordiplom.« (Grumach:
Goethe. Begegnungen und Gespräche, Bd. V, 1985, S. 461).
S. 10   der neue Doctor Bode] 1804 wurde Bode in Jena zum Doctor philosophiae
promoviert. Genaueres konnte nicht ermittelt werden. (Vgl. Goedeke, Goetze: *Grundrisz zur Geschichte der deutschen Dichtung*, Bd. 7, 1900, S. 416).
S. 10   Doctor Vulpius] Christian August Vulpius (1762–1827), der Bruder von Christiane Vulpius (ab 1806 Goethes Ehefrau), war Sekretär an der Herzoglichen Bibliothek zu Weimar und seit 1803 promoviert.
S. 11   Ehlers] Der Sänger, Komponist und Schauspieler Johann Wilhelm Ehlers
(1774–1845) war von 1801 bis 1805 am Weimarer Hoftheater engagiert. Als Lieder-
sänger zur Gitarre wurde er von Goethe, von dem er mehrere Gedichte vertonte, sehr
geschätzt. (Vgl. Schmidt: *Neuer Nekrolog der Deutschen*, Jg. 24, 1846, Bd. 2, 1848,
S. 983 f.).
S. 11   *Mich ergreift, ich weiß nicht wie, himmlisches Behagen*] So lauten die ersten zwei
Verse in Goethes Gedicht »Tischlied«. (*Goethes Werke*, Sophienausgabe, I. Abt., Bd. 1,
1887, S. 121–123). Der Teilhaber der Cotta'schen Buchhandlung, Musiker und
Rechtsanwalt Christian Jakob Zahn vertonte das Gedicht. (Vgl. Schmidt: *Neuer Nekro-
log der Deutschen*, Jg. 8, 1830, Bd. 2, S. 568).
S. 11   Demodokos] Der blinde Sänger des Königs Alkinoos in Homers *Odyssee*.

5. Solger an Voß vom 5. Mai 1804 (Berlin)

[1] Berlin, den 5ten Mai 1804.

Theuerster, bester Voß,
Mit wahrer jungfräulicher Schüchternheit überreiche ich hiermit mein Werk (doch
nicht so! sondern den ersten Ansatz zu einem Werke) nicht dem Kritiker, sondern
meinem alten Voß, dem ich für seine Liebe und Freundschaft, und für die alte brüderli-
che Geselligkeit bei unserm großen Dichter fast Rechenschaft über das schuldig bin,
was ich an diesem gewagt habe. Sollte ich hier etwas von ersten Versuchen, von der
Aussicht auf künftige noch sorgfältigere Studien zu diesem Dichter, von meiner eignen
Ueberzeugung, daß ich selbst für diesen Oedipus mehr thun kann und werde, als ich
gethan habe, und mehr dergleichen, was wie Entschuldigung aussieht, oder es wirklich

ist, vorbringen, so bedenke immer dabei, daß ich das alles nicht dem Recensenten sondern meinem Freunde sage, der mich nicht ganz nach diesem Versuche beurtheilen soll.
Und das wirst Du auch gewiß nicht thun; denn Du kennst mich überhaupt zu gut, um
zu wissen, daß ich Dir zwar nie etwas anders gezeigt habe, als was an mir ist, daß ich
aber auch nicht alles, was in mir ist, äußere, und daß manches eben darum bei mir
unvollkommen an den Tag kommt, weil ich [2] es zu tief und zu innig damit meine, um
mit Dreistigkeit darüber herumzufahren.

Wenn Du dieses Stück Bekenntniß so ansiehst, wie Du sollst und wirst, so bin ich
entschuldigt, daß ich so über mich selbst spreche. In Zukunft, wenn mir das Glück
noch einmal die bessere Muße, die ich hoffe gewährt, und wenn ich stark genug bin,
mich selbst in einen Wirkungskreis zu setzen, der meiner eigenthümlichen Natur an-
gemessener ist, hoffe ich, nicht zufrieden mit dem eignen Bewußtsein meines Werths,
auch andern deutlicher zeigen zu können, daß auch ich einer von denen bin, deren
Bestreben von Natur auf das Edlere gerichtet ist.

Jetzt also nimm mit diesem Zeugniß meiner besseren Existenz vorlieb. Dein Anerbieten hat mich herzlich erfreut. Beurtheile diesen Versuch, und da es Deine Freundschaft so rathsam findet, so schreibe mir erst Deine Beurtheilung. Der Fall, daß sie
zurückgenommen werden sollte, wird hoffentlich nicht eintreten, weil ich ja eben Dich
zu hören wünsche. Und was ich von Dir hören kann, wird ja die Welt über einem ganz
Namenlosen auch hören dürfen. Du verlangst etwas über die Construction der Chöre.
Zum Theil wird es nicht nöthig sein, weil die Choriamben, Anapästen und Jamben
deutlich sein werden. Zum Theil aber ist einiges nicht ganz deutlich, manches mir
durch Herrmann zweifelhaft gemacht worden, worüber ich noch nicht ganz entschieden bin. Daher faßte ich den Entschluß, mich in diesem Versuche ganz streng an Brunk
zu halten, [3] sollte ich auch mit diesem nicht immer ganz übereinstimmen können.
Alles dies hat mich auf ordentliche metrische Studien geführt, die ich mit allem Fleiß
besonders über den ganzen Sophokles anwende, da ich sehe, daß ich mich von diesem
niemals werde trennen können. Was die Grenzen der Nachbildung betrifft, so ist davon
nur bei den Chören die Rede. In den Trimetern bin ich ganz streng gewesen. In jenen
aber habe ich nicht umhin gekonnt, zuweilen ganze Reihen von kurzen Sylben mit
langen zu vermischen. An manchen Orten war dies vielleicht nicht so nöthig, und auch
hierin kann künftig mehr geschehen. In meinen Manuscripten sind hin und wieder weit
schönere Verse als in dem Gedruckten, aber ich glaubte dem Gedanken zuweilen von
dem Metrischen aufopfern zu müssen. So ist, wenn ich nicht irre, in der Uebersetzung
aus dem Aeschylus in der Literaturzeitung zuweilen der Gedanke im Metrum versteinert. Solltest Du (wie einige meiner hiesigen Freunde) in der ersten Hälfte die Reden
etwas zu gedreht und dreist construirt finden, so setze ich Dir wie jenen das Rhetorische des Originals in diesem Theile entgegen. Nach dem Ende zu spricht sich die Empfindung klarer und einfacher aus. Einige Druckfehler sind stehn geblieben. Die übrigen
werden Dich nicht irren, aber einen muß ich anführen, der sehr schlimm ist, nämlich
V. 157., wo die Worte *dem Schuldigen* ganz weggestrichen werden müssen. Diese standen in meinem Manuscript unter mehreren Variationen dieses Verses, sind aber sowohl
erst in diesem als nachher in der Correctur von mir selbst ausgestrichen worden, und
doch [4] durch ein unbegreifliches Versehn stehn geblieben. Die Conjektur zu V. 541

ist von Spalding, aber ich sehe jetzt doch ein, daß sie lieber wieder aufgehoben werden sollte. Reichthums fehlt ja dem Kreon nicht und πληθους και φιλων ist ja gar keine so verwerfenswerthe Abundanz; der Parallelismus aber zwischen πλουτου und χρημασιν, φιλων und πληθει, der durch die Conjektur bezweckt werden sollte, ist ganz unnöthig. Die zu V. 616. ist von Wolf, und meiner Meinung nach vortrefflich. Beide Männer habe ich nicht nennen wollen, weil mir beide Conjekturen bloß von Hörensagen zugekommen sind, die letzte aber mir zu schön vorkam, um ihrer zu entbehren.

Hier hast Du alles, was ich Dir über diese Probe sagen kann. Nun mach' es gnädiglich mit mir. Für einen Kammerreferendarius, denke ich, ist es immer gut genug.

Schreibe mir recht bald, ordentlich ausführlich, und mir in specie. Deine Briefe sind zwar stets zwischen mir und Abeken Gemeingut, aber ich gestehe meine Schwäche, daß mich die, welche an mich gerichtet sind, fast noch mehr erfreuen. Deine Nachrichten von Weimar sind herrlich, jedesmal beklage ich, daß der Brief nicht länger war. Lieber alter neuer Doktor, schreib mir recht viel von Deinen weimarschen Verhältnissen, und vergiß in jener Sphäre meiner nicht.

Obgleich ich hier schließen muß, so kann ich doch nicht umhin, Dir noch zu sagen, daß ich die Abhandlung über die alte Geographie mit der hesiodischen Weltkarte mit unendlicher Freude gelesen. Wenn das so fortgeht, so ist es unschätzbar. Es sind in diesem Felde Entdeckungen zu machen, die auf mehr als eine Wissenschaft einen großen Einfluß haben müssen.

Viele Empfehlungen an Deine Aeltern, an Griesbachs, Deinen lieben Bruder. Lebe wohl, und nimm wie er da ist
Deinen
alten Solger.

Überlieferung
Der Originalbrief wird in der Eutiner Landesbibliothek unter der Signatur Autogr. IV.21.1 aufbewahrt. Der letzte Satz steht senkrecht am linken Rand der vierten Seite.

Varianten
S. 2   Und was ich von Dir hören kann, wird ja die Welt [von] ⌐über⌐ einem ganz Namenlosen auch hören dürfen.

Kommentar
S. 1   mein Werk] Es handelt sich um Solgers 1804 anonym erschienene Übersetzung des *König Oidipus*. Die vollständige Übersetzung der Werke Sophokles' erschien 1808 unter Namensnennung des Autors.
S. 2   manches mir durch Herrmann zweifelhaft gemacht worden [...] ganz streng an Brunk zu halten] Solger bezieht sich auf die damals in Arbeit befindliche Ausgabe von Gottfried Hermann, Professor der Philosophie und Beredsamkeit in Leipzig: *Sophoclis tragoediae septem ac deperditarum fragmenta*, 7 Bde., 1802–1825, und die ältere Edi-

tion von Richard Franz Philipp Brunck: *Sophoclis quae extant omnia cum veterum grammaticorum scholiis. Superstites Tragoedias VII*, 2 Bde., 1786. In der *ALZ*, Nr. 51 (1806), Sp. 401–405, erschien eine anonyme Rezension zu Solgers Übersetzung: »Sonst hat der Vf. den *Brunkischen* Text zu Grunde gelegt, und auf die wenigen Veränderungen *Herrmanns* in dieser Tragödie darum noch nicht Rücksicht nehmen wollen, weil er sie noch nicht genug geprüft zu haben glaubte.« (Ebd., Sp. 404).

S. 3   in der Uebersetzung aus dem Aeschylus in der Literaturzeitung] Solger bezieht sich auf A. W. Schlegels Rezension zu Stolbergs Übersetzung von vier Tragödien des Aischylos (*Prometheus in Banden*; *Sieben gegen Theben*; *Die Perser*; *Die Eumeniden*). (Vgl. auch Brief von Voß an Solger vom 24. März 1804, S. 5). Schlegels Rezension erschien 1804 in der *JALZ*, Nr. 48–50, Sp. 377–395, und enthält eine Probeübersetzung der *Eumeniden*.

S. 4   Die Conjektur zu V. 541 ist von Spalding [...] der Parallelismus aber zwischen πλουτου und χρημασιν, φιλων und πληθει [...] ist ganz unnöthig.] In der Übersetzung der V. 541–542 von 1804 griff Solger auf eine Konjektur von Spalding zurück, der statt πλήθους (›Menge‹, ›Anhang‹) πλούτου (›Reichtum‹) setzte, um eine Parallele zu χρήμασιν (›Mittel‹, ›Gold‹) im darauffolgenden Vers herzustellen: »Ganz ohne Reichthum, ohne Freunde die Gewalt / Zu jagen, die durch Volk und Gold gefangen wird?« ([Solger:] *König Oidipus*, [1804], S. 39). In der Übersetzung von 1808 (hier V. 540–541) nimmt Solger dann diese Änderung zurück, obwohl es so zu einer »Abundanz« von πλήθους und φιλων (›Freunde‹, hier: ›Volk‹) kommt: »Ohn' allen Anhang, ohne Volk das Königthum / Zu jagen, welches Volk und Gold allein erzielt?« (Solger: *Des Sophokles Tragödien*, Bd. 1, 1808, S. 29).

S. 4   Wolf] Friedrich August Wolf (1759–1824) war seit 1783 Professor für Philosophie und Pädagogik in Halle. Voß und Solger besuchten seine philologischen Vorlesungen im Semester 1799/1800.

S. 4   die Abhandlung über die alte Geographie mit der hesiodischen Weltkarte] Vgl. J. H. Voß: »Alte Weltkunde. Mit einer Hesiodischen Welttafel.« In: *JALZ*, Bd. 2 (1804), Aprilbeilage, S. I–XXXVI.

6. Voß an Solger vom 15. Mai und 1. Juni 1804 (Weimar)

[1] Weimar den 15 May 1804

Mein wackrer Solger,
Vorigen Sonnabend besuchte mich mein Bruder in meiner neuen Wohnung, und brachte mir Deinen Brief und den Sofokles mit. Für beides danke ich Dir innig, für das lezte umso inniger, da es mir unerwartet kam, denn nach Deinem lezten Briefe konnte ich nicht schließen, daß der Druck so bald angehn würde. Du mußt aber diesmal noch kein Urtheil wenigstens kein reifes über Dein Werk erwarten; Dein Sofokles ist beim

Buchbinder, und in einem ungebundenen Buche läßt sich schlecht lesen. Was ich davon gelesen, ist nur fragmentarisch, verglichen habe ich noch fragmentarischer. Die
Arbeit scheint mir braf und geistvoll, wenn ich gleich noch gestehn muß, daß sie mir
mehr wie ein schöner Entwurf, der den Keim zum Vortreflichen in sich hat, als wie eine
vollendete Arbeit vorkömmt. Ich habe nicht darin gefunden, was mich bei *Ast* so ver-
droß: eine Nachbildung der Form, *ohne den Geist*, der sich diese Form Gebildet, und
durch sie sich bestimmt kund giebt. Du zeigst hinlänglich, daß Du den *Geist des Dichters* erfaßt, und *durch* die Form wiedergegeben hast. Aber erlaube mir meine *jezige*
Meinung zu sagen: »Du gehst noch nicht sicher genug, Du hast noch nicht die
Gewandheit des Virtuosen, bei dem man gar nicht dran denkt, daß er sich vergreifen
könne, Du strauchelst noch mitunter, wenn Du gleich frisch wieder aufstehst, und wie
ein Anteus mit neuen und doppelten Kräften fortwandelst.« Sehr gefallen haben mir
die Trochäen am Schlusse, die bei Ast himmelschreiend sind; auch die lezteren Chöre,
weniger der erste, ob ich gleich noch nicht deutlich weiß, warum. Nun will ich [2] Dir
sagen, wie es mit der Recension werden soll. Du hast im Meßkatalog gesehn, daß sich
außer Ast noch ein Fähse und Hölderlin über den Sofokles gemacht haben. Sieh, diesen
ganzen Rummel werde ich wahrscheinlich zum recensiren bekommen; ich habe schon
vor 8 Tagen meinen Vater gebeten, es Eichstädt zu sagen. Wenn dann auch Göthe
nichts dagegen hat, und er hat gewiß nichts dagegen, da er mir solche Arbeiten zutraut,
so will ich alle Sofoklesse in einer Collectivrecension zusammenfassen. Wenn Dir
Hölderlin nicht den Rang abläuft, denn diesen Ehrenmann kenne ich noch nicht, so
bist Du vor den übrigen sicher. Der Fähse, zu unserer Zeit Lehrer auf dem Pädagogium,
mein guter Freund, ist ein erbärmlicher Schuft, dem man sein Handwerk, sich an den
alten Classikern zu versündigen, schon höflich und manierlich legen wird. Er wird ihn
in fünffüßigen Jamben, oder gar in poetischer Prosa (nach Schlegel die Schreibart des
Vogel Straußes) übersezt haben. Ist dies der Fall, so soll gar wenig auf ihn Rücksicht
genommen werden, eben weil er von der Hauptbedingung derselbigen Form für den
selbigen Geist, abgewichen ist. Auf diese Weise spare ich mir Raum, bei dem Besseren
weitläuftiger zu sein. Da Du diese Männer des Sofokles gewiß lesen wirst, so könntest
Du mir nun keinen größeren Gefallen thun, als daß Du mir Deine Gedanken darüber,
nur ganz als Fragmente und ungeordnet, aufschreibest, oder auch nur andeutest. Thue
dies recht [3] bald, lieber Solger, denn meine Absicht ist, recht gründlich und mit Einsicht zu recensiren, damit ich selbst Freude und Nuzen bei meiner Arbeit gewinne, und
da könnte mir wohl keiner besser an die Hand gehen, als Du mit Deiner gewissen-
haften Genauigkeit. Sobald ich mit meiner Schule erst ein wenig eingerichtet bin, will
ich mich daran machen.

Den Titel Deines Sofokles möchte ich gerne umgedruckt lesen, nicht allein des
Druckfehlers *Versmassen* wegen, sondern wegen der übrigen unnöthigen Erweitrungen,
die man wirklich leicht ins komische deuten kann z. B. »*aus dem Griechischen*« über-
sezt. Es muß sehr auffallend sein, denn daran gestoßen haben sich auf den ersten Blick
zu verschiedenen Zeiten, Mein Vater, Göthe, Riemer, ich selbst, Bode. Auch fehlt die
Jahreszahl. Einer meinte, aber wer das verschweige ich, es sollte dadurch die ewige
Jugend der Übersezung angedeutet werden. Höre, laß den Titel umdrucken, und die
Worte nach »des Sofokles« fort, wenn es noch angeht. Göthe habe ich recht begierig

auf die Arbeit gemacht, und ich kann Dir zum Voraus sagen, daß er zufrieden damit sein wird.

Diesem herlichen Göthe bin ich nun recht nahe; ich kann ihn täglich sehen, weil mein Fenster grade auf die seinigen gerichtet ist, und darf zu ihm kommen wann ich will. Gewöhnlich zweimal die Woche esse ich bei ihm, einmal Abends, einmal Mittags, aber auch sonst läßt er mich manchmal zu sich kommen, entweder [4] zum Spazierengehen, oder wenn er so Lust zu sprechen hat, oder dies oder jenes zeigen und erklären, oder auch, wenn meine Kräfte reichen, erklärt haben will. Wie lehrreich das für mich ist, brauche ich Dir nicht zu sagen; aber es ist noch etwas in ihm, das nicht bloß auf den Kopf und Verstand wirkt, sondern auf den ganzen Menschen, welches ich aber nicht zu nennen weiß; wir haben kein irdisches Wort dafür. Ich möchte sagen, schon der Anblick, die Gegenwart dieses Mannes hat einen Zauber, der unwiderstehlich wirkt. Könnte ich Dir doch den einen Nachmittag schildern, wo ich bis in den Abend hinein fünf volle Stunden bei ihm allein war. Er war vom Hofe gekommen, alle seine Hausgenossen waren Spazierengefahren, da schickte er zu mir, mit den Worten: »ich solle ihm Geselschaft leisten.« – Als ich zu ihm ins Zimmer trat, fand ich ihn schon wieder in seinem blauen, heimischen Überrock, er gab mir freundlich die Hand, und sah mir noch freundlicher ins Gesicht, er sah so recht behaglich und gemüthlich aus, und war es auch in der That. »Sie sollen meine Münzen sehn« sagte er (und dies hatte er mir schon lange versprochen). Er besizt eine herliche Sammlung, die er als Künstler und kritischer Kenner zu ehren weiß. Diese zeigte er mir Stückweise mit vollständigen Erläuterungen, die ihn aber, wie Du wohl vermuthest, oft auf die lieblichsten αλλοτρια führten. Das Gepräge der Peterskirche endlich brachte ihn ganz von den Münzen ab, wir standen nun auf, und gingen auf und ab im Zimmer. Es ist unbeschreiblich, wie dieser große Gegenstand auf seine große Seele wirkte, und was während der Stunde, [5] wo er darüber sprach, in seinem Inneren vorging, und durch Worte, Mienen, Bewegungen und noch sonst so viel Bedeutsames sich kund that. Er erzählte, wie der erste Ursprung der Idee zu solch einem Gebäude in dem Augenblicke entsprossen sei, als man es gewagt habe, die **Basilica Neronis** einzureissen. Nun aber wagte keiner, ans Werk zu gehn, bis **Michael Angelo** kam, und den Bau unternahm; dann erzählte er, wie nach diesem wohl funfzig Baumeister den Bau fortgesezt hätten, und kam dann dahin, wo ers vom Anfang an anlegte, daß die Einheit der Idee durch diesen successiven Wechsel der Künstler gänzlich zerstört sei – daß der ein Thor sei, der aus dem jezigen Gebäude Eine homogene und einfache Idee herausconstruiren wolle, daß man nur auf dem genetischen Wege der Erklärung hier Befriedigung erhalten dürfe. Mit wahrer Begeistrung rief er einmal aus: »Was sind wir doch gegen jene Künstler dieses kraftvollen Jahrhundertes, wahre Schufte, wahre Taugenichtse«!! Ich bin in meinem Leben nicht in einer so schönen Stimmung gewesen, als dazumal, ich war nicht fröhlich und nicht traurig, aber für beides gleich aufgelegt; ich war gerührt, ohne weinerlich gestimmt zu sein; ich war fröhlich, ohne lachen zu können. Wenn das fromm sein heißt, Gott in seinem Meisterwerke zu lieben und zu ehren, so bin ich in der Stunde recht fromm gewesen. Ich habe mehrmal, wie ich mich nachher besann, Göthens Hand ergriffen, und werde sie gewiß recht *herzlich* gedrückt haben. Bode sagte mir [6] neulich etwas sehr wahres: »es ist nicht möglich, in Göthens Gegenwart zu sein, ohne ihn

anzusehn.« Und nun denke Dir Göthens edle Gestalt, noch veredelter durch den Ausdruck eines Gedankens, der nicht bloß uns, sondern *ihm selbst* erhaben dünkt; wahrlich
dann ist er ein Gott unter den Sterblichen. – Gegen Abend regnete es ein wenig, als es
aufhörte ging er mit mir in seinen Garten. Hier machte die Pracht der Blüten, der
erquickende Duft, die Kühlung und Frische nach der großen Wärme einen wunderbar
fröhlichen Eindruck auf ihn – ja wer das mittheilen könnte! – er sah so freundlich aus,
so liebevoll, so milde, er sprach mit unendlicher, mir fast unbegreiflicher Wärme – da
gestehe ichs gerne, und schäme mich dessen nicht, daß mir Thränen in die Augen traten. Wenn ich Dir doch den Göthe hinzaubern könnte, daß Du sähest, wie er dasteht,
den einen Fuß vorgestellt, mit dem Kopfe rückwärts gebogen, und man in allen seinen
Mienen den Gedanken wahrnimmt, den er mit ungetheilter Seelenkraft faßt und
nährt, ich möchte sagen jene himmlische Verklärtheit, die man ohne Ehrfurcht nicht
an ihm wahrnehmen kann. – Da die Hausgenossen nicht zu Hause kamen, aß ich allein
mit ihm an einem kleinen runden Tisch; er war unbeschreiblich launicht, das Gespräch
fiel unter andern auf das Pestalozische System, und auf das vergriffene ABC der
Anschauung. »Pah! rief er einmal aus, eine Rose von der Nelke zu unterscheiden ist das
[7] ABC der Anschauung, nicht das Geheimnisvolle Dreieck oder Viereck« Wie viel
wahres gesagt, in wie wenigen Worten. – Glaubt mir, ihr lieben Herzensfreunde, daß
ich jeden Morgen, wenn ich in behaglicher Ruhe beim Kaffe mein Pfeifchen rauche, an
den theuren einzigen denke, mir seine Gestalt, seine Miene, seinen herzlichen Ausdruck der Rede in der Einbildung hervorrufe. So gestärkt und beseligt, ach wie schön
geht sichs an die Arbeit, wie leicht wird sie, und wie freudiges Muthes geht sie von
statten. Armen Leute, die Ihr diesen Mann nicht lieben, nich ehren könnt, armer Kozebue, armer Merkel!

Hast Du doch schon die Göthische Recension von meines Vaters Gedichten gelesen. Auch hier ist viel von Göthens eigenem Character enthalten. Göthe, so gerne er
jeden Menschen in seiner Haut läßt, ist doch auch gegen Schlechtigkeit und Intoleranz
intolerant, sobald es *das Handeln* gilt. Steht ihm ein Kloz im Wege, so wird er weg-
geschaft, aber ein Merkel und Kozebue, die nicht *im Wege* stehen sondern außer dem
Wege liegen, die werden mit leichtem Herzen ertragen und gutmütig belächelt. Ich
habe aber Göthe schon zornig gesehen, über Eseleien und Teufeleien, aber das war der
Zorn des Gerechten, ein schneidender kräftiger Unwille, nicht Zügellose Erbitterung
und Leidenschaft. – Jedes Talent ehrt Göthe, jede mechanische Fertigkeit, jedes Streben zum Besseren unterstüzt er nach Vermögen und Kräften. Wer nach Selbst-
[8]ständigkeit ringt, und ausbildet, was in ihm auszubilden ist, den liebt er; aber kein
Characterloser findet Gnade vor seinen Augen: die Loosung, es ist doch ein so guter
Mensch, ist ihm unausstehlich, und wehe dem, der sein Zutrauen, das nie unbillig ist,
sondern sich nach eines jeden Subjectes Fähigkeit richtet, wer dieses durch Trägheit,
hartnäckiges Stillstehn, oder gar Scheinsucht statt reellen Werthes zu täuschen beginnt. Anfangs ist er noch schonend, und sucht in das Bessere zurückzulenken. Hilft
das nicht, dann wird er zornig, und wendet sein Antliz auf ewig.

Indem ich dies schreibe, habe ich Dir zugleich gesagt, wie *mein* Verhältnis mit ihm
ist. Nur dasjenige, wodurch ich einzig meine Zufriedenheit erhalten kann, kann mir
auch seine Liebe erhalten. Aber bei Gott, ich höre auch mit zu den Besseren, und

Göthe soll, so wahr ich diese Worte mit Innigkeit schreibe, und fast mit Thränen bene-
zen möchte, nie von mir sagen, *in dem irrte ich mich*. Er hat mich schon zweimal *seinen
lieben Sohn* genannt, er soll auch Wohlgefallen an mir haben. Gott sei mein Zeuge,
wann Göthe einmal über mich zornig werden sollte, dann habe ich ausgelebt. Du herlicher Göthe, wer wollte Dir nicht Freude machen von ganzer Seele! Aber wer Göthen
zum Ärgerniß lebt, oder da ist, der ist auch – wenigstens des moralischen Todes ver-
blichen. [9]

Wie herlich ist es doch eine Stüze zu haben, an solch einem Manne. Mag es schön
sein, keiner Stüze zu bedürfen, isolirt und selbstständig zu stehn, ich gebe es zu, aber
ganz und gar *mag* ich es noch nicht sein, wenigstens in meinem Alter nicht. Es hört ein
gewisser Grad von – wie soll ichs nennen? – Abhängigkeit, freier Unterwerfung einer
edlen Leitung zu meinem Bedürfnisse, wie physisch der Kaffe und eine Pfeiffe. Ich
kann all dies entbehren, und bin vielleicht vollkommener, nach der Philosophen Art zu
reden, aber glücklicher wahrhaftig nicht. Ich möchte meine Existenz nicht mit der des
Dr. Niethammer vertauschen, der alles aus sich selbst hernimmt. Ich freue mich, daß
ich manchmal müde werden <u>kann</u>, und mich dann an einen Stab lehnen, und ausruhen
kann; der Gedanke thut mir wohl, wenn es auch nie dazu kommt. Ich bin nicht zu
einem Selbstherscher aller Reussen geboren, und danke Gott dafür; es ist eine Him-
melswonne, von einem Göthe geleitet zum Besseren gefördert zu werden. So lange ich
in Eutin war, war mir Stolberg was jezt Göthe ist. Noch in diesem Augenblicke sehe ich
beide als ein leibliches Zwillingspaar an. Ich werde vielleicht mein Lebelang in dieser
Hinsicht unmündig bleiben, und es wird dann auch mein Schade nicht sein. – Du wirst
mich richtig verstanden haben.

Neulich schrieb mir ein Philister aus Eutin, der vielleicht einen Flatschen aus
einem Briefe an Bredow gelesen hatte, recht freundschaftlich und wohlmeinend: »ich
sollte doch ja nicht eitel werden«. Guter Gott, äußert sich denn nicht Demuth in der
Anhänglichkeit an das Unendlich Erhabene und Schöne, und ist es nur möglich, daß
das was uns erhebt, und dem [10] Unendlichen näher bringt, *zu ein- und derselbigen
Zeit* ein Philistergefühl hervorbringen kann? Wer ruft wohl dem feurigen Liebhaber
Zu, werde nicht eitel durch den Besiz eines Engels! Gottlob, daß ich auch Freunde
habe, die selbst über alles Spießbürgerliche erhaben, kaum die Vorstellung von solchen
Misgriffen zu fassen vermögen.

Riemer wird mir täglich lieber, wie August Bode. Riemer und ich machen jeden
Abend, wenn das Wetter es erlaubt einen Spaziergang in den Park, auch sind wir
gewöhnlich des Abends zusammen, wenn Göthe nicht bei Tische ißt, und Riemern
nichts zu Hause fesselt. Dann trinken wir Thee, oder so was zusammen, lesen Griechisch, und sprechen. Wir wetteifern ordentlich, wer Göthen mehr liebe, keiner ist
Sieger noch Besiegter. Wie unendlich schön ist es im Parke, unser Lieblingsgang ist der
Philosophengang am Wasserfalle. Dieser Ort ist so ganz abgeschieden von dem Geräu-
sche der Welt, so ganz fähig, die herzlichste Empfindung in wachem und regem Ein-
klange zu erhalten. Die herliche Göthische Inschrift an dieser Stelle ist aus dem
Anschauen dieses Ortes hergenommen. Kennst Du noch die grüne Wiese, und den
Fluß mit dem brausenden Wehre? Daneben ist ein Gebüsch, das den Strom überzweigt
und recht dunkel macht, man sieht hinein, und glaubt in einen dichten endlosen Wald

zu sehn. Und dann des Abends ziehen sich die Dünste zusammen, und ruhen auf dem grünen Grase, die Nachtigallen singen aus allen Büschen, und kein [11] Lüftchen regt sich. O es schön, wunderschön auf der Gottes Welt, es ist doch herlich, daß ich diesen Winter nicht gestorben bin, (das sage ich mir oft) daß ich in dieser Gegend eine Hütte gebaut habe, und die Aussicht habe, hier ein schönes Leben zu enden. Wenn es einmal dazu kommt, nun dann will ich auch fröhlich und heiter von dannen scheiden, aber eher nicht, als bis die Stunde schlägt.

Mein guter, theurer Abeken, ich segne Deine Vaterlandsliebe, aber suche sie nicht einzig in Deiner ursprünglichen Heimath. Auch mir bleibt unvergeßlich mein liebes Eutin, aber hier habe ich dennoch meine Heimath wiedergefunden. Mir ist hier so wohl, wie mirs nur je in Eutin war. Will es Dir auch in Berlin nicht durchaus gefallen, harre nur, auch Dir wird ein heimisches, wohles Vaterland werden, wo auch immer, im Süden oder Norden, Du wirst glücklich werden, wie Du es verdienst. Den Guten ist gutes beschieden, darauf traue und baue ich fest. –

Nun will ich Euch von meiner Schule Rechenschaft geben. Ich erhalte, denk Dir meine Freude, 10 Griechische und zwei lateinische Stunden, dann alte Geschichte und griechische Antiquitäten, als Ballast habe ich die unbeschwerliche neue Geografie, weiter gar nichts. Die griechischen Stunden *alle* zu erhalten hat mir Mühe gemacht, aber das **festina lenter** hat sie mir verschafft, nachdem der Conrector vergeblich gerungen hatte, wenigstens ein paar beizubehalten, um nicht aus der Übung [12] zu kommen, falls er in seinem Leben noch einmal wieder vikariiren müsste. Hätte ich gleich anfangs mit Eifer darauf gedrungen, so wären sie mir mit Mißmuth übergeben worden, jezt habe ich meinen Zweck, und es hat den Schein, als wären sie mir freiwillig übertragen worden. Mit anderen Fächern befasse ich mich gar nicht. – Meine Stunden-zahl ist 20 wöchentlich, mein Gehalt 400 Thaler ohne Schulgeld. – Donnerstag über 8 Tage trete ich mein Amt an; Göthe sagte neulich, »das macht sich so recht artig, Sie kommen so auf die naive Art ins Amt hinein«. – Von den Schülern kenne ich schon viele, sie besuchen mich nach der Reihe. Sie sind – **relata refero** – ganz scharmirt von ihrem neuen Professor. In ganz Weimar ist keine Stimme gegen mich, als ein alter Mann, der einen Sohn irgendwo hat, der nach seiner Meinung die Stelle hätte haben müssen.

den 1 Junius 1804.

Ich habe meinen Brief lange unterbrochen, mein wackerer Solger, es ist Zeit, daß ich ihn wieder anknüpfe. Seit dieser Zwischenzeit bin ich nun förmlich introducirt, und seit gestern Morgen bin ich auch wirklicher Schulmann. – Montag wurde ich introducirt. Die Feierlichkeit war kurz und bündig, und währte kaum eine Viertelstunde. Alle Schüler und Lehrer der 3 oberen Classen waren zugegen. Ich sah auf allen Gesichtern so viel Liebe, Zutraun und Wohlwollen, daß es mich innig rührte. – Auf den Abend hatte ich alle Primaner bei mir zu Gaste. Sie ließen sichs ganz wohl bei mir sein, und ich überzeugte mich recht, daß sie nicht bloß Respect, sondern auch Liebe für ihren neuen Lehrer hatten. – Halb 10 verließen mich [13] alle, sie ließen sich nicht erbitten länger zu bleiben. Aus ihrem Flüstern und Lächeln hätte ich schließen können, was im Gange

war – und nach einer halben Stunde brauchte ichs nicht erst zu schließen, ich konnte es
sehen und hören. Alle Schüler zogen mit feierlicher Musik, mit Pauken und Trompeten
vor mein Fenster, 5 Primaner waren Adjutanten, mit Hiebern und Kanonen. Es wurde
erst lange gespielt, dann erhielt ich ein feierliches Vivat, ein dreimaliges lautes und
herzlich gemeintes Hoch. Der ganze Plaz vor Göthens Hause war dicht voll gedrängt
von Menschen, weil der Zug sich da er durch die ganze Stadt ging, so vergrößert hatte,
ehe er zu mir kam. Glaube mir, mein Herzensjunge, freudiger bin ich nie zu Bette
gegangen. Wäre doch der herliche Göthe den Abend zu Hause gewesen, und hätte den
Spaß mit angehört, er hätte ihn mir von Herzen gegönnt. Göthe aber war in Jena, und
ist erst Gestern Abend zurückgekommen. Heute nun und gestern habe ich meine
ersten Stunden gegeben, 8 im Ganzen, Mittwochs und Sonnabends habe ich nur je
zwei. – Nun bin ich erst recht glücklich in Weimar, da ich mich in meinem festen Beruf
fühle, und ein Mitglied unseres Staates bin. Nun kömmt mirs vor, als könne ich erst
recht keck jedem Menschen ins Antliz sehn. – Meine Schüler lieben mich, das höre ich
von allen Ecken her, und sind mit meinem Vortrage, und mit der Weise, wie ich sie in
die Alte Welt einführe, recht sehr zufrieden. Daß ich sonst [14] auch gutherzig bin,
haben sie mir auch wohl abgemerkt, und warum sollten sie mich dann nicht lieb
haben? – Solger, komm zu mir wenn Du Deinen Freund recht glücklich sehn willst,
kommt zu mir, Abeken, Gotthold, Börm, und wie ihr alle heißt.

Nun kann ich auch dem lieben theuren Göthe noch einmal so fröhlich und heiter
vor Augen treten; denn nun ist es nicht bloß Wunsch mehr, daß ich Beruf zu meinem
Amte haben möge, sondern ich fühle es, daß ich ihn habe. Dann die Freude, die ich an
jedem Abend genieße über einen glücklich vollbrachten und nicht unthätigen Tag, sagt
es mir zur Genüge. Nun ist es nicht mehr Vorsaz, meinem herlichen Göthe Freude zu
machen, nun fühle ichs, daß es nicht anders sein kann. Ich wollte, daß ich Dir in diesem Augenblick sagen könnte, und alles sagen könnte, was mein Herz empfindet, aber
da muß ich wohl verstummen.

Wie habe ich doch den Göthe so unendlich lieb. Ist mirs doch ordentlich unbehaglich gewesen, ihn nur auf 5 Tage entfernt zu wissen. Gestern, als ich ihn zurück-
kommen sah, wurde ich auf meine eigene Hand noch mal so lustig und heiter, und
heute bin ichs auch, weil ich ihn in Weimar weiß, ob ich ihn gleich noch nicht gesehn
habe, und vielleicht vor Morgen Mittag nicht sehe. Wahrhaft, seine bloße Nähe ist
schon Segenbringend, wie viel mehr seine persönliche Gegenwart. [15]

Verzeihe, daß ich Dir so dummes Zeug schwaze. Aber mir ist einmal jezt so zu Sinne, wie ich mich Dir zeige. – Auch dem theuren Schiller will ich sein Recht, und seine
Ansprüche auf meine Liebe nicht verkummern, obgleich ich die Ehrfurcht nicht für
ihn habe, die ich gegen Göthe habe. Schiller kömmt mir vor, wie Unser eins, und ich
bin oft bei ihm, und spreche mit ihm, wo er mir nichts weiter als ein liebenswürdiger
Mensch, nicht *Schiller* scheint. Der Mond ist auch schön, aber sagt nicht das Sprichwort, daß er vor der allbelebenden Sonne verschwindet? – Schiller ist mir auch recht
sehr gut (, das hat er mir neulich selbst gesagt,) und verlangt, daß ich ihn fleißig besuchen soll. Du kannst denken, daß ich mir so was nicht zweimal sagen lasse. Sonst habe
ich hier wenig oder gar keinen Umgang. Wen könnte ich auch sonst noch nach diesen
Beiden so recht herzlich lieben. Falk fliehe ich, wie die Pest, der Mensch ist mir *ekel-*

haft. Es wäre zu umständlich, Dir seine lezte Eselei zu erzählen. Aber ich habs geschworen, ich spreche ihn nicht wieder, und Dir kann ich versichern, daß es mir zur Ehre gereicht, wenn ich mein Wort halte. – Bode will ein gleiches thun, desgleichen Riemer. – Ich hatte Gestern, als ich ihn im Schauspiele mit seinem ekelhaft [16] lächelnden Gesicht sah, Lust, ihm ein paar Maulschellen zu geben. –

Schleiermachers Plato habe ich bei Bode gesehn, aber noch nicht gelesen.

Grüße doch den lieben Abeken von mir, und ermahne ihn mir bald zu schreiben. Daß der Apotheker im Roman aufgehängt worden, das habe ich schon seit 8 Jahren gewußt. Ich mochte es nur dem kleinen frommen Gemüthe nicht sagen, weil es ihn gewiss gekränkt und gejammert hätte. Nun, da er es weiß, kann ichs ja wohl ihm sagen.

Grüße den guten braven Gotthold vielmal von mir. Ich wollte, er wäre mein College an der Weimarschen Schule. Wir wollten uns gewiß als redliche Collegen und Brüder betragen.

Nun gehabe Dich wohl. Ich habe dies lezte so flüchtig geschrieben, daß ichs nicht wieder überlesen mag.
Dein *Heinrich Voß.*

Vergiß nicht die Sofoklesübersezungen zu lesen. An Deiner bin ich noch nicht weiter gekommen, meiner Arbeiten wegen.

Überlieferung
Der Originalbrief wird im Deutschen Literaturarchiv in Marbach aufbewahrt und von einem archivischen Regest begleitet. Hinzu kommt eine typoskripte Abschrift eines Auszugs des Briefs (Passage über Goethe und Schiller). Die Handschrift weist fremde Eingriffe (Markierungen) auf, welche wenigstens teilweise von Solgers Frau Henriette Solger stammen dürften, die Abschriften für eine angedachte Veröffentlichung anfertigte. Diese dienten später ihrer Tochter als Grundlage für die tatsächliche Veröffentlichung. (Vgl. Karoline Solger: *Briefe von Heinrich Voß an Karl Solger,* 1882, Vorwort S. 95). Der Brief wurde dort S. 103–110 mit zahlreichen Auslassungen und Abweichungen abgedruckt.

Auf der Seite 11 (ca. nach ⅔ der Seite) lässt sich ein Tintenwechsel erkennen, der auf eine mögliche spätere Fortführung hinweist.

Lesarten
S. 6   ging er [eigtl.:] mir in seinen Garten

Varianten
S. 6   nach der [stechen] großen Wärme
S. 7   Hast Du doch schon die Göthische Recension von [meinem] ⌈meines⌉ [Vater] ⌈Vaters⌉⌈Gedichten⌉ gelesen.
S. 9   Es hört ein gewisser Grad von – wie soll ichs nennen? – Abhängigkeit, ⌈freier⌉ Unterwerfung einer edlen Leitung zu meinem Bedürfnisse

S. 10 [sei] ⌈werde⌉ nicht eitel [über] ⌈durch⌉ den Besiz
S. 13 Nun bin ich erst recht glücklich in [Jena] Weimar

Kommentar
S. 1 mein Bruder] Wilhelm Voß.
S. 1 Deinen Brief und den Sofokles] Es handelt sich um Solgers 1804 anonym er-
schienene Übersetzung des *König Oidipus*. (Vgl. Brief von Solger an Voß vom 5. Mai
1804, S. 1).
S. 1 bei *Ast*] Von Friedrich Ast erschien 1804 eine Übersetzung der Trauerspiele
Sophokles'.
S. 2 daß sich […] ein Fähse und Hölderlin über den Sofokles gemacht haben] Gott-
fried Fähses Übersetzung der Trauerspiele des Sophokles in Alexandrinern erschien in
zwei Bänden 1804 und 1809; die Übersetzung Friedrich Hölderlins erschien 1804,
ebenfalls in zwei Bänden.
S. 2 in poetischer Prosa (nach Schlegel die Schreibart des Vogel Straußes)] Über die
Übersetzungsmöglichkeiten von gebundener Rede schreibt A. W. Schlegel in seinem
Aufsatz »Etwas über William Shakespeare bey Gelegenheit Wilhelm Meisters«, erschienen 1796 in Schillers Zeitschrift *Die Horen*: »Soll das Sylbenmaaß im Drama
nicht Statt finden, so muß es ja bey der schlichtesten Prosa sein Bewenden haben.
Denn sonst wird unvermeidlich eine sogenannte poetische Prosa entstehen, und poetische Prosa ist nicht nur überhaupt sehr unpoetisch, sondern vollends im höchsten
Grade undialogisch. Sie hat die natürliche Leichtigkeit der Prosa verloren, ohne die
künstliche der Poesie wieder zu gewinnen, und wird durch ihren Schmuck nur belastet,
nicht wirklich verschönert. Ohne Flügel, um sich kühn in die Lüfte zu heben, und zu
anmaaßend für den gewöhnlichen Gang der Menschenkinder, fährt sie, unbeholfen
und schwerfällig wie der Vogel Strauß, zwischen Fliegen und Laufen über den Erd-
boden hin.« (*Die Horen*, Bd. 6, 1796, 4. Stück, S. 101 f.).
S. 3 Den Titel Deines Sofokles] Der vollständige Titel lautet: *König Oidipus. Eine
Tragödie des Sophokles, in den Versmassen des Originals, aus dem Griechischen übersetzt.*
In der Ausgabe von 1808 änderte Solger den Titel in: *Des Sophokles Tragödien*.
S. 4 αλλοτρια] ›Allotria‹ (›vergnügliche Abschweifungen‹).
S. 4 Peterskirche] 1797 plante Goethe, eine Geschichte der Peterskirche zu verfassen.
Vgl. die Briefe an Schiller vom 21. Juni und 5. Juli 1797: »Die Geschichte der Peters-
kirche habe ich besser und vollständiger schematisirt und sowohl diese Arbeit als der
Moses und andere werden schon nach und nach reif werden.« (in: *Goethes Werke*,
Sophienausgabe, IV. Abt., Bd. 12, 1893, Nr. 3583, S. 162 f.).
S. 6 auf das Pestalozische System, und auf das vergriffene ABC der Anschauung] Von
Johann Heinrich Pestalozzi erschien 1803 das *ABC der Anschauung, oder Anschauungs-
Lehre der Maßverhältnisse*. Goethe kritisiert hier Pestalozzis Annahme, das gleichsei-
tige Viereck sei als Grundform der Anschauung anzusehen. Ebenso spricht er sich
gegen die von Johann Friedrich Herbart im Widerspruch zu Pestalozzi aufgestellte
These aus, Dreiecke bildeten die Grundform. Der vielzitierte Ausspruch Goethes fin-
det sich auch in *Solger's nachgelassene Schriften und Briefwechsel*, hg. von Tieck und
Raumer (ebd., Bd. 1, 1826, S. 137).

S. 7   armer Kozebue, armer Merkel] Die Schriftsteller August von Kotzebue (1761–1819) und Garlieb Helwig Merkel (1769–1850) richteten sich von Berlin aus u. a. durch ihre Zeitschrift *Der Freimüthige* (1803–1806) offen gegen Goethe und die Brüder Schlegel. Zu Voß' Geringschätzung von Kotzebue und Merkel vgl. auch Brief von Voß an Solger vom 10. Oktober 1804, S. 8, 12.

S. 7   die Göthische Recension von meines Vaters Gedichten] Goethe: »Johann Heinrich Voß: Lyrische Gedichte«, in: *JALZ*, Nr. 91–92 (1804), Sp. 97–103 u. Sp. 105–108. (Vgl. Brief von Voß an Abeken und Solger vom 10. und 11. April 1804, S. 4).

S. 9   war mir Stolberg was jezt Göthe ist] Vgl. Brief von Voß an Solger vom 24. März 1804, S. 2.

S. 10   Philosophengang am Wasserfalle] Entgegen der Vermutung, die Bezeichnung ›Philosophengang‹ sei nur in Heinrich Voß' Kreis üblich gewesen (vgl. Karoline Solger: *Briefe von Heinrich Voss an Karl Solger*, 1882, S. 108), lässt sie sich auch in dem 1825 erschienenen *Führer durch Weimar und dessen Umgebungen* nachweisen: »Eine herrliche Pappel-Allee nennt man den Philosophengang, denn hier sieht man immer Lesende oder Lernende sitzen, von keinen anderm Geräusch als dem Gesang der Vögel lieblich gestört.« (Ebd., S. 60).

S. 10   Die herliche Göthische Inschrift an dieser Stelle] Gemeint ist die Inschrift, die sich am Aufgang zum Römischen Haus befindet, bestehend aus drei Distichen, die unter dem Titel »Einsamkeit« in Goethes Werken zusammengefasst sind: »Die ihr Felsen und Bäume bewohnt, o heilsame Nymphen, / Gebet Jeglichem gern, was er im Stillen begehrt! / Schaffet dem Traurigen Trost, dem Zweifelhaften Belehrung, / Und dem Liebenden gönnt, daß ihm begegne sein Glück. / Denn euch gaben die Götter, was sie den Menschen versagten, / Jeglichem, der euch vertraut, tröstlich und hülflich zu seyn.« (*Goethes Werke*, Sophienausgabe, 1. Abt., 2. Bd., 1888, S. 126).

S. 11   **festina lenter**] Wahrsch. ist die lat. Redewendung ›festina lente‹ (›Eile mit Weile‹) gemeint.

S. 12   **relata refero**] ›Ich gebe Berichtetes wieder‹.

S. 15   Falk] Gegen den Weimarer Theologen und Schriftsteller Johannes Daniel Falk (1768–1826) hegte Voß einige Abneigung, die aber nicht näher begründet wurde. (Vgl. Brief von Voß an Solger vom 10. Oktober 1804, S. 8).

S. 16   Schleiermachers Plato] Von Friedrich Schleiermacher erschienen zwischen 1804 und 1809 *Platons Werke*.

S. 16   Daß der Apotheker im Roman aufgehängt worden] Der Bezug konnte nicht ermittelt werden.

7. Voß an Solger vom 10. Oktober 1804 (Weimar)

[1] Weimar den 10 October 1804

Endlich einmal komme ich wieder zu meinem theuren Solger, in dessen Schuld ich schon eine Monatsfrist bin. Dein lezter Brief, guter Junge, hat mir unter all Deinen Briefen die meiste Freude gemacht, ich weiß selbst nicht warum. Er ist nicht in höherem Grade herzlich, als die vorigen, er hat mir nicht neue Seiten an meinem geliebten Freund enthüllt; und doch hat keiner von Deinen früheren Briefen die Wirkung auf mich gemacht. Ich habe ihn wohl 10 mal gelesen, meinem Riemer mitgetheilt, dann wieder gelesen, und dann habe ich mich im Stillen meines Freundes gefreut. Sag Lieber, warst Du in einer besonders heiteren Stimmung als Du den Brief schriebst, und ist diese durch das Medium des Briefs auf mich übergegangen? Nun sollst Du auch sehn, daß ichs treu mit Dir meine, denn ich denke Dir einen langen Brief zu schreiben. Ich habe einige Arbeiten hinter mir, vor mir Heiterkeit, und im Herzen Ruhe. In solchen Stimmungen schweben die Geister ferner Geliebten um uns. Nur in solchen Stimmungen sollte man gegen Freunde das Herz ausschütten. O! wenn Dir mein Brief Freude machte, wie mir der Deinige! Damit ers thue, will ich Dir auch recht viel von dem lieben theuren *Einzigen* melden.

Vorgestern Abend habe ich meine Quadrupelrecension der Sofoklesse an Eichstädt abgeschickt. Unter vielfachen Stöhrungen, von denen Du die wichtigsten ein anderesmal, heute nicht, erfahren sollst, habe ich sie endlich nach 6 Wochen Arbeit gefertigt. Ich konnte nur Freitags, Sonnabends und Sonntags daran arbeiten, und zwei Wochen sind noch gar ausgefallen. Mein sehnlichster Wunsch ist, daß Du zufrieden sein mögest, und das hoffe ich; denn ich habe nach redlicher Überzeugung gearbeitet. Nun etwas von der Einrichtung. Sie zerfällt in zwei Hauptabschnitte, in den ersten habe ich die *Böcke* gesezt, in den andern die *Schafe.* Jene sind *Hölderlin* und *Fähse*; diese *Ast* und der *Ungenannte.* Hölderlin habe ich sehr spaßhaft genommen, Fähse nichts weniger, nur versteckter. Beide sind wahre Lumpenhunde, der eine ein zweiter Paulmann, der andere eine Carricatur von Manso (Du kennst ja wohl dessen Oedipus Tyrannos). Über Ast zu reden fiel mir schwer. Ich hatte bei seiner Unbescheidenheit oft Mühe nicht bitter zu werden. Ihn habe ich zuerst genommen; und ihn so ziemlich [2] heruntergemacht, was die Darstellung betrift, was hingegen das Auffassen des Originals betrift, ihm alle Gerechtigkeit wiederfahren lassen. Besonders habe ich die Nachlässigkeiten seiner Sprache, die eckelhaften Contractionen (wie *erhöhr'n*), die Gemeinheit des Ausdrucks, die wunderlichen Wortcompositionen, und seine metrischen Grundsäze urgirt. Was hier durchaus nicht zu dulden ist, sind die ewigen Enjambemens der Verse, auf die der Narr noch gar stolz ist. Dann komme ich auf den Ungenannten. Hier sage ich in Bezug auf die Astische Recension nach Überzeugung, daß die metrischen Regeln mit großem Glück beobachtet wären, ich rühme den Fleiß der auf Wort und Gedankenstellung gewandt ist, und auf das Zusammentreffen der rhythmischen und der Redeperiode. Ich billige die Regeln und die Grundsäze des Übersezers, nur urgire ich die Insufficienz in der jedesmaligen Beobachtung derselben. – Was das Auffassen des Sin-

nes betrifft, rühme ich an ihm, wie an Ast, Gelehrsamkeit, Sprach- und Alterthums-
kunde, und daß beide Übersezer das Streben hatten, nur den Sofokles rein und un-
getrübt zu geben. Ich lasse aus der Ausführung resultiren, ohne daß ich es ausspreche,
daß es dem Ungenannten viel besser gelungen sei, daß er noch nicht leiste, was zu
leisten wäre, aber gewiß leisten werde. Und am Schlusse kömmt die Auffoderung, ja
seine Arbeit zu vollenden, und die Bitte, alle während der Arbeit gemachten Bemerkungen den Freunden des Sofokles mitzutheilen. Hier habe ich noch etwas in Petto,
was ich Dir nachher mittheilen will.

So viel im Allgemeinen, das Specielle wirst Du bald gedruckt lesen. Ich war in einiger Verlegenheit mit Dir, weil Du mein Freund bist, und weil mein Vater und noch
andere wußten, daß der Ungenannte Übersezer mein Freund sei. Ich habe Dich also
mit Maß gelobt, und an keiner Spur merken lassen, daß mir der Ungenannte auch nur
bekannt sei. Aber Du wirst gewiß zufrieden sein. Vor 8 Tagen habe ich Göthe die ganze
Recension vorgelesen. Er sagte nur manchen einzelnen Einwand. Mehrere Einwendun-
gen habe ich zurückgewiesen, mehrere mit Dank angenommen, und in seiner Anwesenheit geändert, wo [3] er selbst mir zum Theil die Änderung angab. Göthe ist mit
meiner Arbeit sehr zufrieden, wie er an Schiller und zum Theil auch mir selber gesagt
hat. Besonders hatte er Freude an meiner Vertheidigung der **Vulgata** *Ajax* 674 δεινῶν,
wo **Jacobs** λείων höchst *physikalisch* und unpoetisch emendirt. Ja, sagte Göthe, wenn
die Gothaner aus ihrem Theeklubb kommen, dann wissen sie freilich nicht, daß ein
Sturm auch das Meer *beruhigen* kann. Bravo, sagte er zu mir, als ich diese Anmerkung
vorgelesen hatte, und klopfte mir freundlich auf die Schultern: recht, als wenn er im
Herzen dachte, ich hätte Dir so viel poetischen Scharfsinn nicht zugetraut. – Wenn Du
die Recension liest, so vergiß ja nicht, die Folge in der die Übersezer stehn, zu beobachten; ich fange mit dem Narren an, und höre mit dem Klugen auf, und die mittleren
sind die Stufen zu ihm. – Die Recension ist etwa 3½ Stück lang. Denk mal, sie bringt
mir 30 Thaler ein i. e. einen Athenäus von Schweighäuser, und einen neuen Oberrock,
die ich mir für das Geld kaufe. So scheere ich die Leute, und kleide mich dann in der
Wolle, bis ich selbst in die Wolle zu sizen komme. Ich werde viel recensiren, und es wird
mir leicht werden, da ich in vielen Recensionen z. B. in mythologischen, Göthens Beistand habe. Noch heute Morgen sagte er zu mir: Nun kommen die traulichen Winterabende, da wollen wir zusammenlesen, und braf recensiren. Sieh! lieber Junge, da recensire ich mir noch eine Bibliothek zusammen.

Neulich Abends hatte ich schon einen herlichen Vorschmack von solchen Winter-
abenden. Ich bin gewöhnlich bei Göthe, wenn seine Familie mal verreist ist. Nun war
Riemer mit August und der Vulpius nach Oberweimar gefahren, um dort einer Fete
beizuwohnen. Göthe schickte also um 5 zu mir, ob ich nicht zu ihm kommen, und den
Brunkischen Sofokles mitbringen wollte. Als ich zu ihm kam, fand ichs gar behaglich
bei ihm. Er hatte eingeheizt, hatte sich ausgezogen bis auf ein wollen Wämschen, worin
der Mann sich gar prächtig ausnimmt. Nun bot er mir freundlich und [4] liebreich die
Hand und schüttelte sie recht treuherzig. Ja! sagte er, die Jugend ist verreist und springt
in der Welt herum, nun wollen wir Alten zusammensein. (Er weiß nehmlich, daß ich
der Alte Ehrwürdige heiße.) Bis gegen 7 hin sprachen wir; dann kam Licht, und nun
fingen wir an Griechisch zu lesen. Ich übersezte ihm erst den langen Chor aus der

Electra. Und dann fingen wir den König Oedipus an zu lesen. Ich hatte Deine Übersezung mitgebracht. Daraus hat Göthe mit inniger Freude bis zum ersten Chore mit
lauter Stimme declamirt. Der verstehts! sagte er einmal, aber er ist gewiß noch ein
Anfänger in der Kunst. Noch dröhnt mir in den Ohren, wie prächtig er den Vers

vorzutauchen strebt bereits
umsonst ihr Haupt aus Tiefen blut'ges Wogenschwalls.

deklamirte. (Da wünschte ich, daß Dir die Ohren klingen möchten, und wer weiß obs
nicht geschehn ist. – Nachdem wir ausgelesen hatten, gings zu Tische, und ich blieb bis
12 Uhr bei ihm sizen

reichlich mit Fleisch und *lieblichem* Weine gestärkt

Solche frohe Tage, die allen Glauben überschreiten, soll ich noch oft erleben! Lieber
Solger, wie mich das Gefühl glücklich macht, daß der Mann nicht gleichgültig gegen
mich ist. Ich sagte es ihm selbst mahl, und erhielt ein treuherziges: *Gutes Kind!* mit
Kuß und Händedruck dafür zur Antwort. Ja! er behandelt mich wie einen zärtlich
geliebten Sohn. Schon seit lange darf ich unangemeldet zu jeder Tageszeit, so oft ich
will zu ihm aufs Zimmer kommen, was wahrhaftig bei Göthe nichts geringes ist. Heute
Morgen war ich schon vor 7 bei ihm. Ich bin glücklich: aber ich genieße mein Glück
mit Maß und Bescheidenheit, und so bleibt es mir von Dauer. Wenn mir Göthens
Zuneigung je entzogen werden sollte, so glaube mir, daß kein anderer die Schuld haben
wird, ... als ich selber. [5]
Daß die Philister Göthe stolz auf seine Größe nennen, dieses begreife ich jezt;
wenn ich ein Philister wäre, ich nennte ihn selbst so, und ich möchte fast sagen, ich
nennen ihn so, wie ich da bin. Aber der Philister weiß nicht wie weite Klüfte zwischen
dem Geistigen Stolze, und der körperlichen Eitelkeit sind. Ich habe Göthe einmal über
seinen Faust, ein andermal über den Göz von Berlichingen reden hören. Er fühlte die
Größe dieser Stücke mit unendlicher Seelenerhebung. Aber wahrhaftig, er dachte nicht
daran, daß sein Individuum der Verfasser sei, was ihn begeisterte war die Idee, die jenen
Stücken zu Grunde liegt, und ihm galt es in dem Augenblicke völlig gleich, in wessen
Gehirne sie entsprungen sei. Da schrein denn gleich die Philister, der Mann ist in seine
Werke verliebt. Künftighin werde ich nie einen Philister tadeln, aber von Herzen
bedauern. Der Philister muß ja wohl sein Persönchen lieben, weil kein Geist darin ist.
Aber ein Mann wie Göthe, von so erhabenen Gefühlen und Gedanken, wenn der einmal in ehrfurchtvolles Staunen gesezt wird über eins seiner Geisteswerke, ist es da noch
die elende Berücksichtigung seiner Persönlichkeit, daß die Persönchen in der Welt ihn
angaffen möchten? ist es nicht vielmehr die Göttlichkeit der Idee, die ihn von neuem
weg aus allem irdischen Tande zur Gottheit emporzieht? – Ich habe Göthe unendlich
oft in diesem Zustande gesehn, und mich dann an seiner verherlichten Miene gefreut.
Wie sagt doch Schleiermacher in einer seiner Predigten? »wir werden angezogen,
wenn wir den Frommen erblicken«. Das fühlte ich als Knabe schon (instinctmäßig) in
Stolbergs Gegenwart. Und jezt, warum begegnet es mir doch so oft in Göthens
Gegenwart, daß mir Thränen in die Augen treten, da ich sonst doch nicht weinerlich
bin? warum erfüllt es mich immer mit heiliger Ehrfurcht, [6] die mein ganzes Innere
kräftigt, wenn ich in Augenblicken bei ihm bin, wo ein großer Gegenstand seine große

Seele erfüllt. Ich habe Göthe über Unsterblichkeit reden hören mit unendlicher Bewegung mit unnennbarem Gefühle; ich habe ihn bei herzlichen Gegenständen weinen sehn. – Wer so, mit so inniger Theilnahme an allem hängt, was gut ist, und mit ganzer Seele dabei ist, der ist in meinen Augen ein Frommer. Und der Philister kennt wahre Frömmigkeit nicht einmal dem Namen nach. – Ich neide keinem Philister sein trauriges Loos, wenn er über Göthe zu spötteln im Stande ist. Es geschieht wahrlich in der Welt. Was habe ich nicht ungereimte Urtheile über ihn gehört. Ich habe mir nie die Mühe gegeben eins zu widerlegen. – Aber wie möchten die Philister wohl den Spruch auslegen: *Ihr sollt den Klugen in der Welt eine Thorheit sein.* Gottlob, daß ich schon auf der Stufe stehe, daß mich alle Philister für einen Narren halten würden, wenn sie meine wahre Meinung und Denkweise wüßten. Aber ich hange durch mein Amt zu sehr mit der klugen Welt zusammen, als daß ich mich immer recht enthüllen dürfte. Ich weiß manchen Philister zu nennen, der ein groß Stück auf mich hält. Aber was der an mir liebt, das ist gewiß meine schlechteste Seite. Diese gebe [7] ich ihm preis, um meine besseren Seiten um so sicherer zu genießen. Daher ist es mir eine wahre Wonne mich mitunter meinen Freunden zu enthüllen durch herzliche Briefe. Riemers Umgang und der Meinige besteht fast aus lauter solchen Herzensergießungen, und die klugen Philister halten uns, wenn sie uns spazierengehn sehn, für gewaltig klug, wie sie selber. Welche Last würden wir auf uns laden, wenn sie unsre wahre Meinung erführen. Ich glaube, sie steinigten uns, wenn sie erführen, daß unser Sinnen und Trachten dahin geht, ihrer Zehntausende mit des Esels Kinnbacken zu morden.

Göthe ist jezt mit der neuen Ausgabe seiner gesammten Werke beschäftigt. Daß er den Göz von Berlichingen umgearbeitet hat, wird Dir bekannt sein. Er ist jezt so angeschwollen, daß die Aufführung 6 Stunden währt. Das erstemal kamen wir halb 12 aus dem Theater; jezt wird die Aufführung getheilt. Das erstemal giebt man drei Acte, und dann 14 Tage drauf die beiden andern. Das zweitemal indeß wird, des Zusammenhangs wegen der dritte Act repetirt, so daß wir diesen in Zukunft am öftesten sehn werden. Wie ist der gute Papa jezt fröhlich über dieses Stück! Er sagte mir neulich: »Die Narren (*vielleicht* auch auf *Babo* hindeutend) haben es sich recht angelegen sein lassen, die regellose Form meines alten Göz nachzuahmen, als ob ich die mit Bedacht gewählt hätte. Damals verstand ichs nicht besser, und schrieb hin, was mir in den Sinn kam«. – Denke Dir, Solger, wir haben bei dieser Gelegenheit Hofnung, daß der ganze Faust erscheint, Göthe wird ihn jezt schwerlich als Fragment drucken lassen, besonders da er [8] so manchmal die Empfindung im Herzen nährt, daß man jezt eilen müsse, bevor die ewige Nacht eintritt. Göthe ist 54 Jahr alt, und denkt noch lange zu leben, aber er denkt doch nun auch manchmal, daß es zu Ende gehen *kann*. Daß er seine Werke nun herausgiebt sei fürs erste nur Dir, und unseren trautesten Freunden mitgetheilt.

Mit meiner Schule gehts sehr schön; ich habe grenzenlose Liebe bei den Schülern, sowohl bei den Kleinen als den Großen. Dies giebt mir auch die gehörige Spannung, und ich denke mit der Zeit mich recht nüzlich zu machen. Gegen Leute wie Kozebue, Merkel, Falk flöße ich meinen Schülern Verachtung ein, gewöhnlich ohne sie zu nennen, manchmal aber werden ihre Namen auch mit schneidender Bitterkeit zur Schau gestellt. So konnte ich mich neulich nicht mäßigen. Wir hatten in der ersten Stunde in Prima die horazische Epistel gehabt, wo die lacrymosa poemata Puppi vorkommen, wo ich schon so auf die Hussiten andeutete, daß auch der Dümmste mich verstand. In der Stunde drauf, trug ich die Fabel von den Hyperboreern vor, und bei der Gelegenheit kriegte Kozebue die volle Ladung. »Die Hyperboreer opferten dem Apollon Esel, und Apollo freute sich der komischen Bockssprünge pp.«In unseren Tagen ist auch ein hyperborischer Esel ans Licht gekrochen, der thränenvolle Schauspiele ausÿant, der Ohren hat troz dem Midas, der auch Bockssprünge macht, und ich sollte meinen recht derbe. Aber ob Apollo auch an diesem Freude hat, das will ich nicht verbürgen«. – Eine ähnliche Invective donnerte ich bei einer andern Gelegenheit den Primanern gegen Falk in die Ohren, bei der Gelegenheit als ich über den Prometheus redete. – Dies ist in Weimar Stadtgespräch geworden, und glaube mir, meine *Freimüthigkeit* hat mir keinen Feind zugezogen, im Gegentheil Freude erregt. Du siehst, daß man auch hier Freimüthigkeit ehrt. [9]

Ich freue mich gar sehr Deines Oedipus Colonos den Du mir durchaus, und, so möglich recht bald schicken sollst. Ich werde ihn mit wahrhaft kritischer Genauigkeit durchmustern, und Dir meine Bedenklichkeiten, wenn anders welche da sein werden, vorlegen. Über das δυσχείρωμα δράκοντι willst Du meine Meinung haben? Ich bin selbst lang von der Meinung zurückgekommen, daß δράκων auf das argivische Heer gezogen werden müsse. Es wäre hart, wenn man ein Abspringen aus der Metafer vom Adler in die vom Drachen annehmen wollte, wo denn beide nur Symbol der räuberischen Anstrengung eines und desselben Subjects sein würden. δράκων ist der Thebaner, und der Adler, das Argivische Heer, das gleichsam in dieser Gestalt über dem Drachen schwebt mit dem Vorsaz ihn zu verschlingen. Dieser Adler ist χειρωθεὶς τῷ δράκοντι d. i. ὑπὸ τοῦ δράκοντος, und zwar χειρωθεὶς κακῶς (δὺς, αἰνῶς), nehmlich für den Adler κακῶς, seinem Gegner ein unglückliches Schlachtopfer, ein an sich, für ihn selber trauriges Siegestück. – Daß Sofokles hier selbst kühn ist, wie in Oedipus 648 leuchtet ein, in so fern, wenn ich nicht irre, kannst Du jene Stelle citiren. Aber Deine Erklärung, wenn sie nicht mit meiner gegebenen zusammenfällt verstehe ich nicht. Du willst den Dativus Commodi nicht haben? und δυσχείρωμα willst Du übersezen, »*ein Ding welches schwer zu Stande zu bringen ist*«? – Darin finde ich nicht rechten Zusammenhang. – Schwer sind die Worte Antigone 781. ἔρως ἀνίκατ᾽, ὃς ἐν κτήμασι πίπτεις. *Thiere*, mit Brunk scheint mir abgeschmackt, und dann nennt Sofokles auch ja nachher die Thiere indirect in den ἀγρονόμοις αὐλαῖς. *Reiche Familien*, das hat schon Brunk bündig widerlegt. Für Eros ist es gleich, ob die Familie, auf die er sich senkt reich oder arm ist. Seine Macht ist dieselbe, ob [10] der Mann von dem er Besiz nimmt, ein reicher oder ein armer ist. Ich nehme κτήμασι ganz einfach für *Besizung*. Der Du Dich auf Deine Besizthümer senkst, nemlich alles was der Liebe empfänglich ist, wird in dem Augenblick, wo er Besiz davon nimmt, sein Besizthum. Bis so weit ist es allgemein gesprochen. Nun werden die Besizungen in ihrer ganzen Totalität, gleichsam das Große Gebiet über welches Eros herrscht vor Augen geführt. Erst die empfindende Natur, dann (*sogar auch*) die thierische. In dieser Folge ist die schönste Steigerung; denn daß Eros von empfindenden empfänglichen Mädchen Besiz nimmt ist noch in der Ordnung; aber daß er sogar von der un*empfindenden* (ich meine die edle Empfindung des Herzens) Besiz nehmen kann, dadurch zeigt er sich erst recht groß und gewaltig. Gegen den Sinn ist nichts einzuwenden. Göthe findet ihn schön, als Dichter. Der Grammatiker hat nichts gegen die Structur der Worte einzuwenden, die sich willig fügen. Denn κτῆμα heißt im Sofokles beständig Besizung. Und dann muß man bedenken, daß nicht eine einzige Emendation gemacht worden ist, die einen ordentlichen Sinn gewährt. Und daß wohl keiner noch gemacht werden wird, ist mir wenigstens [11] gewiß. Hermann hat schon zu δείμασι, welches mal im Äschylus als Scheuel, furchterregendes Thier vorkommt, seine ich möchte fast sagen, verzweifelnde Zuflucht genommen. – Sage mir Deine Meinung. Die beiden aufgenommenen Emendationen im Oedipus Tyrannos gefallen mir gar nicht, am wenigstens die πλοῦς, die nach logischer Pünctlichkeit riecht. Der lezte Saz ist allgemeine, der erste specielle Anwendung; eine Sprechart, wo das allgemeine hintangesezt wird, ist bei den alten nicht selten. In der Speciellen Anwendung braucht gar nicht alles enthalten zu sein, was im allgemeinen Saze.

Nächstens schicke ich Dir, eine vollständige, detaillirte Kritik Deines Ödipus, nach bester Einsicht. Du bist mir zu kühn in der Wortstellung; Du hast mitunter Gräcismen; und Leute, die kein Griechisch verstehn, verstehn die Übersezung an vielen Stellen gar nicht. So ist es Schiller gegangen. Er freute sich des wahrhaft echten und guten Strebens, und der richtigen Grundsäze, die ihm nach meinen Erläuterungen noch richtiger schienen als anfangs; aber er klagte über Härten und Insufficienz, und gewöhnlich an Stellen, wo ich ihm nach Überzeugung beipflichten mußte. Auch Schiller und Göthe sollen Deinen Oedipus Colonos lesen; Ihr Beifall soll Dich aufmuntern, ihre Kritiken, die ich Dir treu mittheilen will, mögen Dir Deine sichere Bahn noch sicherer machen, und Deine Fußtritte fester.

Versäume ja nicht Deine Bemerkungen währender Arbeit aufzuschreiben: es kann Dir bei Deinem Studium des Sofokles oft gelingen, durch geistvolle Combinationen Aufschlüsse zu geben, die für jeden Sofoklesverehrer wichtig sind. Wenn Du Lust hast, so will ich Dir auch [12] Göthens und Schillers Bemerkungen über den Sofokles mittheilen, die Du immerhin Deiner Übersezung einverleiben magst; und wenn mir mal etwas gelingt, so sei es auch für Deinen Sofokles bestimmt. Du glaubst nicht, wie unendlich schön Göthe manchmal, recht aus dem Stegreif, über alte Schriftsteller reden kann. Es ist kein undankbares Geschäft, daß ein ὑποφητης die Aussprüche eines Apollon in ein bleibendes Gewand hüllt.

Jämmerlich aber ist es, daß die personificirte Erbärmlichkeit, dieser dreigestaltete Zerberus, (Merkel, Kozebue und die übrigen Arbeiter des Freimüthigen, die den lezten Theil des Hundes *zusammen* ausmachen), daß diese so etwas durch Speichelleckerei zu betiteln belieben. Ich schäme mich dessen wahrlich nicht, daß ich mich manchmal durch den überflüssigen Geist großer Männer erquicke; im Gegentheil halte ichs für Verdienstlich, wenn vielleicht durch mich die übrige Welt manchmal Dinge erfährt, die Göthe sonst für einen einzelnen gesagt hätte. In Recensionen will ich gewiß noch oft Funken des göthischen Geistes niederlegen, die wohl irgendwo noch aufglimmen mögen.

Wenn Du von meines Vaters Hingehen nach Würzburg hörst, so traue keinem Gerüchte: es ist noch alles schwankend. Durch mich sollst Du alles erfahren. Wenn Du von *meinem* Hingange hörst, so widersprich nur fest und gerade. Denn ich bleibe in Weimar. Mich haben keine 1800 Gulden gelockt, meine behagliche Existenz hier aufzugeben. Ich will *Mensch* werden, kein *äußerlich* großer Mann; und zum Menschen werde ich fürs erste nur in Weimar. Ich habe mich standhaft vom Anfang an erklärt, daß ich hier bliebe. Dadurch ist meine Lage hier um vieles verändert. Es [13] hat mir allgemeine Liebe verschafft, denn man legt alles als Patriotismus für Weimar aus. Das ist es auch zum Theil; was mich aber noch mehr hält, ist mein inneres Glück; an welche Leute dies geknüpft ist, und durch welche es begründet wird, das wissen zwei Leute hier, die Verehrten großen liebenswürdigen Einzigen in Weimar. Ich sollte mich von meinem theuren Göthe losreißen, und mir dann einbilden, daß ich an einem fremden Orte mit Gemüthlichkeit fortstudieren könnte. Lieber nie genannt und berühmt, als ohne Göthe gelebt! – Mit Göthe gelebt haben zu *dürfen*, und dies nicht gethan zu haben, das wäre nach meiner Denkweise ein Leichtsinn, der mir unendliche Reue für die Zukunft bereiten würde. – Du verstehst mich theurer Solger. Wenn Du mir aber hierüber antwortest, oder Abeken, so thut es nicht nach Jena hin, sondern nach Weimar, auch wenn ihr mich in Ferien in Jena wissen solltet. Und laßt gegen keinen Menschen den wahren Grund meines Hierbleibens laut werden. Sag das auch an Abeken, in Rücksicht auf Griesbachs. Sprengt lieber aus, daß ich solche Neigung für das Schulfach hätte, daß mich bloß die Neigung dazu vermocht hätte, eine ansehnliche akademische Laufbahn auszuschlagen.

Eben schickt mir Göthe ein sehr launichtes Billet, das sich mit *wehrthester Herr Professor* anfängt, wie er mich sonst nie nennt. Ich soll mich »in meinen schönsten Sonntagsornat werfen«, und zu ihm kommen binnen zwei Stunden, da soll ich »Serenissimo« vorgestellt werden. Mir ist das lieb, denn ich habe den Herzog bis Dato noch nicht gesehn und gesprochen. Die alte Herzogin ließ mir auch neulich durch Fernow [14] sagen, ich sollte sie »bald mal in Tieffurth besuchen«. Es geht hier am Hofe sehr ungenirt zu, und das ist das Beste. –

Heute Nachmittag ist der berühmte Zwiebelmarkt vor unsrem Hause, auf dem Plan. Da stehn schon 69 Karren alle voll Zwiebeln. Ich habe Schillers Kinder und den kleinen Wollzogen zum Kaffe gebeten, die hatten große Freude daran. Das sind allerliebste Kinder. Sie kommen alle Augenblicke zu mir; dann muß ich mit ihnen spazieren gehn, oder ihnen Mährchen erzählen.

Den Ernst Schiller nennt der Vater immer seinen alten Ehrlichen Jungen. Der Junge hat verzweifelt viel Kopf; ich habe ihm den ehrenvollen Namen *die Nachteule* gegeben, der Schillern viel Spaß gemacht hat. Schiller klagte mir neulich halb komisch, daß seine Kinder so philistrig wären. Da hättest Du das Lamentiren, und das Abwehren der Kinder hören sollen! Sie verstanden den Sinn vollkommen gut und Karl Schiller, der keine Definition vom Philister anzugeben weiß, weiß doch von jedem Menschen, den er kennt, zu bestimmen, ob er Philister ist, oder nicht. So hält er die Hofräthe Voigt und Ulrich für Philister!

Nun leb wohl, mein theurer Solger. Bald schreibe ich an Abeken. Und dies zugleich auch. Aber schicke mir den Oedipus Colonos.

Dein *Heinrich Voß*

Überlieferung

Der Originalbrief wird im Deutschen Literaturarchiv in Marbach aufbewahrt und von einem archivischen Regest begleitet. Die Handschrift weist fremde Eingriffe (Markierungen) auf, welche wenigstens teilweise von Solgers Frau Henriette Solger stammen dürften, die Abschriften für eine angedachte Veröffentlichung anfertigte. Diese dienten später ihrer Tochter als Grundlage für die tatsächliche Veröffentlichung. (Vgl. Karoline Solger: *Briefe von Heinrich Voß an Karl Solger*, 1882, Vorwort S. 95). Der Brief wurde dort S. 110–116 mit zahlreichen Auslassungen und Abweichungen abgedruckt.

Varianten

S. 1   daß Du zufrieden sein [sollst] mögest
S. 4   vorzutauchen [schwebt] strebt [umsonst] ⌈bereits⌉
S. 5   wenn der einmal in ⌈ehrfurchtvolles⌉ Staunen gesezt wird ⌈über eins seiner Geisteswerke⌉
S. 11f. Wenn Du Lust hast, so will ich Dir auch [meine und] Göthens und Schillers Bemerkungen über Deinen Sofokles mittheilen

Lesarten

S. 2   [Auflösung unsicher:] Tyrannos/Tyrannus
S. 4   reichlich mit Fleisch und lieblichem Wein [Auflösung unsicher:] gestärkt/gesättigt
S. 11 [Auflösung unsicher:] Tyrannos/Tyrannus

Kommentar

S. 1   meine Quadrupelrecension der Sofoklesse] Voß bespricht die vier Übersetzungen des Sophokles von Hölderlin, Fähse, Ast und Solger in der *JALZ*, Nr. 255–257 (1804), Sp. 161–183. (Vgl. Brief von Voß an Solger vom 15. Mai/1. Juni 1804, S. 1f.).
S. 1   Manso] Johann Kaspar Friedrich Mansos *Ödipus*-Übersetzung erschien 1785.
S. 3   Vulgata *Ajax* 674 δεινῶν, wo Jacobs λείων höchst *physikalisch* und unpoetisch emendirt] Als Vulgata (›allgemein anerkannte Textgrundlage‹) galt die Ausgabe von Guilielmus Canter: *Sophoclis Tragoediae Septem*, die 1579 erschien und auf der Ausgabe von Adrianus Turnebus (1552) beruht. (Vgl. Hoffmann: *Bibliographisches Lexicon der gesammten Litteratur der Griechen*, Bd. 3, 1845, S. 415; Schweiger: *Handbuch der classischen Bibliographie*, 1. Theil, 1830, S. 290). Voß kritisiert hier die Übersetzung von Ast, der eine Emendation übernahm, die Friedrich Jacobs in seiner 1793 erschienenen Edition *Emendationes in Epigrammata Anthologiae Graecae* im Text der Vulgata vollzog. Voß schlägt daher in der Rezension eine Übersetzung der V. 674–676 des *Ajax* »nach der alten wahren Lesart« vor: »Der ungestümen Winde Hauch beruhiget / Die laute Meerfluth: und der allmachtvolle Schlaf / Löst auf die Bande, die er nie anhaltend zwängt. / Ich aber sollte Maass zu halten nicht verstehn?« (*JALZ*, Nr. 256, Sp. 176). Bei Ast liest man dagegen: »Das Wehen milder Winde bringt die stöhnende / Meerfluth zur Ruh', auch hält der allgewaltge Schlaf / Nie stets gefesselt, sondern löst die Banden auf. / Ich aber sollte nicht mich können mäßigen?« (Ast:

Sophokles Trauerspiele, 1804, S. 32). Goethes Bemerkung, dass ein Sturm das Meer auch beruhigen kann, bezieht sich auf diese Emendation von δεινῶν (›furchtbar‹) zu λείων (›sanft‹).

S. 3   die Gothaner] Vgl. Brief von Voß an Solger vom 24. März 1804, Komm. zu S. 3.

S. 3   einen Athenäus von Schweighäuser] Von Johannes Schweighäuser erschienen von 1801 bis 1807 14 Bände, in denen er die Urhandschrift des Athenaeus untersucht. Die Bände 1–5 unter dem Titel *Athenaei Naueratitae Deipnosophistarum lib. XV.* enthalten den Text und die Übersetzung, die Bände 1–9 unter dem Titel *Animadversiones in Athenaei Deipnosophistas post Isaacum Casaubonum* die Anmerkungen.

S. 4   vorzutauchen strebt bereits / umsonst ihr Haupt aus Tiefen blut'ges Wogenschwalls.] Sophokles' *König Oidipus* V. 23–24, in Solgers Übersetzung von 1804, S. 2. In der Ausgabe von 1808 ändert Solger die Verse in: »vorzutauchen strebet sie / Aus Tiefen blut'ger Wogen schon umsonst das Haupt« (Solger: *Des Sophokles Tragödien*, Bd. 1, 1808, S. 8).

S. 4   reichlich mit Fleisch und lieblichem Weine gestärkt] Diese Phrase kommt ähnlich in Homers *Odyssee*, übersetzt von J. H. Voß, vor: »An der Fülle des Fleisches und süßen Weines uns labend.« (J. H. Voß: *Homers Odüßee*, 1789, 9. Gesang, V. 162, S. 168; 10. Gesang, V. 468, S. 200; 12. Gesang, V. 30, S. 230). In einer späteren Ausgabe lautet die Übersetzung: »reichlich mit Fleisch und lieblichem Wein uns erquickend« (J. H. Voß: *Poetische Werke*, 5. Bd., [1830], S. 115, 126, 127).

S. 5   »wir werden angezogen, wenn wir den Frommen erblicken«] Ähnlich lautet eine Stelle in den *Predigten* Schleiermachers, Erste Sammlung, Nr. XI: »Weshalb macht doch der Anblick eines Frommen auf Alle, die sich nur in einem ruhigen und besonnenen Gemüthszustande befinden, einen so eignen und wunderbaren Eindruk?« (Schleiermacher, *Kritische Gesamtausgabe*, III. Abt., Bd. 1, 2012, S. 164).

S. 5   Das fühlte ich [...] in Stolbergs Gegenwart] Vgl. auch Brief von Voß an Solger vom 24. März 1804, S. 2, und Brief von Voß an Solger vom 15. Mai und 1. Juni 1804, S. 9.

S. 6   Ihr sollt den Klugen in der Welt eine Thorheit sein.] Ähnliches findet sich im 1. Brief an die Korinther, Kap. 1, V. 20: »Wo sind die Klugen? Wo sind die Schrifftgelerten? Wo sind die Welt weisen? Hat nicht Gott die weisheit dieser Welt zur torheit gemacht?« (Luther-Bibel, 1545).

S. 7   ihrer Zehntausende mit des Esels Kinnbacken zu morden] Vgl. die Textstelle im Alten Testament aus Simsons Streit mit den Philistern, Buch Richter, 15. Kap., V. 15–16: »Und er fand einen frischen Eselskinnbacken; da reckte er seine Hand aus und nahm ihn und schlug damit tausend Mann. / Und Simson sprach: Da liegen sie bei Haufen; durch eines Esels Kinnbacken habe ich tausend Mann geschlagen.« (Luther-Bibel, 1545).

S. 7   Göthe ist jezt mit der neuen Ausgabe seiner gesammten Werke beschäftigt.] *Goethes Werke* erschienen in 13 Bänden von 1806 bis 1810 bei Cotta in Tübingen. (Vgl. Brief von Voß an Solger vom 22. Mai 1805, S. 10 sowie Brief von Voß an Solger vom 30. Oktober, 9. November und 10. November 1805, S. 5).

S. 7   die Narren (*vielleicht* auch auf *Babo* hindeutend)] Joseph Marius von Babo

(1756–1822) schrieb in Anlehnung an Goethes *Götz von Berlichingen* Ritterromane wie *Otto von Wittelsbach* (1782). Ebenfalls durch Goethes *Götz* wurden auch Romane wie Christian Heinrich Spiess' *Klara von Hoheneichen* (1790), August von Kotzebues *Johanna von Montfaucon* (1800) oder Friedrich Schlenkerts *Friedrich mit der gebissenen Wange* (1787/88) angeregt.

S. 7   wir haben bei dieser Gelegenheit Hofnung, daß der ganze Faust erscheint] Im Band 8 (1808) von *Goethe's Werken* erschien *Faust. Eine Tragödie* [= Faust I], S. 1–234.

S. 8   Kozebue, Merkel, Falk] Vgl. Brief von Voß an Solger vom 15. Mai und 1. Juni 1804, S. 7 und 15 sowie S. 12 dieses Briefes.

S. 8   Wir hatten [...] die horazische Epistel gehabt, wo die lacrymosa poemata Puppi vorkommen, wo ich schon so auf die Hussiten andeutete] Bei Horaz in den Episteln I, 1, lautet V. 67: »Ut propiùs spectes lacrymosa poemata Puppî« (Livie: *Quintus Horatius Flaccus*, 1799, S. 249). In der Übersetzung von J. H. Voß: »Näher zu schaun auf der Bühne des Pupius thränende Wehmut« (J. H. Voß: *Des Quintus Horatius Flaccus Werke*, Bd. 2, S. 210). An Heinrich Christian Boie schreibt Voß am 25. Februar 1804: »Die *Hussiten* (lacrimosa poëmata Pupî) habe ich zweimal gesehen. Das ist ein verzweifeltes Stück. [...] Das ganze Auditorium, ich meine das weimarische Publikum, schluchzte. Fragen Sie nicht, ob ich geweint habe; ich werde beschämt dastehen. Kotzebue jagt einem die *Rührung* ein, wie mancher Dichter oder Erzähler die *Furcht*, durch unvorbereitete Erscheinung.« (A. Voß: *Mittheilungen über Göthe und Schiller in Briefen von Heinrich Voß*, 1834, S. 6). August von Kotzebues *Die Hussiten vor Naumburg im Jahr 1432* erschien 1803 und wurde am 15. Februar 1804 in Weimar gegeben.

S. 8   die Fabel von den Hyperboreern] Das mythische Volk der Hyperboreer opferte dem Apollon Esel (vgl. Manfred Landfester, u. a. [Hgg.]: *Der neue Pauly*, Bd. 5, 1998, Sp. 802 f.).

S. 8   ausÿant] Vermutlich von ›yahen, iahnen‹ für ›wie ein Esel schreien‹. (Vgl. *Deutsches Wörterbuch von Jacob und Wilhelm Grimm*, Bd. 10, 1877, Sp. 2016).

S. 8   Midas] Als Apollo aus einem musikalischen Wettstreit mit Pan als Sieger hervorgeht, wettert König Midas, der früher bereits durch Goldgier in schlechtem Licht erschienen war, gegen die Entscheidung. Daraufhin verwandelt Apollo Midas' Ohren in Eselsohren. (Vgl. Ovid: *Metamorphosen XI*, V. 85–193).

S. 9   Über das δυσχείρωμα δρακόντι willst Du meine Meinung] δυσχείρωμα δρακόντι bezieht sich auf *Antigone* V. 126, in Solgers Übersetzung: »Schwer ankämpfend der Drache.« (Solger: *Des Sophokles Tragödien*, Bd. 1, 1808, S. 174). Vorher ist vom argivischen Heer die Rede, das Theben angegriffen hatte und das mit einem Adler verglichen wird. Voß argumentiert, dass mit dem Drachen (δράκων) nicht ebenfalls das argivische Heer gemeint sein kann.

S. 9   χειρωθεὶς τῶ δρακόντι] ›Dem Drachen unterworfen/unterlegen‹.

S. 9   ὑπὸ τοῦ δρακόντος] ›Vom Drachen‹.

S. 9   κακῶς (δὺς, αινῶς)] ›Schrecklich‹.

S. 9   Oedipus 648] In Solgers Übersetzung des *Oedipus in Kolonos* (1808) lautet V. 648: »Groß wär' die Gabe dieses Aufenthaltes dann.« (Solger: *Des Sophokles Tragödien*, Bd. 1, 1808, S. 113).

S. 9   Und δυσχείρωμα willst Du übersezen, »*ein Ding welches schwer zu Stande zu bringen ist*«?] δυσχείρωμα (*Antigone* V. 126) für >schwere Eroberung<, Solger übersetze dies mit: »schwer ankämpfend« (*Des Sophokles Tragödien*, Bd. 1, 1808, S. 174).

S. 9   Schwer sind die Worte Antigone 781 ἔρως ἀνίκατ᾽, ὃς ἐν κτήμασι πίπτεις. *Thiere*, mit Brunk scheint mir abgeschmackt] Hier geht es um die Übersetzung von κτήμασι (>Besitz<). Solger übersetzte es mit >Herde<: »O Eros allsiegender Gott! / O Eros, Aufstürmer der Heerden!« (Solger: *Des Sophokles Tragödien*, Bd. 1, 1808, S. 202, hier: V. 782 f.) und folgte damit der Übersetzung Bruncks, der κτήμασι mit »pecus« (>Vieh<) übersetzte: »Amor invicte, nullis artibus superabilis Amor, qui pecudum visceribus illaberis,«. (Collingwood [Hg.]: *Sophoclis Tragoediae Septem cum Versione Latina*, Bd. 2, S. 161).

S. 9   nennt Sofokles [...] die Thiere indirect in den ἀγρονόμοις αὐλαῖς] *Antigone* V. 787, in der Übersetzung von Solger: »Wildeste Waldhöhlung« (Solger: *Des Sophokles Tragödien*, Bd. 1, 1808, S. 203).

S. 11   δείμασι] >Furcht<.

S. 11   πλοῦς] >Schifffahrt<.

S. 12   Es ist kein undankbares Geschäft, daß ein ὑποφητης die Aussprüche eines Apollon in ein bleibendes Gewand hüllt] Es ist anzunehmen, dass sich Voß hier selbst als ὑποφήτης (Hypophet), d. h. Orakelpriester/Deuter, bezeichnet, der die Worte des Apollon (hier: Goethe) an Solger weitergibt, damit dieser ihnen ein bleibendes Gewand gebe.

S. 12   dieser dreigestaltete Zerberus] Auch Kerberos, ist in der griech. Mythologie ein meist dreiköpfiger Hund, der den Eingang zu Hölle bewacht.

S. 12   (Merkel, Kozebue und die übrigen Arbeiter des Freimüthigen, die den lezten Theil des Hundes zusammen ausmachen)] Merkel und Kotzebue gaben 1803–1806 die Zeitschrift *Der Freimüthige* heraus, die sich offen gegen Goethe wandte. (Vgl. Brief von Voß an Solger vom 15. Mai und 1. Juni 1804, S. 7 sowie S. 8 dieses Briefes).

S. 12   meines Vaters Hingehen nach Würzburg] Nachdem J. H. Voß bereits Anfang des Jahres 1804 den Ruf nach Würzburg ausgeschlagen hatte, wurde der Vorschlag unter Einbeziehung Heinrichs, der als Mitarbeiter seines Vaters ebenfalls eine gut bezahlte Anstellung bekommen sollte, erneuert. J. H. Voß war eine Zeit lang entschlossen, das Angebot anzunehmen, doch da Heinrich nicht von Goethe weg nach Würzburg gehen wollte und J. H. Voß selbst der Stundenplan missfiel, lehnte er auch diesmal ab. (Vgl. Herbst: *Johann Heinrich Voss*, II. Bd., 2. Abt., 1876, S. 30–36). Vgl. Brief von Voß an Solger vom 24. März 1804, Komm. zu S. 1 sowie Brief von Voß an Solger vom 10. Oktober 1804, S. 12.

S. 13/14   Die alte Herzogin [...] ließ mir auch neulich durch Fernow [14] sagen, ich sollte sie »bald mal in Tieffurth besuchen«] Schloss Tiefurt, damals außerhalb Weimars gelegen, heute im gleichnamigen Stadtteil, war der Sommersitz der Herzogin Anna Amalia (1739–1807). Carl Ludwig Fernow (1763–1808) war seit 1804 Bibliothekar der Herzoglichen Bibliothek in Weimar.

S. 14   den kleinen Wollzogen] Gemeint ist Adolf von Wolzogen (1795–1825), der Sohn der Schriftstellerin Caroline von Wolzogen (1763–1847), der Schwägerin Friedrich Schillers.

8. Voß an Solger vom 24. Februar 1805 (Weimar)

[1] Weimar den 24 Februar 1804.

Du bittest mich, Dir keine Vorwürfe wegen Deines langen Schweigens zu machen; liebster Solger, da müßte ich sehr empfindungslos sein, wenn nicht die Gestrige Erscheinung eines so lieben Briefs alle Regungen der Art getilgt hätten. Aber ich war nie unwillig darüber, und manchmal sehnte ich mich recht innig nach einem Briefe von Dir, und da glaubst Du wohl schon unaufgefodert, mit welchem Heißhunger ich gestern Deinen Brief verschlungen habe. Für die Mittheilung – (soll ich sagen Geschenk?) – Deiner sofokleïschen Stücke habe meinen herzlichen Dank. Bis jezt habe ich nur darin geblättert, komme auch in den ersten 14 Tagen nicht zu einem gemüthlichen Durchlesen derselben; aber sobald ich dazu erst freie Muße erringe, sollst Du einen *reellern* Dank erhalten, als diesen wörtlichen. Ich will nicht bloß zu critisiren suchen, und im allgemeinen reden, sondern in den speciellen Fällen zu bessern mich bemühn. Und so hoffe ich wird mancher Vorschlag von mir angenommen werden, und manche Idee von mir vielleicht bei Dir neue Ideen erregen, zu denen du, ohne diese Anrege etwa nicht gekommen wärst. So wollen wir uns in Zukunft in unsern Arbeiten unterstüzen, und auch in unsern Werken, wie in unsern Gesinnungen uns verbrüdern, Du guter Solger. – [2]

Ich weiß nicht, wie es zugeht, daß mir jeder neue Brief von Dir zuzurufen scheint, daß Du billig in Weimar wohnen müßtest. Sollte es einzig und allein meine große Sehnsucht sein, Dich hier zu wissen? oder hast Du wirklich, was ähnliches der Art bei einigen Deiner Briefe empfunden, als Du sie schriebst, das denn unwillkührlich sich in den Geist und Inhalt der Briefe hineingedrückt hat? Ich muß Dich einmal directe darum fragen. – Etwa vor 6 Monaten erzählte mir jemand, Du hättest in Kurzem eine Erbschaft von 100,000 Thalern zu erwarten; ich habe das närrische Zeug aus vielen Gründen nicht ernstlich geglaubt, aber konnte doch nicht umhin, einen angenehmen Traum auf diesen Traum aufzubauen. Sage, würdest Du wohl nach Weimar ziehn, um hier auf ewig, oder auf lange zu wohnen, wenn Du nicht nöthig hättest für eine *irdische* Existenz zu sorgen?

Glaube mir, bester Solger, Du lebst in unserm Kleinen Zirkel, in unserem Andenken und in unserer Liebe ein seliges Leben, so wie ich manchmal mit wahrer Seligkeit mein Leben genieße, das in Deinem und meiner andern Freunde Herzen wohnt. Es geht doch nichts über die Wonne, als sich geliebt zu wissen. Der herliche Riemer ist auch ganz der Deinige; er theilt jeden Deiner Briefe mit Innigkeit, und hat mich noch gestern Abend gebeten, Dich herzlich zu grüßen. Dasselbe gilt auch von Hain, und von beiden gegen Abeken [3] dessen herzliche Briefe uns nur gemeinsam erfreun.

Mein lezter Brief hat Dir und Abeken Freude gemacht. Wohl! er konnte es auch, denn er war in heiteren Augenblicken geschrieben. Ihr guten Jungen wißt aber nicht, daß er mit thränenden Augen und zerrissenem Herzen zugesiegelt ward. In derselbigen Stunde als ich die Aufschrift machte, lag Göthe auf dem Todbette. Ich wollte Euch noch einige Nachrichten von seinem Zustande geben, und als ich die Feder ansetzte, da

zitterte mir die Hand vor Angst und Schrecken. Ich konnte das Wort *Tod* nicht hin-
schreiben, so wie ich den Gedanken bei Göthe nie auszusprechen wagte. Ich hatte noch
einige Hofnung, als ich den Brief entließ, weil noch ein wenig Glauben an Gott und
Vorsehung in meinem Herzen zurückgeblieben war; und jezt freue ich mich innig, daß
ich Euer Herz damals nicht verwundet habe. Unser herlicher, einziger Göthe lebt, und
zwar ein gesundes, rasches jugendliches Leben. Nun sollt Ihr das schreckliche erst
erfahren, nachdem ich den Trost vorangeschickt habe. – Noch denselbigen Abend kam
Stark aus Jena (es war am Freitag Abend), der erklärte, wenn Göthe bis Sonntag früh
lebte, so sei Hofnung da. Glaube mir, liebster Solger, ich wagte den folgenden Morgen
nicht, vorzufragen; ich that es nach vieler Überwindung, nachdem ich mir Standhaftigkeit und [4] Muth eingesprochen hatte, auch das Herbste zu tragen. Aber, wie
wurde ich angenehm überrascht. Schon in dieser Nacht hatte die Krankheit um-
geschlagen, die Krämpfe hatten nachgelassen, das Fieber war sanfter gewesen, und der
Geliebte hatte über die Hälfte der Nacht ruhig geschlafen. Um 11 Uhr foderte er mich
zu sich, weil er mich in 3 Tagen nicht gesehn hatte. Ich war sehr bewegt, als ich zu ihm
trat, und konnte aller Gewalt ungeachtet, die ich mir anthat, die Thränen nicht zu-
rückehalten. Da sah er mir gar freundlich und herzlich ins Gesicht, und reichte mir die
Hand, und sagte die Worte, die mir durch Mark und Gebein gingen: Gutes Kind, ich
bleibe bei Euch, Ihr müßt nicht mehr weinen. – Da ergrif ich seine Hand, und küßte
sie, wie instinctmäßig zu wiederhohlten Malen, aber ich konnte keinen Laut sagen. O,
lieber Solger, da habe ich nach vielen Jahren zum erstenmal wieder gefühlt, was es heißt
einen Geliebten, Theuren wiedergeschenkt erhalten; ich hätte in dem Augenblick auf
das herzlichste zu Gott beten und ihm danken können; mein ganzes Herz war in dem
Augenblick nur Gebet, nur Ein ungetheiltes warmes, lebendiges Gefühl des höchsten
und heiligsten. Im Jahre 1797 wurde mir mein Vater wiedergeschenkt, jezt der Mann,
den ich nächst meinem Vater zumeist liebe. Du liebenswürdiger, menschlicher, herr-
licher Göthe, Du solltest uns noch nicht entrissen werden. [5]
  Von dem Tage an ist Göthe zusehends besser geworden. Die Nacht vom Sonnabend bis zum Sonntag wachte ich bei ihm, und da habe ich recht die Fortschritte
beobachten können, die er machte. Als er um 12 Uhr zum erstenmal aufwachte, fragte
er mit ängstlicher Stimme: Hab' ich auch wieder im Schlaf gesprochen? Wohl mir, daß
ich mit gutem Gewissen der Wahrheit gemäß verneinen konnte, was ich jeden Falls
gelogen hätte. Gut, sagte er, nach einer Pause, das ist wieder ein Schritt zur Besserung.
– Wenn ich ihm dann recht schmeichelte, so nahm er jedesmal ganz geduldig seine
Medicin, aber mit innerer Überwindung. Nun sollte ich ihm aber auch den Leib mit
scharfem Spiritus einreiben, und wie der Arzt befohlen hatte, zweimal des Nachts.
Dazu konnte ich ihn nur mit Mühe bringen. Wie ich aber gar nicht ablassen wollte,
und immer mehr schmeichelte, sagte er dann endlich ganz ruhig: Nun denn in Gottes
Namen. – Dann wachte er einmal von einem Traume auf, wo er einem Thurniere bei-
gewohnt hatte; diesen Traum erzählte er mir mit großer Freude, und in dem Augenblick war er an energischem Ausdruck an Lebendigkeit ganz *Göthe*, troz seiner Krankheit. Über alles rührte mich seine wirklich väterliche und zärtliche Fürsorge für mich
(ob ich mir nun nicht den Kaffe machen wollte, nun nicht ein Glas Wein trinken wollte, u. s. w. wobei er mich dann immer sein gutes Voßchen nannte.) Im Grunde be-

schämte sie mich, weil ich von ganzer Seele nur an *Ihn* dachte, und nur an ihn denken konnte. – Wenn er dann [6] dann wieder einschlief und sein Gesicht matt beleuchtet wurde, schien er mir immer so leidend auszusehn, wie einer der eben anfängt sich aus einem unermeßlichen Jammer herauszuarbeiten, und noch die Spuren davon in seinen Mienen trägt. Da fielen mir dann die Erzählungen von den fröhlichen Thaten seiner kraftvollen Jugend ein, die ich so manchesmal angehört hatte, und ich konnte nicht umhin, beide Zustände mit ihren schärfsten Contrasten zusammenzuhalten. Solche Zusammenstellungen sind wirklich schmerzlich, weil man nie die Wandelbarkeit irdischer Zufälle anschaulicher fühlt, und ich fand nur in dem Gedanken Trost, daß bei Göthe jezo das ärgste überstanden sei. Er war freilich in dem Augenblicke nicht der kraftvolle Mann, der eine Eugenie hinzaubern kann; aber er zwang doch auch nicht mehr, jenem wehmüthigen Gedanken Raum zu geben:

O, that that earth, which kept the world in awe,
Should patch a wall to expel the winters flaw!

Zwei Tage nach jener Nacht stand er zum erstenmal wieder auf, und aß ein gesottenes Ey. – Bald fing er auch wieder an, sich vorlesen zu lassen. Nur hielt hier die Befriedigung schwer. Göthe verlangte launige Sachen, und Du weißt, daß die keiner heut zu Tage schreibt. Ich brachte ihm Luthers Tischreden, und las ihm daraus vor. Das ließ er sich gefallen eine Stunde lang. Aber da fing er auch zu wettern und zu fluchen an, über die verfluchte Teufels**imagination** unsers Reformators, der die ganze sichtbare Welt mit dem Teufel bevölkerte und zum Teufel personificirte. Bei der Gelegenheit hielt er ein schönes Gespräch über die Vorzüge und Nachtheile der Reformation, und [7] über die Vorzüge der katholischen und protestantischen Religion. Ich gebe ihm vollkommen Recht, wenn er die protestantische Religion beschuldigt, sie hätte dem einzelnen Individuum zu viel zu tragen gegeben. Ehemals konnte eine Gewissenslast durch andere vom Gewissen genommen werden, jezt muß sie ein belastetes Gewissen selbst tragen, und verliert darüber die Kraft mit sich selber wieder in Harmonie zu kommen. Die Ohrenbeichte, sagte er, hätte den Menschen nie sollen genommen werden. – Da sprach der Mann ein herliches wahres Wort aus, wie mir in dem Augenblicke recht anschaulich wurde. Ich selbst bin in dem Fall gewesen. Als im vorigen Sommer sich alles vereinigte, mich von Weimar weg nach Würzburg ziehn zu *wollen*, da fand ich nirgends Trost, so lang ich auf meinem Zimmer war. Jedesmal aber, wenn ich zu Göthe kam, und ihm mein ganzes Herz (selbst alle Schwächen meiner Innerlichkeit) wie einem Beicht-Vater ausschüttete, so ging ich wie mit neuem Muthe gekräftigt in meine Einsamkeit zurück, und ich werde ihm diese Wohlthat an mir mein Leblang danken. Da war er meine Stüze, und seine Gegenwart war der Boden auf dem ich fußte, um mich recht standhaft in meinem Vorsaze zu erhalten. Ich kann wohl sagen, daß mich Göthe in den Tagen wie neu geschaffen hat. Er [8] hat manche Schwäche von mir bei der Gelegenheit erfahren, weil ich ihm auch gar nichts verhehlen *wollte*, und meine Offenheit hat mich hinterdrein auch nicht eine Minute lang gereut. Ich kann im *eigentlichsten* Sinn sagen, daß mir Göthe all meine Sünden vergeben hat, oder ich mir selber, dadurch daß ich sie ihm mitgetheilt habe, und ohne dies leztere, hätte ich mich selber verzehrt. – Ja wären sol-

cher Beichtväter nur Viele in der Welt, da wären der gekränkten Herzen auch weniger.
– Den Tag drauf, nachdem Göthe den Luther genossen hatte, ließ er ihn zur Thür heraus transportiren, und da fand ich denn den armen Schächer, wie er in aller Demuth
antechambrirte. Nun liest Göthe die Cervantischen Novellen, die ihm Freude machen.
Gestern hat er wieder angefangen zu arbeiten, und zweimal ist er schon ausgefahren.
Und gerade jezt macht auch der Winter Miene zu weichen, kurz alles Traurige weicht,
um den heiteren Erscheinungen Plaz zu machen, und eine fröhliche Ahndung ver-
kündet mir, daß wir des schönen noch viel auf dieser Gotteswelt genießen werden. Nun
kann ich auch wieder mit neuer Kraft arbeiten, und mit frischer Lebendigkeit an den
Werken anderer Freude haben. Hier in Weimar wenigstens hat der Tod seine Macht
verloren, der physische sowohl als der Moralische; alles verjüngt sich zu einem neuen
frischen und lebendigen Leben. [9]

Da habe ich Dir noch gar nichts von dem lieben Schiller geschrieben. Auch der hat
gefährliche Tage gehabt von dem Tage an, als Göthe zu genesen anfing. War nun bei
ihm freilich keine Lebensgefahr zu befürchten, so war es doch schmerzvoll den Mann
unschuldig so leiden zu sehn. Auch er ward ein Opfer jener epidemischen Zufälle, die
allenthalben hier grassiren, ist aber nun auch Gottlob auf gutem Wege. Göthens
Krankheit machte seinen Zustand gefährlicher, weil er ihn sich sehr zu Herzen zog. Ich
habe ihn diese Zeit täglich gesehn, habe viermal bei ihm gewacht, und könnte Dir gar
viel von ihm erzählen, das Dir den Mann recht liebenswürdig darstellen sollte; allein
das will ich dem guten Abeken schreiben, dem ich ja doch auch was geniesbares mittheilen muß. Mir ist zu Muthe, als wenn jeder Brief von mir etwas ungesalzen sein
würde, wenn ich ihn nicht durch Nachrichten von Schiller und Göthe würzte. Daher
schreibe ich allen meinen Freunden von diesen Männern; wenn ich aber an Philister
schreibe, da werden jene ehrwürdigen Namen auch nicht einmal *genannt*. So mache
ichs auch in Weimar. Wenn ich mit Philistern umgehe, so thue ich, als kennte ich die
Männer gar nicht; und wenn ich mit Hain, Riemer pp zusammen bin, da sprechen wir
beständig von ihnen. – So lege ich mir das Mosaische Gebot aus: Du sollst den Namen
Gottes nicht misbrauchen, und wer weiß nicht, daß man nicht Perlen vor die Säue
werfen darf. [10]

Mit meinem Othello bin ich, nach Göthes und Schillers Urtheil gut gefahren. Ich
halte ihn selber für gelungen; nicht bloß während der Arbeit, wo Täuschung statt findet, sondern nach derselben bei ruhiger Betrachtung. Ich habe nur 4 Wochen daran
gearbeitet; aber in der Zeit ist er mir auch nicht aus dem Sinn gekommen. Er war mein
Morgen- und Abendsegen, selbst beim Essen und im Schlafe dachte ich an ihn. Nun
will Schiller noch einige theatralische Veränderungen damit vornehmen, etwas strei-
chen, kleine Zusäze machen u. s. w. und in 6 Wochen, wenn Göthe bei den Proben
gegenwärtig sein darf, wird er aufgeführt. Ich wollte, Du wüßtest, wie artig ich die
Zoten im ersten Act weggebracht habe, ich habe andre Sachen an die Stellen gesezt, die
auch derb sind z. B.

So eben fährt der schwarze Bock zur Hölle
Mit Eurem weißen Schäfchen. Auf! steht auf!
Weckt die verschlafnen Bürger mit der Glocke,
Sonst macht der Teufel Euch zum Großpapa.

Aber: »sie sind dabei einen doppelten Adler zu machen für **the deer with a double back** wollte mir Schiller doch nicht zugestehn. – Was uns noch für schöne Tage mit dem jugendlichen Schiller bevorstehn, davon will ich schreiben, wenn sie herangenaht sind. Aber manches ist schon verabredet, selbst in der Nacht, wo er am meisten litt. – Großer Gott! was dachte ich vor 8 Tagen, so oft ich seine Kinder sah! Ihr guten Kinder seid vielleicht bald ohne Vater! Nein, so denke ich jezt nicht mehr. Jezt traue ich dem Schiller eher zu, daß er die Anzahl der Seinigen vielmehr vermehren möchte.

Leb wohl, Du herziger Solger. Grüße Gotthold, Krausen und wer mir gut will, vielmal von Deinem *Heinrich*, der jezo von seinen Weimarischen Freunden den Beinamen *Ehrenwächter* erhalten hat.

Überlieferung
Der Originalbrief wird im Deutschen Literaturarchiv in Marbach aufbewahrt und von einem archivischen Regest begleitet. Die Handschrift weist fremde Eingriffe (Markierungen) auf, welche wenigstens teilweise von Solgers Frau Henriette Solger stammen dürften, die Abschriften für eine angedachte Veröffentlichung anfertigte. Diese dienten später ihrer Tochter als Grundlage für die tatsächliche Veröffentlichung. (Vgl. Karoline Solger: *Briefe von Heinrich Voß an Karl Solger*, 1882, Vorwort S. 95). Der Brief wurde dort S. 116–121 mit zahlreichen Auslassungen und Abweichungen abgedruckt.

Varianten
S. 4   wie wurde ich angenehm [getäuscht] ⌈überrascht⌉
S. 6   die verfluchte Teufels**imagination** unseres Reformators, der die ganze ⌈sichtbare⌉ Welt mit dem Teufel bevölkerte
S. 8   daß wir des schönen noch viel auf dieser Gotteswelt genießen [wollen] ⌈werden⌉.

Lesarten
S. 1   [Lesart unsicher:] 1804 [Vgl. Komm.]

Kommentar
S. 1   24 Februar 1804] Der Brief wurde wohl am 24. Februar 1805 geschrieben, da Voß die Krankheit Goethes (Anfang Februar 1805) (S. 3) sowie den Ruf nach Würzburg vom »vorigen Sommer« 1804 (S. 7) beschreibt. Diese Umdatierung wurde auch von Karoline Solger vorgenommen. (Vgl. Karoline Solger: *Briefe von Heinrich Voss an Karl Solger*, 1882, S. 116).
S. 1   Deiner sofokleïschen Stücke habe meinen herzlichen Dank.] Solger schickte Voß wohl die Rohübersetzung des *Ödipus Colonos* und der *Antigone* (Vgl. Brief von Voß an Solger vom 22. Mai 1805, S. 16).
S. 3   lag Göthe auf dem Todbette] Am 8. Februar 1805 erkrankte Goethe schwer. An Christian Niemeyer schreibt Voß im April 1805 über Goethe und Schiller: »Und diese liebenswürdigen Männer wären mir beide diesen Winter fast durch den Tod entrissen

worden. Gegen das Ende des Januars wurden beide zu einer Zeit krank, gefährlich krank, und an demselben Übel, an heftigen Obstruktionen. Ich habe während der Zeit von 12 Tagen bei Schiller 4 mal gewacht und bei Göthe 2 mal. Göthe ist ein etwas ungestümer Kranker, Schiller aber die Sanftheit und Milde selber.« (A. Voß: *Mittheilungen über Göthe und Schiller*, 1834, S. 40). Vgl. auch S. 9 dieses Briefes.

S. 3   am Freitag Abend] 8. Februar 1805.

S. 4   Im Jahre 1797 wurde mir mein Vater wiedergeschenkt] Im Dezember 1796 erkrankte J. H. Voß schwer an einer Gehirnentzündung: »Am 6. December sank er ohnmächtig in einen neuntägigen Schlummer mit kurzen Augenblicken des Bewußtseins.« (Schmid: »Leben des Dichters Johann Heinrich Voß« in: A. Voß: *Sämmtliche poetische Werke von Johann Heinrich Voß*, 1835, S. XXII).

S. 6   eine Eugenie] Gemeint ist Goethes Trauerspiel *Die natürliche Tochter*, erschienen als *Taschenbuch auf das Jahr 1804*.

S. 6   **O, that that earth, which kept the world in awe, / Should patch a wall to expel the winters flaw!**] Shakespeare *Hamlet*, 5. Akt, 1. Szene. (Vgl. Steevens: *The Plays of William Shakspeare*, Bd. 15, London 1793, S. 312).

S. 6   Luthers Tischreden] *Tischreden Oder Colloqvia Doct. Mart. Luthers*, 1566.

S. 7   Als im vorigen Sommer sich alles vereinigte, mich von Weimar weg nach Würzburg ziehn zu wollen] Vgl. Brief von Voß an Solger vom 24. März 1804, Komm. zu S. 1 sowie Brief von Voß an Solger vom 10. Oktober 1804, S. 12.

S. 8   antechambrirte] Von frz. antichambre (›Vorzimmer‹) für längeres Warten im Vorzimmer, um eingelassen zu werden.

S. 8   Nun liest Göthe die Cervantischen Novellen] Zeitgenössische deutsche Ausgaben waren u. a. [Soden]: *Moralische Novellen. Des Miguel de Cervantes Saavedra, Verfasser des Don Quixotte*, 2 Bde., 1779 oder Soltau: *Lehrreiche Erzählungen von Miguel de Cervantes Saavedra*, 3 Bde., 1801.

S. 9   Auch der hat gefährliche Tage gehabt] (S. o. Komm. zu S. 3).

S. 10   Mit meinem Othello] Voß' Übersetzung *Shakspeare's Othello* erschien 1806.

S. 10   Nun will Schiller noch einige theatralische Veränderungen damit vornehmen] Schillers Bearbeitung wurde am 8. Juni 1806 in Weimar uraufgeführt.

S. 10   So eben fährt der schwarze Bock zur Hölle [...] Großpapa.] Shakespeare *Othello*, 1. Akt, 1. Szene: »Even now, very now, an old black ram / Is tupping your white ewe. Arise, arise; / Awake the snorting citizens with the bell, / Or else the devil will make a grandsire of you: / Arise, I say.« (Steevens: *The Plays of William Shakspeare*, Bd. 15, 1793, S. 389). In der Übersetzung von Voß: »Jezt eben fährt der schwarze Bock zur Hölle / Mit Eurem weißen Täubchen. Auf! steht auf! / Weckt die verschlaf'nen Bürger mit der Glocke, / Sonst macht der Teufel Euch zum Großpapa!« (Voß: *Shakspeare's Othello*, 1806, S. 10).

S. 10   **the deer with a double back**] In Shakespeares *Othello*, 1. Akt, 1. Szene eigtl.: »the beast with two backs«. (Steevens: *The Plays of William Shakspeare*, Bd. 15, 1793, S. 391). In der Übersetzung von Voß lauten Jagos Worte: »Ich bin einer, mein Herr, der Euch zu melden kommt, daß Eure Tochter und der Mohr so eben dabei sind, einen doppelten Adler zu machen.« (Voß: *Shakspeare's Othello*, 1806, S. 12). Die Übersetzung dieser Stelle wurde in der *JALZ*, Nr. 38 (1807), Sp. 299, kritisiert.

9. Voß an Solger vom 22. Mai 1805 (Weimar)

[1] Weimar den 22 May 1804.5.

Lieber Solger, schreibe mir doch endlich einmal Deine Adresse.

Liebster Solger,
Ich sollte billig heute an Abeken schreiben, der mir durch seinen lezten trostvollen
Brief einen so heiteren Nachmittag und Abend verschafft hat; aber der gute Junge wird
es ja nicht böse aufnehmen, wenn ich diesmal das Wort an Dich richte. Es ist so meine
Weise, daß ich lieber einen langen Brief schreibe, als mehrere kurze mit zerstückeltem
und vereinzeltem Inhalte, und Dir muß ich heute apart schreiben, da ich die Absicht
habe, Dir ein lange verspätetes Wort über Deinen Sofokles zu sagen. Was ich außerdem
schreibe ist für alle meine Berliner Freunde, und dies möchte leicht den Hauptinhalt
ausmachen. Also Ihr alle miteinander, Wilhelm, Abeken, Dethlefsen, sehe jeder meinen
Brief an, als sei er an ihn besonders gerichtet; ich kann ja Euch ohnehin nicht anders als
beisammen denken.
    Bis jezt ist der selige Schiller, der liebenswürdigste Mann, den die Erde trug, der
Eine Gegenstand, der meine ganze Seele füllt. Ich denke *nur* an ihn bei Tage und bei
Nacht, aber ich suche ihn nicht mehr, wie in den ersten Tagen nach dem Tode. Ich habe
mich gewöhnt an den Gedanken ihn irdisch verloren zu haben, und suche jezt nur ihn
auf eine andre Weise mir zu erhalten, durch eine treue und [2] heilige Erinnerung, und
in diesem Streben habe ich schon wahrhaft frohe Stunden wieder genossen. Ich bin
sehr reich durch das schöne lebendige Bild, welches ich von ihm im Herzen trage, und
es schwebt mir stets vor, wie die Gestalt eines Heiligen. Jede Kleinigkeit von dem Manne, die mir als er lebte gleichgültig schien, gewinnt jezt hinterher eine tiefe Bedeutung,
und ich halte *alles* fest, um auch *nichts* zu verlieren. Fast noch liebenswürdiger scheint
mir der Mann jezt, da er nicht mehr ist, und um jede Erinnrung, die ihn betrift, fügt
sich eine Art von Glorie. Wohl hast Du Recht, guter Abeken, daß die Natur in diesem
Stücke weislich für uns gesorgt habe. Was unseren Schmerz auf das heftigste zu steigern
scheint, das wird die Hauptquelle unseres Trostes bei einem solchen Verluste, die
lebendige Erinnrung an den Gegenstand unseres Verlustes. Wie wohl wird mir, so oft
ich mit Innigkeit an ihn denke, den Herlichen, oder eins seiner Werke lese, und ihm
nachempfinde, oder von ihm träume, und herzliche Gespräche mit ihm führe. Vor
4 Nächten spazierte ich mit ihm im Lande Dithmarsen. Ich wollte ihn so eben den
Deich hinaufführen, und freute mich schon, wie der niegesehene Anblick der majestä-
tischen Elbe und des Meers auf seine Seele machen würde – allein [3] da erwachte ich.
– Dieser Traum ist der Nachklang so manches heiteren Gespäches das ich mit Schillern
führte. Nie hat er den Anblick des Meers genossen, und da habe ich ihn öfter ermuntert
einmal nach Cuxhafen zu reisen. Wir machten dann halb ernstlich halb scherzhaft
Reiseplane, die nach Jahresfrist sollten von Statten gehn, und da erzählte ich ihm denn
auch von den gastfreien Dithmarsen und von der Liebe, die er als geliebter Schriftsteller auch in meinem Vaterlande habe. Er sagte dann wohl, daß er sich sehnte nach

dem Anblicke des großen Wasserelementes, und ich sagte ihm einmal, er müsse schon deshalb eine solche Reise machen, damit er nur sich selber verstünde, und einmal recht empfände, wie schön er gedichtet habe:

> Ich höre fern das ungeheure Meer
> An seine Ufer dumpferbrandend stoßen
>
> Braut von Messina

So denke ich an alle Gespräche, die ich mit diesem herlichen Manne geführt habe, und mache mir die Erinnrung daran zum einigen Ersaze dessen, was nicht mehr da ist. Alle Mittwoche, Sonnabende und Sontage war ich Nachmittags regelmäßig anderthalb Stunden bei ihm, und Gott weiß, ich freute mich schon des Morgens beim Erwachen auf diese Nachmittagsstunden. Und, wenn ich dann zu ihm kam, Gott! wie war der Mann [4] immer freundlich und liebreich. Ich konnte es oft nicht lassen, wenn ich fortging, ihm einen herzlichen Kuß auf seinen Mund zu drücken. Schiller hat es auch gewußt wie unendlich ich ihn lieb hatte, und deswegen war ich ihm auch nicht gleichgültig. Wie freute er sich, wenn ich Nächte bei ihm wachte in seinen kranken Tagen, und wie oft hat er sich nicht in Worten sondern durch sprechende That als meinen wohlwollendsten und treusten Freund bewiesen. – Wie froh sind wir wieder zu andren Stunden zusammen gewesen, auf Redouten und in anderweitigen Zusammenkünften; da war der Mann wie ein Jüngling von 20 Jahren, so ausgelassen fröhlich, so unbefangen in seiner Freude, so offen, theilnehmend, liebreich, wie das alles in seiner schönen Miene wie ausgeprägt zu sehn war. Kaum ist es ein halbes Jahr, als wir beiden und 5 andre auf einer Redoute 9 Champagnerflaschen ausleerten, und als Schiller so recht behaglich und seelig war, und keine Scheu hatte, das auf dem großen Saale vor 500 philisterhaften Angaffern zu äußern, wo denn wohl mancher Erzschuft nicht hat begreifen können, aus waserlei Geiste solches geschähe. – Wollte ich von seinen heiteren Momenten erzählen, so würde ich unter 20 Bogen nicht fertig. – Wie habe ich den Schiller wiederum von andren nicht bloß liebenswürdigen sondern ehrwürdigen Seiten kennen gelernt, was er war [5] als Gatte und Vater. Wie konnte er seine Kinder herzen und küssen und mit ihnen spielen, sich mit ihnen auf die Erde wälzen; nie vergesse ich den innigen Blick, den er manchmal auf seine jüngstgeborene Emilie warf. Es war als konnte er sein ganzes Glück nicht ausschöpfen, was er in ihrem Besize empfand, mit solcher Wehmuth, Freude und Innigkeit hingen seine Augen auf ihrem Anblicke. Den 8 May, ein Tag vor seinem Tode, kam er wieder aus 24stündigem Fantasiren zu sich, und sein erstes Wort war, daß seine Emilie ihm sollte gebracht werden. Die Schillern sagte mir, es wäre gewesen, als ob er das Kind hätte segnen wollen. Da hatte der Mann nur noch 24 Stunden zu leben, und er fühlte es, daß er eigentlich noch nicht aufhören mußte, diesem Kinde *Vater* zu sein.

Lieben Freunde, ich habe an diesem Manne, diesem

cunningst pattern of excelling nature

viel, sehr viel verlohren. Aber ich habe auch schöne Erinnerungen von ihm erhalten, die ich zu verlieren nicht einmal im Stande wäre. Auch für mich hat er gelebt, wie für jeden auf den er mit seinem edlen Herzen gewirkt hat durch Schrift und Wort. Ich bin sehr dankbar gegen Gott und Vorsehung, daß ich diesen Mann kennen lernte und zu lieben

Gelegenheit fand. Mag mein Schmerz ihn verlohren zu haben auch groß sein, wie er ist, meine Wonne ihn gekannt zu haben ist doch größer, und jener schöne Vorzug eines warmen Herzen, ihn noch nach dem Hinscheiden herzlich lieben zu können. [6]

Ich habe mir eine Haarlocke von ihm geben lassen, die ich mir zu einem Ringe will flechten lassen. Diesen Ring, einen *herzlichen* Brief von ihm, den ich Neujahr nach Jena erhielt, und mein Manuscript vom Othello, wo Er dies und jenes hineincorrigirt hat, will ich als wahre Reliquien von ihm bewahren. Auch einen Tell besize ich von ihm: er schenkte ihn mir mit einigen freundlichen hineingeschriebenen Worten zu meinem lezten Geburtstage, der *Abends* in seinem Hause gefeiert wurde.

Zwei Tage nach seinem Hinscheiden ward er begraben. Schneider hätten ihn tragen sollen, aber dies zu dulden ziemte uns nicht. Vierzehn junge Leute, und gewiß lauter solche, die es würdig waren den Verstorbenen zu lieben, haben ihn zu Grabe gebracht. Um 1 Uhr Nachts trugen wir die geliebte Last an den lezten Ort hin, und nahmen Abschied von ihm. Den folgenden Nachmittag ward ihm in der Kirche eine Feier begangen. Nicht die frostige Rede, hat die Gegenwärtigen bewegt, sondern der Anblick der kleinen Emilie, die während der Rede so recht herzlich lachte, und der übrigen Kinder, die ihrem Vater bittere Thränen weinten. Diese waren es, die uns den Verlust versinnlichten, nicht die Schilderung des Geistlichen, die weit eher auf den Hofrath Voigt gepaßt hätte. Ich will über diesen würdigen Geistlichen nicht spotten, denn was er sagte, war gut und ernstlich gemeint; aber konnte der durch Worte [7] befriedigt werden, der des Verstorbenen Bild im Herzen trug?

Göthen hat dieser Schlag auf die möglichst milde Weise getroffen. Am Donnerstag Abend, als Schiller schon gestorben war, hat die gute Vulpius doch so viel Fassung, daß sie Göthen nichts entdeckt, sondern nur von einer langen Ohnmacht erzählt, aus der er sich jedoch erholt habe. Göthe läßt sich täuschen, aber ahndet was schlimmes. Als er zu Bette gegangen ist, stellt sich die Vulpius, die die ganze Nacht kein Auge zugethan hat, schlafend, um Göthe sicher zu machen, daß kein besorgliches Unglück vorgefallen sei, und Göthe der die Vulpius ruhig athmen hört, schläft auch am Ende ein. Den Morgen entdeckt ihm's die Vulpius, aber auf die schonendste Weise, ohne das Wort *Tod* auszusprechen. Da wendet sich Göthe seitwärts, und weint, ohne eine Sylbe zu sagen. In sanftem Schmerze bringt er den Tag zu, und am Abend schon soll er gefaßt gewesen sein. Ich habe Göthen erst drei Tage darauf gesehn. Ich weiß nicht wie, aber mir graute und bangte vor seinem Anblicke. Auch Er hat an die Vulpius gesagt, er wollte, daß mich erst wieder *gesehn hätte*. Er hat mir herzliche Worte durch seinen August sagen lassen, und ließ mich mehrmals zu sich bitten; aber ich bin erst den dritten Tag zu ihm gekommen. Als ich wieder vor ihm erschien, da fühlte ichs, daß ich ihm jezt kein angenehmer Bote war, wie ehemals, wenn Schiller sich wohl befand, und ich dies so freudig an Göthe meldete. [8] Ich mußte alle Kraft zusammennehmen, um den lieben Mann durch keine weichherzige Äußerung oder Miene traurig zu machen.

Göthe ist fast noch herzlicher gegen mich und Riemer geworden als ehemals. Wir sind auch nun, einer von uns beiden beständig um ihn. In den ersten 8 Tagen haben wir von Schillern gar nicht geredet. Doch am 18 May ging ich mit Göthe im Park spazieren, da war er in einem bewegten Zustande, wie ich ihn nimmer gesehn habe. Er reihte an Schillers Tod, meines Vaters Abgang, und sein volles Herz brach ihm. Da redete er im Gefühle der tiefsten Leidenschaft, er sprach Worte, die mir durch Mark und Bein gingen. Eine Million hatte ich nicht so gerne besizen mögen, als ich in dem Augenblicke wünschte, das Trosteswort aussprechen zu können, daß mein Vater hier bleibe. Ich mußte weinen vor Wehmuth, und Göthe weinte auch. Wir sind darauf stillschweigend zu Hause gegangen; aber ich ergrif seine Hand, und umklammerte sie mit der Meinigen, und folgte ihm so in seinen Garten hinein, wo ich stummen Abschied von ihm nahm. Abends besuchte ich die Vulpius; die sagte mir, er sei noch auf seinem Zimmer eine Zeitlang *bewegt* gewesen. Unter anderm hatte er gesagt: »Voß wird seinem Vater nach Heidelberg folgen, und auch Riemern wird man über kurz und lang wegziehn, und dann steh' ich ganz allein«. – Nachher ist er wieder heiter geworden. – Glaubt Ihr wohl, lieben Freunde, daß es mir nur möglich wäre, Göthen zu verlassen. Auch habe ichs ihm mehrmal schon seitdem gesagt, daß ich nicht aus Weimar ginge, daß ich sein treuer Gefährte bleiben wolle. – [9]

Göthe ist im Grunde jezt recht wohl. Ein kleiner Rückfall, den er neulich bekam, ward uns von guter Vorbedeutung. Er war diesmal erst nach 6 Wochen wiedergekehrt, und so schwach, daß Göthe schon den folgenden Tag aufsein konnte und nur durch das Gebot des Arztes zurückgehalten wurde vom Spaziergehen. – Ich werde noch manchen seligen Augenblick durch ihn und mit ihm genießen; aber mit *der* Unbefangenheit, wie in vorigem Jahre genieße ich das Glück nicht mehr ihn zu besizen.

Wehmuth ergreift mich und die Seele blutet,
Daß Irdisches nicht fester steht, das Schicksal
Der Menschheit, das entsezliche, so nahe
An meinem Haupt vorüberzieht.

Ich genieße mein Glück mit dem Gedanken, daß es mir vielleicht morgen geraubt wird. Aber ich bin nicht unglücklich dadurch; der Gedanke an Tod und Verschwinden *trübt* mir die gegenwärtige Stunde nicht, sondern macht sie mir nur ernster und heiliger. Noch ist er da, und mit ihm für mich eine schöne Lebensstunde. Diese genieße ich nicht mit Leichtsinn, sondern mit heiterem Ernste. So lange Göthe da ist, denke ich, muß ihm noch viel Freude werden, und auch von mir so viel ich vermag. Ich will daher wirken, so lange es Tag ist, mir und ihm zur Freude, denn er nennt mich gerne seinen lieben Sohn. – Und ist er nicht mehr da, so werde ich klagen über einen unendlichen Verlust, aber mich nicht durch wilden Schmerz verzehren lassen. Göthe lehrt mich, Schillers Verlust ertragen, auch ihn nicht mehr zu haben werde ich zu ertragen im Stande sein, sobald es Gott will. Möge dieser Augenblick noch lange entfernt sein, und möge es mir gelingen, die Zeit bis dahin durch edlen Gebrauch zu verlängern und auszudehnen. Dann will ich standhaft sein, und ihn – ohne gegen das Schicksal bitter zu sein – hingeben, an den, der ihn fodert. – [10]

Göthe arbeitet jezt (*doch dies sei nur für meine Freunde gesagt!*) an der Ausgabe seiner sämtlichen Werke. Auch an seiner Optik arbeitet er, um nichts unvollendet zurückzulassen, und doch ist bei ihm des Unvollendeten noch sehr viel, und wirds auch bleiben. Riemer und ich haben hierbei auch unser Geschäft bekommen. Mir hat Göthe ein Exemplar von Hermann und Dorothea gegeben, mit Papier durchschossen. Ich soll die Hexameter mustern, und alle meine Einfälle unter dem Namen Änderungen und Vorschläge beischreiben. Darauf wollen wir Conferenzen halten, und über die Lesarten debattiren. Ihr könnt leicht denken, daß dies für mich ein zugleich angenehmes und lehrreiches Geschäft sein wird.

Seinen Sohn will Göthe nun in die Schule geben, wozu ich mich freue, weil ich nun Gelegenheit habe, dem Vater an seinem Sohne nach meinen besten Kräften, und auf die einzig mögliche Weise ein weniges zu vergelten. Riemer bleibt bei Göthe, und gewinnt dadurch den Vortheil mehr um Göthe sein zu können, was auch ein großer Vortheil für Göthe ist. Er hat Riemern lieb wie seinen Sohn, und Riemer verdient es auch. – Riemer und ich sprechen täglich davon, und machen beständige Plane, wie wir dem *guten* Manne sein Leben erleichtern können, und Göthe hat wenigstens Freude an unserem Willen, den er für ächte That hinnimmt.

Auch daß ich den Schillerschen Kindern etwas sein kann, ist mir ein großer Trost. Der selige Schiller sah seine Knaben so gern unter meiner Aufsicht, und sie haben großes Zutraun in mich gesezt, und lieben mich innigst. Ich hoffe durch einigen Unterricht, und durch aufmunternden Umgang auf sie wirken zu können. Den ältesten nehme ich täglich auf meinen Spaziergängen [11] mit, und dann sprechen wir von seinem Vater. Wohl dem Knaben, daß er in aller Unschuld noch nicht weiß wie viel er verlohren hat. Er hat jezt nur einen freundlichen liebreichen Vater verloren, den andern Werth seines Vaters ahndet er nur erst. Wenn ich dazu beitragen kann, daß er seinen Vater je älter er wird, je mehr kennen lerne, so werde ich mich glücklich schäzen. Ich werde den Knaben Griechischen Unterricht geben. »Voß«, sagte mir neulich der kleine Ernst, »zieh doch in unser Haus, du kannst in Papas Zimmern wohnen«. Da habe ich den Jungen mit Thränen in den Augen recht herzlich geküßt.

Ich will mich losreißen, ihr Lieben, und zu anderen Gegenständen übergehn. – Dein Liedchen **Poor soul set singing at a Sycomore tree** – lieber Abeken – ist allerliebst übersezt. Darf ichs in die Polychorda einrücken lassen? ich würde in diesem Falle nur ein paar kleine Änderungen machen. – Aber, liebster Abeken, schicke mir doch eine Übersezung von allen Liedern im Lear, so gut Du sie machen kannst, und das recht bald, auch eine Übersezung von den Monologen dieses Stückes, und sonst einiger hervorstechenden Stellen. Ich will den Lear übersezen, und hätte gerne diese Hülfe von Dir – und wo möglich auch von Solger – denn da diese Arbeit noch ein Auftrag des seligen Schiller ist, so möchte ich gar gerne, daß sie recht gut würde. Laß mich nicht fehlbitten, wie das leztemal. Du glaubst nicht, ein wie großer Gefallen mir dadurch geschieht. – Daß ich erkenntlich sein werde auch in Zukunft, davon mag das zeugen was ich bereits an dem Solgerschen Oedipus Colonos gearbeitet habe. [12]

Lieber Solger, ich habe Deinen zweiten Oedipus bis zum 1200 Verse mit der größten Genauigkeit durchgelesen, nur in den lezten 3–4 Wochen bin ich unterbrochen worden, habe aber heute die Durchsicht fortgesezt. Ich habe jede mir anstößige Stelle bezeichnet, und bei den meisten Änderungen übergeschrieben, an denen Du wenigstens sehen kannst, was mir anstößig war, und nach welchen Gründen ich sie verbessert wünsche, denn das werden Dir kleine Randbemerkungen lehren. Vielleicht nimmst Du einiges als gelungen auf, und anderes wird Dir die Veranlassung das Wahre zu finden. – Ganz unverhohlen gesprochen, so wünsche ich sehr, daß die Übersezung so wie sie dasteht noch nicht gedruckt werde, und sie wird Dir selbst nach den Fortschritten eines Jahrs nicht mehr so genügen als im Feuer der Arbeit selber. So gewiß, wie sie jezt noch *nicht* vollendet ist, so gewiß aber bist Du auf dem richtigen Wege eine nach mehreren Jahren ganz gelungene Übersezung zu liefern. Du hast den Geist des Originals rein aufgefaßt, und hast die einzig rechte Weise ergriffen, diesen Geist nicht bloß zu gestalten, wie Stolberg es gethan hat, sondern sofokleïsch zu gestalten. – Aber zum freien Organ ist Dir die sofokleïsche Sprache noch nicht geworden, als Du den zweiten Oedipus schriebst, wiewohl hier schon viel mehr als im ersten. Du hast ihn erhascht den sofokleïschen Ausdruck, aber er hat sich noch nicht hinlänglich mit Dir selber identificirt; er muß Dir noch geläufiger werden, Du Dich noch freier in ihm bewegen. Was die Rhythmik der Verse betrift, da bist Du ganz vollkommen, und ich habe mir oft die Probe gemacht, halbe Seiten mit lauter Stimme mir vorzulesen, wo ich denn an Klang und Bewegung auch nichts auszusezen fand. Sah' ich aber dann [13] auf den Ausdruck, so fand ich, daß dieser immer dem Rechten nahe war, aber in vielen Fällen doch noch nicht selber das Rechte. Hier will ich Dich auf zwei Dinge aufmerksam machen, die meiner Meinung nach Dir gar sehr im Wege stehn, und die Mir aus einer falschen Maxime entsprungen scheinen: 1) Ich lobe es so sehr als einer, daß Du den Geist des sofokleïschen Versbaues studirt hast, und nicht bloß Senare giebst sondern tragische, und sofokleïsch tragische Senare. Du hast untersucht in welchen Verstheile Sofokles mit seinen mannigfaltigen Abschnitten wechselt, wie er mit den Spondeen umgeht, nach welchem Geseze er Anapäste und Dactylen zuläßt, und unter welchen Bedingungen sowohl die Abschnitte als die Versbewegungen bald so bald so fallen, und unter sich umwechseln. Dagegen aber tadle ich, daß Du in den einzelnen Versen mit großer Pünctlichkeit die Abschnitte grade so verlegst wie Sofokles, daß Du grade da Spondeen, Dactyle, Anapäste pp hast, wo er sie hat. Ich will nicht in Abrede sein, daß in vielen Fällen grade dieser bestimmte Ab- oder Einschnitt (kleiner Ruhepunct mitten im Verse) von großer Bedeutung, und daß in anderen Fällen grade ein Anapäst, oder ein anderer Fuß sehr ausdrucksvoll ist, und beides in einer Übersezung, wenn es ohne Beeinträchtigung des klaren Ausdrucks geschehn kann, zu erreichen, möchte dann wohl eine der ersten Pflichten sein. Aber Du thust es *überall*, und in den wenigen Fällen, wo es nicht geschehn ist, glaube ich, siehst *Du* dies nur als eine Unvollkommenheit an, die noch in Zukunft soll gehoben werden. Du hast, um denselben Abschnitt zu bekommen, Dir oft eine große Härte des Ausdrucks erlaubt; Du hast geflissentlich Alexandriner gebildet, wo es Dir frei stand ihn nicht zu haben; Du hast an zwei Stellen Dir sogar mit Kosten und Aufwand einen Alexandriner errungen, weil grade Sofokles dort einen hatte. Wahrlich, daß sind Sclavenfesseln [14] die Du Dir ohne Noth angelegt hast. – Du könntest, sobald Du das Schema des sofokleïschen Senars mit allen seinen Veränderungen als einen lebendigen Typus in Dein Gefühl aufgenommen hast, immer etwas freier zu Werke gehn, Du brauchtest gar nicht in jedem einzelnen Verse kleine Abweichungen zu scheun, z. B. den Abschnitt eine Sylbe weiter zu verlegen; denn alles, was Du an die Stelle sezest, wird ja auch sofokleïsch sein; Du könntest immerhin auch einmal einen Anapäst vornan statt des Anfangsspondeus sezen, in einem Verse wo ihn Sofokles nicht hat, wenn grade der Inhalt der Worte nur nicht dem Anapäst widerspräche. Daß ihn Sofokles in diesem Fall nicht hätte, wäre als Zufall anzusehn. Er *könnte* ihn haben, da er ihn so oft am Anfange des Verses hat wenn

Bedingungen eintreten, unter welchen er stehn darf. – Du könntest, um es mit einem
Worte zu sagen, sehr viel unpünctlicher zu Werke gehn, und doch *rein sofokleïsch* bleiben, denn der sofokleïsche Verstypus ist ja in Deiner Seele, und der wird Dich vor allem
antisofokleïschen bewahren. Und meiner Überzeugung nach könntest Du bei dieser
Freiheit noch ein weit sofokleïscherer Verskünstler sein als Du es schon bist; denn Du
würdest mit freiem Sofokleïschen Geiste sofokleïsch arbeiten, da Du jezt (wenigstens
dem Scheine nach) Dich zu sehr an die äußere Gestalt hältst. Ich bin fest überzeugt,
daß der wahrhaft Sofokleïsche Geist gar nicht einmal bei so pünctlich abgezählten völlig dem Original gleichtönenden Versfüßen hervortreten kann, denn denke nur an die
Gewalt, die Du der Sprache anthun mußtest, um jenes zu erreichen, und die daraus oft
resultirende Dunkelheit was ich *zum Zweiten* anführen wollte. Ich habe dem [15] seligen Schiller einiges aus Deinem Oedipus Colonos mitgetheilt, der sagte: man sähe,
daß ein sehr gescheuter Mensch es gemacht hätte, und er bewunderte den Wohlklang
der Verse und der Rhythmen. Aber er bekannte aus dem Grunde keinen Genuß beim
Lesen zu haben, weil er bei jeder dritten Zeile etwa, wenigstens sich bedenken, und an
vielen Stellen sogar nachgrübeln, und »wie ein Schazgräber erst nach dem Golde
graben müsse«. (An einer Stelle machte er selber eine Änderung, die mir so gelungen
scheint, daß ich sie Dir durch rothe Dinte in Deinem Manuscripte bemerken werde.)
Was die Sprache und den Styl betrift, da sehe ich, wie auf richtigem Wege Du bist, so
oft ich Dich mit *Ast* confrontire, der auch keinen Funken von sofokleïschem Style hat.
Freilich soll der Übersezer, soweit sich solches mit dem Geiste unserer deutschen
Sprache verträgt, den Sofokleïschen Styl (oder die Art und Weise, wie der Gedanke sich
in seiner Seele zum Ausdruck gestaltete) mit in die Übersezung übertragen. Aber hier
prüfe Du Dich doch selber, ob Du nicht manchmal, *Sofokleïschen Styl,* und *Eigenthüm-
lichkeiten der Griechischen Sprache überhaupt*, mit einander verwechselt hast. Du giebst
uns mitunter wahre Gräcismen, Du lässest in unerlaubten Fällen Hülfswörter aus
u. s. w. Du stellst manchmal die Worte, wie sie wohl logisch oder so zu sagen arithme-
tisch richtig sein mögen, aber gewiß nie vom deutschen Sprachgebrauche eingeführt
werden können. – Du bist auch mitunter im Gebrauche von mit Präpositionen zusam-
men- [16] gesetzten Zeitwörtern sehr kühn, und gewiß *ohne Vorgänger*, denn Schlegeln
lasse ich in dem was er in späteren Jahren für die deutsche Sprache gethan hat, nicht
passiren. Noch vor 4 Jahren hätte er sich nicht erlaubt: *ich ausrufe, ich hinwandle
– Emporsteh'*, wo ich Dir als Vorschlag *Steh auf denn* übergeschrieben habe. –
Doch, lieber Solger, verzeihe, daß ich, nicht so ausführlich, sondern vielmehr so ge-
schwäzig werde. Ich hätte das alles freilich viel kürzer sagen, und Dir nur in Winken
anzudeuten gebraucht, aber dann hätte ich mich der größesten Präcision befleißigen
müssen, wozu es mir heute an Zeit fehlt, da der Brief noch auf die Post soll.

Alles, was ich gesagt habe, gilt nur vom 2ten Oedipus. Die Antigone habe ich noch
nicht gelesen; ich habe sie absichtlich nicht neben dem Anderen Stücke lesen wollen,
um desto sicherer die Fortschritte bemerken zu können, die Du seitdem gemacht hast.
Darum schicke mir ja bald den Philoctet, und so die übrigen nach der Reihe. Den
Colonos erhältst Du sehr bald zurück, wenn Du nicht so lange warten willst, bis die
Antigone auch durchstudirt ist, was denn auch nicht lange dauern soll.

Dann wirst Du bald an die Umarbeitung gehn, und möchten Dir dann meine Glossen und Vorschläge von einigem Nuzen sein. Ich habe keinen sehnlicheren Wunsch, als daß Du zu allen Vorzügen Deiner Übersezung, auch noch den der sofokleïschen Klarheit, Anmuth und Schönheit hinzufügen mögest, nicht die Klarheit, welche die Philister verlangen, sondern wie sie Männern wie Göthe, Voß, Schleiermacher (lezteren freilich mit Einschränkung) zum Bedürfnis ist. Aber die Anlage ist gut, und aus einem gediegenen graden Steine, der sich schon zur Form hinneigt, läßt sich ja die schönste Statue machen. Deine Übersezung braucht nur gefeilt zu werden, *Ast* müßte ganz umschmelzen. [17]

Gestern Abend wurde Maria Stuart gegeben. Es hat mich unbeschreiblich gerührt dieses herliche Stück, und vieles erinnerte so lebhaft an den herlichen Verfaßer. Auch Göthe war darin zwei Acte hindurch. Ich wollte noch zu ihm gehn nach der Vorstellung, aber es war um ¾ auf Zehn als ich zu Hause kam, und Göthe war schon zu Bette gegangen. Dafür habe ich heute einen Morgenbesuch bei ihm gemacht, um halb 7 Uhr, wo ich ihn ungemein herzlich fand. Der Mann ist mir nun mein Alles in dieser Gegend, denn die Eltern gehn nach Heidelberg. Heute Abend erwarte ich meine Eltern von Halle zurück, sie bleiben einen Tag hier, und dann reise ich mit ihnen nach Jena. Das sind denn auch die lezten Ferien, die ich mit ihnen in Jena verlebe. Doch in Zukunft geht es nach Heidelberg in den Hundstagsferien. Ob ich dies Jahr schon hinkomme, daran zweifle ich, aber dafür im künftigen Sommer.

Nun müßt Ihr mir aber bald schreiben, ihr Lieben; von Dir Wilhelm erwarte ich besonders einen Brief, und dann muß Solger mitschreiben. Dethlefsens Brief hat mir recht wohl gethan. Ich schreibe Euch bald wieder. Bittet auch Gotthold, daß er mir einmal ein paar Worte schreibe; ich wollte so ungern mit ihm außer Verbindung kommen, da ich ihn so lieb habe. Nächstens schreibe ich von unserm jugendlichen Zirkel allhier. Der junge Kanngießer ist ein liebenswürdiger Mensch, voll Eifer und Regsamkeit, nur scheint er [18] mir bis jezt an einigen überspannten Anfoderungen zu laboriren. Es wäre schade um ihn, wenn er seine Sfäre verkennen wollte, und so viel ich vermag soll er kein *Dichter* von Profession werden. Hain ist fauler als er sollte, aber eine edle, gute Natur. Er soll durch Ehrgeiz noch fleißig werden. Schade, daß ihn irdische Geschäfte so herabziehn in Schlamm und Koth pp. Kanngießer übersezt Maids Tragedy von Beaumont und Fletcher, und seine Arbeit wird gut. –

Sonnabend über 8 Tage wird der Othello gegeben. Ich habe mich ehemals darauf gefreut, wie ein Kind zum Heiligen Christ, aber jezt ist es mir sehr gleichgültig, oder vielmehr traurig, denn ich soll ihn ohne *Schiller* sehn. Ich sagte einmal zu Schillern, wenn der Othello aufgeführt würde, da wollte ich mich nicht unter den gemeinen Pöbel unten hinsezen, sondern oben erscheinen, wo er wäre, und an demselben Abend hatte mich Schiller auch scherzhaft unter die dramatischen Schriftsteller als Mitglied aufgenommen. – Wilhelm und Abeken, ihr Beide habt die frohe Laune sowohl als den Ernst dieses Mannes gekannt, und seine nicht zu nennende Liebenswürdigkeit. Preist Euch deshalb glücklich, wie ich Euch preise.

Nun lebet wohl, Ihr herzlich geliebten, und denkt oft Eures Heinrichs, und theilt wie vorher seinen Kummer und seine Freuden. Noch bin ich glücklich, bei aller Wehmuth, die ich im Herzen trage. Ich habe meine Eltern; ich habe Göthe, ich habe meine

Freunde; ich habe daneben die schönste aller Erinnerungen, das Bild meines geliebten
Schillers, das mich wie ein Genius umschwebt.
    Euer *Heinrich*.

Überlieferung
Der Originalbrief wird im Deutschen Literaturarchiv in Marbach aufbewahrt und von
einem archivischen Regest begleitet. Die Handschrift weist fremde Eingriffe (Markierungen) auf, welche wenigstens teilweise von Solgers Frau Henriette Solger stammen
dürften, die Abschriften für eine angedachte Veröffentlichung anfertigte. Diese dienten
später ihrer Tochter als Grundlage für die tatsächliche Veröffentlichung. (Vgl. Karoline
Solger: *Briefe von Heinrich Voß an Karl Solger*, 1882, Vorwort S. 95). Der Brief wurde
dort S. 121–128 mit zahlreichen Auslassungen und Abweichungen abgedruckt.
    Der unmittelbar nach dem Datum des Briefs wiedergegebene Nachtrag befindet
sich im Manuskript auf Seite 1 oben, auf dem Kopf stehend. Eine eigenhändige Foliie-
rung von Voß ist auf einzelnen Blättern zu finden.

Varianten
S. 13   Du hast untersucht in [welche] ⌈welchen⌉ Verstheile Sofokles ⌈mit⌉ [seine]
⌈seinen⌉⌈mannigfaltigen⌉ [Abschnitte] ⌈Abschnitten⌉ [verlegt] ⌈wechselt⌉
S. 13   Dir oft eine große Härte⌈des Ausdrucks⌉erlaubt;
S. 14   wenn gerade der [Sinn] ⌈Inhalt⌉ der Worte nur nicht dem Anapäst wider-
spräche.
S. 14   Er *könnte* ihn haben, da er ihn so oft am Anfange des Verses hat ⌈wenn Bedin-
gungen eintreten, unter welchen er stehn darf⌉
S. 14   bei so pünctlich abgezählten völlig⌈dem Original⌉gleichtönenden Versfüßen
S. 14   die daraus oft resultirende Dunkelheit⌈was ich *zum Zweiten* anführen wollte⌉
S. 18   Es [ist]⌈wäre⌉schade um ihn

Lesarten
S. 4   aus waserlei/weserlei Geiste solches geschähe
S. 15   auf richtigem [eigtl.:] Wese

Kommentar
S. 1   1804.5.] Durch die Bezugnahme Voß' auf den Tod Friedrich Schillers lässt sich
der Brief eindeutig auf die Zeit nach dem 9. Mai 1805 datieren.
S. 3   Ich höre fern das ungeheure Meer / An seine Ufer dumpferbrandend stoßen]
Schiller: *Die Braut von Messina*, 1803, S. 56.
S. 5   cunningst pattern of excelling nature] Shakespeare *Othello*, 5. Akt, 2.
Szene. (Vgl. Steevens: *The Plays of William Shakspeare*, Bd. 15, 1793, S. 631). In der
Übersetzung von Voß: »Du schönstes Bild der Meisterin Natur« (Voß: *Shakspeare's
Othello*, 1806, S. 213).

S. 6   einen *herzlichen* Brief von ihm, den ich Neujahr nach Jena erhielt] Gemeint ist der Brief von Schiller an Voß vom 29. Dezember 1804. (Vgl. Gellhaus: *Briefwechsel. Schillers Briefe*, 1984, S. 181).

S. 6   mein Manuscript von Othello] 1806 erschien Voß' Übersetzung von *Shakspeare's Othello*.

S. 8   meines Vaters Abgang] J. H. Voß erhielt im Frühling 1805 ein Angebot der Badischen Regierung zur Übernahme einer Professur an der Heidelberger Universität, wohin er und seine Frau im Juli 1805 übersiedelten. In einem Brief an Christian Niemeyer vom 12. August 1806 beschreibt Voß die Reaktion Goethes auf das Weggehen seines Vaters nach Heidelberg: »>Schillers Verlust<, sagte er unter andern, und dies mit einer Donnerstimme, >*mußte* ich ertragen, denn das Schicksal hat ihn mir gebracht; aber die Versetzung nach Heidelberg, das fällt dem Schicksal nicht zur Last, das haben Menschen vollbracht.<« (A. Voß: *Mittheilungen über Göthe und Schiller in Briefen von Heinrich Voß*, 1834, S. 64).

S. 9   Wehmuth ergreift mich [...] vorüberzieht.] Schiller *Maria Stuart*, 2. Akt, 4. Szene. (Schiller: *Maria Stuart*, 1801, S. 85).

S. 10   Göthe arbeitet [...] an der Ausgabe seiner sämtlichen Werke] *Goethes Werke* erschienen in 13 Bänden von 1806 bis 1810. (Vgl. Brief von Voß an Solger vom 10. Oktober 1804, S. 7 f. sowie Brief von Voß an Solger vom 30. Oktober, 9. November und 10. November 1805, S. 5).

S. 10   an seiner Optik] Die *Beiträge zur Optik* erschienen 1791 und 1792 in zwei Bänden. Später gingen sie in die 1810 erschienene *Farbenlehre* ein.

S. 10   ein Exemplar von Hermann und Dorothea] Goethes *Hermann und Dorothea* erschien 1798. Bereits im April 1805 begann Voß mit der Umarbeitung des Versepos. (Vgl. Gräf: *Goethe und Schiller in den Briefen von Heinrich Voß dem jüngeren*, [1896], S. 81). In einem Brief an Abeken vom 15. April 1805 schrieb Voß: »Ich habe Goethes Hermann u. Dorothea schon in beßere Hexameter umgeschmolzen, wozu ich vierzehn angestrengte Tage gebraucht. Göthe hat mir seinen Beifall gegeben, und mich gelobt, daß ich so schonend verfahren, und nie dem Character Abbruch gethan« (Grumach: *Goethe. Begegnungen und Gespräche*, Bd. V, 1985, S. 559). Noch vier Monate später, am 3. August 1805, schreibt Voß zum wiederholten Male an Abeken: »Ich habe in diesen 14 Tagen ein Geschäft eigner Art, das mich ganz beschäftigt [...] Göthe hat mir die Umarbeitung von Hermann und Dorothea aufgetragen, und ich darf ändern wo und wie viel ich will. Dazu hat er mir sein Manuscript gegeben, wo die einzelnen Verse so weit von einander abstehn, daß ich viel dazwischen schreiben kann. [...] Göthe ist mit dem Anfang meiner Arbeit, den er nur gesehn hat, zufrieden, und sagte: sie wäre besonnen, und mit Eindringung in seinen Sinn gearbeitet.« (Ebd., S. 610). Die Änderungen sind in späteren Ausgaben jedoch nie verwendet worden. (Vgl. Geiger: *Goethe-Jahrbuch*, Bd. 10, 1889, S. 198).

S. 10   Den ältesten] Karl Ludwig Friedrich Schiller (1793–1857).

S. 11   Dein Liedchen **Poor soul set singing at a Sycomore tree**] Voß bezieht sich auf das Lied der Desdemona in Shakespeares *Othello*, 4. Akt, 3. Szene. (Vgl. Steevens: *The Plays of William Shakspeare*, Bd. 15, 1793, S. 614).

S. 11   die Polychorda] August Bode gab von 1803 bis 1804 die Zeitschrift *Polychorda* heraus, nach seinem Tod 1804 erschien die Zeitschrift noch bis 1805. (Vgl. Brief von Voß an Solger vom 6. Juli 1803, S. 4).

S. 11   Ich will den Lear übersezen] Anfang Februar 1805 schrieb Voß an Abeken: »Goethe will es haben, daß ich den »Lear« übersetzen soll und vor einigen Tagen, als ich Deinen Brief empfing, erzählte ich ihm, daß ich von Berlin aus Hilfe erwartete.« (Grumach: *Goethe. Begegnungen und Gespräche*, Bd. V, 1985, S. 549).

S. 12   wie Stolberg es gethan hat] Die Sophokles-Übersetzung von Christian Graf zu Stolberg, dem Bruder Friedrich Leopolds, erschien 1787 in zwei Bänden.

S. 13   Senare] Der jambische sechsfüßige Vers der römischen Dichtung wird Senar genannt, er beruht auf dem jambischen Trimeter.

S. 16   Oedipus [...] Antigone [...] Philoctet [...] Colonos] Alle vier Übersetzungen erschienen 1808 in Solgers *Des Sophokles Tragödien*.

S. 17   Gestern Abend wurde Maria Stuart gegeben] Schillers *Maria Stuart* wurde am Sonnabend, den 25. Mai 1805 gegeben. Offensichtlich hat Voß den Brief über einen Zeitraum von mehreren Tagen hinweg geschrieben. (Vgl. Gräf: *Goethe und Schiller in den Briefen von Heinrich Voß dem jüngeren*, [1896], S. 155, Anm. 94).

S. 18: Kanngießer übersezt Maids Tragedy von Beaumont und Fletcher] Karl Ludwig Kanngießers Übersetzung von *The Maid's Tragedy (Die Braut)* erschien 1808 im ersten Band von *Beaumont's und Fletcher's dramatische Werke*.

10. Voß an Solger vom 30. Oktober, 9. November und 10. November 1805 (Weimar)

[1] Weimar den 30 October 1805.

Mein guter Solger,
Du hast sehr recht, ich habe auf eine unverzeihliche Weise lange geschwiegen; zum erstenmale bin ich bei einem Briefe von Dir erröthet. Du Guter hast mir schon verziehn, ich kann es noch nicht. Dein lezter Brief ist eine Strafrede, oder soll es nach einer Anmerkung am Schlusse sein; ich habe im Inhalte nichts davon gemerkt. Aber keine Strafrede hätte in mir einen festeren Vorsaz erregen können, als den ich gefaßt habe, keine Minute mit der Antwort zu säumen, und in der Folge mich nie wieder so an unserer Freundschaft zu versündigen. Zwei Ferientage, die dicht vor mir liegen, machen mir es grade recht gemüthlich einen guten Anfang zu machen.
    Deine Vermuthung, daß meine Arbeiten mich vom Schreiben abgehalten haben, ist gegründet, wiewohl mich dies mit nichten entschuldigen soll. Ich habe diesen Sommer viel gethan, wenn ich meinen Eifer und meine Beharrlichkeit, nicht meine Kräfte in Anschlag bringen will. Seit meinem lezten Briefe habe ich den Lear übersezt, den Sofokles und Äschylus durchstudiert, und dann noch eine Arbeit, von der ich nachher reden will. Außerdem habe ich zwei *große* Carmina fertigen müssen, die ich,

um aus der Noth eine Tugend zu machen, als [2] ein Studium der Prosodie und des Versbaues gehandhabt habe. Den Lear habe ich etwa in 3½ Wochen entworfen, aber, da ich grade damals Ferien hatte, auch vom Morgen bis zum Abend dabei gesessen, so daß ich mich ein paarmal Abends nur dunkel erinnerte, zu Mittag gegessen zu haben. Jezt ist er umgearbeitet und ins Reine geschrieben, und ich darf mit Vertraun sagen, daß ich Schlegeln nicht scheue. Ich kann mich irren, aber dann geschieht es nicht aus Selbstliebe, sondern aus falscher Überzeugung. Mein Vater, der mit den überschickten Proben vollkommen zufrieden scheint, will er mir einen (in ökonomischer Hinsicht) *tüchtigen* Verleger verschaffen, und Ostern werden Lear und Othello in einem Bande erscheinen. Einige Lieder hat mir Abeken aus der Übersezung des jungen Grafen Baudißin zugeschickt, die wirklich sehr schön waren, und nur einer kleinen Nachhülfe bedurften. Ein andres habe ich Abeken zugeschickt, gieb mir doch Dein Urtheil darüber, wie auch über den Monologen. In der Beilage zu diesem Briefe wirst Du zwei andre Lieder finden, die ich Dich scharf zu recensiren, und wo möglich practisch zu recensiren bitte. Sie gefallen mir nicht, und doch bin ich nicht im Stande, sie besser zu machen. Glaubst Du, daß im Reiche der Möglichkeiten eine jezt noch unsichtbare Übersezung existirt, die dem Original völlig oder beinahe gleich kömmt? Vielleicht bist Du so glücklich, sie zu finden, oder Abeken: Strenge Deinen Kopf einmal einen Nachmittag an, und theile mir [3] Deine Versuche mit; auch Göthe hat mir versprochen, wenn ihm ein glücklicher Einfall »*durch den Kopf führe*« diesen mir aufzusparen.

Deinen Oedipus Colonos und die Antigone habe ich mit großer Aufmerksamkeit mit dem Originale verglichen; meine Critiken und Vorschläge wirst Du am Rande und zwischen den Zeilen beigeschrieben finden. Was die lezteren betrifft, so wirst Du mich oft in einem entgegengesezten Extreme begriffen finden. Ich habe zu dunkle Constructionen oft mit *zu* klaren vertauscht, und zu große Härten mit dem Ausdrucke *zu* faßlicher Popularität, den ja doch wohl Sofokles nicht haben soll. Beurtheile mich und meine Grundsäze nicht falsch, sondern bedenke, daß diese Durchsicht zwischen meine Othello- und Lear-Übersezung gefallen ist: weil ich grade damals mich in die Grundsäze einer Shakspearübersezung vertieft hatte, so sind diese unwillkührlich in die Sofoklescritik eingedrungen. Man kann nicht zweien Herren zugleich dienen, und wer einen Modernen übersezt, der überseze ja nicht zu gleicher Zeit einen Griechen; so wie ich künftigen Winter, der für ein andres Geschäft bestimmt ist, gewiß kein Stück aus Shakspear übersezen will, um jenes nicht zu verhunzen. Benuze also von meinen Vorschlägen, was in Deinen Kram taugt, und modificire es, bis es dazu taugt; und sieh das als die Hauptsache an, daß ich bei der und der einzelnen Stelle überhaupt nur angestoßen bin. – Was meine Critiken betrifft, so stoße Dich nie an der schneidenden Art, wie ich mich manchmal ausdrücke: ich bin selbst der Meinung, daß ich Dir in [4] einzelnen Stücken unrecht gethan, denn ich habe nicht ganz darauf Rücksicht genommen, daß manches tadelnswerthe in Deiner Übersezung nicht Ziel sondern Stufe zum Ziel ist; und der eine kömt auf diesem Wege, der andere auf jenem dahin. Und darin bin ich ganz mit Dir einverstanden, daß der Weg der *pünktlichsten* Treue, auch mit Starrheit und Rohheit verbunden, besser und sicherer ist, als der eben so weit vom Ziel entfernten weichen, wässrigen Geschmeidigkeit. Ich habe

auch nie Deiner Übersezung inneres Leben und sofokleïschen Geist abgesprochen, nur
war meine Meinung, daß die an vielen Stellen unbiegsame Form ihm hinderten, mit
Freiheit zu erscheinen. – Im Ganzen sind wir gewiß über edle Sprache, und die Technik
des Senars einverstanden; doch, wolltest Du Dir zum Gesez machen, wie ich *anfangs*
wirklich glaubte, daß jeder einzelne Vers die selben Abschnitte, ja die selben Wortfüße
genau abgezählt wiedergeben sollte, so konnte ich das eben so wenig billigen, als Du,
der Du dieses nie beabsichtigt hast; jezt bin ich durch Deinen Aufschluß überzeugt,
daß diese Erscheinung nur das Resultat der großen Treue im Allgemeinen ist, und vielleicht mehr und minder bei der zweiten Umarbeitung, zumal wo es dem Ausdrucke
schadet verschwinden wird. Auch von der Sprache muß ich selbst sagen, daß ich das
Ding jezt anders ansehe. Du hast die eigentlichen Gräcismen nur einstweilen hingesezt,
um sie bei der zweiten Umarbeitung mit deutscheren aber edelen Redensarten zu vertauschen. Die Gräcismen kann ich meiner Natur nach nicht dulden, wenn sie nicht
zugleich Naturalismen sind, die auch der Anlage unserer Sprache nicht widersprechen,
eben so wenig Wendungen wie *aufstehe* für stehe auf und dergleichen was ich *überall* am Rande bemerkt habe. [5]

So viel heute Morgen; und heute Nachmittag habe ich nicht Lust über diesen
Punct etwas weiteres hinzuzufügen. – Nun von der Arbeit, die ich für Göthen gemacht
habe, aber dies nur für Dich und Abeken. Ich habe Herrman und Dorothea in metrischer Hinsicht durcharbeiten müssen, und habe, grade wie ichs bei Deinem Sofocles
gemacht, meine Vorschläge und Critiken am Rande seines Manuscripts beigeschrieben.
Ich bin nun sehr besorgt gewesen kein sacrilege to beauty zu begehn, sondern dem
Metrum aufzuhelfen, und den Ausdruck ungekränkt zu lassen, kurz keine manierirten oder seinem Geiste fremdartigen hineinzubringen. Göthe ist mit meiner Arbeit
zufrieden, und will jezt mit mir das Ganze noch einmal durchgehn, wobei wir, wie er
sich ausdrückte, einmal ein ganzes Vierteljahr auf Hexameter verwenden wollten. Nun
hat er mir auch einzelne Distiche zu solcher Durcharbeit gegeben. Übrigens ist Göthe
jezt mit der Ausgabe seiner sämtlichen Werke beschäftigt, von der Ostern die erste
Lieferung erscheint. In dieser wird auch der Faust erweitert erscheinen, aber doch noch
ein Fragment bleiben. Zu der Fortsezung der Eugenia kann ich Dir nur wenig Hofnung
geben. –

Daß ich mich einmal an die Übersezung des ganzen Äschylus machen werde, ist
mir jezt sehr wahrscheinlich; ich habe schon viel einzelne Sachen übersezt, nur noch
nichts im Zuammenhange. Aber das soll diesen Winter geschehn; ich werde zuerst den
Agamemnon [6] angreifen, meinen Liebling. Wenn ich meiner Natur nach im Stande bin, eine Aeschylusübersezung zu liefern, so gelingt es gewiß; denn mein Eifer bei
solchen Arbeiten ist unsäglich, ich lebe und webe darin. Collectaneen zu Anmerkungen
habe ich mir für die Tragiker schon sehr viele gesammelt. Wenn Du in dieser Hinsicht
meine Hülfe beim Sofokles gebrauchst, so sprich nur vor; um ein gleiches bitte ich von
Dir beim Äschylus. Schreibe Deine Bemerkungen über ihn nieder, und theile sie mir
dann mit, wann ich es fodern werde. Bothens Äschylus ist äußerst schlecht. Fast nie hat
er den Text ordentlich begriffen, und dann gewöhnlich schlechte Emendationen gemacht, der wird dafür in den Literaturzeitungen gefegt werden.

den 9 November 1805

Mein Brief ist, einer Arbeit wegen, die Göthe dringend von mir foderte, 8 Tage liegen geblieben. Ich sollte den Schlegelschen König Johann von Shakspear für unsere Bühne ajustiren; denn die Corona Becker, *Eufrosynens* Tochter, ist nun für den Arthur herangereist, und soll da fortfahren, wo die Mutter aufhörte. Ich size mitten in dieser Arbeit, die aber nun bald vollendet sein wird. Mit meinem Lear ist Göthe sehr zufrieden; er sagte mir vorgestern, ich hätte mich seit der Othelloübersezung »recht herausgemeistert«, und es machte ihm Freude, daß ich mich durch diese Übersezung als einen würdigen Shakspearleser legitimirt hätte. Er ließ auch eine Flasche Wein hohlen, [7] die wir der Learübersezung zu Ehren auszechten. Glaubst Du wohl, oder zweifelst Du, daß ich mich den Tag recht stolz fühlte? es ist eine Wonne von Göthe gelobt zu werden, aber meiner selbst willen freute ich mich, daß er seit einem halben Jahr Fortschritte in mir bemerkte.

Kaiser Alexander hat hier eine ungewöhnlich eifrige Sensation erregt; ich habe ihn auch mit bewegtem Herzen betrachtet, und mich des Edlen herzlich gefreut. Welch ein schönes Paar erschien gestern im Theater, als er die Grosfürstin hereinführte! Das Beifallsgejauchze wollte gar kein Ende nehmen, und keiner hat mehr und herzehafter geklatscht, als Göthe. Meine holsteinschen Fürsten und Landesvater, und dessen Söhne hat der Kaiser auch herbeigeführt; denen habe ich vorgestern Morgen die Cour gemacht, und bin sehr herzlich aufgenommen worden. Der Weimarische Herzog ist nun mein Landesvater, aber mein Herz erkennt nur jenen an, den ich so gern geradezu Vater angeredet hätte.

Dein Manuscript vom Oedipus Colonos und der Antigone schicke ich Dir heute nicht zu; es wird sich bald eine bessere Gelegenheit darbieten; den Philoktet behalte ich noch; ich lese ihn bald in der Schule, und dann soll er sehr sorgfältig durchgemustert werden. – Sollte sich keine Gelegenheit darbieten, risquire ich dann, wenn ich Dir auf der Post unter der Adresse »Gedruckte Sachen« oder »Drucksachen« zuschicke? Oder werden Packete geöfnet, und würdest [8] Du straffällig sein, wann Du unter dieser Adresse ein Manuscript empfangen hättest?

Mein Othello, lieber Abeken, wird Übermorgen wieder gegeben; in Lauchstädt ist er dreimal daran gewesen, und einmal auf Begehren der Leipziger Kaufleute. Becker spielt den Jago, seine Frau Desdemona, und Haide den Othello; alle drei mit vieler Kunst und besonders der Becker mit einer unnennbaren Anmuth. Am Ende des 4 Actes, wo Zelters Composition zu dem Liede gesungen wurde, ward gewaltig applaudirt. Auch der Cassio ist sehr brav besezt. –

10 November.

Heute ist Schillers Geburtstag; wie war ich vor dem Jahre froh; schon um 7 Morgens begrüßte ich ihn, und wie liebevoll empfing er mich und schloß mich in seine Arme; auch zu Mittage war ich bei ihm, ach die schönen Zeiten, wo dieser Edle noch unter uns war! – Heute werden wir ihn bei der Frau von Wollzogen feiern; es wird ein wehmüthig Freundenfest sein; auch die Erinnerungen an selige Zeiten sind unaussprechlich süß! – Schillers Gattin erfüllt mich mit Ehrfurcht; sie trägt ihr Schicksal mit Standhaftigkeit und mit freudigem Muthe. Sie lebt nur für ihre Kinder und in der Erinne-

rung an Schiller, den Edlen. Wir sprechen täglich von Schillern. Die kleine Emilie, die
nun 5/4 Jahre ist, läuft und spricht, wird ganz das Ebenbild ihres freundlichen Vaters,
sie hat ganz seine himmlisch schönen Züge.

Leb wohl, guter Solger, und guter Abeken. Grüßt die Carsen, und Börm, denen ich
bald schreibe. Auch Gotthold, Krause, und Lindau von Eurem
Heinrich

Überlieferung
Der Originalbrief wird im Deutschen Literaturarchiv in Marbach aufbewahrt. Die
Handschrift weist fremde Eingriffe auf, die vermutlich von unterschiedlichen Händen
stammen.

Die Seiten 2–3 sind besonders flüchtig geschrieben; auf Seite 5 oben ist demgegenüber ein sauberer Neuansatz zu bemerken.

Varianten
S. 2   Glaubst Du, daß im Reiche der Möglichkeiten eine ⌈jezt noch⌉ unsichtbare
Übersezung existirt
S. 3   Was die [ersten] ⌈lezteren⌉ betrift
S. 3   bedenke, daß diese [Arbeit] ⌈Durchsicht⌉
S. 4   bei der zweiten Umarbeitung, ⌈zumal wo es dem Ausdrucke schadet⌉
S. 4   was ich *überall* ⌈am Rande⌉ bemerkt habe

Lesarten
S. 4   daß die an vielen Stellen unbiegsame Form/Formen ihm hinderten
S. 6   Ich [eigtl.:] sizen mitten in dieser Arbeit
S. 8   Auch der [Lesart unsicher:] Cassio
S. 8   wie war ich vor dem Jahre [Lesart unsicher:] froh
S. 8   Schillers Gattin erfüllt mich mit [Lesart unsicher:] Ehrfurcht;

Kommentar
S. 1   Seit meinem lezten Briefe habe ich den Lear übersezt] Vgl. Brief von Voß an
Solger vom 22. Mai 1805, Komm. zu S. 11.
S. 1   zwei große Carmina] Vermutl. half Voß seinem Vater bei der Übersetzung der
Horazischen *Carmina*, die 1806 erschienen.
S. 2   daß ich Schlegeln nicht scheue] *Shakspeare's dramatische Werke* in der Über-
setzung von A. W. Schlegel erschienen zwischen 1797 und 1810 in 10 Bänden.
S. 2   Ostern werden Lear und Othello in einem Bande erscheinen] Voß' Über-
setzungen des *Lear* und *Othello* erschienen 1806 sowohl in einer Doppelausgabe als
auch in zwei einzelnen Bänden.
S. 2   Grafen Baudißin] Wolf Graf von Baudissin (1789–1878) studierte 1805–1810
Rechtswissenschaften in Kiel, Göttingen und Heidelberg und trat 1810 in den diplo-
matischen Dienst in Stockholm ein. 1827 ließ er sich in Dresden nieder und trug zu-

sammen mit Dorothea Tieck, der Tochter Ludwig Tiecks, einen erheblichen Teil zur Schlegel-Tieck'schen Shakespeare-Übersetzung bei.

S. 4   Technik des Senars] Vgl. Brief von Voß an Solger vom 22. Mai 1805, S. 13 f.

S. 5   Herrman und Dorothea in metrischer Hinsicht durcharbeiten müssen] Vgl. Brief von Voß an Solger vom 22. Mai 1805, Komm. zu S. 10.

S. 5   Übrigens ist Göthe jetzt mit der Ausgabe seiner sämtlichen Werke beschäftigt] *Goethes Werke* erschienen in 13 Bänden von 1806 bis 1810. Voß erwähnte dies bereits in den Briefen vom 10. Oktober 1804, S. 7 f. und 22. Mai 1805, S. 10.

S. 5   Fortsezung der Eugenia] Goethes Trauerspiel *Die natürliche Tochter* erschien 1804 als *Taschenbuch auf das Jahr 1804*.

S. 5   Daß ich mich einmal an die Übersezung des ganzen Äschylus machen werde] Der *Äschylus* erschien erst 1826 nach Voß' Tod, teilweise beendet von seinem Vater.

S. 6   Bothens Äschylus] Friedrich Heinrich Bothes lateinische Übersetzung der Dramen des Aischylos erschien 1805.

S. 6   den Schlegelschen König Johann] A. W. Schlegels Übersetzung des *König Johann* erschien 1799 im fünften Band von *Shakspeare's dramatischen Werken*.

S. 6   die Corona Becker, Eufrosynens Tochter, ist nun für den Arthur herangereist, und soll da fortfahren, wo die Mutter aufhörte] Corona Werner (geb. Becker) (1794–1825) war die Tochter der Schauspielerin Christiane Luise Amalie Becker (geb. Neumann) (1778–1797) und des Schauspielers Heinrich Becker (1770–1822). Letztmalig stand Christiane Becker-Neumann als Euphrosyne in *Das Petermännchen* von Joseph Weigl auf der Weimarer Bühne. Anlässlich ihres Todes schrieb Goethe die Elegie *Euphrosyne*. Die Rolle des Arthur in Shakespeares *König Johann* spielte Becker-Neumann im November 1791 zur Eröffnung des Weimarer Hoftheaters. (Vgl. Wiens: >Grammatik< der Schauspielkunst, 2000, S. 103). Ihre Tochter Corona Becker debütierte in Weimar im Januar 1804 in Paërs Oper *Camilla*. Ein festes Engagement erhielt sie mit der Rolle der Marianne in Goethes Schauspiel *Die Geschwister*, die sie erstmals am 11. November 1805 spielte. (Vgl. Pasqué: *Goethe's Theaterleitung in Weimar*, Bd. 2, 1863, S. 283).

S. 7   Kaiser Alexander hat hier eine ungewöhnlich eifrige Sensation erregt] Zar Alexander I. besuchte im November 1805 Weimar. Ihm zu Ehren wurde am 9. November Schillers *Wallenstein* aufgeführt. (Vgl. Goethes Brief an Zelter vom 18. November 1805. In: *Goethes Werke*. Sophienausgabe, IV. Abt., Bd. 19, 1895, Nr. 5148, S. 74 f.).

S. 7   Grosfürstin] Maria Pawlowna (1786–1859), Großfürstin von Russland und Großherzogin von Sachsen-Weimar-Eisenach.

S. 7   Der Weimarische Herzog] Karl August von Sachsen-Weimar-Eisenach (1757–1828).

S. 7   Oedipus Colonos [...] Antigone [...] Philoktet] Alle drei Übersetzungen erschienen 1808 in Solgers »Des Sophokles Tragödien«.

S. 8   Becker] Heinrich Becker, vgl. Komm. zu S. 6.

S. 8   seine Frau] Hier ist Amalia Wolff (1780–1851) gemeint, die zweite Frau Heinrich Beckers. Sie hatte sich schon 1804 von Becker scheiden lassen und den Schauspieler Pius Alexander Wolff (1782–1828) geheiratet.

S. 8   Haide] Johann Michael Friedrich Haide (1771–1840).

S. 8   Zelters Composition zu dem Liede] Carl Friedrich Zelters Komposition zu dem
Weidenlied der Desdemona; vgl. in der Übersetzung von Heinrich Voß *Shakspeare's
Othello* (1806), S. 196.

11. Voß an Solger vom 8. Oktober 1806 (Weimar)

[1] An Solger

den 8 October 1806.

Ich habe so lange geschwiegen, daß ich fast mit einer Entschuldigung anfangen müßte,
wenn ich es nur über mich vermöchte, unsere Freundschaft durch Zweifel und Mis-
trauen zu entheiligen. Lieber Solger, Du weißt es, was mich im vorigen Winter vom
Schreiben abhielt; ich hatte viel Muße, aber es war keine schöne Muße, ich würde nur
Briefe geschickt haben, die euch traurig gemacht hätten. Jezt bin ich wohler wie damals,
aber doch lange nicht so wohl, wie es mich die Ärzte wollen glauben machen. Aber
heiter bin ich, sehr heiter, und wenn das Gemüth nur gesund ist, so trägt man ein Kör-
perliches Unbehagen schon eher. Die Heidelberger Reise, von der ich seit 3–4 Wochen
heimgekehrt bin, hat sehr gut auf mich gewirkt; ich habe dort in einem schönen Lande
unter herlichen Menschen meine verlorene Heiterkeit wiedergefunden, und ein so
volles Maß derselben, daß ich für diesen Winter geschüzt bin. Es war mir ein unbeschreibliches Gefühl, meine Eltern einmal so recht glücklich zu sehen, was wirklich
in Jena nie der Fall war, und die lezten 8 Jahre in Eutin auch nicht. Aber sie müssen es
wohl sein in einer wahrhaft paradiesischen Umgebung und bei so vortreflichen Menschen. *Daub* scheint mir einer der edelsten zu sein, die jezt leben; er ist ein Mann voll
Kraft, voll Kenntnisse; voll Geist, und seinem Character nach möchte ich ihn die personificirte Wahrhaftigkeit nennen. Er hat mich an alle Männer erinnert, die nur ja
meine Aufmerksamkeit und mein Herz gefeßelt haben, an Göthe, an Stolberg, an Schiller, an Griesbach, und doch wüßte ich nicht zu sagen, daß er an Körperbildung, an der
Richtung des Geistes einem von ihnen gliche. Aber es ist gewiß, daß auch die verschie-
denartigsten Menschen in einem gewissen unnennbaren Etwas übereinkommen können, in dem [2] nehmlich, das höher ist als alle aufzählbaren Eigenschaften. Ich habe
Daub in vielen Verhältnissen kennen gelernt, ich habe ihn als Freund, als Gatten als
Vater als akademischen Lehrer lieb gewonnen. – Auch Creuzer ist ein gar lieber,
freundlicher, geistreicher Mann. – Die Liebe für Wissenschaft habe ich nirgends so
gefunden, wie in Heidelberg jeder beinah theilt sich jedem mit, und es möchte noch
wohl kein Aufsaz geschrieben sein, der nicht vorher durch mehrere Köpfe gewandert
wäre. Auf diese Weise wird selbst mein Vater für die Akademie wirksam, wiewohl er
selbst Collegia *nicht* liest. – In Heidelberg vollkommen zu werden ist beinah nicht
einmal Verdienst für den, der nur einige Anlage dazu hat; die ganze Umgebung hebt

einen, man wird fortgerissen, und zum Ziel gleichsam hingetrieben; statt daß man anderswo, (wie *jezt* in Jena) sich erst kümmerlich im Element bilden muß, in welchem man leben und wirken will. – Oft träume ich mir von der Seligkeit, in Heidelberg einmal auf eine würdige Weise zu leben, das Medium zwischen meinem Vater und den Studenten zu werden, mich selbst dort auszubilden; und dann wird mir das Herz warm, und die Sehnsucht rege nach meiner eigentlichen Heimath. Aber das sind nur Träume, und werden es vielleicht immer bleiben. – So wohl, wie es mir auch in Weimar ist an der Seite meines herlichen Göthe, ich tauschte dennoch; denn von Göthe muß ich mich bald doch trennen! Ich habe dies Jahr Göthe auch nur wenig genossen, und die wenigen Male daß ich ihn sah, empfing ich mitleidige Worte und Blicke über meinen Zustand; ich kann ihm nicht vorlesen, ich kann keine Hexameter mit ihm machen, ich muß stumm bei ihm sizen, und darf nur stammeln statt zu reden; [3] drum geh ich auch jezt seltner hin, als im vorigen Winter. –

Hast Du meine drei Recensionen gelesen von *Brossens* Anakreon, von *Spaldings* Gedichten, von *Danzens* Aeschylos. Diese hat mir viele Freunde erworben, und einiges Zutrauen in meine Arbeit, und es mir nicht wenig schmeichelhaft, daß *Windischmann* und andre, sie meinem Vater zugeschrieben haben. Gestern habe ich eine Recension von Schlegels Rom geendigt, und heute abgeschickt; sie enthält aber manches mir von meinem Vater *mündlich* mitgetheilte, so wie wir denn in Heidelberg fast jeden Morgen metrische Gespräche führten. Allein die Zusammenstellung, und die Darstellung und Stylisirung ist ganz von mir. Ich leugne nicht, daß ich mit dieser Arbeit zufrieden bin, und sie für meine beste halte; vielleicht giebst auch Du mir das Zeugnis, daß ich sie mit ganzer Seele ausgearbeitet. Göthe hat sie noch nicht gelesen, ich wurde von Eichstädt zu sehr pressiert, als daß ich sie ihm hätte erst mittheilen können. Ich habe aber 12 Tage ununterbrochen daran gesessen, und besonders der Theil von den Schlußabsäzen ist mir mühsam geworden; aber noch mühsamer die Lectüre von Klopstock. Die Beurtheilung der *Schlegelschen Verse* ist ganz mit meinem Vater durchgesprochen, und eben so gut *sein* als *mein* Eigenthum zu nennen. Meine nächste Arbeit soll die Beurtheilung des Humboldischen Agamemnon sein, die jezt erscheint; und dann hoffe ich wirst Du mir Deinen Sofokles zur öffentlichen Beurtheilung geben. Ich habe Dich vor zwei Jahren sehr schlecht abgespeist; auf den Geist Deiner Übersezung wenig Rücksicht genommen, und mich nur an Körperliche Gebrechen gehalten. Verzeihe, und laß mich jezt nicht verantworten, was ich vor zwei Jahren aus Unzulänglichkeit der Einsicht gefehlt [4] habe.

Von meinem Äschylus habe ich ungefähr 1000 Senare fertig, aber meine Lippe hat mich abgehalten, und ehe ich gesund werde, gehe ich nicht wieder daran. Dann aber mit allem Eifer. Du Glücklicher mit Deinem Vorsprunge; Du hast schon alle Stücke des Sofokles im Entwurf fertig. – Aber ist es nicht eine Freude, von Zeit zu Zeit seine Fortschritte zu merken? Meinen Vorsaz in der Danzischen Recension wollte ich *jezt* schon besser machen, wiewohl ich vor einem Vierteljahre mein äußerstes that. So ist es Dir ebenfalls gegangen, und darin besteht der größte Lebensgenuß.

Wir haben jezt einen neuen Director Lenz Nordhusanus; er ist ein fertiger Lateiner, der ein gutes Latinum Salzmanniale spricht, der die Alten liebt als ein Mittel zur Latinität zu kommen, aber doch das lateinische Parlieren dem Lesen der Alten noch

vorzieht. Lenz macht den Böttiger zum heiligen, d. h. durch den Contrast. Nicht einmal einen vernünftigen Heyniaer kann der Mann abgeben; ich habe ihm neulich einmal vordemonstrirt, wie er es anzufangen habe, um ein ordentlicher Heyniaer zu werden. Aber der Mann weicht jedem Discurs aus, und springt vom Hundertsten ins
Tausendste. Nun man lasse ihn springen!

Nun mußt Du mir bald einmal schreiben, Du guter, lieber Solger. Daß ich Dein
Manuscript nicht zurückgesandt, und nicht weiter durchgesehen, entschuldigt meine
Krankheit. Was ich vor einem Jahr beigeschrieben ist zum Theil einseitig, zum Theil
doch unreif. Ich wollte, Du ließest mir Deine Manuscripte und födertest sie nicht wieder.

Dein *Voß*

Überlieferung

Der Originalbrief wird im Deutschen Literaturarchiv in Marbach aufbewahrt und von
einem archivischen Regest begleitet. Die Handschrift weist fremde Eingriffe (Markierungen, Nummerierung »VII« am oberen Rand der ersten Seite) auf, welche wenigstens teilweise von Solgers Frau Henriette Solger stammen dürften, die Abschriften
für eine angedachte Veröffentlichung anfertigte. Diese dienten später ihrer Tochter als
Grundlage für die tatsächliche Veröffentlichung. (Vgl. Karoline Solger: *Briefe von
Heinrich Voß an Karl Solger*, 1882, Vorwort, S. 95). Der Brief wurde dort S. 128–132
mit zahlreichen Auslassungen und Abweichungen abgedruckt. Die zweite Hälfte des
Briefs (ab S. 131) stimmt nicht mit dem Originalbrief überein.

Varianten
S. 3   von Schlegels Rom [gemacht] geendigt

Lesarten
S. 4   Latinum [Lesart unsicher:] Salzmanniale [Vgl. Komm. zu S. 4]

Kommentar
S. 1   Jezt bin ich wohler wie damals] Voß erkrankte Ende 1805 an einer langwierigen
Entzündung der Unterlippe. Dazu schreibt Gräf: »Gegen Ende 1805 war das alte
gichtische Leiden Heinrichs zurückgekehrt, es hatte sich diesmal nach dem Gesicht
zusammen gezogen. »Schon seit zehn Wochen«, berichtet er am 24. Februar 1806 von
Jena aus, »leide ich an einer kranken Unterlippe;« [...] Am 12. April kehrte Heinrich
nach Weimar zurück, ohne daß eine wesentliche Besserung eingetreten war.« (Gräf:
Goethe und Schiller in den Briefen von Heinrich Voß dem jüngeren, [1896], S. 98. Vgl.
auch Brief von Voß an Solger vom 30. Juli 1807, S. 1 f.).
S. 1   Die Heidelberger Reise] In den Sommerferien 1806 besuchte Voß seine Eltern in
Heidelberg. (Vgl. ebd., S. 101). Ein Jahr zuvor, im Juli 1805, waren diese von Jena nach
Heidelberg umgezogen. (Vgl. Brief von Voß an Solger vom 22. Mai 1805, Komm. zu
S. 8).

S. 1   *Daub*] Carl Daub (1765–1836) war seit 1795 Professor für Theologie in Heidelberg.

S. 2   Creuzer] Friedrich Creuzer (1771–1858) war seit 1804 Professor für Klassische Philologie und Geschichte in Heidelberg und begründete 1807 zusammen mit Carl Daub die *Heidelbergischen Jahrbücher der Literatur.*

S. 3   meine drei Recensionen] Die Rezension zu Friedrich Christoph Broßes *Anakreon* (1806) erschien in der *JALZ*, Nr. 181 (1806), Sp. 220–222; die Rezension zu Georg Ludwig Spaldings *Gedichten* (1804) in der *JALZ*, Nr. 202 (1806), Sp. 387–390; und die Doppel-Rezension zu Johann Traugott Leberecht Danz' *Aeschylos* (1805) sowie zu Gottfried Fähses *Sieben gegen Thebe* [1805] in der *JALZ*, Nr. 189–190 (1806), Sp. 281–294.

S. 3   eine Recension von Schlegels Rom] Die Rezension zu A. W. Schlegels *Rom, eine Elegie* (1805) erschien in der *JALZ*, Nr. 11–13 (1807), Sp. 81–104.

S. 3   Lectüre von Klopstock] In seiner Rezension zitiert Voß u. a. aus Klopstocks Versepos *Der Messias.*

S. 3   die Beurtheilung des Humboldischen Agamemnon] Obwohl Wilhelm v. Humboldts Übersetzung des *Agamemnon* von Aischylos 1805 schon nahezu abgeschlossen war, erschien sie erst 1816. (Vgl. Karoline Solger: *Briefe von Heinrich Voss an Karl Solger*, 1882, Anm. S. 131).

S. 4   Lenz Nordhusanus] Gemeint ist Christian Ludwig Lenz (1760–1833), der zuvor Direktor am Gymnasium in Nordhausen gewesen war. 1806 wechselte er an das Weimarer Gymnasium, wo er v. a. das Verständnis der antiken Literatur förderte. (Vgl. Schumann: »Lenz, Christian Ludwig« [1883], S. 271–272).

S. 4   Latinum Salzmanniale] 1787 wurde Lenz an die Erziehungsanstalt in Schnepfenthal berufen, wo er deren Begründer, den Theologen, Pädagogen und Schriftsteller Christian Gotthilf Salzmann (1744–1811) kennenlernte, dessen älteste Tochter er heiratete.

S. 4   Heyniaer] Gemeint sind die Anhänger Christian Gottlob Heynes.

12. Voß an Solger und Abeken vom 30. Juli 1807 (Heidelberg)

[1] Heidelberg den 30 Juli 1807.

Ich habe in unbeschreiblich langer Zeit nichts von Dir vernommen, mein guter, alter, ehrlicher Solger; bist Du denn für mich todt, oder fehlt es Dir an der Gemütlichkeit, die man sich bei Briefen an einen Freund wünscht? Lieber, laß mich länger nicht warten, es würde mich sehr traurig machen. Sei in welcher Stimmung Du willst, schreibe mir nur; ich will, um nicht leere Ansprüche an Dich zu machen, auch durch einen langen Brief, den ich wirklich diesmal zu schreiben gedenke, Deinen baldigen Brief zu verdienen suchen. Aber, wo soll ich Dich auffinden? Deine Adresse in Berlin ist mir

noch stets unbekannt geblieben. Und weiß ich, ob Du überhaupt in Berlin bist? Ich
muß also meinen Brief unter Abekens Adresse abgehen lassen; und da ich Abeken zugleich eine Antwort auf seinen herzlichen Brief schuldig bin, so will ich einer alten
Gewohnheit gemäß diese in denselbigen Brief mit einflechten. Ihr seid ja noch die
alten Freunde, daß euch dies nicht unangenehm sein kann. – Zuerst ein Wort von mir,
aber das wird nicht sehr tröstlich sein. Noch kann ich nicht schreiben, daß ich genesen
bin, und wer weiß, ob ich es je wieder können werde. Noch stehe ich auf dem selbigen
Flecke, auf welchem mich Dethlefsen sah; noch immer traure ich im Stillen, daß ich die
schönen Jahre der Kraft und des Frohsinns – während sie von meinen Freunden benuzt
und genossen werden, muß ungenuzt vorbeistreichen lassen. Lieber Abeken, Du prei-
sest mich selig wegen meiner glücklichen Lage in Heidelberg. Ja, wenn ich gesund wäre,
wenn ich Kraft und Arbeitslust in mir spürte, wenn ich den Gebrauch meines Mundes
hätte, und reden dürfte, statt zu stammeln! Meine Collegia lese ich mit großem Beifall;
aber welch ein trauriges Gefühl, wenn ich manchmal, durch meine Lippe ermahnt,
schon um drei Viertel schließen muß. Und dann zu Hause, wie schwerfällig geht es mit
der Arbeit – freilich habe ich auch bessere Tage dazwischen – wie muß ich mich
manchmal zur Arbeit zwingen, statt daß sie mich sonst unwiderstehlich an sich zog!
Du hast Recht, guter Abeken, ich habe zu viel für meine Kräfte im ersten Halbjahr
übernommen. Ich fühle jezt die Wohlthat meiner Hundstagsferien, und sehne mich
nach den Michaelisferien. *Jezt* medicinire ich; *dann* werde ich ein Haarseil unter die
Lippe mir legen lassen. Hilft das nichts, was soll dann helfen? Doch geben mir die
Ärzte Muth, und das tröstet [2] mich noch in etwas. Es wäre unverantwortlich, wenn
mich Ackermann mit leeren Hofnungen einschläfern wollte.

Bei solchen Umständen ist mein Leben, wie Ihr leicht denken könnt, sehr einfach.
Ich komme fast nicht aus dem Hause, und die Zeit, welche ich meinen Collegien abmüßigen kann, bringe ich entweder bei meinen Eltern zu, oder in unserem Garten,
oder am liebsten auf meinem Zimmer. Ich wohne drei Stock hoch, sehe nichts von der
Stadt, sondern habe Berge und Wälder vor mir. In dieser Einsamkeit fühle ich mich am
behaglichsten. Kann ich nichts schaffen, kann ich mich der Gegenwart nicht freuen, so
lebe ich desto inniger in der Vergangenheit, denke mit Wehmuth und zugleich mit
Freude, daß es eine Zeit gab, die mir sehr günstig war. Manchmal keimt dann ein Strahl
von Hofnung in meinem Herzen auf; ich betrachte dann mit Ruhe meinen Zustand,
und sehe ruhig dem was kommen mag entgegen. Selbst daß ich nicht arbeiten kann was
ich begehre, kümmert mich dann nicht; ich denke, es kömmt wohl mal eine glückliche
Zeit wieder. Ob ich aber wieder Tage erleben werde, wie im Winter 1802 in unserer
Griechischen Gesellschaft, wie im Jahre 1804, als ich mit Schillern noch zusammen-
lebte, und Tage, wie sie mir bei Göthe und im Griesbachischen Hause geworden sind,
das will ich ruhig abwarten. Wohl mir, daß meine Erinnerung so treu ist; fast kein Tag
vergeht, besonders Abends in den Dämmerungstunden, wo ich nicht das Bild ver-
gangener Zeiten in mir erwecke; dies ist meine Hauptfreude in diesen für mich
beschränkten Zeiten. Der Umgang mit meinen Eltern ist mir viel werth, aber als Ersaz
für das was ich in Weimar und Jena verloren sehe ich ihn doch nicht an. Nichts in der
Welt kann einen Ersaz geben für einen wahren Verlust; der einzige Ersaz besteht in der
treuen Erinnerung. Mit Göthe stehe ich in fortdauerndem Briefwechsel; schon 5 Briefe

habe ich von ihm, und der alte Vater schreibt immer so herzlich. Ich weiß, er hat mich
ungern verloren, er hat es mir selber gesagt, und die Thränen traten ihm in die Augen,
wie ich Abschied von ihm nahm. Nun hat er mir Hofnung gegeben, uns hier zu besuchen, und Ostern schickt er mir seinen Sohn zu. Briefe sind mir Trost und Freude,
und erhellen mir die düstern Tage meines einsamen Lebens; nur zwei Menschen sehe
ich außer meiner Familie. Das übrige [3] Heidelberg existirt jezt für mich nicht. Ich
habe eine gewisse Scheu vor Menschen, und diese ist mir in einer Hinsicht wohlthätig;
sie macht, daß ich größttheils für mich lebe, und in dieser Einsamkeit fühle ich jezt
meine seligsten Zeiten.

Doch einer Freude laßt mich gedenken, ihr Lieben, die mir vor 4 Wochen ward,
und die mir noch lange die nächste Freude bleiben wird. Ich habe einen zweitägigen
Besuch gehabt von meinem theuren Herrn von Gleichen aus Rudolstadt. Ich kannte
diesen Mann, den vertrauten Freund des seligen Schiller, längst aus Erzählungen von
Schiller, und durch Briefe, die mir von ihm mitgetheilt wurden, aber gesehen hatte ich
ihn nie, weil jedesmal, wann ich die Reise nach Rudolstadt machen wollte, ein böser
Daimon sie mir vereitelte. Nun trat auf einmal ein Mann auf mein Zimmer, schön von
Gestalt, mit edler Miene, mit einem so milden und freundlichen Auge, und dabei doch
so viel Ernst, wie ich nie gepaart gesehen. Als er mir den Namen Schiller nannte, ergrif
mich eine Ahndung wer es wohl sein möchte. Ich ergrif seine Hand und rief ihm mit
Heftigkeit zu: »Sie sind der Herr von Gleichen aus Rudolstadt.« Ach! wie freute ich
mich da, wie habe ich ihm die Hand unaufhörlich vor sprachloser Freude gedrückt!
Was haben wir da auf der Stelle von Schiller gesprochen, was habe ich ihm alles erzählt,
und er mir! Als ich diesen seltenen Gast endlich meinen Eltern vorstellte, da habe ich
recht Stolz in mir gefühlt. Er mußte uns versprechen, den ganzen Tag bei uns zu bleiben, und das that er auch mit so vieler Bereitwilligkeit. Wie saßen des Abends bis
12 Uhr zusammen, und ich habe die ganze Tischzeit über kein Auge von ihm gewandt.
Den folgenden Tag reisete ich mit ihm nach Schwezingen, wo wir noch bis 5 Uhr
Abends zusammen waren. Unbeschreiblich fröhlich ist mir dieser Tag vergangen. Wie
die Trennungsstunde schlug ward mir bange im Herzen; ich hätte die flüchtigen
Momente so gerne festgehalten. Ich mußte dem Herrn von Gleichen versprechen, ihn
in Rudolstadt zu besuchen, und wohl nie ist etwas mit mehr Ernst versprochen worden. Wenn Gott Leben giebt, so reise ich Michaelis 1808 hin. – Endlich rollte der
Wagen davon, und lange blickte ich seiner Spur mit thränenden Augen nach. So ist mir
auch diese flüchtige Freude schon entschwunden; aber die Nachfreude ist groß. Noch
stündlich gedenke ich des [4] herlichen, geliebten Mannes. Jeden Abend noch wieder-
hohlte ich mir in Gedanken was wir zusammen gesprochen, und erquicke mich an
seinem schönen und herzvollen Gesichte, das ich mir so lebhaft vorstellen kann. –
Verzeiht mir, ihr Lieben, daß ich euch so viel von einem Manne schreibe, der euch
unmittelbar nicht interessieren kann. Aber bringe mich einer auf diesen Theuren
Mann, so sprudelt das Herz über. Meine einzige Freude die ersten Tage nach von Glei-
chens Abreise bestand darin, daß ich an die Hofräthin Schiller, die ihn wie ihren Bruder liebt, und an die Mutter Griesbach die ausführlichsten Briefe über ihn schrieb; und
mein heutiger Brief an Euch enthält auch noch Nachklänge jener Freude. Wenn wir
Abends die Sonne haben versinken sehen, da blicken wir gern noch lang nach dem

Puncte hin, wo sie zulezt am Himmel stand; denn dort ist es noch lang am hellsten. Jezt
ist der Herr von Gleichen in Brückenau; von dort werden ihn in wenigen Tagen seine
Frau und seine kleinen Kinder wieder nach Rudolstadt zurückhohlen. Dann erfahre ich
viel von ihm, denn die Schiller und Ukert sind jezt in Rudolstadt, und beide schreiben
mir fleißig.

Ihr seht, liebe Freunde, daß ich keineswegs melancholisch bin; Euer alter Voß kann
sich noch herzlich freuen. Und das ist mir auch ein schöner Trost, daß mir, wenn auch
die Kraft zum Schaffen fehlt, doch nicht das Vermögen zu Genießen ausgegangen ist.
Auch meine Reise nach Weimar, Jena und Rudolstadt beschäftigt mich oft recht angenehm. An jedem Ort will ich 8 Tage bleiben, und wenn man mir gute Worte giebt,
lege ich an jedem Ort noch einige Tage zu. O wenn dann meine Lippe gesund wäre, es
wäre eine grenzenlose Freude für mich. Nun, es sei Gotte gelobt, ich will dulden, und
nicht murren, und bis dahin jede Freude im Fluge besehen, sollte sie auch spärlicher zu
mir kommen. Ich will alle Anfoderungen an mich, die ich nicht befriedigen kann, fahren lassen, und mich mit der Erwartung günstigerer Zeiten trösten. – Von meinen
Collegien, guter Abeken, soll ich Dir schreiben, erlaß mir dies heute. Ich fühle mich zu
behaglich in dem Genuß meiner jezigen Ferien, als daß ich an Collegienlesen und was
dazu gehört denken könnte. Ein andermal; nur so viel, daß das Collegienlesen, sobald
es meine Gesundheit nur verstattet, sehr viel Freude macht, mehr noch als das Schul-
leben. [5]

Eine der angenehmsten Nachrichten aus Abekens leztem Briefe war, daß Dein Sofokles, theurer Solger, nach Weihnachten soll gedruckt werden. Du glücklicher, der Du
schon so viel geschafft hast, ich hole an meinem Äschylus noch viel nach. Aber ich
werde auch schon nachkommen, und vielleicht laß ich den Prometheus, der wirklich
fertig ist, bald einmal drucken. – Es schmerzt mich, daß ich die Revision Deiner 3 mir
übersandten Stücke nicht beendigt habe. Aber den Oedipus Colonos habe ich
einen großen Theil nach durchgesehen, und viele Veränderungen beigeschrieben. Soll
ich Dir dies noch zuschicken, so schreib mir die Adresse. Aber manches taugt nichts,
denn vieles ist nach dem Maßstabe gemessen, den ich damals für meine Shakespeare-
übersezung gebrauchte. Ich habe mich in der That bisher gescheut, es Dir zuzuschicken, aber manches darunter möchte Dir doch in so fern willkommen sein, als es
im Stande ist, Dir eine neue Idee aufzuregen. – Zugleich schäme ich mich noch der
erbärmlichen Recension, die ich Dir einmal zum Oedipus Tyrannos öffentlich
zukommen ließ. Ich will diesen Flecken auswaschen, durch eine neue Recension Deines
ganzen Sofokles, die bald nach Erscheinung desselben soll gefertigt werden, wenn Du
mir in etwas dabei zu Hülfe kommen willst. – Da erbitte ich mir von Dir folgendes. 1)
Du sollst mir ein vollständiges Inventarium geben, wo Deine Übersezung vom Brunkischen Texte abweicht. 2) Du sollst mir die Chöre nennen, oder vielmehr alle einzelnen
Verse in den Chören, wo Du vom Versmaße des Originals in etwas abgewichen bist. 3)
Du sollst mir einige Stellen nennen, die nach Deiner Ansicht vorzüglich gelungen sind,
oder solche Stellen, auf welche Du besonders die Aufmerksamkeit gerichtet wünschest.
– Solche und ähnliche Bemerkungen und Andeutungen schicke mir zu, damit mir die
Arbeit etwas erleichtert werde; denn natürlich muß es mir viel Aufwand von Zeit
kosten, wenn ich solche Dinge, die ich leichter von Dir erfahre, erst aus dem Buche

selbst aufsuchen soll. Und doch wollte ich dem Publikum gern ein vollständiges Bild von Deinem Sofokles geben, kein einseitiges und mangelhaftes. – Hast Du meine Recension vom Horaz meines Vaters gelesen? Mein Vater, der sie zuerst *gedruckt* gelesen, wiewohl sie in seinem Hause geschrieben ist, hat sie mit Beifall aufgenommen. Ich habe noch viel zu recensiren, aber ich komme nicht dazu, weil mir [6] wenn ich meine Collegiengeschäfte beendigt habe, die Lust zu ferneren Arbeiten fehlt. –

Neulich habe ich von Wilhelm Schlegel einen sehr freundlichen und über meinen Lear und Othello sehr schmeichelhaften Brief erhalten. Ich muß euch doch einiges mittheilen: »Der Zufall hat mir ohne meine Schuld in Ihren Augen das Ansehen einer unfreundlichen Nachlässigkeit gegeben. Seit einem Jahr hielt ich mich in Frankreich auf, die hier an mich eingelaufenen Packete waren liegen geblieben, und so fand ich erst vor einigen Wochen bei meiner Zurückkunft nach Coppet das mir von Ihnen gütig zugedachte Exemplar Ihres Shakespeare. Ihre vortreflichen Übersezungen hatte ich mir schon in Paris verschafft, und große Freude daran gehabt. Ich danke Ihnen herzlich für die Art wie Sie meiner in der Vorrede erwähnen, noch mehr beschämen Sie mich durch alles verbindliche, was Sie mir in Ihrem Briefe sagen. In der Behandlung der Sprache und im Versbaue kann man vielleicht selbst einem unvollkommenen Vorgänger einige Vortheile absehen, aber die Weise, wie Sie den Dichter fühlen, erlernt sich nicht, und ist ganz Ihr eigen. Da meine Antwort so lange verzögert worden, so wird die Jenaer Allgemeine Literaturzeitung sich vermuthlich schon beeifert haben, von einer so merkwürdigen Erscheinung dem Publikum Nachricht zu geben. Sollte dies nicht sein, so bin ich bereit, die Anzeige zu übernehmen, wiewohl ich befürchte dem Vorwurf der Anmaßung schwerlich entgehen zu können, wenn ich über die Arbeit eines Mitwerbers ein öffentliches Urtheil fälle. ... Sie haben mir durch diesen schönen Wetteifer einen neuen Antrieb gegeben, endlich einmal die lange versprochene Fortsezung zu liefern. Bald hoffe ich Ihr Geschenk mit dem 9 Band, welcher Richard 3 und Heinrich 8 enthalten wird, erwiedern zu können. etc.« – Ist dies nicht ungemein Artig? Der Brief hat mir große Freude gemacht. Auf Schlegels Recension bin ich nun sehr begierig. [7]

Die Nachricht vom 9 Bande, der Richard 3 enthalten soll, theilst Du auch wohl Keßler mit. Treib ihn doch an, daß er seine Übersezung von Richard 3 in Druck gebe. Es können nicht zu viele Übersezungen kommen; man sollte Schlegeln so vorarbeiten. Ich freue mich, daß ich ihm durch **Lear** und **Othello** so gut vorgearbeitet habe. Wenn Schlegel an diese Stücke kommt, und meine Übersezung überarbeitet, so muß seine Übersezung dieser Stücke ein Meisterstück werden. Denn Vieles ist in meiner Übersezung gewiß brauchbar, manches – wenn auch gleich wenig – unübertreflich. z. B. Manche Stelle im 5 Acte des Othello. – Haltet mich nicht für Stolz, ihr Lieben, daß ich so rede, Es ist dies meine wahre Meinung, und nur zu Euch rede ich so. – Ach! wenn nur meine Lippe wollte, wie ich wollte, so würde ich noch viel übersezen, und vielleicht doch noch einmal zum Shakespear zurückkehren. Aber ihr, in Berlin, habt so viele rüstige Übersezer, warum geht nicht einer an das Wintermährchen. Lieber Abeken, das wäre so was für Dich, Du fromme Seele – Gelt, der Macbeth wäre etwas zu stark für Dich; aber das Wintermährchen wurde Deinem Gemüth zusagen? – Geh daran, geh mit Dethlefsen daran, der auch einmal Lust bezeugte, etwas aus Shakespear zu übersezen. Wenn ich es doch noch erlebte, den ganzen Shakespeare deutsch zu lesen.

Was ich von Freudenfeld erwarten soll, weiß ich noch nicht; ich traue ihm nicht Sinn genug zu, und glaube, daß er nichts schlechtes liefern wird, wohl aber auch nichts vorzügliches. Von Keßler erwarte ich viel mehr.

Die Hize ist fürchterlich seit 4 Wochen, und der verdanke ichs auch wohl großtheils, daß ich so herunter gekommen bin. Ich mag kaum essen, desto mehr trinke ich. Manchmal bade ich mich, aber selten. Spaziergehn thu ich selten. Mit Reisen will es hier auch nicht viel sagen. Noch habe ich den Vater Rhein nicht in der Nähe gesehen. Wenn ich einmal gesund bin, so muß ich auch nach Straßburg und Paris, und in die Schweiz hinein, und so Gott will, auch noch einmal nach Italien. Doch erst nach Weimar, Jena und Rudolstadt. Schön wäre es, lieber Abeken, wenn Du zu Michaelis 1808 nach [8] Jena kämest, und dann mit mir und der Mutter Griesbach – die schon eingewilligt hat, die Reise nach Rudolstadt machtest. Du würdest es uns lebenslänglich danken, wenn wir Dich mit diesem dem herlichen Herrn von Gleichen bekannt gemacht hätten und Du würdest Dich um einen schönen Genuß reicher fühlen. Ach! es thut wohl, in diesen Zeiten des Egoïsmus und der Kälte einen Menschen zu finden, der so frei ist von all diesem, der so ganz den Edlen angehört, dem man sich mit solcher Innigkeit hingeben mag!

Wilhelm ist nun in Eutin und practisirt dort. Er hat nun auch seine Dissertation drucken lassen, die ich ihm vorigen Winter unter vielem Lachen aus Küchenlatein in ordentliches Latein umgesezt habe. Aber an vielen Stellen ist sie doch Küchenlatein geblieben. Denn Worte wie Polarität, und Identität etc. wollen sich doch so recht eigentlich nicht in ordentlichem Latein ausdrücken lassen. – An einer Stelle hatte mein Bruder »schreienden Mangel« durch conclamantem oder gar conclavamatam penuriam ausgedrückt. Da kamen wir beide so ins Lachen, daß wir beinah geborsten wären.

Neulich habe ich wieder einmal so lachen müssen über einen Brief von Pagenstecher. Er will mir zwei Laubthaler, die er mir noch schuldig, durch ein »edles Weib« aus Osnabrück zusenden. »Ihre körperliche Schönheit ist freilich nicht geblieben; aber die Reize der Seele können durch keinen irdischen Wechsel uns genommen werden«. – Pagenstecher lebt nun in Osnabrück ganz der Anschauung und der Mahlerei. Er selber möchte vielleicht ein noch größerer Pinsel sein, als der »große Pinsel« den er jezt mit dem kleinen Mignaturpinsel vertauschen will. Block wird noch in Rom sizen, und ungetheilte Tragödien schreiben, in denen die ganze Weltgeschichte enthalten. »Schade, sagte mir Pagenstecher einmal, daß es ihm nicht ganz mit dem Ausdruck gelingen will. Wenn er nur das alles aussprechen könnte, was in ihm wogt, da würde ein Meer von Schönheiten und Seltenheiten zum Vorschein kommen«.

Lebt wohl, ihr Lieben, und erfreut euren Heinrich bald durch Briefe, vor allem Du, mein theurer Solger. Gruß an Dethlefsen, Keßler etc. Euer *Heinrich*

Überlieferung
Der Originalbrief wird im Deutschen Literaturarchiv in Marbach aufbewahrt und von einem archivischen Regest begleitet. Die Handschrift weist fremde Eingriffe (Markierungen, Nummerierung »VIII« am oberen Rand der ersten Seite) auf, welche wenigstens teilweise von Solgers Frau Henriette Solger stammen dürften, die Abschriften für eine angedachte Veröffentlichung anfertigte. Diese dienten später ihrer Tochter als Grundlage für die tatsächliche Veröffentlichung. (Vgl. Karoline Solger: *Briefe von Heinrich Voß an Karl Solger*, 1882, Vorwort S. 95). Der Brief wurde dort S. 133–137 mit zahlreichen Auslassungen und Abweichungen abgedruckt.

Lesarten
S. 1   Jul./Aug. 7
S. 3   reisete ich mit ihm nach [Lesart unsicher:] Schwezingen
S. 5   [Auflösung unsicher:] Tyrannos/Tyrannus

Kommentar
S. 1   Noch kann ich nicht schreiben, daß ich genesen bin] Voß war bereits Ende 1805 an einer langwierigen Entzündung der Unterlippe erkrankt. (Vgl. Brief von Voß an Solger vom 8. Oktober 1806, Komm. zu S. 1).
S. 1   meiner glücklichen Lage in Heidelberg] Im November 1806 ging Voß, nachdem das Weimarer Gymnasium im Zuge der napoleonischen Unruhen geschlossen worden war, nach Heidelberg zu seinen Eltern, die bereits seit 1805 dort wohnten. Im Februar 1807 wurde er außerordentlicher Professor und Lehrer am philologischen Seminar in Heidelberg, 1809 ordentlicher Professor für Geschichte und Philosophie.
S. 1   werde ich ein Haarseil unter die Lippe mir legen lassen] Gegen seine Lippenerkrankung wollte sich Voß Erleichterung durch die Behandlung mit einem Haarseil verschaffen. Diese Methode wurde vielseitig angewandt, galt aber vorrangig als Ableitungsmittel gegen Geschwülste. Indem ein Haarseil durch die Haut über der erkrankten Stelle gezogen und dieses regelmäßig bewegt wurde, entstand eine Eiterung, von der man glaubte, sie würde böse Säfte ableiten. (Vgl. Löbe: *Pierer's Universal-Lexikon*, Bd. 7, 1859, S. 820–821; *Bilder-Conversations-Lexikon*, Bd. 2, 1838, S. 306–307).
S. 2   Ackermann] Der Mediziner Jacob Fidelis Ackermann (1765–1815) war seit 1804 Professor für Anatomie und Botanik in Heidelberg.
S. 2   im Winter 1802 in unserer Griechischen Gesellschaft] Zusammen mit Christian Niemeyer, Abeken, Christian Friedrich Schlosser, Johann Friedrich Heinrich Schlosser, Friedrich August Ukert, Abraham Voß und Solger gründete Voß im Wintersemester 1801/1802 in Jena die Griechische Gesellschaft, in der sie sich zweimal wöchentlich zur gemeinsamen Lektüre trafen. (Vgl. A. Voß: *Briefe von Heinrich Voß*, Bd. 3, 1838, S. 15.; Brief von Voß an Solger vom 30. Januar und 16. April 1803, Komm. zu S. 3).
S. 2   schon 5 Briefe habe ich von ihm] Nur der Brief vom 17. März 1807 ist erhalten. (Vgl. *Goethes Werke*. Sophienausgabe, IV. Abt., Bd. 19, 1895, Nr. 5330a, S. 487).
S. 3   Herrn von Gleichen aus Rudolstadt] Heinrich von Gleichen-Rußwurm (1765–1816) war ein Bekannter Friedrich Schillers und späterer Schwiegervater dessen jüngster Tochter Emilie von Gleichen-Rußwurm.

S. 5   Prometheus] Heinrich Voß' Übersetzung von Äschylos' *Prometheus* erschien in der von seinem Vater nach Heinrich Voß' Tod beendeten Äschylos-Übersetzung (1826).

S. 5   Revision Deiner 3 mir übersandten Stücke] Es handelt sich um die Stücke *Ödipus Colonos, Antigone* und *Philoktetes*. Den Erhalt der beiden ersten erwähnt Voß im Brief vom 24. Februar 1805, S. 1. Den *Philoktetes* muss er zwischen Mai und Oktober 1805 erhalten haben, nachdem er Solger im Brief vom 22. Mai 1805, S. 16, um die Übersendung gebeten hatte.

S. 5   der erbärmlichen Recension] Es handelt sich hierbei um die ›Quadrupel-recension‹, in der Voß u. a. Solgers *König Oidipus* rezensierte, erschienen in der *JALZ*, Nr. 255–257 (1804), Sp. 161–183. (Vgl. Brief von Voß an Solger vom 10. Oktober 1804, S. 1).

S. 5   eine neue Recension Deines ganzen Sofokles] Vgl. Brief von Voß an Solger von Ende Juni 1810, Komm. zu S. 3.

S. 5   Brunkischen Texte] Bruncks lateinische Ausgabe der Tragödien des Sophokles erschien 1786 unter dem Titel: *Sophoclis quae extant omnia cum veterum grammaticorum scholiis. Superstites Tragoedias VII.*

S. 5   meine Recension vom Horaz meines Vaters] Die Rezension von Voß zu der 1806 erschienenen Horaz-Übersetzung seines Vaters findet sich in der *JALZ*, Nr. 135–137 (1807), Sp. 465–488.

S. 6   Neulich habe ich von Wilhelm Schlegel einen sehr freundlichen [...] Brief erhalten] A. W. Schlegel schrieb an Voß aus Coppet am 20. Juni 1807. (Vgl. Körner: *Briefe von und an August Wilhelm Schlegel*, Bd. 1, 1930, S. 201–202).

S. 6   9 Band, welcher Richard 3 und Heinrich 8 enthalten wird] Der 1. Teilband des 9. Bandes erschien 1810 und enthielt die Übersetzung von *König Richard III.* Es war der letzte allein von Schlegel herausgegebene Band. *König Heinrich VIII.* erschien erst 1830 als 2. Teilband, übersetzt von Wolf Graf Baudissin.

S. 6   Schlegels Recension] Die Rezension wurde nicht realisiert.

S. 7   Die Nachricht [...] theilst Du auch wohl Keßler mit] Georg Wilhelm Keßler (1782–1846) lernte Solger, der dort ebenfalls Jura studierte, 1799 in Halle kennen, wo sie Mitglieder der Freitagsgesellschaft waren, welche ab 1802 in Berlin weiterbestand. Keßler gehörte außerdem der Griechischen Gesellschaft um Voß an. (Vgl. Brief von Voß an Solger vom 30. Januar und 16. April 1803, Komm. zu S. 3). Er gab zusammen mit Ludwig Krause *Shakespeare's von Schlegel noch unübersetzte dramatische Werke* in 2 Bänden 1809 und 1810 heraus. Sie enthielten in der Übersetzung von Keßler *Viel Lärmens um Nichts, Cymbeline* und *Ende Gut, Alles gut* und von Krause *Ein Wintermärchen*.

S. 7   Freudenfeld] Vemutl. ist Burkhard Heinrich Freudenfeld (1784–1850) gemeint.

S. 8   seine Dissertation] Wilhelm Voß' Dissertation, die er 1805 in Jena verteidigte, trägt den Titel *De Prophylaxi*. (Vgl. Schmidt: *Neuer Nekrolog der Deutschen*, 18. Jg., 1840, Bd. 2, 1842, S. 1028).

S. 8   **conclamantem** oder gar **conclavamatam penuriam**] Wilhelm Voß übersetzte die Wendung ›schreienden Mangel‹ wörtlich ins Lateinische, zum einen durch

»conclamantem penuriam« (›laut rufenden Mangel‹) und zum anderen durch die falsche Wortbildung »conclavamatam«, wohl statt ›conclamatam penuriam‹ (›laut gerufenen Mangel‹).

S. 8 Pagenstecher] Christoph Bernhard Pagenstecher (1776–1859) war Pastor zu Neuenkirchen (heute Stadtteil von Melle, im Landkreis Osnabrück).

13. Voß an Solger vom 7. November 1807 (Heidelberg)

[1] Heidelberg, den 7 November 1807

NB! Schick mir doch Deine Adresse.

Ich fange heute einen Brief an Dich an, mein guter Solger, obgleich ich wohl voraussehe, daß er noch einige Tage wird liegen bleiben müssen; denn das was ihn begleiten soll ist noch nicht ins Reine geschrieben. Dein lezter Brief hat mir eine sehr große Freude gemacht; Du hattest so sehr lange gegen mich geschwiegen, zwei meiner Briefe – wo mir recht ist – gar nicht beantwortet. Aber ich sehe, Du hast auch an mir einiges auszusezen, und gewiß nicht mit Unrecht. Drum still von dem allen. Ich bin in diesen zwei lezten Jahren durchaus nicht heiter gewesen, nur mit Ausnahme von wenigen Tagen heiter gewesen, ich habe ein ganzes Jahr unter Unthätigkeit vergraben gelegen, ein paar Recensionen, die ich schrieb, *weil ich Geld brauchte*, und die lezte Durchsicht meiner Shakespearestücke, das ist alles was ich von dieser Zeit rühmliches zu sagen weiß, und selbst dies wenige überstieg fast meine Kräfte. Über meinen jezigen Gesundheitszustand habe ich neulich an Abeken weitläuftig geschrieben. Meine Collegia machen mir jezt recht Freude, aber unendlich schonen muß ich mich, und das fällt mir besonders schwer bei den Sofokleïschen Anapästen, die ich meinen Zuhörern so gern in die Ohren donnerte. Ich lese noch weniger, als ich an Abeken schrieb, nur 7 Stunden wöchentlich. Vielleicht kommen zu Ostern bessere Zeiten, wonach ich mich von Herzen sehne. – Deinen Sofokles habe ich lange nicht angesehen, und das kränkt mich seit einiger Zeit, da Abeken mir schrieb, nach Neujahr schon sollte der Druck beginnen. Ich habe ihn nun wieder frisch in die Hand genommen, und will die Durchsicht des Philoctetes mit Muße vollenden. Hier sende ich Dir den Anfang meiner Bemerkungen, *sehr bald* sollen mehrere nachfolgen. Du findest vielleicht manches brauchbare darunter, manches freilich [2] das Dir nicht behagen kann, wie es mir nicht behagt. Aber ich schicke es Dir doch, denn es kann Dich vielleicht auf eine neue Wendung leiten, und so einen mittelbaren Werth erhalten. Dein Manuscript tilge ich, wie Du dies gewünscht hast, so wie ich von einer Seite meine Randglossen abgeschrieben habe, werden Fidibusse daraus gemacht, und ich muß manchmal lachen, wenn der Geist des Sofokles so in einer blauen Flamme emporsteigt. – Aber nun bitte ich Dich um eins, mein lieber Solger. Du sagst *durchaus nicht* in der Vorrede, daß ich von einigen

Stücken eine solche Durchsicht gemacht. Ich muß aus zwei Gründen Dich ernstlich drum bitten. Erstlich, weil ich dann nicht zugleich die Recension machen könnte, und ich mag mir doch die Freude nicht versagen, Dich ins Publikum einzuführen – (sieh wie stolz ich bin!). Dann erlaubt es mein Verhältnis mit einem Dir unbekannten Freunde nicht. Doch Dir dies zu entwickeln möchte für einen Brief etwas weitläufig werden. Und am Ende würdest Du mich noch obendrein auslachen, weil es mir unmöglich werden möchte, es Dir – ohne ein mündliches Gespräch – bündig und anschaulich darzustellen. Also nur so viel, daß ich etwas ähnliches diesem Freunde abgeschlagen habe, weil seine Arbeit so liederlich war, daß auch die treuste Beihülfe ihr nicht hätte frommen können. Das andre einmal mündlich, wenn wir uns wiedersehen, und wenn Dich diese Kleinigkeit dann noch interessieren kann. – Du glaubst nicht, welch ein Zuspruch ich von den deutschen Übersezern erhalte, das muß daher kommen, weil es im Publikum bekannt geworden ist, daß ich so viel dergleichen in der Jenaer Allgemeinen Literatur Zeitung recensire. Drei Shakespeareübersezer haben sich an mich (Keßler ist nicht darunter, und dieser hat mir auch [3] ja nur historisch über seine Arbeit geschrieben) wie an eine Art von Schuzpatron gewandt, dann zwei Äschylusübersezer, von denen der eine einen brüderlichen Bund mit mir schließen will, den ich sehr höflich abgelehnt habe; und nun endlich noch ein Aristofanesübersezer.

Von meinem Äschylus erhältst Du nächstens eine Probe, mein lieber Solger; heute will ich den Brief nicht beschweren. Ich will diesen Winter wieder ernstlich daran gehen. Ich habe nun Zeit dazu; ob die Kraft schon, das wird der Erfolg lehren. Einige Partien glaube ich schon brav übersezt zu haben. Auf die Probe die ich einmal in der Allgemeinen Literatur Zeitung gab, gebe ich jezt selbst nicht mehr viel, das metrische abgerechnet, was gewiß gut war.

Nun noch ein Wort über die Weise die Anapäste zu übersezen. Deine Dactylen in der Arsis des Anapästischen Tactes befriedigen mein Ohr nicht. Die erste dieser dactylischen Kürzen, welche den Ictus hat, muß durchaus mehr Gehalt haben als die Zweite. 1

— ◡ ◡

fröhlicher Gesang

Philoctet 147:

— ◡ — ◡ — —   — — ◡ — ◡ — —

Schreckend zurückkehrt, schnell, lassend das Haus

◡ ◡ — — — ◡ ◡ — —

Zu der Hand allstets eile daher mir

»Schreckend zurückkehrt« befriedigt mich; aber nicht so »eile daher«. Und wie soll man z. B. wohl p. 162 in der Anapästbewegung lesen?

— ◡

Sicherlich scheints, aus Nahrungs Nothdurft

erlich – hier hat Grade die unrechte Kürze den größren Gehalt.

2) Warum bestehst Du darauf, *gerade dort*, wo im Original Längen aufgelöst sind, auch in der Übersezung Längen aufzulösen. Immer hat das doch nicht Bedeutung, wenn auch zuweilen in einzelnen Fällen – die einem das Gefühl schon angeben wird z. B. [4]

— — ◡ — — — ◡ ◡ —
δεινὸς μὲν ὁρᾶν, δεινὸς δὲ κλύειν

Das ist anders übersezt worden als Du gethan hast

Graunvoll dem Gefühl, graunvoll dem Gehör.

Allein, wenn ich überseze

— — ◡ ◡ — — ◡ ◡ — —
ἥκω δολιχῆς τέρμα κελεύθου

Ich erreiche des Wegs fernendes Ziel
Ich erreiche das Ziel des unendlichen Wegs

Wer will hier, wenn die Worte nur gut sind, den veränderten Rhythmus tadeln, da er doch ja auch unter die Regel fällt. Sieh, lieber Solger, das nenne ich sclavisch. Ja, wenn diese nur immer mit der treffenden Bezeichnung zu vereinigen wären, so ließe ichs noch hingehen. Aber wenn man der mechanischen Sylbennachbildung zu lieb auch nur einen Athemzug des geistigen Lebens hingiebt, da möchte ich die mechanische Nachbildung, von der ich übrigens ein großer Verehrer bin, gleich zum Teufel wünschen. – Sieh, ich wollte Dich hierauf aufmerksam machen, noch ehe der Druck beginnt. Du wirst noch wenigstens ein hundert Verse dem frischen Ausdruck nach verbessern können, wenn Du diese zu gründliche Nachbildung aufgiebst, und mit mehr innerer Freiheit bildest, wie Dein Sofokles, der ja auch doch seinem innern Genius und der allgemeinen Regel folgte, ohne gewiß auf eine einzelne Länge oder Kürze hier oder dort zu viel Gewicht zu legen. – Ich fodre nicht von Dir, daß Du über die Regel Dich widersezst, sondern daß Du nicht an Zufälligkeiten haftest.

Das innere Leben Deiner Übersezung wird frischer werden wenn Du Dich entschließen kannst – an einzelnen Stellen eine Variation zuzulassen, die ja doch auch wieder unter die Regel fällt.

Ich habe manchmal einen Absprechenden Ton in meinen Critiken. Stoße Dich daran nicht. Es geschieht nicht aus Unfreundlichkeit, oder um zu tadeln, sondern um mich in der Kürze, da ich ja Raum sparen muß – verständlich zu machen. – Meine Freude wird unbegrenzt sein, wenn Du etwas hiervon brauchen kannst, und wenn es auch nur Ideen in Dir erweckt, Dich so zu sagen befruchtet; Schicke mir so die drei andren Stücke auch noch, denn von nun an size ich täglich eine Stunde bei Deinem Sofokles. Leb wohl, Du theurer

Dein Voß. [5]

219   O Fremdlinge (das *weh*! stört mich.)
220   (Ruderschlag zulenkten??) – Im Ruderschiff [Anlangten weder landbar (εὔορμος) noch bewohnt.
222   Weß Vaterlands euch grüßend, oder wes Geschlechts
       Treff ich die Wahrheit (τυγχάνω εἴπων könnte statt εἴπω (wenn es so ein Präsens gäbe) stehn; aber εἰπὼν ist ein anderer Fall.
       τύχοιμι statt σκοποῦ, **veritatem assequar**.)
223   Euer Ansehn zeiget mir (*zuerst* geht wohl nicht)

225	und nicht mit Scheu
227	Vielmehr barmherzig mit dem einsam armen Mann,
	Dem so verlassenen, freundelos Gepeinigten als Freunde
	Vergönnt mir Auskunft, wenn ihr euch wohlwollend acht.
	O gebt doch Antwort
231	Mir dies verweigert –
232	So wisse, Fremdling, dies zuerst
233	*Auch* (stört)
234	O vielgeliebte Stimme.
236.237	(wollen mir durchaus nicht genügen)
	Was hat, o Sohn, dich hergeleitet, welcherlei
	Nothdurft und Antrieb (ja nicht *Ziel*)
238	Sag mir dies alles, daß ich wisse – ringsum*flutete*
240	– – – und ich nenne mich – o Sohn des *liebsten* Vaters
	o des theuren Lands.
245	Von Ilion nun führet mich zurück die Fahrt
248	So warst denn du Theilnehmer auch von diesen Mühen
249	(*also* steht an der falschen Stellen) O Kind, du kennst nicht welchen du in mir
	erkennst
253	Nichts daß erfuhr ich, wisse, was du jezt befragst
	den Göttern ganz verhaßt.
254	O schwerbedrängt ich, o verhaßt den Himmlischen
256	– – – irgend anderswo erscholl.
265	Ausstießen
267	Durch wilde Krankheit, von der Menschenmorden
268	Mit welcher sie nun, Kind, alhier aussezend mich
275	οἱ αὐτοῖς τύχοι, **qualis ipsis contingant**, so freilich auch v. 316.509.
	Doch möchte ich die erste Erklärung lieber. Aber es muß besser gegeben
	werden. Etwa: **Mög' es ihnen werden so; Mög' er sie so treffen**
	einst. Oder dergleichen; auf diese Manier. [6]
277	Nach ihrem Weggang
279	Als ich den Schiffszug, der mich hieher leitete,
	Gesamt enteilt sah – – – – *282* rings um schauend nun
285	Daß aber – – – – (etwa unversiegten) Reichtum –
	Die Zeit indeß mir rückte, vorwärts mit der Zeit
	– – – – – – – mußt' ich allein
	Mich selbst bedienen. Meinem Leib das nöthige
	Gewährte dieser Bogen, der Feldtauben mir
	Im Flug herabschoß, außerdem (πρὸς τοῦτο ist wie 292 **praeterea** – oder
	nicht?)
293	Und etwa beim Erguß des Reifs im Winterfrost
	Brennholz zu fällen, mußt' ich Armer hingeschleift
	Auch dies beschaffen! Ferner war nicht Feuer da
	Und Stein an Stein abreibend weckt' ich kümmerlich

Die eingehüllte Glut.

300   Wohlan, o Kind. – 301 hier landet

306   (falsch gefaßt) Muß wohl geschehen in der langen Lebenszeit

314   (ja nicht *that* Imperf.) Dies haben die Atreionen und Odysseus Kraft
      Mir angethan (zugefügt) Kind; welchen die Olympier
      – – – – – finden mögen, gleicher Art.

318   Bedaure dich mitleidig – –

319   Ich selber deinen Worten ein Bestätiger
      Weiß, daß sie wahr sind (ja nicht wahrhaft) weil auch mir viel Leides ward
      Von jenen Atreussöhnen und des Odysseus Kraft

322   Du also hegst auch jenen

324   (mir gefällt die **Vulgata** 1000 mal besser als Bruncks matte Emendation.)

326   Auch Skyros Männer voll Entschlossenheit gebar

327   – – – – – – – doch warum jenen mächtigen
      Unmuth zum Vorwurf ihnen machend kommst du her

329   O Sohn des Poias seis gesagt doch, kaum gesagt
      Was mir von ihnen als ich ankam Leids geschah
      Denn als das Schicksal fügte, daß Achilleus starb – –.

333   – – ob denn starb des Peleus hoher Stamm.

334   Er starb von keinem Manne, doch vom Gotte selbst
      Getroffen, wies verlautet, von des Phoibos Macht

335   Höchst edel war der Sieger und der Besiegte
      Doch Zweifel hält mich – –
      Schicksal erfrage, oder jammer um jenes Tod.

338   Mir scheint, genug schon drückt dich, du Armer, dein
      Leidwesen, daß dich andre Noth nicht jammern darf.

343   buntgeschmücktem

345   – – – ob nun sonder Grund [7]

346   Es wäre (ja nicht *sei*) nicht verhänget, weil zu Boden sank
      Mein Vater, daß ein andrer Troja nähm’ als ich.

350   Zumeist aus Sehnsucht um den Hingeschiedenen
      Damit ich grablos (?) schaute (zu schaun noch unbestattet)

352   (etwas matt)

353   Es war bereits der zweite Tag mir schiffenden
      – – – mein rasches Schiff
      Anlandete; schnell drängte sich ringsum das Heer

358   Achilleus, ihn den Todten lebend wiederum (Deine Übersezung ist doch
      helsinnig.)
      Er aber (oder *ach jener* ja nicht *derselbe*) lag nun da (lag im Grab’)

360   Nachdem ich Thränen ihm geweint – 361 freundlich, wie gemäß.

362   Kriegsschmuck fodernd – 363 Sie aber, weh mir – 364 o *Sohn* –

365   Erb*gut* – 365 fuhr sofort vom Sieg empor (ja nicht unzögerlich dies erinnert
      an *zögern* – und zögert durch seine Länge)

368   In schwerem Zornmuth und mit Angstruf redet’ ich:

	Elende (Ihr frechen) ihr denn dürftet
372	Ja Knabe, ganz nach Billigkeit (Fug und Recht) gedeiheten sie
	Da *Ich* sie einst gerettet (so muß die Wortstellung sein.)
374	Und ich entbrannt nun (ergrimmt nun) – *376* wegraubte –
377	(Zutrat geht durchaus nicht. ἐνθάδε ist εἰς ὀργὴν.)
	Er aufgereizt nun, und, wiewohl nicht rasch zum Zorn
	– – – – sprach dies Wort darauf.
	Nicht warst du, wo *Wir*, sondern wo's nicht ziemete
381	(matt) *382* dergleichen Kränkung duldend, und mit solcher Schmach
384	Die Wendung ist treflich, wenn nur die Construction.)
386	Die Stadt gehört ja gänzlich an (hängt dann)
	das ganze Heer auch
388	(*gemacht* taugt nicht, und κακοὶ muß hinten) Erst durch der Lehrer Reden
	wird er schlechtgesinnt.
389	Die Atreionen (diese Form mußt Du ja mitunter brauchen)
390	Mir und zugleich den himmlischen sei der geliebt.
391	– Berg*frohe* –*392* Mutter du selbst des Zeus.
396	Als ihm die Unbill – sich ergoß *403* Preis. (ja nicht Zier)
403	deutlichen Kennzeichen (kenntliche Anzeichen sind Kennzeichen)
405	(ist nicht ganz just
406	Von den Söhnen Atreus – –
410	*Doch* dieses ist kein Wunder mir. *Nur*, ob daselbst
	Der größere Ajas solches ansah und ertrug.
412	(geht durchaus nicht) Er lebte nicht mehr, Fremdling –
415	Ja wisse nicht mehr schauet er das Sonnenlicht. [8]
416	Weh mir, ich Armer *417* Nicht der an Laertes verkaufte Sohn des Sisyphos
419	– – Diese sind sogar In hohem Ansehn blühend – –
421	Und wie? Der alte *biedere* – (nicht biedre)
	Der Pylier Nestor lebt er? Denn der mochte *noch*
423	Dem geht es unglückselig jezt (*lebt* darf ja nicht stehen.)
425	(Ist das der Sinn? freilich nach Brunck) »der ihm allein noch übrig«
426	(des Stolbergs Lesart ist die einzig richtige siehe Porson Euripides Phoenissae 54)
	Weh mir! du nennst dort wieder zween
432	– – Unheil eingestrickt.
434	– – ehe*dem* (ich lese ἂν: der dir vom Vater *wohl* der Liebste war.)
436	– – Keinen rafft gern fort der Krieg
	der schlechtgesinnte –
440	Im Reden mächtig und gewandt, wie lebt er jezt.
443	Dem nicht genug Einmal zu reden dünkte, wo
	Ihn keiner zuließ; weißt du, ob der lebend ist?
444	Nicht sah ich jenen; doch vernehm' ich daß er lebt.
446	Gewiß, dieweil das Schlechte niemals untergeht
	– – – – Sorgfalt pflegen *deß* (nicht dies)

       Und sind erfreut – – – sogar zurücksenden – –
       Was recht und ehrsam fördern sie allzeit hinab

452   Das Göttliche lobend, ich die Götter finde schlecht.

452   Ich nun, o Sprößling, aus ötäischer Vaterstadt
       Will in der Zukunft aus der Fern' auf Ilion
       Hinschauend, und auf Atreus Stamm, mich hüten wohl,

457   *wo* niederstürzt – – – *wo* – –

459   Mein Felseneiland Skyros –
       Allein genüge, um der Heimath froh zu sein

462   (*stets* ist matt.)

463   – – wie du selbst *ersehnst.*

465   Zusendet Fahrwind, wir sofort aufbrechen dann.

466   Schon wollt ihr, Kind, entschiffen?

469   – – – dir theuer ist – –

475   Dennoch erdulde. –

Überlieferung

Der Originalbrief wird in der Schleswig-Holsteinischen Landesbibliothek unter der Signatur Cb 6.6 aufbewahrt. Der Haupttext ist besonders flüchtig geschrieben. Die Übersetzungsverbesserungen weisen zahlreiche Abkürzungen auf, die hier aufgelöst wurden. Die 2007 in *Das Tragische im Jahrhundert der Aufklärung* von Anne Baillot (siehe Literaturverzeichnis) veröffentlichte Transkription konnte an mehreren Stellen verbessert werden.

    Der unmittelbar nach dem Datum des Briefs wiedergegebene Nachtrag befindet sich im Manuskript auf Seite 1 oben, auf dem Kopf stehend.

Varianten

S. 2   Erstlich, weil ich dann nicht ⌈zugleich⌉ die Recension machen könnte

S. 2   weil es mir unmöglich [fallen] werden möchte

S. 3   Die erste dieser dactylischen Kürzen [muß durchaus ein Ictus haben können. z. B.] ⌈, welche den Ictus hat, muß durchaus mehr Gehalt haben als die Zweite.⌉

S. 3   hier hat Grade die [falsche] unrechte Kürze den größren Gehalt.

S. 5, ad V. 236.237, am Rande   ⌈Was hat, o Sohn, Dich hergeleitet, welcherlei Nothdurft und Antrieb (ja nicht *Ziel*)⌉

S. 5, ad V. 267   Durch wilde Krankheit, von der Menschenmorden [tilgende]

S. 5, ad V. 275   [[Aber auch eine andere Erklärung ist möglich »so gut sie es hatten« cf. v. 289 wo in dubio gesprochen wird, kann der Optativ so stehen.] ⌈Nein, sie gefällt doch nicht. –⌉]

S. 7, ad V. 353   schnell drängte sich ringsum [mein] ⌈das⌉ Heer

Lesarten

S. 1   [Lesart unsicher:] NB

S. 3   [Lesart unsicher:] 1

S. 5, ad V. 249   welchen du in mir [Auflösung unsicher:] erkennst

S. 7, ad V. 329   Denn als [Lesart unsicher:] das

S. 7, ad V. 358   (Deine Übersezung ist doch helsinnig/felsinnig.)

S. 8, ad V. 452   Das Göttliche lobend, ich die [Auflösung unsicher:] Götter/Griechen

Kommentar

S. 2   mein Verhältnis mit einem Dir unbekannten Freund] Konnte nicht ermittelt werden.

S. 2   Drei Shakespeareübersezer] Zwischen 1806 und 1810 erschienen Shakespeare-Übersetzungen von A. W. Schlegel, Johann Joachim Eschenburg, Georg Wilhelm Keßler und Ludwig Krause.

S. 3   zwei Äschylusübersezer] Zwischen 1806 und 1810 erschienen Aischylos-Übersetzungen von Johann Traugott Leberecht Danz und Gottfried Fähse.

S. 3   ein Aristofanesübersezer] Zwischen 1806 und 1810 erschienen Aristophanes-Übersetzungen von Christoph Martin Wieland, August Christian Borheck, August Wilhelm Schlegel, Carl Philip Conz und Friedrich Gottlieb Welcker.

S. 3   die Probe die ich einmal in der Allgemeinen Literatur Zeitung gab] Konnte nicht nachgewiesen werden.

S. 3   Schreckend zurückkehrt [...] daher mir] In Solgers Übersetzung lautet diese Stelle aus dem *Philoktetes*, V. 147–148: »Schrecklicher Wanderer, schnell lassend das Haus / Eile verzuglos zu der Hand mir heran« (Solger: *Des Sophokles Tragödien*, Bd. 2, 1808, S. 141).

S. 3   Sicherlich scheints, aus Nahrungs Nothdurft] In Solgers Übersetzung lautet diese Stelle aus dem *Philoktetes*, V. 162: »Fürwahr, dies glaub' ich, der Nahrung nach« (Ebd., S. 142).

S. 4   δεινὸς μὲν ὁρᾶν, δεινὸς δὲ κλύειν] In Solgers Übersetzung lautet diese Stelle aus dem *Oedipus in Kolonos*, V. 141: »Graunvoll dem Gesicht, graunvoll dem Gehör!« (Solger: *Des Sophokles Tragödien*, Bd. 1, 1808, S. 87).

S. 4   ἥκω δολιχῆς τέρμα κελεύθου] In Voß' Übersetzung, die von seinem Vater beendet wurde, lautet diese Stelle aus *Der gefesselte Prometheus*, V. 284: »An komm' ich von fern zu des Wegs Endziel« (Voß: *Äschylos*, 1826, S. 13).

S. 5–8, ad V. 219–475   Vgl. Solgers Übersetzung des *Philoktetes* im Bd. 2 von *Des Sophokles Tragödien*, 1808, S. 144–155.

S. 5, ad V. 222   τυγχάνω εἴπων [...] veritatem assequar] Voß weist darauf hin, dass εἰπών als Umschreibung für das finite Verb im Präsens εἴπω angenommen werden könnte, wenn diese Präsensform belegt wäre, und schlägt als Übersetzung für die Wendung τύχοιμ' ἂν εἰπών vor: »euch grüßend [...] treff' ich die Wahrheit« (»veritatem assequar«, ›wie darf ich euch anreden‹). Bei Solger lautet die Stelle schließlich: »Von welcher Heimath, welchem Stamm gedächt' ich denn / Wohl euch zu schätzen?« (Solger: *Des Sophokles Tragödien*, Bd. 2, 1808, S. 144).

S. 5, ad V. 275   οἱ αὐτοῖς τύχοι, qualis ipsis contingant] In Solgers Übersetzung lautet diese Stelle: »wie sie einst auch ihnen sei«. (Solger: *Des Sophokles Tragödien*, Bd. 1, 1808, S. 147).

S. 6, ad V. 285   πρὸς τοῦτο ist wie 292 praeterea] Für πρὸς τοῦτο (im Druck V. 289) schlägt Voß »praeterea« (>außerdem<) als Übersetzung vor. Im Druck lautet die Stelle: »aber wo mir Beute traf / Die sehngeschnellte Waffe« (ebd.).

S. 6, ad V. 324   Vulgata] Vgl. Brief von Voß an Solger vom 10. Oktober 1804, Komm. zu S. 3.

S. 6, ad V. 324   Bruncks matte Emendation] Vgl. Brief von Solger an Voß vom 5. Mai 1804, Komm. zu S. 2.

S. 7, ad V. 377   ἐνθάδε ist εἰς ὀργὴν] Voß verweist darauf, dass mit ἐνθάδε (>hierhin<) εἰς ὀργὴν (>in den Ärger<, >in den Zorn<) gemeint ist.

S. 7, ad V. 388   und κακοὶ muß hinten] κακοὶ (>schlecht<, >schlechtgesinnt<).

S. 8, ad V. 426   des Stolbergs Lesart ist die einzig richtige siehe Porson Euripides Phoenissae 54)] In Solgers *Philoktetes*-Übersetzung lauten V. 426–427: »O weh, ein zwiefach Schrecken wieder; deren Tod / Ich anzuhören immer wünscht' am wenigsten!« (Solger: *Des Sophokles Tragödien*, Bd. 2, 1808, S. 153). Dagegen übersetzt Stolberg, hier V. 453–455: »O weh! von zween Helden bringst du mir / Sehr bittre Botschaft, deren Tod mich mehr / Als aller andern schmerzt.« (C. Stolberg: *Sophokles*, Bd. 2, 1787, S. 335). Mit Porson ist gemeint: Richard Porson: *Euripidis Phoenissae. Ad fidem Manuscriptorum emendata et brevibus Notis emendationum potissimum rationes redentibus instructa.* London: Hansard 1799.

S. 8, ad V. 434   ich lese ἂν] ἂν (>wohl<, >etwa<).

14. Voß an Solger vom 2. Dezember 1807 (Heidelberg)

[1] Heidelberg, den 2. December 1805

Hier, mein theurer Solger, die zweite Lieferung meiner Bemerkungen. Eine dritte liegt schon parat. Gieb mir Deinen Rath, wie ich Dir das folgende zusenden soll, ob einzeln, oder ob ich es soll anwachsen lassen, bis ein Päckchen daraus wird, das ich unter dem Titel Drucksachen übersenden kann. Auch die Unkosten des Postgeldes müssen in diesen theuren Zeiten mit in Anschlag gebracht werden; und Du armer Schelm mußt da immer den größeren Part tragen, da ich von hier aus nicht weiter als nach drei Orten, nach Frankfurt, Gießen und Mülhausen frankiren kann; – Nun wünsche ich nichts sehnlicher, als daß Du mir noch den Ajax, die Electra, die Trachinerinnen sendest, und auch den Oedipus Tyrannos in Deiner neuen Bearbeitung. Dein gedruckter Oedipus Tyrannos ist mir durch Falks Schuld verloren gegangen. Auch sehe ich lieber Deine lezte Bearbeitung durch, als die erste, da ich Dir bei jener offenbar mehr nuzen kann. Ich seze voraus, daß Du jezt geleistet hast, was Du pro tempore zu leisten im Stande bist. Dann entsteht eine Art Stillstand, der nur entweder durch die Zeit, oder durch den Eintritt eines Dritten gehoben werden kann. So war es mir bei meinem Lear und Othello; als ich ihn vor anderthalb Jahren dem Druck übergab, hätte ich keine Zeile ändern können; jezt könnte ich schon *viel* ändern und besser machen. Hätte ich aber Dir mein Manuscript damals erst zugesandt (und ich Thor, daß ich es nicht that!) so würden Deine Bemerkungen mich von neuem angeregt haben, und meine Übersezung hätte noch bedeutend durch die Änderungen gewonnen. – Nun schreibe mir ja, *wann* der Druck Deines Sofokles beginnt; und in welcher Folge sie sollen gedruckt werden. Dann will ich Deine übrigen Stücke in *der* Folge durchsehen. Halte, wo möglich den Druck noch ein paar Monate auf. Auch kannst Du während des Druckens ja immer noch ändern und feilen, wenn ich Dir – und dies kann ich versprechen, da ich nun ziemlich gesund bin – die Bemerkungen immer zur rechten Zeit zusende. Nur den Aufschub von einigen Monathen wünsche ich, damit ich einen Vorsprung erhalte; und immer noch mit dem Druck im gleichen Schritt bleiben könne, auch wenn – was mitunter auch bei mir der Fall ist – eine Störung dazwischen kommen sollte.

Ich habe oft die Besorgnis, daß Du mich für einen Kleinmeister halten mögest; aber dann sage ich mir wieder, so sieht mein Solger die [2] Sache nicht an. Zwei Menschen sind sich nie so gleich, daß einer es dem andern durchaus recht machen könnte. Und dann, so lange ein Buch noch Manuscript ist, sieht man es mit andern Augen an, als wenn es gedruckt vor uns liegt. Als Manuscript ist es wandelbar, und es steht mir frei anzunehmen, daß Du selber noch an jeder Zeile zu bessern finden wirst; ja, ich *muß* dies annehmen, wenn ich Dir nach Kräften nüzen will. – Keiner kann seine Individualität ganz verleugnen, und vieles wird nur deswegen von mir notirt, weil es der meinigen nicht ganz entspricht. Liegt Dein Buch erst gedruckt vor mir, so habe ich die Überzeugung, daß Dein Werk der reine Abdruck von der Art ist, wie Du Deinen Dichter aufgefaßt hast, und dann erst, wann ich den Glauben an seine Wandelbarkeit verloren habe, bin ich erst im Stande, es als ein reines Kunstwerk zu genießen, wie ich den deutschen Homer genieße. – Auch glaube ja nicht, daß ich einen so großen Werth auf meine Einfälle lege. Ich mache nicht einmal *die* Prätension, daß Du auch nur eine einzige meiner Änderungen in der Gestalt aufnehmen sollst, wie ich sie gebe. Einzig die Prätension mache ich, daß meine Einfälle beitragen sollen, Dein Werk zu fördern, daß sie Dich anregen, daß sie nur neue Ansichten eröfnen sollen. Und das geschieht unfehlbar – da wir uns in Grundsaze und Gesinnung so sehr gleich sind.

Solger, Du hast herlich übersezt, und von Deinem Sofokles erwarte ich Viel. Den Jambenbau hast Du durchaus inne, und wie keiner vor Dir. In den Chören habe ich mitunter noch etwas an der Rhythmen Bewegung auszusezen, wovon ich Dir neulich schon schrieb. – Appel in Leipzig wird schwerlich das leisten, was Du; dem aber mußt Du auf jeden Fall zuvor kommen. Denn sehr möglich ist es, daß er an vielen Stellen mit Dir zusammentrift, und nachher hieße es, als wärest Du auf seine Schulter getreten.

Eins noch, lieber Solger, das Dein ganzes Werk angeht. Ich vermisse manchmal ein gewisses lebendiges Colorit, in dem was Du mir geschickt hast – das freilich noch der erste Wurf ist. Manchmal findet sich eine schleppende Construction, eine Häufung von Partikeln, eine unzeitige Participialconstruction, ja falscher Conjunctiv etc. – Sieh doch ja die Übersezung in diesen Stücken noch einmal recht aufmerksam durch. Es lässt sich hier oft durch eine kleine Änderung so bedeutend bessern; durch ein ausdrucksvolles Wort, durch eine prägnante Stellung, ja manchmal durch einen kleinen Zusaz, den das Original nicht den Worten nach, aber wohl im Geiste hat. – Noch eins, notire mir in dem was Du mir nun schicken wirst, alle die Verse, die Dir selbst noch nicht gefallen. Denen will ich meine ganz besondere Aufmerksamkeit weihen. – O schreibe mir bald, Du theurer.

Dein alter Voß: – Hast Du meine Pindarrecension vom Fähse schon gelesen?

Überlieferung
Der Originalbrief wird im Deutschen Literaturarchiv in Marbach aufbewahrt.

Varianten
S. 1   Hätte ich aber Dir mein [Exemplar] ⌈Manuscript damals⌉ erst zugesandt
S. 2   Sieh doch ja die Übersezung in diesen Stücken noch einmal recht [deutlich] aufmerksam durch.

Lesarten
S. 1   [Lesart unsicher:] 1805 [Vgl. Komm.]
S. 1   [Auflösung unsicher:] Tyrannos/Tyrannus

Kommentar
S. 1   2. December 1805] Der Brief wurde vermutl. am 2. Dezember 1807 begonnen und nach dem 9. Februar 1808 beendet. Diese Vermutung gründet sich auf die Aussage von Voß, »vor anderthalb Jahren« (S. 1) habe er den *Lear* und *Othello* zum Druck gegeben, was um Ostern 1806 geschehen war, sowie auf die Erwähnung der »Pindarrecension vom Fähse« (S. 2), die in der *JALZ* am 9. Februar 1808 erschien.
S. 2   den deutschen Homer] Voß bezieht sich auf die 1793 erschienene Homer-Übersetzung seines Vaters, von der zu dessen Lebzeiten weitere fünf Auflagen erschienen: 1802, 1806, 1807–1808, 1814 und 1822.
S. 2   Appel in Leipzig] Johann August Apel (1771–1818) unternahm den Versuch, die altgriechischen Tragiker nachzuahmen. So entstanden die Dramen *Polyïdos* im Stile Aischylos' (1805), *die Aetolier* im Stile Euripides' (1806), *Themistokles* als Nachahmung des Sophokles (1808) und *Herakles in Lydien* als Kopie des Aristophanes (nicht gedruckt). Eine Sophokles-Übersetzung ist nicht bekannt. Apel machte sich später v. a. durch seine metrischen Studien einen Namen. (Vgl. den Aufsatz *Über Rhythmus und Metrum* [1807/1808] und die in zwei Bänden 1814–1816 erschienene Abhandlung *Metrik*).
S. 2   meine Pindarrecension vom Fähse] Von Gottfried Fähse erschien 1804–1806 in zwei Bänden die metrische Übersetzung von *Pindaros Siegshymnen*. Voß' Rezension ist zu finden in der *JALZ*, Nr. 33 (1808), Sp. 257–262.

15. Voß an Solger von Ende Juni 1810 (Heidelberg)

[1] Heidelberg Ende Juni 1810

Dein Brief, mein guter, lieber Solger, ist gestern erst angekommen, und hat große Freude erregt. Ich muß ihn gleich beantworten, denn sonst möchte ich wieder ins leidige Aufschieben gerathen, und bei Gott! das soll nicht geschehen. Wir stehen uns zu nahe, als daß wir länger gegen einander stumm sein dürften. Vielleicht hast auch Du jezt schon ein Brieflein in Händen, das ich in den Osterferien, auf dem Zimmer meines Bruders Hans in Lahr an Dich schrieb, und zur weiteren Versendung an Cotta überschickte, der ein Exemplar meines Shakespeare wird beigelegt haben. So haben wir denn fast zu gleicher Zeit das Bedürfnis gefühlt, uns einander mitzutheilen. Und so habe ich es am liebsten. So ging es mir neulich mit Spalding, dem ich in fünf Jahren nicht geschrieben hatte. Ich fühlte einen unwiderstehlichen Drang ihm zu schreiben, und kaum 8 Tage darauf hatte ich von ihm einen Brief in Händen, der dem meinigen auf halbem Wege begegnet war, so herzlich, wie Spalding nur je einen geschrieben. Von Deiner Anstellung und nahen Aussicht zu einer Professur wußte ich schon, und ich gratulire dazu. Jezt macht Dich ein Gerücht zum Oberbürgemeister in Frankfurt, und was ich davon denken soll, weiß ich nicht. Solltest Du wirklich noch auf diesem Wege [2] wieder zur Jurisprudenz zurückkehren? Ist es wahr, so gratulire ich Dir auch dazu, vorausgesetzt, daß Du Muße behältst, ganz den Musen und der Gelehrsamkeit zu leben.

Kramer scheint ein ganz artiger Mensch zu sein; er will Tibull bei mir hören, und war deshalb bei mir, aber so kurz, daß ich ihm kaum das nothwendigste von Dir abfragen konnte. Er wird mich aber, wie er versprochen, öfter besuchen. Von Deinem Collegium über Agamemnon sprach er mit vieler Liebe, und ich habe ihn gebeten, mir sein nachgeschriebenes Heft mitzutheilen.

Wie es mir hier geht, mein guter Solger, weißt Du durch Bredow; es hat sich nichts wesentliches mit mir verändert, als daß ich Gehaltszulage bekommen und Ordinarius geworden. Mit Böckh und Creuzer lebe ich, ohne ihnen nahe zu sein, doch in sehr gutem Verhältnisse, in freundschaftlichem mit dem wackeren Aloys Schreiber und Schwarz, und De Wette. Böckh und Creuzer haben für Freundschaft keinen Sinn, als Gelehrte schäze ich beide außerordentlich. Böckh ist ohne Zweifel der gelehrteste und dabei geistreichste Schüler, den Wolf gezogen; selbst Heindorf hat diese in die Tiefe greifende Kühnheit nicht. Ihm gelingt alles, was er unternimmt, und das in einem Alter von 25 Jahren. Creuzer steht mir ferner; [3] ich kann mich mit seiner Art zu denken und fantasiren nicht befreunden. Sein Dionysos ist mir ein Gräuel, wiewohl ich seinen Werth im Einzelnen nicht verkenne, und seine Belesenheit achte. Wenn ich doch nur hinter seinen Recensenten kommen könnte in der Jenaer Allgemeinen Litteratur Zeitung. Böckh und ich haben uns schon in Vermuthungen erschöpft; er rieth auf Wolf, ich auf Kanne; daß es Bredow *nicht* ist, möchte ich beschwören. Solltest *Du* die Recension gemacht haben? Dein Brief spricht von mythologischen Studien – aber höchst unwahrscheinlich ist auch dies mir. Indeß meinen innigsten Dank, wenn Du der Recensent bist, nicht bloß für das Geleistete, sondern besonders für die Aussicht, einmal einen recht vollendeten Mythografen zu erhalten.

Mich freut, daß Du Recensent an unseren Jahrbüchern bist. Ich habe keinen Theil an der Direction derselben, sondern lehnte alles ab, wie Creuzer nach Leyden ging. Doch große Freude habe ich an ihrem Gedeihen. Ich habe die Recension Deines Sophokles übernommen, weiß aber gleichwohl nicht, ob ich sie schreibe. Ich kann den rechten Ton nicht treffen. Schon zweimal habe ich angesetzt. Lob aus Freundesmunde scheint verdächtig, Tadel vom Freunde thut weh, besonders wenn der Freund auf Unkosten seines Freundes seine Unparteilichkeit zeigen will. Und wie soll ich recensiren, aus Deinem oder aus meinem Standpuncte? Denn ganz identisch sind beide [4] nicht, wiewohl doch meist. Ich könnte manches angreifen was Du Dir nie wirst nehmen lassen, ja ich könnte manches von meinem Standpuncte aus tadeln oder besser wünschen, was mir beim bloßen Lesen und Genießen Deiner Übersezung gut dünkt. Mit einem Wort, es ist gefährlich, und wenn mir die Arbeit nicht ganz gelingt, so soll sie nie zu Ende geschrieben, geschweige gedruckt werden. Passow, mit dem ich mehrmals über Deinen Sophokles correspondirt habe, ist auch in großer Verlegenheit. Er hat, wie ich, eine ungemeine Achtung vor Deiner Arbeit; aber hat noch mehr Scrupel im Einzelnen wie ich. Daß Du, armer Solger, unter solchen Umständen, vielleicht gar nicht recensirt wirst, schmerzt mich; und ich sehe voraus, daß es meinem Äschylos eben so ergehen wird. Übrigens ist wohl keiner, der Deine Arbeit mehr studirt hat, als ich, und ich werde es auch in der Vorrede zu meinem Äschylos dankbar erkennen, was ich ihr schuldig bin; denn im Bau des Trimeters bleibst Du immer der Bahnbrecher. Eine kleine Anzeige im Morgenblatte von mir, wirst Du gelesen haben, auch wohl was ich beiläufig über Deine critischen Anmerkungen in meiner Recension des Bothe und Erfurt gesagt habe. Ich werde einmal einen eignen Band critischer und erläuternder Anmerkungen über die drei Tragiker und Aristofanes schreiben, und jene Recensionen sind nichts als Vorarbeit dazu, denn auf einen Bothe würde ich sonst wohl keinen so angestrengten Fleiß verwandt haben. Von meinen [5] Emendationen zum Äschylos werde ich Dir gelegentlich etwas zur Prüfung vorlegen; einiges wird Dir die Literatur Zeitung schon gezeigt haben in der Recension vom zweiten Theile des Danze. – Nun bin ich denn auch beinah fertig mit dem Äschylos, aber ich feile noch wohl zwei Jahre, ehe ich ihn drucken lasse. Mein Wunsch ist, daß die Übersezung mich überlebe, und ich in ihr fortlebe, und so weihe ich ihr die besten Augenblicke meines Lebens, und werde unermüdet darin fortfahren.

Gottlob, daß ich nun wieder etwas gesund bin! Ein ganzes Jahr, wo ich ein erbärmlicher, gichtgeplagter Krüppel war, ist wieder aus meinem Leben ausgestrichen; erst seit vorigem Michaelis bin ich genesen, und diesen Sommer dann auch recht ausgezeichnet gesund. Als ich nach einem schweren Lager von 3 Wochen endlich wieder zu athmen und mich des Lebens zu freuen anfing, machte ich mich daran die während meiner Krankheit entworfene Macbethübersezung auszufeilen, und ich kann Dir nicht sagen, wie das mich glücklich machte. Ich war mit meinem Bruder auf einer Reise nach Stuttgart und Tübingen, und wir trieben fast nichts andres als Shakespeare. Ich hoffe, Du wirst auch in unserer Arbeit Spuren finden von der Liebe mit der sie ist gefertigt worden. Der Shakespeare ist mir wie Äschylos an die Seele gewachsen, und da mein Bruder mich so kräftig unterstüzt, so will ich schon die von Schlegel übrig gelassenen Stücke bezwingen. Der nächste [6] Band, der schon fertig da liegt, wird Wintermährchen und Coriolan bringen. Daß auch Keßler und Krause eine Fortsezung des Schlegel unternommen macht mir große Freude. Keßler hat einen entschiedenen Beruf dazu; er hat ein großes Talent den richtigen Ausdruck zu finden; aber im Versbaue ist er noch holpricht, und mitunter tödtet er durch unrichtige Wortstellung das dramatische Leben. Doch in der Prosa erkenne ich ihn für meinen Meister. Meine Prosa im Lear und Othello ist abscheulich; im Macbeth, denke ich, ist sie besser – aber nichts hat mir auch so viel Mühe gekostet, dagegen mir die Jamben oft im ersten Wurfe gelingen. Darum habe ich auch vor den merry wife's einige Scheu. Auf Krausens Wintermährchen bin ich sehr begierig – wie auf den Möllerschen Macbeth. Was der wohl aus den Hexenscenen gemacht hat? – Und wer von den Berlinern wohl den Macbeth, Lear und Othello übernehmen wird? – Wenn Du, lieber Solger, je dazu kommst, den Macbeth und Cymbeline mit dem Originale zu lesen, so bitte ich Dich um alles: Übersende mir von einzelnen Stellen Verbesserungsvorschläge. Mein Shakspear geht, wie man mir schreibt, in Süddeutschland reißend ab, so daß ich wohl eine zweite Auflage werde erleben können, und die muß noch besser werden. Ist es Dir zum Beispiel möglich für das bubble bubble toil and trouble pp etwas Bürger übertreffendes zu finden? Das modle will mir [7] doch nicht recht behagen, und ich habe es nur durch die Zeile: soll Zauberspaß sich modeln, zu heben gesucht; denn sonst möchte man an eine gemodelte Suppe denken. Ich muß – nach aller vergeblich angewandten Anstrengung – dies Distichon für unübersezlich halten. Aus den Reimen strudle und sprudle läßt sich auch nichts machen, die sind sich zu gleich. Die Rede der Hecate halte ich bis auf ein Distichon für unverbesserlich – aber freilich hört manches darin Eschenburg und Bürgern. – Aus der Keßlerschen Übersezung des Cymbelin ist einiges aufgenommen – allein an den meisten Stellen war mein Bruder von selbst mit ihm zusammengetroffen. Das Wunder der 70 Dolmetscher ist im Grunde nicht thöricht ersonnen. Wer von dem richtigen Geiste durchdrungen ist, und dasselbe Prinzip der Treue hat, womöglich der buchstäblichen Treue, muß im wesentlichen auf dasselbe verfallen, und ich bilde mir in der That ein, ich hätte Bürgers Lodre, brodle pp – das bis jezt noch die erste Übersezung ist – auch gefunden, wenn Bürger sie nicht vor 30 Jahren schon anticipirt hätte –.

Mein Leben in Heidelberg ist höchst einfach, oft ein Tag wie der andre; und ich versüße mir eine heitere Gegenwart noch durch eine schöne Vergangenheit. Daß ich Göthe verloren, ist mir immer noch ein Schmerz. Wohl mir, daß seine Liebe mir auch ins Neckarthal folgte, wovon er mir so häufige Beweise giebt. Meine alten Freunde – nur wenige – sind und bleiben mir über alles theuer. Neue finde ich nicht, einen in Stuttgart ausgenommen. Aber groß, unendlich groß ist denn auch die Wonne, wenn mir der Geliebte meines Herzens mich besucht, oder ich zu [8] ihm kommen kann. Neulich war der herliche Gleichen aus Rudolstadt bei mir; er trat in mein Zimmer, wie ich ins Collegium gehen wollte. Ja, da wurde an kein Collegium mehr gedacht. Ich war trunken vor Freude, den theuren Mann wiederzusehen – und solche Tage, die mich ganz wieder in die zauberreichen Tage der Kindheit versezen, machen Epoche in meinem Leben. Michaelis 1811 reise ich nach Weimar, Jena und Rudolstadt – da wollen Abeken und ich auch recht ein altes Leben führen. – Eine meiner Freuden ist auch, daß ich wieder mit meinem Stolberg in recht enge Verbindung gekommen bin. Wir schreiben uns oft, und ich bin ihm noch wie ehemals, sein »liebster Heinrich«. O könnte ich Dir die Briefe dieses einzigen, göttlichen Mannes vorlesen! Ich fühle mich durch und durch warm, wenn ich nur an ihn denke. Er hat mir vor einigen Monathen einen herlichen porsonschen Äschylos (**editon Glasgow folio**) geschenkt – alle Ränder vollgeschrieben – also sein Lieblingsexemplar – den Mann muß ich auch wiedersehen. Einige neue Gedichte hat er mir zugeschickt, die den heitern Geist des alten Stolberg von 1790 athmen. – Seine Äschylosübersezung ist doch in ihrer Art ein Meisterstück. Wo es mir nur möglich ist, suche ich mich an sie zu halten – und durch sie hat meine Übersezung schon sehr gewonnen.

Nun lebe wohl, mein bester Solger. In den Tagen, wo ein junger Mensch nach Berlin geht, schreibe ich mit der Gelegenheit wieder, des Porto's wegen, das ich Dir so gern ersparen wollte, da ich bis dato wohl der reichere von uns beiden bin. Aber hier ist die fatale Einrichtung, daß man nur 10 Meilen weit frankiren kann, was mich in mancher Correspondenz gar sehr genirt. – Schreibe mir von Deiner Mutter. –
Dein alter, treuer
Heinrich Voß

Überlieferung
Der Originalbrief wird im Deutschen Literaturarchiv Marbach aufbewahrt und von einem archivischen Regest begleitet. Die Handschrift weist fremde Eingriffe (Markierungen, Nummerierung »IX« am oberen Rand der ersten Seite) auf, welche wenigstens teilweise von Solgers Frau Henriette Solger stammen dürften, die Abschriften für eine angedachte Veröffentlichung anfertigte. Diese dienten später ihrer Tochter als Grundlage für die tatsächliche Veröffentlichung. (Vgl. Karoline Solger: *Briefe von Heinrich Voß an Karl Solger*, 1882, Vorwort S. 95). Der Brief wurde dort S. 138–141 mit zahlreichen Auslassungen und Abweichungen abgedruckt.

Die Schrift ist außergewöhnlich sauber, insbesondere bis zur S. 5.

Varianten
S. 1   Zimmer meines Bruders Hans ⌈in Lahr⌉
S. 6   mitunter tödtet er durch ⌈unrichtige⌉ Wortstellung das dramatische Leben.
S. 6   Wenn Du, lieber Solger, je dazu kommst, den Macbeth ⌈und Cymbeline⌉ mit dem Originale zu lesen
S. 6   Mein Shakspear geht ⌈,wie man mir schreibt,⌉ in Süddeutschland reißend ab

Kommentar
S. 1   Zimmer meines Bruders Hans in Lahr] Johann (Hans) Friedrich Voß (1783–1849) hatte von 1804 bis 1807 Architektur in Karlsruhe studiert und lehrte daraufhin am Lyzeum in Lahr.
S. 1   ein Exemplar meines Shakespeare] Der erste Band der *Schauspiele von William Shakspeare*, übersetzt von Heinrich und Abraham Voß, erschien 1810 und enthielt

Macbeth und *Cymbeline*. Die nächsten zwei Bände erschienen 1812 und 1815 und umfassten das *Wintermährchen* und *Coriolan* (Bd. 2) sowie *Antonius und Cleopatra*, *Die lustigen Weiber von Windsor* und *Die Irrungen* (Bd. 3).

S. 1   Jezt macht Dich ein Gerücht zum Oberbürgermeister in Frankfurt] Nachdem Solger im Herbst 1809 eine Dozentur an der Universität Frankfurt (Oder) angenommen hatte, wählten ihn die Stadtverordneten im Mai 1810 zum Oberbürgermeister. Das Amt lehnte Solger jedoch im Juni 1810 ab, um sich weiterhin der Wissenschaft widmen zu können. Allerdings hatte ihm u. a. schon Wilhelm von Humboldt zu seinem neuen Amt gratuliert, sodass es zu diesem Gerücht gekommen war. (Vgl. Tieck, v. Raumer: *Solger's nachgelassene Schriften und Briefwechsel*, Bd. 1, 1826, S. 162).

S. 2   Böckh] Der Philologe und Altertumsforscher August Boeckh (1785–1867) war seit 1807 Professor für Philologie in Heidelberg, 1811 ging er an die neu gegründete Berliner Universität.

S. 2   Aloys Schreiber] Aloys Wilhelm Schreiber (1761–1841) war seit 1804 Professor für Ästhetik in Heidelberg, 1809 wurde er zum Dekan der Philosophischen Fakultät ernannt. Er stand zu dieser Zeit in engem Kontakt mit der Familie Voß.

S. 2   Schwarz [...] De Wette [...] und Creuzer] Auch Friedrich Heinrich Christian Schwarz (1766–1837), Wilhelm Martin Leberecht De Wette (1780–1849) und Georg Friedrich Creuzer (1771–1858) waren zu jener Zeit Professoren an der Heidelberger Universität.

S. 2   Heindorf] Ludwig Friedrich Heindorf (1774–1816); zu Heindorf vgl. auch den Brief von Voß an Solger vom 8. Juni 1812, Komm. zu S. 4.

S. 3   Sein Dionysos] Von Friedrich Creuzer erschien 1809 *Dionysus, sive Commentationes Academicae. De rerum Bacchicarum Orphicarumque originibus et causis*, Bd. 1. (Es erschien nur dieser erste Band).

S. 3   Wenn ich doch nur hinter seinen Recensenten kommen könnte] Die Rezension zu Creuzers *Dionysos* erschien in der *JALZ*, Nr. 18–20 (1810), Sp. 137–154, und ist mit G. St. unterzeichnet. Es handelt sich dabei um Christian August Lobeck. Creuzer war lange der Ansicht, es handelte sich bei dem Rezensenten um einen ›Vossianer‹. (Vgl. Howald: *Der Kampf um Creuzers Symbolik*, 1926, S. 18 f.; Bulling: *Die Rezensenten der Jenaischen Allgemeinen Literaturzeitung*, Bd. 1, 1962, S. 235).

S. 3   Mich freut, daß Du Recensent an unseren Jahrbüchern bist] Solger wurde im Januar 1810 zum Rezensenten für die *Heidelberger Jahrbücher*. In einem Brief vom 27. Januar 1810 schreibt Solger an Boeckh: »Ew. Wohlgeboren gütige Zuschrift und der Antrag der Herren Redaktoren der Heidelberger Jahrbücher war mir so ehrenvoll als erfreulich. Besonders freut es mich, auf diese Weise mit Ihnen in nähere Verbindung zu kommen [...]. Um Ihnen einen Beweis von meiner Bereitwilligkeit zu geben, übernehme ich die Uebersetzungen von Fähse, und zugleich die Schlegelschen Vorlesungen.« (*Neue Heidelberger Jahrbücher*, Jg. XI., 1902, S. 242).

S. 3   wie Creuzer nach Leyden ging] Creuzer wurde im Dezember 1808 nach Leyden berufen, blieb dort allerdings nur ein Semester und kehrte im Oktober 1809 nach Heidelberg zurück. (Vgl. Urlichs: »Friedrich Creuzer« [1876], S. 593–596).

S. 3 Ich habe die Recension Deines Sophokles übernommen, weiß aber gleichwohl nicht, ob ich sie schreibe.] 1814 erschien in den Ergänzungsblättern der *ALZ*, Nr. 112–113 (1814), Sp. 889–903, eine anonyme Rezension zu Solgers Übersetzung.

S. 4 Passow, mit dem ich mehrmals über Deinen Sophokles correspondirt habe] Vgl. Brief von Voß an Solger von August 1810, Komm. zu S. 2.

S. 4 in der Vorrede zu meinem Äschylos] Der *Äschylus* erschien erst 1826, also nach Voß' Tod (1822), teilweise beendet von seinem Vater, der aber ebenfalls noch vor der Veröffentlichung verstarb. Das Vorwort schrieb Voß' Bruder Abraham. Zu Voß' Wunsch, sich in der Übersetzungsarbeit mit Solger auszutauschen vgl. Brief von Voß an Solger vom 30. Oktober, 9. November und 10. November 1805, S. 6.

S. 4 Eine kleine Anzeige im Morgenblatte von mir] Vermutl. ist die anonym erschienene Anzeige im *Morgenblatt für gebildete Stände*, Nr. 122 (Mai 1808), S. 488, gemeint.

S. 4 in meiner Recension des Bothe und Erfurt] Voß' Rezension zu Carl Gottlob August Erfurdts *Sophoclis Tragoediae septem ac deperditarum fragmenta*, Bd. 1–5 (1802–1809) erschien in der *JALZ*, Nr. 83–85 (1810), Sp. 57–75. Die Rezension zu Friedrich Heinrich Bothes *Sophoclis Dramata, quae supersunt, et deperditorum fragmenta*, 2 Bde. (1806) erschien in der *JALZ*, Nr. 39–41 (1810), Sp. 305–326.

S. 4 eignen Band critischer und erläuternder Anmerkungen über die drei Tragiker und Aristofanes schreiben] Zu einem solchen Projekt kam es nicht.

S. 5 Recension vom zweiten Theile des Danze] Voß' Rezension zu Danz' 1808 erschienenem zweiten Band des *Aeschylos* findet sich in der *JALZ*, Nr. 20 (1810), Sp. 155–160.

S. 5 mit meinem Bruder] Abraham Voß.

S. 5/6 Der nächste Band, der schon fertig da liegt, wird Wintermährchen und Coriolan bringen] Der Band erschien 1812. (S. o. Komm. zu S. 1).

S. 6 Daß auch Keßler und Krause eine Fortsezung des Schlegel unternommen] Vgl. Brief von Voß an Solger vom 30. Juli 1807, Komm. zu S. 7.

S. 6 **merry wife's**] *Die lustigen Weiber von Windsor* erschienen im 3. Band 1815.

S. 6 Auf Krausens Wintermährchen bin ich sehr begierig – wie auf den Möllerschen Macbeth] Krauses Übersetzung von Shakespeares *The Winter's Tale* erschien 1810 in dem von ihm und Keßler herausgegebenen zweiten Band von *Shakespeare's von Schlegel noch unübersetzten dramatischen Werken*. (Vgl. Brief von Voß an Solger vom 30. Juli 1807, Komm. zu S. 7). Johann Friedrich Wilhelm Möllers *Macbeth*-Übersetzung erschien ebenfalls 1810.

S. 6 **bubble bubble toil and trouble**] In Shakespeares *Macbeth*, 4. Akt, 1. Szene lautet die Zeile eigentlich: »Double, double toil and trouble; / Fire, burn; and, cauldron, bubble.« (Vgl. Steevens: *The Plays of William Shakspare*, Bd. 7, 1793, S. 501 ff.). Gottfried August Bürger übersetzte dies 1784 mit: »Lodre, brodle, daß sich's modle, / Lodre Lohe, Kessel brodle!« (Bürger: *Macbeth*, 1784, S. 209). Heinrich und Abraham Voß schrieben in der Vorrede des ersten Bandes (1810) zur *Macbeth*-Übersetzung, einiges sei aus Bürgers Übersetzung beibehalten worden, »da die eigene Uebersetzung: Doppelt Müh' und Kraft gekoppelt, / Gluten flammt, ihr Brodel bobbelt! nicht befriedigte« (A. und H. Voß: *Schauspiele von William Shakspeare*, 1810, S. IV). Eine

Übersicht über die verschiedenen deutschen Übersetzungen dieser Zeilen bietet die Ausgabe von Furness: *A new variorum edition of Shakespeare*, Bd. 2, 1873, S. 455 f.

S. 7   hört manches darin Eschenburg und Bürgern] Voß bezieht sich auf die *Macbeth*-Übersetzung von Eschenburg, erschienen 1801 als fünfter Band der Ausgabe *Willhelm Shakespears Schauspiele*. Zur Übersetzung Gottfried August Bürgers s. o. Komm. zu S. 6.

S. 7   Keßlerschen Übersezung des Cymbelin] Keßlers Übersetzung von Shakespeares *Cymbeline* erschien 1809 in dem von ihm und Krause herausgegebenen ersten Band von *Shakespeare's von Schlegel noch unübersetzten dramatischen Werken*.

S. 7   Das Wunder der 70 Dolmetscher] Anspielung auf die Übersetzung der hebräischen Bibel ins Altgriechische durch 72 Gelehrte (Septuaginta).

S. 7   Bürgers *Lodre, brodle* pp] S. o. Komm. zu S. 6.

S. 7   einen in Stuttgart ausgenommen] Gemeint ist Christian von Truchseß, den Voß 1810 in Stuttgart kennenlernte. (Vgl. A. Voß: *Briefe von Heinrich Voß*, Bd. 2, 1834, S. 3).

S. 8   daß ich wieder mit meinem Stolberg in recht enge Verbindung gekommen bin] Zur Bedeutung von Friedrich Leopold Graf zu Stolberg für Voß vgl. auch die Briefe an Solger vom 24. März 1804, S. 2 und vom 15. Mai und 1. Juni 1804, S. 9.

S. 8   porsonschen Äschylos (**editon Glasgow folio**)] Vermutl. bezieht sich Voß auf die 1795 erschienene Ausgabe Αἰ Τοῦ Αἰσχύλου Τραγῳδίαι Ἑπτά (*Aeschyli Tragoediae Septem*), welche auf Richard Porson zurückgeht, jedoch ohne Autorisierung und Nennung des Editors in einer Folio-Ausgabe im Foulis-Verlag Glasgow erschienen war. Autorisierte Porson-Ausgaben erschienen 1796 (diese in einer geringen Auflage) und 1806, jeweils als zweibändige Oktav-Ausgaben, von denen keine den Namen des Editors aufweist. (Vgl. Schoell: *Geschichte der Griechischen Litteratur*, Bd. 1, 1828, S. 232; Sandin: *Aeschylus' Supplices*, 2005, S. 216).

S. 8   Seine Äschylosübersezung] Von Stolberg erschienen 1802 *Vier Tragödien des Aeschylos*, enthaltend *Prometheus in Banden, Sieben gegen Theben, Die Perser* und *Die Eumeniden*.

S. 8   Schreibe mir von Deiner Mutter.] Solgers Mutter erkrankte im Frühjahr 1810. Er besuchte sie zu Pfingsten in Schwedt; bald darauf starb sie. Am 22. Juli 1810 schreibt Solger an Krause: »Du kannst Dir vorstellen, wie sehr mich der Tod meiner geliebten Mutter betrübt hat. Raumer wird Dir auch gesagt haben, daß ich noch einmal bei ihr gewesen bin in den Pfingstferien.« (Tieck, v. Raumer [Hgg.]: *Solger's nachgelassene Schriften und Briefwechsel*, Bd. 1, 1826, S. 199).

16. Voß an Solger von August 1810 (Heidelberg)

[1] Heidelberg, den   August 1810.

Meinem Versprechen gemäß erfolgt heute mein zweiter Brief an Dich, wiewohl nicht mit jener Gelegenheit, die mir unter den Händen entschlüpft ist. Er soll Dir die Ankunft meines geliebten Franz Passow melden, der nach einem neulichen Briefe von ihm durch Berlin und Frankfurt an der Oder nach Jenkau als Director am dortigen Conradinum hinzieht. Nie habe ich einen Menschen, den ich persönlich nicht kenne, so lieb gewonnen. Sein glühender Eifer für alles Gute, sein wissenschaftlicher Sinn, seine ausgebreiteten Kenntnisse, dabei eine so seltene Güte und Reinheit des Herzens haben ihn mir lieb und werth gemacht seit er zuerst sich freundlich mir näherte; und was ich manchmal gegen ihn denke und spreche, seinen mitunter zu schneidenden Ton in Recensionen betreffend, auch dieser, muß ich gestehen, entspringt aus einer schönen Quelle, aus Gerechtigkeits- und Wahrheitsliebe, und ist wie eine von den rauhen Ecken edeler Naturen anzusehen, welche die Zeit abschleift. Du Glücklicher, der Du ihn sehn wirst. Erzeige ihm auch in *meinem* Namen Liebes, und drücke ihm aus meiner Seele einen recht herzlichen Kuß auf die Lippen. [2] Daß er viel auf Dich hält und Freund Deines Sophokles ist wirst Du aus seiner Recension von Kanngießers Pantheon gesehn haben. Noch in diesem Jahre will er die Recension Deines Sophokles an Eichstädt absenden; und ich warte nur auf diese, um ihn dann auch sogleich in den Jahrbüchern zu recensiren. Den Ton will ich nun schon treffen, dafür laß mich sorgen; und wenn wir denn auch im Einzelnen nicht ganz zusammenstimmen, so weiß ich doch auch manches aus der Seele des Anderen anzusehen, und werde die fremde Ansicht nur mit Liebe hingestellt, da kann sie nicht wehe thun. –

Nun habe ich eine besondere Bitte an Dich, bester Solger, Passows Musäos betreffend, eine Bitte, die Du mir nicht abschlagen mußt. Passow wird Dir sagen, wie sehr ich mich längst schon gefreut hatte, eine Recension seines Musäos zu schreiben, so bald er würde herausgekommen sein. Als ich ihn erhielt, fand ich ihn mir dedicirt, was mir wohl eine unendliche Freude, aber nun auch die Recension ganz unmöglich machte. Ich mag es überlegen, wie ich will, es geht nicht. Jedes Lob würde verdächtig, und als ein schuldiges Gegencompliment auf ein empfangenes Compliment aussehen, oder wenigstens von Übelwollenden so gedeutet werden können. Nun wünsche ich Passow'n doch in der Jenaer Allgemeinen Literatur Zeitung eine so gründliche Recension, wie ich sie willens war zu schreiben, und wende mich daher an meinen Solger; so wie ich mich in Rücksicht auf [3] die Heidelberger Jahrbücher an Welker wenden will. Ich weiß nicht bestimmt, ob Du mit Eichstädten in Verbindung bist. Wärest du's nicht, so seze Dich durch diese Recension mit ihm in Verhältnis; ich stehe dafür, daß Du Eichstädt höchst willkommen bist, und in der Jenaer Allgemeinen Literatur Zeitung darf ein Ehrenmann sich nicht schämen aufzutreten. – Von mir wird nächstens in Kanngießers Pantheon der ganze Agamemnon gedruckt erscheinen, um zu wetteifern mit dem Humboldtschen, der nun auch nicht lange mehr außenbleibt. Ich habe unsäglich an meinem Äschylos gearbeitet; aber vor der Presse habe ich noch Scheu, weil

ich von Vierteljahr zu Vierteljahr bisher immer noch bedeutendes zu bessern fand.
Einen tüchtigen Verleger hab' ich sonst. Über meinem Agamemnon erwarte ich dann
noch öffentliche oder Privatkritiken, die ich für das Ganze gern benuzen möchte. Und
da sei Du vor allen gebeten, und von Cramern weiß ich, daß Du über Agamemnon
Vorlesungen gehalten hast. – Fähse hat einen erbärmlichen deutschen Äschylos geliefert. Darin heißt es gar naïv vom kleinen Kinde Orestes in den Choephoren: wenns
trinken, essen, pissen will – und im Agamemnon
   verwischt ein draufgefallnes nasses Schwämmechen
Den Fähse lasse ich aber sehr glimpflich durchschlupfen, denn so ein Machwerk thut
der Wissenschaft keinen Schaden, ist so unschuldig wie eine Tasse Thee. [4] Schmäh-
lich geärgert hats mich, daß dem Danz neulich drei Blätter hindurch bewiesen wurde,
er sei ein erbärmlicher Plautusübersezer, wiewohl übrigens die Recension von einem
guten Kopf herrührt. –
   Nun habe ich Krausens Wintermährchen, das im Ganzen sehr brav gelungen ist.
Ich seze ihn im lebendigen Kolorit noch über Keßler. Indeß meinem Wintermährchen
steht seins im Geringsten nicht entgegen. Meine Manier – denn Manier hat jeder
Übersezer, man sage was man wolle – ist bedeutend anders; und da jeder auf seine
Persönlichkeit was zu halten hat, so darf ich wohl aussprechen, das meine Manier *mir*
die erfreulichere ist. Hast Du denn meinen Shakespeare Theil 1 erhalten? Du mußt mir
doch wenigstens ein Wörtchen darüber sagen. Ich armer, horche vergebens herum nach
Urtheilen, und möchte mich doch so gern einmal in einer fremden Seele abspiegeln,
um mich dadurch weiter zu fördern. Keßler, den ich so dringend gebeten, hat mir noch
kein Wörtchen gesagt, Schlegel und Eschenburg auch nicht. Auf die Passowische Anzeige im Pantheon freue ich mich desto inniger, und ich erwarte von seiner Strenge und
Wahrheitsliebe, daß sie im Tadel und Lob gerecht sein wird.
   Passow wollte meinen Bruder Abraham nach Jenkau hinziehn, und uns schien in
der ersten Zeit nichts erwünschter als das. Da sich aber kurz nachher auch in Rudolstadt eine Thür für ihn öfnete, schien uns dies doch erfreulicher. Mich [5] soll wun-
dern, wie sichs entscheiden wird. Täglich laur ich auf einen Brief. Dann schreibe ich
gleich an Passow, und der mag Dir, da Du Dich so sehr für meine Familie interessierst,
den Ausgang erzählen. – Wilhelm ist in Eutin Arzt, und Ehemann der Lotte Bach. Er
ist ein braver Arzt, und als solcher sehr beliebt; aber, unter uns gesagt, der Wilhelm
wird noch mal ein rechter Philister. Von Kindheit auf hatte er Anlage dazu. Doch es
schadet nichts; einige müssen ja Philister sein, und diese Classe ist auch nicht zu ver-
achten. – Einen herlicheren Jungen als meinen Bruder Hans, den Architecten giebts
nicht. Der hat den reinsten, empfänglichsten Sinn für alles Schöne und Große in der
Welt, und das liebenswürdigste Wesen, so ich kenne. Leider ist der arme Junge krank,
und ich fürchte, daß wir alle ihn überleben. Gott erhalte uns den seltenen, herlichen
Jungen! – Abraham ist keck, voll Leben, hat auch das seinige ehrlich und tüchtig gelernt. Er ist ein geborener Schulmann, und wird Passowen oder Abeken, wo er nun
hinkommen mag, recht treu und liebend unterstüzen. – Mit meiner Gesundheit wills
wieder nicht gehn; die Gicht plagt mich von neuem. Ich bin dann wie Claudius
Esquimaux, zu allem guten träge. Recht alt werde auch ich nicht werden; und ich

brächte doch so gern noch allerlei zu Stande, was ich mir vorgesezt. Sonst vor dem Tode scheue ich mich nicht. Ich kann ohne Graun an ihn denken; ich weiß, daß ich Freunde zurücklasse, die mir Thränen nachweinen. [6]

Sage mir aber doch vor allem, mein bester Solger, bist Du Oberbürgermeister, oder was ist's damit? Auch Herr von Gerlach, ein lieber Jüngling, weiß mir nichts bestimmtes zu sagen, und ich weiß gar nicht welche Richtung ich meinen Vermuthungen geben soll. Schreibe mir auf jeden Fall balde.

Wer mag in der Jenaer Allgemeinen Literatur Zeitung der Recensent des Creuzerschen Dionysos sein, und der andere der Moserschen Schrift über Nonnus. Ich kann auf keine Weise dahinter kommen; und beide, wenn sie nicht eine Person sind, sind Trefliche, Kritische Köpfe. – Ich wollte, daß Creuzer, den sein Kopf zu etwas besserem bestimmt, als sich in modischen Faseleien herumzutummeln, diesem Recensenten Gehör gäbe, so ginge er für die Mythologie nicht verloren. Seine Symbolik ist für mich völlig ungenießbar, und wie schändlich ideenarm bei allen Ansprüchen! – Dagegen lob ich mir den gründlichen, von jeder Modenarrheit entfernten Böckh. Überseze doch ja nicht im Pindar weiter, ehe seine Ausgabe erschienen ist – wiewohl ich gern glaube, daß Böckh Dich nicht in allen Stücken befriedigen wird.

Nun lebewohl. Schreib auch von Deiner Mutter.

Dein treuer

Heinrich Voß

Überlieferung

Der Originalbrief wird im Deutschen Literaturarchiv in Marbach aufbewahrt und von einem archivischen Regest begleitet. Er weist Fremdeingriffe (Markierungen, Nummerierung »X« am oberen Rand der ersten Seite) auf.

Varianten

S. 2   so bald [sie] er würde herausgekommen sein.

S. 2   Nun wünsche ich Passow'n doch ⌈in der Jenaischen Allgemeinen Literatur-Zeitung⌉ eine so gründliche Recension

S. 3   weil ich von Vierteljahr zu Vierteljahr ⌈bisher⌉ immer noch bedeutendes zu bessern fand.

S. 3   Darin heißt es gar naïv vom kleinen ⌈Kinde⌉ Orestes

S. 5   Ich bin ⌈dann⌉ wie Claudius Esquimaux

Kommentar

S. 1   Heidelberg, den   August 1810.] Im Originalbrief wurde vor der Nennung des Monats Platz für eine Zahl gelassen, die jedoch nicht eingetragen wurde.

S. 1   am dortigen Conradinum] Das Conradinum war eine Schule in Jenkau bei Danzig. Sie wurde durch den Freiherrn Karl Friedrich von Conradi (1742–1798) gestiftet und bestand von 1801 bis 1945.

S. 2   seiner Recension von Kanngießers Pantheon] Franz Passow war Mitarbeiter des *Pantheon, Zeitschrift für Wissenschaft und Kunst,* welche 1810 von Johann Gustav Büsching und Karl Ludwig Kannegießer in drei Bänden herausgegeben wurde. Im ersten Heft des zweiten Bandes erschien Passows Übersetzung Hellenischer Elegien. (Vgl. ebd., S. 91–109). Eine Rezension über die neu entstandene Zeitschrift schrieb Passow unter dem Kürzel RZW, erschienen in der *JALZ,* Nr. 125 (1810), Sp. 396–400. (Vgl. Bulling: *Die Rezensenten der Jenaischen Allgemeinen Literaturzeitung,* Bd. 1, 1962, S. 243).

S. 2   Noch in diesem Jahre will er die Recension Deines Sophokles an Eichstädt absenden] Am 12. März 1810 schrieb Passow an Voß: »Was Sie über Solgers Sophokles geschrieben, ist auch leider mir immer merklicher geworden, je länger ich seine Arbeit studirt habe, und ich gestehe, daß mir es die Recension peinlich gemacht und fast verleidet hat. [...] Aber ich habe mirs gelobt die Arbeit nicht aufzugeben, und werde einige Schritte vorwärts gethan haben in meinen Ansichten, wenn ich sie gemacht habe. Einen Termin aber mag ich mir noch nicht setzen [...] Ich wollte, Sie resensirten den Solger noch für die Jahrbücher, denen einmal eine ingens fultura Noth thut.« (Wachler: *Franz Passow's Leben und Briefe,* 1839, S. 107 f.). Am 16. Juli 1810 schrieb Passow abermals an Voß: »Solgers Sophokles wird nun hier nicht mehr fertig, aber es soll auch die erste Arbeit in Jenkau seyn, und erhält Eichstädt sie sicherlich noch vor Ende dieses Jahres.« (Ebd., S. 119). Am 28. Juni 1811 meldete Passow: »Denn leider ist die Solgersche [Recension] noch immer nicht vom Stapel gelaufen, und will ich nun auch noch eine Zusammenkunft mit Erfurdt für selbige benutzen.« (Ebd., S. 144). Die Rezension wurde vermutl. nicht fertiggestellt. Allerdings erschien 1812 eine Rezension von Friedrich Gottlieb Welcker unter dem Kürzel W-k in der *JALZ,* Nr. 103–106 (1812), Sp. 297–327 sowie 1814 eine anonyme Rezension in den Ergänzungsblättern der *ALZ,* Nr. 112–113 (1814), Sp. 889–903, zu Solgers *Sophokles.*

S. 2   um ihn dann auch sogleich in den Jahrbüchern zu recensiren] Eine solche Rezension konnte nicht nachgewiesen werden.

S. 2   eine Recension seines Musäos] Von Georg Friedrich Grotefend erschien unter dem Kürzel F–G eine Rezension zu Passows 1810 erschienener Ausgabe *Musäos. Urschrift, Uebersetzung, Einleitung und kritische Anmerkungen* in der *JALZ,* Nr. 268 (1810), Sp. 337–342. (Vgl. Bulling: *Die Rezensenten der Jenaischen Allgemeinen Literaturzeitung,* Bd. 1, 1962, S. 255). Eine Rezension von Solger konnte nicht nachgewiesen werden.

S. 3   Von mir wird nächstens in Kanngießers Pantheon der ganze Agamemnon gedruckt erscheinen] Dieses Vorhaben wurde nicht mehr realisiert. Die Übersetzung des *Agamemnon,* dem ersten Teil der *Orestie*-Trilogie von Aischylos, erschien erst 1826 nach Voß' Tod, zum Teil ergänzt von seinem Vater.

S. 3   mit dem Humboldtschen, der nun auch nicht lange mehr außenbleibt] Wilhelm von Humboldts Übersetzung erschien 1816. (Vgl. Brief von Voß an Solger vom 8. Oktober 1806, Komm. zu S. 3).

S. 3   Cramern] Es handelt sich vermutl. um Kramer, einen Studenten Solgers. (Vgl. Brief von Voß an Solger von Ende Juni 1810, S. 2).

S. 3   Fähse hat einen erbärmlichen deutschen Äschylos geliefert] *Aeschylos Trauerspiele*, übersetzt von Gottfried Fähse, erschienen 1809.

S. 3   **wenns trinken, essen, pissen will**] Voß bezieht sich auf V. 750 in den *Choephoren*. Die Übersetzung von Fähse lautet: »wenn es hungert, durstet, pißen will?« (Fähse: *Aeschylos Trauerspiele*, 1809, S. 347).

S. 3   **verwischt ein draufgefallnes nasses Schwämmechen**] Voß bezieht sich auf V. 1320 im *Agamemnon*. (Fähse: *Aeschylos Trauerspiele*, 1809, S. 283). In der 1826 erschienenen *Aeschylos*-Übersetzung von Voß (s. o. Komm. zu S. 3) lautet dieser Vers (hier V. 1316): »Ein feuchter Schwamm hinfahrend löscht das Bild hinweg« (Voß: *Aeschylos*, 1826, S. 221).

S. 3   Den Fähse lasse ich aber sehr glimpflich durchschlupfen] Von Voß erschien unter dem Kürzel M. D. K. eine Rezension zu Fähses *Aeschylos* in der *JALZ*, Nr. 244 (1811), Sp. 161–162.

S. 4   wiewohl übrigens die Recension von einem guten Kopf herrührt] Die Rezension zu Johann Traugott Leberecht Danz' *Marcus Accius Plautus*, in drei Bänden zwischen 1806 und 1809 erschienen, wurde von Gustav Köpke unter dem Kürzel Cap. verfasst und erschien in der *JALZ*, Nr. 158–160 (1810), Sp. 57–75. (Vgl. Bulling: *Die Rezensenten der Jenaischen Allgemeinen Literaturzeitung*, Bd. 1, 1962, S. 245).

S. 4   Krausens Wintermährchen] Krauses Übersetzung von Shakespeares *A Winter's Tale* erschien 1810 in dem von ihm und Keßler herausgegebenen zweiten Band von *Shakespeare's von Schlegel noch unübersetzten dramatischen Werken*. (Vgl. Brief von Voß an Solger von Ende Juni 1810, S. 6).

S. 4   meinen Shakespeare Theil 1] Der erste Band der *Schauspiele von William Shakspeare*, übersetzt von Heinrich und Abraham Voß, erschien 1810 und enthält *Macbeth* und *Cymbeline*. Die nächsten zwei Bände erschienen 1812 und 1815 und enthalten das *Wintermährchen* und *Coriolan* (Bd. 2) sowie *Antonius und Cleopatra*, *Die lustigen Weiber von Windsor* und *Die Irrungen* (Bd. 3). (Vgl. Brief von Voß an Solger von Ende Juni 1810, S. 1).

S. 4   die Passowische Anzeige im Pantheon] Im Brief an Voß vom 15. Mai 1810 erwähnt Passow, dass er den Shakespeare erhalten habe. (Vgl. Wachler: *Franz Passow's Leben und Briefe*, 1839, S. 115). Die geplante Anzeige im *Pantheon* wurde jedoch nicht verwirklicht.

S. 4   Da sich aber kurz nachher auch in Rudolstadt eine Thür für ihn öfnete] Abraham Voß war 1810–1821 Lehrer am Gymnasium in Rudolstadt.

S. 5   wie Claudius Esquimaux] Voß bezieht sich auf das Gedicht *Urians Reise um die Welt* von Matthias Claudius, dort heißt es: »Die Esquimaux sind wild und groß, / Zu allem Guten träge; / Da schalt ich Einen einen Kloß, / Und krigte viele Schläge.« (Claudius: *Werke*, Bd. 1, 1829, S. 114).

S. 6   bist Du Oberbürgermeister, oder was ist's damit?] Vgl. Brief von Voß an Solger von Ende Juni 1810, Komm. zu S. 1.

S. 6   der Recensent des Creuzerschen Dionysos] Die Rezension zu Creuzers *Dionysos* (1809) erschien in der *JALZ*, Nr. 18–20 (1810), Sp. 137–154, und ist mit G. St. unterzeichnet. Es handelt sich dabei um Christian August Lobeck. (Vgl. Brief von Voß an Solger von Ende Juni 1810, S. 3).

S. 6   der Moserschen Schrift über Nonnus] Die Rezension zu Georg Heinrich Mosers Ausgabe *Nonni Dionysiacorum libri sex, ab octavo ad decimum tertium, res bachhias ante expeditionem indicam complectentes* (1809) wurde ebenfalls von Lobeck, unter dem Kürzel B., verfasst und erschien in der *JALZ*, Nr. 149 (1810) Sp. 587–590. (Vgl. Bulling: *Die Rezensenten der Jenaischen Allgemeinen Literaturzeitung*, Bd. 1, 1962, S. 245).
S. 6   Seine Symbolik] Von Friedrich Creuzer erschien 1810 der erste Band der *Symbolik und Mythologie der alten Völker, besonders der Griechen*. Bis 1812 erschienen zwei weitere Bände.
S. 6   Überseze doch ja nicht im Pindar weiter] Zwei von Solger übersetzte *Hymnen des Pindars* erschienen im ersten Band des *Pantheon* 1810. (Der sechste Hymnus im 1. Heft, S. 43–52; der erste Hymnus im 2. Heft, S. 241–250).
S. 6   Schreib auch von Deiner Mutter] Zu dem Zeitpunkt war Solgers Mutter bereits verstorben, vgl. Brief von Voß an Solger vom 2. Dezember 1807, Komm. zu S. 8.

17. Voß an Solger vom 8. Juni 1812 (Heidelberg)

[1] Heidelberg, den 8. Juni 1812.

Mein alter treuer Solger,
Wenn ich einmal ins Aufschieben gerathe, so finde ich nicht mehr heraus; drum beantworte ich Deinen Lieben Brief, den ich gestern Abend bei meiner Zuhausekunft von einer Neckarfahrt vorfand, auf der Stelle. Du hast lange Geduld mit mir gehabt, aber vergieb dem trägen Briefsteller, der doch nicht aufhörte, Dich innig zu lieben. Ich versprech' Dir von nun an alle halben Jahre einen Brief, mit der Bitte, es mir besonders anzurechnen, wenn ich einmal öfter schreibe. Den Überbringer Deines Briefes habe ich noch nicht gesehn; er hat aber meinen Eltern sehr gefallen, und ich habe ja Dein Wort für seine Bravheit. – Daß ich von Michaelis bis Weihnachten wieder krank war, weißt Du vielleicht. Mit dem neuen Jahr fing die Genesung an, und ward vollendet durch eine Reise auf die Bettenburg zu meinem und Keßlers Truchseß, wo ich 16 frohe Tage, Tage des Paradieses und der Kindheit verlebte. Von dort reiste ich nach Hildburgshausen und Meiningen mit Truchseß, fand aber in Meiningen weder Abeken und meinen Bruder, noch Keßler, den ich so bestimmt dort anzutreffen glaubte. Sage dem Guten, auch auf der Bettenburg sei alles zu seinem Empfang bereit gewesen, und manches Glas Laubenheimer und Steinwein sei auf seine Gesundheit getrunken worden. Ernst Wagner nicht mehr zu finden war mir schmerzlich, und doch muß ich mich freuen zu seinem Tode, denn seine Leiden waren in der lezten Zeit unsäglich. Wir liebten uns innig, und verstanden einander so ganz, ob wir gleich nur zwei Tage uns sahn, und nachher nicht mehr als drei Briefe wechselten. Aber das ist das Schöne im Leben, daß zwei harmonische Seelen sich gleich verstehn; und Freundschaften, die eine Ewigkeit durchdauern, im Nu geschlossen werden. [2]

Das Sprichwort mit dem Scheffel Salz ist gar zu nüchtern. Noch am lezten Lebenstage hat Wagner mich zu sich gewünscht, wie ich auch aus seinem Testamente sah, daß
von Truchseß und mir geöfnet worden ist. Sein Nachlaß ist zum Theil in meinen Händen. Davon nächstens mehr an Keßler. Heute nur so viel; ich bin froh, eine Gelegenheit
zu haben, Wagners Kindern zu zeigen, wie sehr ich ihres Vaters Freund war. – Friede
der Asche dieses kindlich guten, wahrhaft frommen, in seiner Art einzigen Mannes!

Daß Du Dich in Berlin so glücklich fühlst, freut mich; nach Deinen Verhältnissen
kannst Du es auch sein. Wie Du aber so ein Philosoph ex professo geworden bist,
wundert mich noch manchmal, wiewohl ich es sehr gut begreife, und sehr lobe. Ich
höre auch, daß Du bei den Studenten beliebt bist, die auch Deine philologischen Vorlesungen gerne hören. Ich habe zwar nur wenige Zuhörer in dieser zu juristischen Akademie; aber die hören auch gern bei mir. – Daß Dir meine Recensionen des Schlegel
und Wolf nicht gefallen, thut mir sehr leid, da ich beide mit solcher Liebe gemacht
habe und für gründlich halte. Du scheinst zu tadeln, daß meine Übersezung an einigen
Stellen ganz oder doch fast mit seiner zusammentrifft und doch ihr gegenübersteht.
Aber liegt darin nicht das Lob für die Schlegelsche Übersezung, und kann ein Tadel
glimpflicher sein als auf diesem praktischen Wege? Ich wollte, daß Übersezungen nie
anders als praktisch recensirt würden; wenigstens für mich sind solche Recensionen die
lehrreichsten, vorausgesetzt, daß sie mit Einsicht und Verstand gemacht sind, worauf
auch meine – wie ich dem Freund ja bekennen darf – Anspruch macht. Daß ich überhaupt am Shakespeare überseze wirst Du nicht tadeln. Ich thu' es, weil ichs nicht lassen
kann, weil es mich von innen dazu treibt; und soll ich nicht Ein Stück nach Schlegel
übersezen – ein Stück, das noch dazu tief unter den übrigen von Schlegel übersezten
steht – da Schlegel noch alle nach mir übersezen wird? Wenn das Nebenbuhlerei ist, so
ist sie was schönes, da sie offenbar zur Verherlichung Shakespeare's beiträgt. – Mit
welcher Liebe, mit welchem Eifer habe ich bei jeder Gelegenheit nicht bloß Schlegel,
sondern auch Krause und Keßler zum Fortübersezen aufgemuntert, ja es dem ersten zur
Pflicht gemacht! Und das wird mein Solger doch wohl für Ernst nehmen. Eins laß Dir
sagen. Von Zimmer höre ich, daß Schlegel mit meiner Recension zufrieden ist; [3] und
Ernst Wagner hat mir noch eigens dafür, besonders »für das bescheiden Selbstgefühl
am Schlusse der Recension« danken lassen, mit dem Zusaze, »auch Keßler würde so
geschrieben haben«.

Hier darf kein Gedanke an Absichten statt finden. Ob bei der Wolfischen Recension? Man wird sagen, sie sei geschrieben, um der Aristofanesübersezung meines Vaters
bessere Bahn zu bereiten. Aber solche Gesinnung traut mein Solger seinem Voß nicht
zu, und keiner, der mich kennt. Und gesetzt, ich wäre so schmuzig, so muß doch diese
Ansicht wegfallen, weil als ich zu schreiben anfing, noch kein Gedanke war, mein Vater
würde an diese Arbeit gehn, sondern er erst nach und nach durch meinen Eifer und
Betrieb dahin gelangt ist. Dir sage ich folgendes. Selten hat mich ein Buch so empört,
wie die Wolfischen Wolken – Diese entsezliche Misêre bei der Anmaßung! Diese
Spaßvogelei statt des aristofanischen Wizes! Und alles ließe ich noch hingehn, wenn
Professor Güldenapfel der Verfasser wäre, und nicht Wolf, der schon durch seinen
Namen imponirt, und demnach – wenigstens nach *meiner* Ansicht – für den Aristofa-
nes sehr schädlich sein wird, wenn man nicht zur rechten Zeit Einhalt thut. Du sprichst

vom »genievollen Gelehrten«. Wohl, aber ist er's in dieser Übersezung? Hat er nur
Ein glänzendes Beispiel gegeben, daß er aristofanischen Geist, aristofanisch zu gestalten
weiß, er, der immer nur an dem äußern der Worte pedantisch haftet? er, der den
Aristofanes unsinnig sein läßt, um seine Späße anzubringen? Ich erinnere Dich an den
»veralteten Dreck«. – Daß Wolf mir nicht hold ist, zeigen mir seine Acharner, deren
knurrige Scholien mir Spaß machen. Er hat mir die Antwort sehr leicht gemacht; aber
erwarte keine Recensentenklagen von gewöhnlichem Schlage, noch Benuzung der
Recensentenvortheile, als Schimpfen und Schelten, wodurch man sich Luft macht, aber
die Wissenschaft enthert. Ich gehe unbekümmert und muthig auf der Bahn fort, die
mir die rechte dünkt. Habe ich geirrt, so werde mir was dafür gebührt, und ich werde es
ruhig tragen. Aber nicht die jezige Stimme, sondern die der Nachwelt, die meinet-
wegen schon 1820 beginnen mag, soll entscheiden. Daß ich [4] Welcker und Wolf
zusammenstelle findest Du anstößig? Welcker schrieb vor einem Jahre an Creuzer,
Wolfs Übersezung wäre metrisch vollkommener und leichter, im übrigen gestehe er ihr
keinen Vorzug zu; und ich meine, er hat Recht. Ist eine solche Zusammenstellung, die
sich von selbst macht, enthernd? – Schlegel schrieb einen zornigen Brief an Wilken,
daß ich seinen Richard 3 nicht zugleich mit den Stücken von Keßler, Krause und Dippold recensirt hätte – der Grund warum ichs nicht that, war, weil damals der Richard
noch nicht im Laden war, aber gleich nach dem Abdrucke der Recension erschien – *der*
also hätte mir den Vorwurf gewiß nicht gemacht. – Wolf als Gelehrter steht mir unendlich hoch; als Übersezer achte ich ihn gar nicht, denn das Klein Bischen was er hier
leistet, geht durch seine Anmaßung wieder dahin.

Von Böckh schreibst Du mir nichts. Grüß' ihn von mir. Auf den halte ich viel, und
ich tauschte ihn gern für Creuzer ein. Wann kommt sein und Heindorfs Plato, an dem
ja Buttmann und Schleiermacher auch Theil haben werden. Lassen sich die etwa durch
Wolf zurückschrecken? Das müßte nicht sein. Die Welt ist groß genug für 2 Plato's,
und dieser gewinnt durch die verdoppelte Anstrengung.

Euer Fouqué ist ein herlicher Dichter. Seinen Sigurd habe ich heute zum vierten
mal gelesen. Auch Eginhard und Emma liebe ich, weniger die vaterländischen Schauspiele. Könnte ich doch *dem* Manne meinen ehrfurchtsvollen Gruß senden! Sage mir
doch, wo finde ich die dänischen Niflungen? in welcher Sprache hat er sie gelesen? Ich
brenne vor Neugierde darnach.

Bothe spielt mit seinen Versmaßen einen ziemlich frommen Betrug; er macht Sylben **positione** lang, die es ohnehin sind. Folgendes machte ich gestern über Tisch mit
meinem Vater gemeinsam unter vielem Lachen:

Bothe Dein antikes Sylbenmass, das Du so empfiehlst,
Prüfe mit ächtdeutschem Geiste doch und kritischem.

Das gebe ich ihm in einer Recension. – Neulich schrieb ich an Bothe auf seine Bitte um
Beiträge für seinen Musenalmanach, und schickte ihm etwas. Du hast wohl nicht gehört, ob der Almanach erscheint; er selbst schweigt seitdem.

Grüße Niebuhr, den Du gewiß oft siehst, vielmal von mir. Wie gern wär' ich in der
griechischen Gesellschaft, wovon Du mir schreibst! Hier ist an so was nicht zu denken.

Nun leb' wohl, Du lieber alter Solger. Bleibe gut und schreib bald Deinem
Heinrich Voß.

Von Hain habe ich neulich einen Brief aus Leipzig gehabt; es geht ihm passabel.

Überlieferung
Der Originalbrief wird in der Universitäts- und Landesbibliothek in Bonn aufbewahrt.

Varianten
S. 2   Übersezung an [vielen] ⌈einigen⌉
S. 4   vor einem Jahre⌉ an Creuzer⌉
S. 4   keinen [Vortheil] ⌈Vorzug⌉
S. 4   das Klein⌈ Bischen⌉

Lesarten
S. 2   am lezten Lebenstage [eigtl.:] hat Wagner hat Wagner mich zu sich

Kommentar
S. 1   eine Reise auf die Bettenburg] Voß besuchte Christian Truchseß von Wetzhausen
(1755–1826) erstmals im Frühjahr 1811 auf der Bettenburg, dem Stammsitz der Adels-
familie Truchseß, unweit von Hofheim in Bayern. (Vgl. »Die Bettenburg«, in: A. Voß:
Briefe von Heinrich Voß, Bd. 3, 1838, S. 67–88). Einen weiteren Besuch unternahm er
im Frühjahr 1812. Diesen reflektiert er in einem Brief an Truchseß vom 27. April 1812:
»Da bin ich wieder in Heidelberg, und die schönen Tage auf der Bettenburg liegen wie
ein Traum in einer schönen Morgenstunde hinter mir; [...] Welchen Dank bin ich Dir
von neuem schuldig! denn ich bin gesund, an Seele und Leib gesund zurückgekehrt;
selbst der letzte Rest von Schwäche ist geschwunden.« (A. Voß: *Briefe von Heinrich
Voß*, Bd. 2, 1834, S. 21).
S. 1   Ernst Wagner] Wahrsch. durch Vermittlungen von Jean Paul erhielt der Schriftsteller Ernst Wagner (1769–1812) 1802 das Amt des Kabinettssekretärs in Meiningen,
wo er einige zur damaligen Zeit stark rezipierte Romane schrieb (*Wilibalds Ansichten
des Lebens, Ferdinand Miller, Isidora*). Infolge einer langwierigen Rückenmarkserkran-
kung starb er 1812. (Vgl. *Meyer's Groschen-Bibliothek der Deutschen Classiker, Bd. 75.
Genius Ernst Wagner's, T. 1*, [1870], S. 13–15).
S. 2   Das Sprichwort mit dem Scheffel Salz] Voß bezieht sich auf das folgende
Sprichwort: »Ehe man jemand kennt, muss man erst einen Scheffel Salz mit ihm gegessen haben.« (Wander: *Deutsches Sprichwörter-Lexikon*, Bd. 2, 1870, S. 1240). Welches meint, dass es lange dauert, bis man einen Menschen wirklich kennengelernt hat.
S. 2   Philosoph **ex professo**] Bereits von 1809–1811 lehrte Solger an der Universität in Frankfurt/Oder neben Philologie auch Philosophie. Der Ruf an die neu gegründete Berliner Universität als ordenlicher Professor erfolgte dezidiert in beiden Fächern.

1814–1815 übernahm Solger dort das Amt des Rektors. (Vgl. Schmidt: »Karl Solger«, 1908, S. 381).

S. 2   meine Recensionen des Schlegel und Wolf] Voß' Rezension zu Schlegels Shakespeare-Übersetzung erschien in der *JALZ*, Nr. 292–293 (1811), Sp. 545–555. Die Rezension zu Wolfs 1811 anonym erschienener Übersetzung der *Wolken* des Aristophanes findet sich in den *Heidelbergischen Jahrbüchern der Litteratur*, Nr. 11–13 (1812), S. 161–204.

S. 2   Von Zimmer höre ich, daß Schlegel mit meiner Recension zufrieden ist] Johann Georg Zimmer (1777–1853) war Buchhändler in Heidelberg und Verleger der Schlegels.

S. 3   Wolfischen Recension] S. o. Komm. zu S. 2.

S. 3   Aristofanesübersezung meines Vaters] J. H. Voß' *Aristofanes* erschien 1821 in drei Bänden.

S. 3   Ich erinnere Dich an den »veralteten Dreck«] Voß kritisiert, dass Wolf mitunter anachronistische Bezüge zur Erheiterung in seine Übersetzung einbaue. Hier bezieht er sich auf den V. 900 der *Wolken*: »Weh! da da kömmt er heran, / Der veraltete Dreck*)! Mir den Speinapf her – « In der Fußnote erläutert Wolf: »So nannte ein berühmter deutscher Theolog ehemals zuweilen die Sätze einer andern veralteten Dogmatik.« (Wolf: *Aristophanes' Wolken*, 1811, S. 153).

S. 3   seine Acharner] 1812 erschien Wolfs ebenfalls anonyme Übersetzung von *Aristofanes' Acharnern*.

S. 3   Er hat mir die Antwort sehr leicht gemacht] Voß rezensierte Wolfs Übersetzung der *Acharner* in den *Heidelbergischen Jahrbüchern*, Nr. 67 (1812), S. 1057–1071, sowie Nr. 68 (1812), S. 1073–1083.

S. 4   Schlegel schrieb einen zornigen Brief an Wilken] Gemeint ist vermutl. der Brief von Schlegel an Friedrich Wilken vom 18. April 1811. (Vgl. Körner [Hg.]: *Krisenjahre der Frühromantik*, Bd. 3, 1958, S. 487, Nr. 415).

S. 4   seinen Richard 3] A. W. Schlegels Übersetzung von Shakespeares *König Richard III.* erschien 1810. Vgl. Brief von Voß an Solger vom 30. Juli 1807, Komm. zu S. 6.

S. 4   Stücken von Keßler, Krause und Dippold] *Shakespeares von Schlegel noch unübersetzte dramatische Werke* von Krause, Keßler und Hans Karl Dippold (1783–1811) erschien 1810 in 3 Bänden und enthält *Cymbeline, Ende gut, alles gut, Viel Lärmens um Nichts* (alle übers. von Keßler), *Ein Wintermährchen* (Krause) und *Die lustigen Weiber von Windsor* (Dippold).

S. 4   Abdrucke der Recension] Voß' Rezension erschien in den *Heidelbergischen Jahrbüchern der Literatur*, Nr. 8 (1811), S. 113–128.

S. 4   kommt sein und Heindorfs Plato, an dem ja Buttmann und Schleiermacher auch Theil haben werden] Heindorf veröffentlichte bis 1810 vier Bände ausgewählter Dialoge Platons mit lateinischem Kommentar. Mit seinem Lehrer Wolf plante er eine komplette Platon-Ausgabe, es kam jedoch zu einem Zerwürfnis. Daraufhin arbeitete er mit Boeckh an einer vollständigen kritischen Ausgabe des Platon, wie aus der Anzeige im *Morgenblatt für gebildete Stände*, Nr. 81 (1811), S. 324, ersichtlich ist. Diese ist jedoch nie erschienen, lediglich der kritische Apparat wurde in der Ausgabe (1826) von Johann Gottfried Stallbaum benutzt.

S. 4 Seinen Sigurd […] Eginhard und Emma liebe ich, weniger die vaterländischen Schauspiele] Von Friedrich de la Motte Fouqué erschienen 1808 *Sigurd, der Schlangentödter* als erster Teil der Nibelungentrilogie, 1811 *Eginhard und Emma* sowie in demselben Jahr *Vaterländische Schauspiele*, welche unter dem Titel *Dramatische Dichtungen für Deutsche* 1813 fortgesetzt wurden.

S. 4 die dänischen Niflungen] Fouqué hatte sich v. a. für seine Nibelungentrilogie (*Sigurd der Schlangentödter*, *Sigurds Rache* und *Aslauga*) intensiv mit den alten skandinavischen Überlieferungen des Nibelungenstoffes wie der *Snorra Edda*, der *Wolsungensaga* und der *Nornagestsaga* auseinandergesetzt und sogar Dänisch, Isländisch und Schwedisch gelernt. (Vgl. Schulz: *Die deutsche Literatur zwischen Französischer Revolution und Restauration*, Bd. 2, 1989, S. 609). Die *ältere Edda*, die erst 1812 von Friedrich von der Hagen herausgegeben wurde, lag ihm damals noch nicht vor. (Vgl. Schmidt: »Der ungenannte Quellentext. Zur Wirkung von Fouqués »Held des Nordens« auf Wagners »Ring«-Tetralogie«, 2001, S. 164).

S. 4 für seinen Musenalmanach] Friedrich Heinrich Bothe hatte 1804 seinen *Frühlings-Almanach* herausgegeben. Die neuerliche Unternehmung, einen Almanach herauszugeben, wurde nicht realisiert.

S. 4 in der griechischen Gesellschaft, wovon Du mir schreibst] Aus der von Philipp Buttmann 1804 gegründeten *Graeca* ging 1809 die *Gesetzlose Gesellschaft* hervor, der Solger seit 1811, u. a. neben Schleiermacher, Spalding, Heindorf, Boeckh und Niebuhr, angehörte. (Vgl. Fricke: *Karl W. F. Solger*, 1972, S. 108).

18. Voß an Solger vom 25. Juli 1816 (Heidelberg)

[1] Heidelberg, den 25. Juli 1816.

Dank, herzlichen Dank, bester Solger, für Deinen herzlichen Brief, und dessen erfreulichen Inhalt! Ich beantworte ihn heute, von Geschäften eingeengt, um nur keinen Posttag zu versäumen, flüchtig; wozu auch jezt viele briefliche Worte, da wir uns so bald mündlich sprechen? Ja, wir müßen uns wiedersehen, nach 14 langen Jahren, und ich denke, hier in Heidelberg. Du wirst ja so nahe bei unserm himmlischen Neckarthale, uns nicht unbesucht lassen? Solltest Du aber, wider Erwarten, durch Zeitbeschränkung und andres mir unbekannte gezwungen, nicht kommen, so sage mir ein Brief von Dir aus Frankfurt, wann ich mich in Darmstadt einfinden soll. Weiter zu reisen erlauben mir nicht gut meine Vorlesungen, da ich ohnehin diesmal etwas früher schließe, um meine große Reise im Herbst machen zu können; und dann gestehe ich Dir auch aufrichtig: ich möchte Dich nicht gerne in Frankfurt sehn, der Schloßer wegen. Halte mich nicht für intolerant; ich ehre fremde Überzeugungen wie die meinige, und ein

Übertritt zu einer anderen Religion könnte mir unter Umständen sogar ehrwürdig
sein. Aber Christians Schloßers Augendreherei, die nun auch den armen unschuldigen,
grundschwachen Erich mit angesteckt hat, ist mir in der Seele zuwider. Ich bin so fest
überzeugt, wie von etwas, daß diesem heillosen Menschen, einem Erzsofisten, dem
Talent und Charakter nach, nichts lieb und heilig [2] ist, als sein Ich: dies Ich soll glänzen durch Religion, und Religion ist ihm ein Mittel zum Zweck. Dazu ist seine knech-
tische Kammerdienerei gegen Göthe, den er ein paarmal als freiwilliger Schildknappe
hierher begleitet hat, mir im höchsten grade zuwider geworden, mir wie allen Heidel-
bergern, die davon Zeuge waren. Glaube mir, bester Solger, unter solchen Leuten fühle
ich mich beengt, und verrathen. Erich Schlosser ist gewiß kein Heuchler, aber seine
Schwäche ärgert mich. Kein Mensch soll sich einem Andern auf Gnad' und Ungnade
gefangen geben; wer seine Persönlichkeit aufgibt, ist ein Verräther an der Menschheit.
– Genug davon, bester Solger. Du wirst den alten Voß verstehn, der spricht, wie ihm
der Schnabel gewachsen ist etc.

Krausens loves labour lost bringe mir ja mit; sollte es auch roher Entwurf sein;
auch ein solcher würkt befruchtend; und ich verspreche: kein Mensch soll sein mit-
getheiltes sehn, das ich ohnehin zurückschicken; oder wenn ers verlangt, wie Du ehemals mit den Sofoklesbrouillons, verbrennen will. Bitte Krause recht freundlich darum.
– Sollte aber Krause durchaus nicht wollen, oder vielmehr nicht können (und wahrhaftig, ich werde seine Gründe dafür, welche es auch sein, ehren), so bitte ich ihn um
eins: er theile mir mit, was er für Gedanken und Einfälle bei den Wortspielen des sogenannten dritten Actes (bei mir die lezte Scene des zweiten) gehabt. Es ist wahrhaftig
eine Aufgabe, die envoy-Geschichten, diese »güldne Cadenz der Poesie«, die nach
einigen halsbrechenden Luftsprüngen wieder in den Grundton zurückkehrt, (verzeih
die unglückliche Metafer) so recht an der lebendigen Wurzel zu ergreifen: Ich könnte
die ganze Passage auslassen, und kein Hund würde darnach krähen, aber ich habe einmal einen stillen Eid gethan, die paar Wizheiten nicht zu überspringen. Und wenn sie
der Teufel in seinem [3] Rachen hätte, und mit festverschlossenen Zähnen hütete: es
muß ihm abgejagt werden. Mein Bruder hat mir kürzlich Timon von Athen geschickt,
ich behaupte in einer meisterhaften Übersezung. Das Ungewitter von Fluchen ist ihm
herlich gelungen.

Ich war, wie Wilken in Rom war, intrimistischer Redacteur der Jahrbücher; da bat
ich Schlegeln, Deinen Erwin zu recensiren; ich dachte nehmlich, dieser Recensent, als
ein geistvoller wäre Dir erwünscht. Er hat versprochen, aber noch nicht Wort gehalten,
und nun fürchte ich, er wird nie. – Wilken hatte mir auch nicht Eine Recension zu-
rückgelassen; da war ich in Verlegenheit, und mußte selbst schreiben, was das Zeug
halten wollte; ich bin aber so gescheit gewesen, nur unter wenigen Recensionen meinen
Namen zu sezen.

Was sagst Du zu Gries' Calderon? Ich meine, der ist alles Lobes werth; aber Gries
hat sich auch rechtschaffen angestrengt, um diese Höhe zu erreichen. Ich möchte wohl
Verfasser seiner Übersezungen sein; aber ein ganzes Jahr für zwei Stücke hinzugeben,
der Preis wäre mir doch zu theuer. Ich halte Schlegeln für übertroffen: Gries hat dieselbe Fülle der Sprache, und hat sich vor den Unbestimmtheiten Schlegels gehütet. Die
Recension in der Jenaer Allgemeinen Literatur Zeitung 1815 war von mir.

Nun leb für heute wohl, mein theurer alter Solger. In einigen Tagen kommt Abe-
ken, und bleibt bis über die Hälfte des August. Wie freue ich mich! – Grüß Böckh, de
Wette, Schleiermacher, Niebuhr, wenn Du sie siehst. Dein treuer
Heinrich.

Überlieferung
Der Originalbrief wird im Freien Deutschen Hochstift unter der Signatur Hs-5334
aufbewahrt und von einem archivischen Regest begleitet. Das Schriftbild weist viele
Kontraktionen auf.

Varianten
S. 2   [er schreibe] [gebe] ⌈theile⌉ mir
S. 3   [meinen Namen zu schreiben] sezen

Kommentar
S. 1   wir müßen uns wiedersehen] Solger und seine Frau besuchten die Familie Voß im
Zuge ihrer Rheinreise Ende August/Anfang September 1816 in Heidelberg. (Vgl. Sol-
gers *Reisetagebuch*, Bl. 19 bzw. 7).
S. 1   Schloßers Augendreherei] Christian Friedrich Schlosser (1782–1829) konver-
tierte 1812 zum Katholizismus.
S. 1   Erich] Es ist möglich, dass hier der Bruder Christian Friedrich Schlossers Johann
Friedrich Heinrich Schlosser (1780–1851) gemeint ist, der 1814, wie zuvor sein Bru-
der, zum Katholizismus konvertierte. Ein Erich Schlosser konnte nicht nachgewiesen
werden.
S. 2   Krausens loves labour lost] Eine Veröffentlichung der Übersetzung von
Shakespeares *Love's Labour's Lost* durch Krause ist nicht bekannt. Voß' Übersetzung
erschien 1818 im 2. Band der von Voß zusammen mit seinem Vater und seinem Bruder
Abraham Voß herausgegebenen 9-bändigen Übersetzung.
S. 2   den Wortspielen des sogenannten dritten Actes] S. nachfolgender Komm.
S. 2   die envoy-Geschichten] Im 3. Akt von *Love's labour's lost* handelt ein Teil des
Gesprächs zwischen Armado, Costard und Moth von einem Wortspiel, welches sich
um die Begriffe »l'envoy« und »salve« dreht. »L'envoy« stammt aus der französischen Poesie-Tradition und wurde benutzt, um zu Beginn einer Strophe diese einer
Person zu widmen oder am Ende moralische Hinweise zu geben. Die Verbindung zum
lat. »salve« könnte darin bestehen, dass auch dieser Begriff zu Beginn oder am Ende
eines Zusammentreffens gebraucht wurde. Armado und Costard streiten nun darüber,
ob diese Ausdrücke synonym zu gebrauchen sind. (Auf diesen Versuch einer Erklärung
von Mason wird hingewiesen in Reeds Shakespeare-Ausgabe von 1813, Bd. 7, S. 58).
Dieser Abschnitt des Dialogs wurde von Schlegel und Eschenburg für unübersetzbar
gehalten. In einer Fußnote weisen sie auf dessen Fehlen hin: »Der größte Theil dieser
Scene muß hier wegbleiben, weil er einer Uebersetzung unfähig ist. Diese Auslassung ist
übrigens bey keinem Shakspearischen Stücke so verzeihlich, als bey diesem, das unstrei-

tig sein schwächstes ist, wenn man es anders ihm ganz beylegen kann. Die Beschaffenheit des Ausgelassenen kann der Leser zum Theil schon aus einigem Vorhergehenden,
das ich noch mit genauer Noth übersetzt habe, beurtheilen.« (Schlegel, Eschenburg:
Dramatischen Werke, Bd. 15, 1812, S. 220). In der 1818 erschienenen Übersetzung von
Voß (s. o. Komm. zu S. 2) wird das Gespräch (hier 2. Akt, 2. Szene; Costard heißt
»Schädel«) auf S. 450–452 wiedergegeben. Voß übersetzt »l'envoy« mit ›Auflösung
eines Rätsels‹ und »salve« deutet er als englisches Wort für ›Salbe‹. Die Verbindung
zwischen beiden Begriffen besteht für Voß in ihrem Charakter als »Auflösungsmittel«
(S. 450).

S. 2   »güldne Cadenz der Poesie«] In der Ausgabe von Schlegel und Eschenburg
lautet diese Stelle im 4. Akt, 2. Szene von *Der Liebe Müh' ist umsonst*: »goldner Schluß-
fall der Poesie« (ebd., S. 241). In der Übersetzung von Voß (1818, S. 471): »güldene
Cadenz der Poesei« (hier: 3. Akt, 2. Szene).

S. 3   Timon von Athen geschickt, ich behaupte in einer meisterhaften Übersezung]
Abraham Voß' Übersetzung von Shakespeares *Timon von Athen* erschien 1819 im dritten Band der Shakespeare-Ausgabe, die J. H. Voß gemeinsam mit seinen Söhnen Abraham und Heinrich herausgab.

S. 3   wie Wilken in Rom war] Friedrich Wilken (1777–1840), Professor für Geschichte in Heidelberg und Direktor der Heidelberger Universitätsbibliothek, reiste
1816 nach Rom, um die mittelalterlichen Handschriften der Heidelberger Bibliotheca
Palatina zurückzugewinnen, die sich seit 1622 in Rom befanden. Dies gelang ihm jedoch nur für die deutschen Exemplare.

S. 3   da bat ich Schlegeln, Deinen Erwin zu recensiren] Von Solger erschien 1815 eine
kunsttheoretische Abhandlung in Dialogform *Erwin. Vier Gespräche über das Schöne
und die Kunst* in zwei Bänden. Die Rezension wurde nicht realisiert.

S. 3   Gries' Calderon] 1815 erschien der erste Band von Gries' Übersetzung des
Calderón. Bis 1841 folgten weitere sieben Bände.

S. 3   Ich halte Schlegeln für übertroffen] Von A. W. Schlegel erschienen 1803 sowie
1809 die beiden Bände der Übersetzung der *Schauspiele von Don Pedro Calderon de la
Barca*.

S. 3   Die Recension in der Jenaer Allgemeinen Literatur Zeitung 1815 war von mir]
Die Rezension erschien in der Nr. 177–179 (1815), Sp. 457–475.

Literaturverzeichnis

Werke, Ausgaben, Übersetzungen

Ast, Friedrich, *Sophokles Trauerspiele*, Leipzig 1804.

Babo, Joseph Marius von, *Otto von Wittelsbach*, München 1782.

Bothe, Friedrich Heinrich, *Aeschyli Dramata, quae supersunt, et deperditorum fragmenta. Graece et Latine. Recensuit et brevi annotatione illustravit*, Leipzig 1805.

Bothe, Friedrich Heinrich, *Sophoclis Dramata, quae supersunt, et deperditorum fragmenta. Graece et Latine*, 2 Bde., Leipzig 1806.

Broße, Friedrich Christoph, *Anakreon*, Berlin 1806.

Brückner, Ernst Theodor Johann, *Gedichte*, Neubrandenburg 1803.

Brun, Friederike Münter (Hg.), *Briefe eines jungen Gelehrten* [d. i. Johannes von Müller] *an seinen Freund* [d. i. Carl Victor von Bonstetten], Tübingen 1802.

Brunck, Richard Franz Philipp, *Sophoclis quae extant omnia cum veterum grammaticorum scholiis. Superstites Tragoedias VII*, 2 Bde., Argentoratum/Straßburg 1786.

Bürger, Gottfried August, *Macbeth. Ein Trauerspiel in fünf Aufzügen nach Shakespear*, Göttingen 1784.

Canter, Wilhelm (Hg.), *Sophoclis Tragoediae Septem*, Antwerpen 1579.

Claudius, Matthias, *Werke*, 4 Bde., Hamburg 1829.

Collingwood, Newman (u. a., Hgg.), *Sophoclis Tragoediae Septem; Cum Versione Latina, Notis, deperditorum dramatum Fragmentis. Ex Editione Rich. Franc. Phil. Brunck*, 2 Bde., Oxford 1812.

Creuzer, Friedrich, *Dionysus, sive Commentationes Academicae. De rerum Bacchicarum Orphicarumque originibus et causis*, Bd. 1, Heidelberg 1809 (nur 1. Bd. erschienen).

Creuzer, Friedrich, *Symbolik und Mythologie der alten Völker, besonders der Griechen*, 3 Bde., Leipzig/Darmstadt 1810–1812.

Danz, Johann Traugott Leberecht, *Aeschylos Trauerspiele*, 2 Bde., Leipzig 1805–1808.

Danz, Johann Traugott Leberecht, *Marcus Accius Plautus*, 3 Bde., Leipzig 1806–1809.

Elverfeld, Karl Johann Friedrich, *Disputation exhibens convenientam philosophiae Platonis cum philosophiae nostrae aetatis*, Jena 1804.

Erfurdt, Carl Gottlob August (Hg.), *Sophoclis Tragoediae septem ac deperditarum fragmenta*, 7 Bde., Leipzig 1802–1825.

Eschenburg, Johann Joachim, *Willhelm Shakespears Schauspiele*, Bd. 2 (Macbeth), Zürich 1801.

Fähse, Gottfried, *Sieben gegen Thebe*, Schneeberg [1805].

Fähse, Gottfried, *Pindaros Siegshymnen. Metrisch übersezt, mit Anmerkungen*, 2 Bde., Penig 1804–1806.

Fähse, Gottfried, *Sophokles. Trauerspiele. In Alexandrinern*, 2 Bde., Leipzig 1804–1809.

Fähse, Gottfried, *Aeschylos Trauerspiele*, Leipzig 1809.

Fouqué, Friedrich de la Motte, *Sigurd, der Schlangentödter*, Berlin 1808.

Fouqué, Friedrich de la Motte, *Eginhard und Emma*, Nürnberg 1811.

Fouqué, Friedrich de la Motte, *Vaterländische Schauspiele*, Berlin 1811.

Furness, Horace Howard, *A new variorum edition of Shakespeare*, Bd. 2 (Macbeth), Philadelphia 1873.

Geiger, Ludwig (Hg.), *Goethe-Jahrbuch*, Bd. 10, Frankfurt a. M. 1889.

Geiger, Ludwig (Hg.), *Goethe-Jahrbuch*, Bd. 18, Frankfurt a. M. 1897.

Gellhaus, Axel (Hg.), *Briefwechsel. Schillers Briefe. 1.1.1803–9.5.1805*, in: *Schillers Werke*, Nationalausgabe, hg. von Julius Petersen und Gerhard Fricke, Weimar 1984, Bd. 32.

Goethe Johann Wolfgang von, *Die Geschwister. Ein Schauspiel*, Leipzig 1787.

Goethe Johann Wolfgang von, *Beiträge zur Optik*, Weimar 1791–1792.

Goethe Johann Wolfgang von, *Hermann und Dorothea*, Berlin 1798.

Goethe Johann Wolfgang von, *Taschenbuch auf das Jahr 1804. Die natürliche Tochter. Trauerspiel*, Tübingen [1804].

Goethe Johann Wolfgang von/Wieland, Christoph Martin (Hgg.), *Taschenbuch auf das Jahr 1804*, Tübingen [1804].

Goethe Johann Wolfgang von, *Goethes Werke*, 13 Bde., Tübingen 1806–1810.

Goethe Johann Wolfgang von, *Zur Farbenlehre*, 2 Bde., Tübingen 1810.

Goethe Johann Wolfgang von, *Goethes Werke*, Sophienausgabe, 133 Bde., Weimar 1887–1919.

Gräf, Hans Gerhard (Hg.), *Goethe und Schiller in den Briefen von Heinrich Voß dem jüngeren*, Leipzig [1896].

Gries, Johann Diederich, *Schauspiele von Don Pedro Calderón de la Barca*, 8 Bde., Berlin 1815–1841.

Hagen, Friedrich Heinrich von der (Hg.), *Lieder der älteren oder Sämundischen Edda*, Berlin 1812.

Heindorf, Ludwig Friedrich, *Platonis dialogi selecti*, 4 Bde., Berlin 1802–1810.

Hermann, Gottfried, *Sophoclis tragoediae septem ac deperditarum fragmenta*, 7 Bde., Leipzig 1802–1825.

Heyne, Christian Gottlob, *Homeri Carmina cum brevi annotatione*, 8 Bde., Leipzig 1802.

Hölderlin, Friedrich, *Die Trauerspiele des Sophokles*, 2 Bde., Frankfurt a. M. 1804.

Humboldt, Wilhelm von, *Aeschylos Agamemnon*, Leipzig 1816.

Jacobs, Friedrich, *Emendationes in Epigrammata Anthologiae Graecae*, Leipzig 1793.

Kannegießer, Karl Ludewig, *Beaumont's und Fletcher's dramatische Werke*, 2 Bde., Berlin 1808.

Keßler, Georg Wilhelm/Krause, Ludwig, *Shakespeare's von Schlegel noch unübersetzte dramatische Werke*, 2 Bde., Berlin 1809–1810.

Klassik Stiftung Weimar/Goethe- und Schiller-Archiv (Hgg.), *Briefe an Goethe. Gesamtausgabe in Regestform. 1764–1817*, Weimar 1980 ff.

Kotzebue, August von, *Die Hussiten vor Naumburg im Jahr 1432*, Augsburg 1803.

Körner, Josef (Hg.), *Briefe von und an August Wilhelm Schlegel*, 2 Bde., Zürich/Leipzig/Wien 1930.

Körner, Josef (Hg.), *Krisenjahre der Frühromantik. Briefe aus dem Schlegelkreis*, Bd. 1–2: Brünn 1937; Bd. 3: Bern 1958.

Lindau, August Ferdinand, *Ad. Frid. Ludov. Heindorfium. Epistola critica. In qua disputator de locis quibusdam Timaei Platonici, quos vel explanabat vel emendabat*, Berlin 1803.

Livie, Joanne, *Quintus Horatius Flaccus. Editio nova*, London 1799.

Luther, Martin, *Tischreden Oder Colloqvia Doct. Mart. Luthers*, Eisleben 1566.

Mahlmann, Siegfried August, *Herodes vor Bethlehem, oder der triumphirende Viertelsmeister. Ein Schau- Trauer- und Thränenspiel in drey Aufzügen. Als Pendant zu den vielbeweinten Hussiten vor Naumburg*, Cöln 1803.

Manso, Johann Kaspar Friedrich, *Koenig Oedipus aus dem Griechischen des Sophokles*, Gotha 1785.

Meyer, Friedrich Johann Lorenz, *Klopstocks Gedächtniss-Feier*, Hamburg 1803.

Möller, Johann Friedrich Wilhelm, *Macbeth. Ein Trauerspiel von Shakspeare*, Hannover 1810.

Moser, Georg Heinrich, *Nonni Dionysiacorum libri sex, ab octavo ad decimum tertium, res bachhias ante expeditionem indicam complectentes*, Heidelberg 1809.

Passow, Franz, *Musäos. Urschrift, Uebersetzung, Einleitung und kritische Anmerkungen*, Leipzig 1810.

Pestalozzi, Johann Heinrich, *ABC der Anschauung, oder Anschauungs-Lehre der Maßverhältnisse*, 2 Hefte, Tübingen/Zürich 1803.

[Porson, Richard], *Αἱ Τοῦ Αἰσχύλου Τραγῳδίαι Επτά*, Glasgow 1795.

[Porson, Richard], *Aeschyli Tragoediae Septem, cum Versione Latina*, 2 Bde., Glasgow/(Oxford/London) 1796 (1806).

[Reed, Isaac (Hg.)], *The Plays of William Shakspeare. With the Corrections and Illustrations of Various Commentators, to which are Added Notes by Samuel Johnson ans George Steevens*, 21 Bde., London 1813.

Scheffner, Johann Georg, *Spätlinge*, Königsberg 1803.

Scheffner, Johann Georg, *Episteln, zu den Spätlingen gehörig*, Königsberg 1804.

Schiller, Friedrich, *Wallenstein. Ein dramatisches Gedicht*, Tübingen 1800.

Schiller, Friedrich, *Maria Stuart. Ein Trauerspiel*, Tübingen 1801.

Schiller, Friedrich, *Don Karlos. Infant von Spanien*, Leipzig 1802.

Schiller, Friedrich, *Die Braut von Messina oder die feindlichen Brüder*, Tübingen 1803.

Schlegel, August Wilhelm, *Shakspear's dramatische Werke*, 10 Bde., Berlin 1797–1810.

Schlegel, August Wilhelm, *Schauspiele von Don Pedro Calderon de la Barca*, Bd. 1: Berlin 1803; Bd. 2: Berlin 1809.

Schlegel, August Wilhelm, *Rom, eine Elegie*, Berlin 1805.

Schlegel, August Wilhelm/Eschenburg, Johann Joachim, *Shakspeare's dramatische Werke*, 20 Bde., Wien 1811–1812.

Schleiermacher, Friedrich, *Platons Werke*, 3 Bde. in 6 Teilen, Berlin 1804–1809.

Schleiermacher, Friedrich, *Kritische Gesamtausgabe*, Berlin/Boston 1980 ff.

Schütz, Christian Gottfried, *Aeschyli Tragoediae Septem. Denuo Recensuit et Versionem Latinam*, 2 Bde., Halle 1800–1801.

Schweighäuser, Johannes, *Athenaei Naueratitae Deipnosophistarum lib. XV.*, 5 Bde., *Animadversiones in Athenaei Deipnosophistas post Isaacum Casaubonum*, 9 Bde., Straßburg 1801–1807.

[Soden, Julius von], *Moralische Novellen. Des Miguel de Cervantes Saavedra, Verfasser des Don Quixotte*, 2 Bde., Leipzig 1779.

Solbrig, Christoph Franz, *Die Götter Griechenlands, von Schiller, zum Behuf der Deklamation herausgegeben, und mit mythologischen Anmerkungen begleitet*, Leipzig 1804.

[Solger, Karl Wilhelm Ferdinand], *König Oidipus. Eine Tragödie des Sophokles, in den Versmassen des Originals, aus dem Griechischen übersetzt*, Berlin/Leipzig [1804].

Solger, Karl Wilhelm Ferdinand, *Des Sophokles Tragödien*, 2 Bde., Berlin 1808.

Solger, Karl Wilhelm Ferdinand, *Reisetagebuch*, Staatsbibliothek zu Berlin-Preußischer Kulturbesitz, Nachlass Solger, K. 1, M. 11.

Solger, Karl Wilhelm Ferdinand, *Erwin. Vier Gespräche über das Schöne und die Kunst*, 2 Bde., Berlin 1815.

Solger, Karoline (Hg.), *Briefe von Heinrich Voss an Karl Solger*, in: *Archiv für Literaturgeschichte*, Bd. 11, Leipzig 1882, 94–141.

Soltau, Dietrich Wilhelm, *Lehrreiche Erzählungen von Miguel de Cervantes Saavedra*, 3 Bde., Königsberg 1801.

Spalding, Georg Ludwig, *Versuch didaktischer Gedichte*, Berlin 1804.

Sprengel, Christian Konrad, *Neue Kritik der klassischen Römischen Dichter in Anmerkungen zum Ovid, Virgil und Tibull*, Berlin 1815.

Stallbaum, Johann Gottfried, *Platonis opera*, 8 Bde., Leipzig 1826.

Steevens, George (Hg.), *The Plays of William Shakspeare. With the corrections and illustrations of various commentators*, 15 Bde., London 1793.

Stolberg, Christian Graf zu, *Sophokles*, 2 Bde., Leipzig 1787.

Stolberg, Friedrich Leopold Graf zu, *Vier Tragödien des Aeschylos*, Hamburg 1802.

Stosch, Manfred von (Hg.), *Der Briefwechsel zwischen J. M. Miller und J. H. Voß*, Berlin 2012.

Tieck, Ludwig/von Raumer, Friedrich (Hgg.), *Solger's nachgelassene Schriften und Briefwechsel*, 2 Bde., Leipzig 1826.

Voß, Abraham (Hg.), *Briefe von Johann Heinrich Voß nebst erläuternden Beilagen*, 3 Bde., Halberstadt 1829–1833.

Voß, Abraham (Hg.), *Mittheilungen über Göthe und Schiller in Briefen von Heinrich Voß*, Heidelberg 1834.

Voß, Abraham (Hg.), *Sämmtliche poetische Werke von Johann Heinrich Voß*, Leipzig 1835.

Voß, Abraham (Hg.), *Briefe von Heinrich Voß*, 3 Bde., Heidelberg 1833–1838. (Bd. 1: Briefwechsel mit Jean Paul; Bd. 2: Briefe an Christian von Truchseß; Bd. 3: Aus dem Leben von Heinrich Voß. Briefe an Verschiedene. Ernstes und Heiteres aus dem Nachlaß).

Voß, Heinrich, *Shakspeare's Othello*, Jena 1806.

Voß, Heinrich, *Shakspeare's König Lear*, Jena 1806.

Voß, Heinrich, *Äschylos. Zum Theil vollendet von Johann Heinrich Voss*, Heidelberg 1826.

Voß, Heinrich/Voß, Abraham, *Schauspiele von William Shakspeare*, 3 Bde., Tübingen 1810–1815.

Voß, Johann Heinrich, *Homers Odüßee*, Hamburg 1781.

Voß, Johann Heinrich, *Homers Werke*, 4 Bde., Altona 1793.

Voß, Johann Heinrich, *Mythologische Briefe*, 2 Bde., Königsberg 1794.

Voß, Johann Heinrich, *Verwandlungen. Nach Publius Ovidius Naso*, 2 Bde., Berlin 1798.

Voß, Johann Heinrich, *Lyrische Gedichte*, 4 Bde., Königsberg 1802.

Voß, Johann Heinrich (Hg.), *Gedichte von Ludewig Heinrich Christoph Hölty*, Hamburg 1804.

Voß, Johann Heinrich, *Des Quintus Horatius Flaccus Werke*, 2 Bde., Heidelberg 1806.

Voß, Johann Heinrich, *Aristofanes*, 3 Bde., Braunschweig 1821.

Voß, Johann Heinrich, *Des Publius Virgilius Maro Werke*, 3 Bde., Braunschweig 1822.

Voß, Johann Heinrich, *Poetische Werke*, 5 Bde., Berlin [1830].

Voß, Johann Heinrich/Voß, Heinrich/Voß, Abraham, *Shakspeare's Schauspiele*, 9 Bde., Leipzig 1818–1829.

[Wolf, Friedrich August], *Aristophanes' Wolken. Eine Komödie. Griechisch und Deutsch*, Berlin 1811.

[Wolf, Friedrich August], *Aus Aristofanes' Acharnern. Griechisch und Deutsch mit einigen Scholien*, Berlin 1812.

Zeitschriften, Artikel

Apel, Johann August, »Über Rhythmus und Metrum«, in: *Allgemeine musikalische Zeitung*, Leipzig, 10. Jg., Nr. 1, Nr. 18, Nr. 41, 1807–08.

Bode, Theodor Heinrich August (Hg), *Polychorda. Eine Zeitschrift*, 8 Hefte, Penig 1803–1805.

Bothe, Friedrich Heinrich (Hg.), *Frühlings-Almanach*, Berlin 1804.

Büsching, Johann Gustav/Kannegießer, Karl Ludwig (Hgg.), *Pantheon. Eine Zeitschrift für Wissenschaft und Kunst*, Leipzig 1810.

Eichstädt, Heinrich Carl Abraham (Red.), *Jenaische Allgemeine Literatur-Zeitung*, Jena/Leipzig 1804–1841. (*JALZ*)

Heidelbergische Jahrbücher der Litteratur (ab 1818: *Heidelberger Jahrbücher der Literatur*), Heidelberg 1808–1872.

Merkel, Garlieb Helwig/Kotzebue, August von (Hgg.), *Der Freimüthige. Berlinische Zeitung für gebildete, unbefangene Leser*, Berlin 1803–1806.

Morgenblatt für gebildete Stände (ab 1837: *Morgenblatt für gebildete Leser*), Stuttgart/Tübingen 1807–1865.

Neue Heidelberger Jahrbücher, hg. vom Historisch-philosophischen Vereine zu Heidelberg, Heidelberg 1891–1919.

Schlegel, August Wilhelm, »Etwas über William Shakespeare bey Gelegenheit Wilhelm Meisters«, in: *Die Horen. Eine Monatsschrift herausgegeben von [Friedrich] Schiller*, Bd. 6 (1796), 4. Stück, Tübingen 1796, 57–112.

Schütz, Christian Gottfried (Hg.), *Allgemeine Literatur-Zeitung*, Jena/Leipzig (ab 1803: Halle) 1785–1849. (*ALZ*)

Voß, Johann Heinrich, »Alte Weltkunde. Mit einer Hesiodischen Welttafel«, in: *Jenaische Allgemeine Literaturzeitung*, Bd. 2 (1804), Aprilbeilage, I–XXXVI.

Voß, Johann Heinrich, »Der erste Merz. Tibulls zweite Elegie des vierten Buchs«, in: *Polychorda*, Heft 1 (1803), 197 f.

Sekundärliteratur

[Anonym], *Leben des königlich preußischen Wirklichen Geheimen Rathes Georg Wilhelm Keßler, Biographen Ernst Ludwig Heim's*, Leipzig 1853.

Apel, Johann August, *Metrik*, 2 Bde., Leipzig 1814–1816.

Baillot, Anne, »>Wenn der Geist der Sophokles so in einer blauen Flamme emporsteigt.< Deutsche Übersetzungen der alten Tragiker am Beispiel von Solgers Sophokles«, in: Vanessa de Senarclens (Hg.), *Das Tragische im Jahrhundert der Aufklärung/Le tragique au siècle des Lumières*, Hannover 2007, 127–154 (= Aufklärung und Moderne, Bd. 9).

Bilder-Conversations-Lexikon für das deutsche Volk, 4 Bde., Leipzig 1837–1841.

Bulling, Karl, *Die Rezensenten der Jenaischen Allgemeinen Literaturzeitung*, 3 Bde., Weimar 1962.

Deutsches Wörterbuch von Jacob und Wilhelm Grimm, 16 Bde., Leipzig 1854–1961.

Dornedden, Carl Friedrich, *Neue Theorie zur Erklärung der griechischen Mythologie*, Göttingen 1802.

Eckstein, Friedrich August, *Nomenclator philologorum*, Leipzig 1871.

Fricke, Hermann, *Karl W. F. Solger. Ein brandenburgisches-berlinisches Gelehrtenleben an der Wende vom 18. zum 19. Jahrhundert*, Berlin 1972.

Goedeke, Karl/Goetze, Edmund, *Grundrisz zur Geschichte der deutschen Dichtung*, Bd. 7, 7. Buch, 2. Abt., Dresden 1900.

Grumach, Renate (Hg.), *Goethe. Begegnungen und Gespräche*, Bd. V: 1800–1805, Berlin/New York 1985.

Hamberger, Georg Christoph/Meusel, Johann Georg, *Das gelehrte Teutschland oder Lexicon der jetzt lebenden teutschen Schriftsteller*, 23 Bde., Lemgo 1796–1834.

Henking, Karl, *Johannes von Müller 1752–1809*, 2 Bde., Stuttgart/Berlin 1909–28.

Herbst, Wilhelm, *Johann Heinrich Voss*, 2 Bde., Leipzig 1872–1876.

Herrmann, Martin Gottfried, *Handbuch der Mythologie aus Homer und Hesiod*, Berlin/Stettin 1787–1795.

Hoffmann, Samuel Friedrich Wilhelm, *Bibliographisches Lexicon der gesammten Litteratur der Griechen*, 3 Bde, 2. Aufl., Leipzig 1838–1845.

Howald, Ernst (Hg.), *Der Kampf um Creuzers Symbolik. Eine Auswahl von Dokumenten*, Tübingen 1926.

Jäck, Joachim Heinrich, *Pantheon der Literaten und Künstler Bambergs*, Heft 3 und 4., Bamberg/Erlangen 1813.

Klose, Olaf (Hg.), *Biographisches Lexikon für Schleswig-Holstein und Lübeck*, Bd. 6, Neumünster 1982.

Krollmann, Christian (Hg.), *Altpreußische Biographie*, Bd. 1, Königsberg 1941.

Landfester, Manfred/Cancik, Hubert, *Der neue Pauly. Enzyklopädie der Antike*, Bd. 5, Stuttgart 1998.

Le Goullon, Johanna, *Führer durch Weimar und dessen Umgebungen*, Weimar 1825.

Löbe, Julius (Hg.), *Pierer's Universal-Lexikon der Vergangenheit und Gegenwart oder Neuestes encyclopädisches Wörterbuch der Wissenschaften, Künste und Gewerbe*, 19 Bde., New-York/Altenburg 1857–1865.

Meyer, Hermann Julius (Hg.), *Neues Konversations-Lexikon für alle Stände*, 15 Bde., Hildburghauen/New York 1857–1860.

Meyer, Hermann Julius (Hg.), *Meyer's Groschen-Bibliothek der Deutschen Classiker*, Bd. 75, *Genius Ernst Wagner's, T. 1*, Hildburghausen/New York [1870].

Nowack, Karl Gabriel (Hg.), *Schlesisches Schriftsteller-Lexikon*, 6 Bde., Breslau 1836–1843.

Pasqué, Ernst, *Goethe's Theaterleitung in Weimar*, 2 Bde., Leipzig 1863.

Reinhardstoettner, Karl von, *Plautus. Spätere Bearbeitungen plautinischer Lustspiele*, Leipzig 1886.

Sandin, Pär, *Aeschylus' Supplices. Introduction and Commentary on vv. 1–523*, Lund 2005.

Schib, Karl, »Johannes von Müller«, in: *Schaffhauser Beiträge zur Geschichte*, Bd. I, 33 (1956), 91–112.

Schmid, Friedrich Theodor, »Leben des Dichters Johann Heinrich Voß«, in: Abraham Voß (Hg.), *Sämmtliche poetische Werke von Johann Heinrich Voß*, Leipzig 1835, I–XXXIX.

Schmidt, Ferdinand Jacob, »Karl Solger«, in: *Allgemeine Deutsche Biographie*, Bd. 54, Leipzig 1908, 380–383.

Schmidt, Friedrich August (Hg.), *Neuer Nekrolog der Deutschen*, Ilmenau 1824–1834, Weimar 1835–1854.

Schmidt, Wolf Gerhard, »Der ungenannte Quellentext. Zur Wirkung von Fouqués ›Held des Nordens‹ auf Wagners ›Ring‹-Tetralogie«, in: *Athenäum. Jahrbuch für Romantik* 11 (2001), 159–191.

Schoell, Maximilian Samson Friedrich, *Geschichte der Griechischen Litteratur*, 3 Bde., Berlin 1828–1830.

Schoemann, Georg Friedrich, *Griechische Alterthümer*, Bd. 2, Berlin 1859.

Schulz, Gerhard, *Die deutsche Literatur zwischen Französischer Revolution und Restauration*, Bd. 2, München 1989 (= Geschichte der deutschen Literatur, Bd. VII/2).

Schumann, »Lenz, Christian Ludwig«, in: *Allgemeine Deutsche Biographie*, Bd. 18, Leipzig 1883, 271–272.

Schweiger, Franz Ludwig Anton, *Handbuch der classischen Bibliographie*, 2 Bde., Leipzig 1830–1834.

Steiger, Robert/Reimann, Angelika, *Goethes Leben von Tag zu Tag: eine dokumentarische Chronik*, 8 Bde., Zürich 1982–1996.

Strack, Friedrich, *Evolution des Geistes: Jena um 1800*, Stuttgart 1994.

Trunz, Erich, *Ein Tag aus Goethes Leben*, München 2006.

Urlichs, Karl Ludwig, »Friedrich Creuzer«, in: *Allgemeine Deutsche Biographie*, Bd. 4, Leipzig 1876, 593–596.

Wachler, Albrecht (Hg.), *Franz Passow's Leben und Briefe. Eingeleitet von Dr. Ludwig Wachler*, Breslau 1839.

Wander, Karl Friedrich Wilhelm (Hg.), *Deutsches Sprichwörter-Lexikon. Ein Hausschatz für das deutsche Volk*, 5 Bde., Leipzig 1866–1880.

Wiens, Birgit, >*Grammatik*< *der Schauspielkunst. Die Inszenierung der Geschlecher in Goethes klassischem Theater*, Tübingen 2000.

Wilson, W. Daniel (Hg.), *Goethes Weimar und die Französische Revolution*, Köln 2004.

Zedler, Johann Heinrich (Hg.), *Grosses vollständiges Universallexicon aller Wissenschaften und Künste*, 64 Bde., Halle/Leipzig 1732–1754.

Zepernick, Bernhard, »Sprengel, Christian Konrad«, in: *Neue Deutsche Biographie*, Bd. 24, Berlin 2010, 750–751.

Register

Personenregister

Erwähnungen Johann Heinrich Voß' werden nur für den Anhang (den Briefwechsel zwischen Heinrich Voß und Karl Solger) nachgewiesen; Erwähnungen Heinrich Voß' und Karl Solgers nur für die Aufsätze. Unsichere Personenzuordnungen im Briefwechsel zwischen Heinrich Voß und Solger wurden mit »?« markiert. Fundstellen im Kommentar zu den Briefen heben sich durch eine kursiv gesetzte Seitenangabe von Fundorten im Brieftext ab. Zumeist enthält der erste Kommentar zu einer Person ausführlichere biografische Informationen.

Sachregister